"네가 믿느냐"

21세기에 다시 읽는
요한복음 제2권

"네가 믿느냐"

21세기에 다시 읽는
요한복음 제2권

강영석 지음

아침향기

복음의 투명한 메시지이다

박 종 구
(월간목회 발행인)

강영석 목사의 요한복음 설교 시리즈 두 번째 「네가 믿느냐」는 세 갈래의 특징이 있다.

첫째, 예수 그리스도 중심의 메시지이다.

요한복음을 그리스도 중심의 시각으로 접근하고 있다. 이는 요한의 시각과 같다. 그래서 요한은 요한복음 제1장에서 여러 증언자를 등장시켜서 메시아를 증언하고 있다. 요한은 '예수 그리스도, 그는 누구이신가' 라는 물음의 정답을 요한복음 전편에 은폐, 또는 선포하고 있다. 이와 같은 시각은 예수님과 같은 빛깔이다. 예수께서도 성경이 곧 자신에 대한 기록이라고 천명하셨다(요 5:39, 눅 24:27). 저자 강영석 목사의 성경관은 오직 예수 그리스도에 포커스를 두고 있다. 설교 내용의 한 단락을 보자.

"찰스 램은 '만일 셰익스피어가 이 땅에 들어온다면 모든 사람들이 자리에서 일어나서 경의를 표할 것입니다. 그러나 만일 예수 그리스도께서 이 방에 들어오신다면 우리 모두는 무릎을 꿇어야만 할 것입니다.' 왜냐하면, 예수님은 우리들의 구주이신 그리스도이시며 하나님이시기 때문입니다." 이렇

듯 저자는 요한복음의 기록 목적(요 20:31)을 설교의 강조점으로 적용하고
있다.

둘째, 성서의 통전적 메시지이다.

저자는 일반적 강해설교의 안일성과 제한성을 극복하고 성경 전체를 선으
로 연결하는 통전성을 견지하고 있다. 본문 한 장을 10여 편의 설교로 구성하
면서도 조직신학적인 구조와 해석학적 기저를 적절히 응용하고 있다. 자연
스럽게 본문의 흐름을 따르면서 빈번하게 관련 성구를 신·구약을 통섭적으
로 연결시키고 있다. 그래서 성경이 한 주제, 한 흐름의 전개(The Divine
Drama)임을 보여 준다.

셋째, 복음의 투명한 메시지이다.

저자는 텍스트의 원어 어휘풀이와 그 맥락을 짚어 주고 있다. 특히 그리스
도의 '에고 에이미'의 큰 봉우리들을 조망할 수 있게 안내하고 있다. 간결하
면서도 투명한 메시지는 복음의 핵심을 잘 드러내고 있다. 이는 저자 강영석
목사께서 말씀 중심의 예수 그리스도 영성에 투철하고, 진솔한 신앙인격의
설교자임을 증명하는 것이다. 간결한 문체와 절제된 참신한 예화, 그리고 연
역적이면서도 귀납적 결론의 단순성으로 복음의 메시지를 투명하게 표출하
고 있다.

필자는 지난 반세기 동안 문서선교의 외길을 걸으면서 한국교회의 다양한
설교를 접해 왔다. 그러면서 늘 아쉬웠던 것은, 예수 그리스도가 희석되거나
증발해 버린 설교들을 접할 때였다. 윤리적이고 모형적이며, 대중 인기에 영
합하는 만담 스타일이거나, 시사논평 같은 설교에 황당했었다.

이 설교집 「네가 믿느냐」는 '21세기에 다시 읽는 요한복음'이라는 서브타
이틀이 있다. 이 설교집이 복음의 본질로 돌아가는 바른 텍스트가 되어 주기
를 소망한다.

　사도 요한은 공관복음의 기자들이 지나쳤던 것을 수집하였고, 그들이 빠뜨린 것을 요한복음에서 말하고 있습니다. 공관 복음서 기자들은 역사만 보여주었으나, 요한은 역사의 신비까지 보여주고 있습니다. 요한은 요한복음이 공관복음서와 대립되거나, 그것들을 시정하려고 한 것이 아니라, 보충하려고 한 것입니다. 요한복음이 외견상 차이가 있는 것처럼 보이는 것은, 오히려 성육신하신 하나님의 아들의 무한히 풍부하신 생애를 표현하는 것입니다. 요한 이전의 복음서 기자들은 예수님의 육신적인 일들을 더 많이 기록한 것을 볼 수 있으나, 요한복음은 영적인 일들, 곧 복음적인 삶과 정신을 기록하고 있습니다. 우리는 예수 그리스도의 거룩하고 신성한 일들을 요한복음에서 더 확실히 볼 수 있습니다.

　교부 클레멘트(Clement)는 일찍이 요한복음을 영적복음서라고 하였습니다. 초대 교부들은 요한복음을 '하늘 문을 여는 열쇠이며, 거기서 우리가 들을 수 있는 첫 음성은 더 높이 더 가까이 오라는 하나님의 음성'이라고 하였습니다.

　요한복음은 신약에서 그 유례를 볼 수 없을 정도로 단순한 문체로 되어 있는 역사이면서 교리적 목적을 가진 책입니다. 가장 단순한 어조로 기록되어 있으면서도 가장 심오한 진리를 내포하고 있습니다. 주님께서 하나님의 말씀으로 오셔서, 그가 가르치시고 전하시며 활동하시는 일체의 일이 모두 다 하나님의 말씀이요, 계시라고 하여 그를 가리켜 하나님의 말씀이라고 하였습니다.

사도 요한은 그리스도의 인성을 부인하는 케린터스(Cerinthus)의 가현설(假現設)과 투쟁하였고, 예수님의 신성을 반대하는 에비온파(Ebionism)와 늦기까지 싸우고 교회를 진리의 기둥과 터 위에 순수하게 세워나갔습니다.

요한은 이 책의 기록목적을 이렇게 밝혔습니다. "오직 이것을 기록함은 너희로 예수께서 하나님의 아들 그리스도이심을 믿게 하려 함이요 또 너희로 믿고 그 이름을 힘입어 생명을 얻게 하려 함이니라." (요 20:31)

이 복음서의 가장 뛰어난 특징은 구원의 유일한 조건인 믿음을 생동감 있게 표현한 사실입니다. 요한은 믿음을 표현할 때 명사 피스티스(πίστις)는 단 한 번도 사용하지 않았고, '믿는다,' 는 동사형 피스튜오(πιστεύω)를 98회나 사용한 것입니다. 믿음의 종교인 기독교 신앙을 전함에 있어서, 그것을 거의 다 생동감 있는 동사로 사용한 것은 모든 복음 전파자들이 마땅히 동력적 믿음을 소유하도록 촉구하는 것이 아니겠습니까?

신학과 신앙과 윤리는 한 맥을 이루어야 하기에 오늘의 복음의 일꾼들은 사도 요한의 신학과 신앙과 사상을 따르고 항상 가까이 접근하는 것이 마땅할 것입니다. 우리는 요한복음이 이것을 요구하고 있다는 것을 믿습니다.

Contents

제1장

예수 그리스도의 때

(요 7:1~9)

요한복음 7:1~9 "그 후에 예수께서 갈릴리에서 다니시고 유대에서 다니려 아니하심은
유대인들이 죽이려 함이러라. 유대인의 명절인 초막절이 가까운지라,
그 형제들이 예수께 이르되 당신이 행하는 일을 제자들도 보게 여기를 떠나 유대로
가소서, 스스로 나타나기를 구하면서 묻혀서 일하는 사람이 없나니 이 일을 행하려
하거든 자신을 세상에 나타내소서 하니, 이는 그 형제들까지도 예수를 믿지
아니함이러라. 예수께서 이르시되 내 때는 아직 이르지 아니하였거니와 너희 때는 늘
준비되어 있느니라, 세상이 너희를 미워하지 아니하되 나를 미워하나니 이는 내가 세상의
일들을 악하다고 증언함이라, 너희는 명절에 올라가라 내 때가 아직 차지 못하였으니
나는 이 명절에 아직 올라가지 아니하노라. 이 말씀을 하시고 갈릴리에 머물러 계시니라."

우리의 때는 과거, 현재, 미래입니다.
그러나 예수님의 때는 시간 밖에 존재하고
모든 시간을 장악합니다.
하나님은 나의 인생의 시간을 장악하시고,
미리 하나님의 절대주권을 통해서 우리의 때를
정해 놓으셨습니다.
우리의 때를 주님을 위해 선용해야 합니다.

유대인들이 지킨 삼대 명절은 유월절, 맥추절, 장막절입니다. 이 삼대 명절에는 유대 모든 남자들이 예루살렘에 모입니다. 특히 초막절이라고도 하는 장막절엔 장막을 짓고 거처하면서 이스라엘 민족이 40년간 광야에서 장막을 치고 살았던 출애굽 역사를 되새깁니다. 이 장막절을 지킨 바로 다음 날부터는 추수를 시작하고 햇곡식을 하나님께 바치면서 큰 축하식을 거행한 후에 그들은 집으로 귀가합니다.

이스라엘의 큰 명절인 초막절이 가까워 올 즈음에 예수님의 육신의 동생들이 제안을 했습니다.

"그 형제들이 예수께 이르되 당신이 행하는 일을 제자들도 보게 여기를 떠나 유대로 가소서." (7:2)

예수님의 동생들도 예수님을 따르는 무리들처럼 예수님을 정치적인 메시야로 알았던 것입니다. 오병이어의 이적으로 오천 명을 먹였을 때 군중들은 예수님을 억지로 왕으로 삼고자 했습니다. 이 무리들처럼 예수님의 동생들도 예수님이 유대의 왕이 되어, 온 나라를 다스리는 메시야가 되기를 바랐습니다. 예수님은 갈릴리에서 이 요청을 받으셨습니다. 요한복음 6장에서는 예수님이 유월절, 즉 4월에 갈릴리에 계셨고, 7장에서 나오는 초막절, 즉 10월에도 갈릴리에 계셨으니, 4월부터 10월까지 약 5~6개월간 갈릴리 지방을 두루 다니시면서 전도를 한 셈이 되는 것입니다.

예수님께서 갈릴리에 계실 때에 초막절이 가까워오니 그의 동생들은 예루살렘으로 가시라고 요청했습니다. 예루살렘에서 공적으로 자신을 보이고 정치적 메시야로 군림하기를 바랐던 것입니다. 동생들은, "스스로 나타나기를 구하면서 묻혀서 일하는 사람이 없으니 예수님 자신을 세상에 나타내소서," 라고 요청했습니다. 그 형제들은 갈릴리 지방에서 예수님과 함께 거하면서도 예수님이 인간의 죄를 담당하고 십자가에서 돌아가실 메시야임을 알지 못했습니다. 그래서 예수님을 보고 명예를 얻으려면 군중이 운집해 있는 초막절에 예루살렘으로 올라가야 한다고 이야기한 것입니다. 예수님은 동생들의 이 같은 요청에, "너희들에게 적당한 때는 항상 준비되어 있지만 나에게는 적당한 때가 아직 오지 않았다,"고 대답하셨습니다. 만일 예수님께서 초막절에 일찍 예루살렘에 올라가셨다면, 공회원들에게 체포되어 즉시 죽임을 당할 수 있었기 때문에 이 사실을 미리 예견하신 주님은 거기에 올라가지 않으시는 것입니다. 예수님은 하나님의 어린양으로서 돌아가실 절기가 이번 초막절이 아니라 다음에 오는 유월절임을 알고 계셨기 때문에 예루살렘으로 가는 것을 지연하셨습니다.

예수님께서 본문에서 하신 말씀에 "내 때가 아직 이르지 아니하였다,"라고 하셨을 때, '내 때' 란 무엇을 말합니까? 때(proper time)는 헬라어 카이로스(καιρὸς)로 '적합한 때(right time)'를 가리킵니다.

하나님의 때와 우리의 때(God's time vs our time)

예수님께서 말씀하신 자기의 때와 그의 동생들의 때가 다르다는 것을 이해하려면 하나님의 때와 사람의 때가 다르다는 것을 인식해야만 합니다. 시간을 말할 때 시간이라는 개념은 창조 때에 생긴 것입니다. 하나님께서 시간을 창조하셨습니다.

"태초에 하나님이 천지를 창조하시니라" (창 1:1)

그러므로 하나님은 시간 안에 제한되시는 분이 아니고 무한성을 지닌 분입니다. 하나님은 시간 밖에 계시며 영원 전부터 계십니다. 시간을 하나님께 적용시키는 잘못을 범하지 말아야 합니다. 강이 흐르는 것을 살펴보면, 높은 산에서 시작해서 숲속을 흐르고 평야를 지나서 바다로 흘러 들어갑니다. 우리는 지도를 보고 한 눈에 강의 흐름과 방향을 알 수 있습니다. 그러나 지도를 보지 않고 강만 보면 그것이 어디로 흘러가고 어느 곳에 이르는지를 알 수 없습니다. 강이 흐르는 것을 실제로 보려면 비행기를 타고 하늘 높이 올라가야만 볼 수 있습니다. 하나님은 인간의 시간을 보실 때, 아담과 하와, 아브라함과 이삭, 십자가와 그리스도, 그리고 여러분과 나를 동시에 보십니다.

인간의 시간은 마치 원의 둘레와 같다고 할 수 있습니다. 원의 둘레에서 한 점을 과거, 다른 한 점을 현재, 그리고 다른 한 점을 미래라고 표시했을 때, 하나님께서 인간의 과거, 현재, 미래를 동시에 보실 수 있는 점이 있으니 그것이 원의 중심점입니다. 인간의 시간은 과거, 현재, 미래의 구분이 있지만 하나님에게는 그런 구분이 없습니다. 시간 밖에 존재하시고 영원이 존재하시는 분이시기 때문입니다. 하나님은 시간의 중앙에서 인간의 시간을 보시며, 역사의 중앙에서 역사를 보십니다. 하나님은 인간과 같이 시간 속에 제한되어 계신 분이 아니십니다. 시간 밖에 계시며 영원 전부터 계시므로 하나님의 예정은 하나님의 영원한 목적을 나타냅니다.

예수님께서 "내 때가 아직 이르지 아니했다,"라고 말씀하실 때, 예수님은 하나님으로서 시간을 관찰하신다는 말씀입니다. 동생들은 초막절을 맞이하여 예수님이 예루살렘에 올라가실 것을 요청했지만 주님은 초막절에 예루살렘에 올라가시지 않으셨습니다. 그것은 주님이 자기의 때를 미리 알고 계셨기 때문입니다. 곧 십자가에 죽으실 때가 이번 초막절이 아니라 앞으로 다가올 유월절 때라는 것을 이미 알고 계셨기 때문입니다. 그래서 예수님께서는 이 유월절을 기다리고 계신 것입니다.

예수 그리스도의 때

성경에서 예수 그리스도의 때는 하나님의 영원한 예정에 의해서 고정되어 있습니다. 예수님의 탄생, 생애, 죽음이 하나님의 영원한 계획에 의하여 이루어졌습니다.

"때가 차매 하나님이 그 아들을 보내사 여자에게서 나게 하시고 율법 아래에 나게 하신 것은 율법 아래에 있는 자들을 속량하시고 우리로 아들의 명분을 얻게 하려 하심이라." (갈 4:4-5)

"성경대로 그리스도께서 우리 죄를 위하여 죽으시고." (고전 15:3)

"이스라엘 사람들아 이 말을 들으라 너희도 아는 바와 같이 하나님께서 나사렛 예수로 큰 권능과 기사와 표적을 너희 가운데서 베푸사 너희 앞에서 그를 증언하셨느니라. 그가 하나님께서 정하신 뜻과 미리 아신 대로 내준 바 되었거늘 너희가 법 없는 자들의 손을 빌려 못 박아 죽였으나." (행 2:22~23)

"너희가 알거니와 너희 조상의 유전한 망령된 행실에서 구속된 것은 은이나 금 같이 없어질 것으로 된 것이 아니요, 오직 흠 없고 점 없는 어린 양 같은 그리스도의 보배로운 피로 된 것이니라. 그는 창세전부터 미리 알리신바 된 자나 이 말세에 너희를 위하여 나타내신바 되었으니." (벧전 1:18~20)

이상의 여러 성경 구절을 종합하여 볼 때, 다음과 같은 결론을 얻을 수 있습니다. 예수님의 죽음은 그의 생애에 있어서 가장 중요한 사건입니다. 그 죽음은 영원 전에 하나님이 계획하시고 미리 그 때를 결정하셨습니다. 죽음뿐만 아니고 예수님의 탄생에 대한 세밀한 사항과 그의 생애도 미리 예정되었으며, 예수님이 이 땅에 오셨을 때, 그의 생애 전부가 하나님이 예정하셨다는 것을 예수님은 의식하셨습니다. 예수께서는 "내 뜻을 이루려고 온 것이 아니라 하나님의 뜻을 이루려고 왔다,"는 것을 반복해서 말씀하셨습니다. 이런 일들이 사실이기 때문에 하나님이 예수 그리스도를 위하여 계획하신 모든 일과 성경에서 우리에게 계시한 모든 일이 성취된 것입니다.

예수님의 죽음 사건에 유대 지도자들이 개입했고 빌라도가 사형 선고를 내렸다는 것은 상대적으로 그렇게 중요한 일은 아닙니다. 중요한 것은 하나님이 예수 그리스도를 죽음에 두셨다는 것입니다. 우리의 죄를 속량하시고 우리를 구원하시기 위해 예수님을 십자가에 희생시킨 것입니다. 하나님의 이 놀라운 구원계획이 때가 되어 인간 역사에서 이루어진 것입니다. 하나님이 예정하신 때에 예수 그리스도께서 십자가를 지시고 대속의 죽음을 위해 죽으셨던 것입니다.

주님에게 정해진 시간표

본문말씀 7:6에서 예수님이 초막절에 예루살렘에 올라가야 한다고 동생들이 말했을 때 예수님은 "내 때가 아직 이르지 아니하였다,"고 말씀하셨습니다. 그러시면서 갈릴리에 그냥 머물러 계시다가 그 형제들이 명절에 올라간 다음에 예수님도 예루살렘에 올라가셨습니다. 하나님은 예수님에게 일어날 사건들을 예정하셨을 뿐 아니라, 그 사건들이 일어나는 시기까지 정확하게 예정하였습니다.

예수님이 공적으로 초막절에 자기를 유대 군중 앞에 드러내시지 않은 것은 초막절에 예수님이 나타나면 유대 공회원들이 체포하여 죽이려고 했기 때문입니다. 예수님은 이 사실을 미리 아셨고 하나님이 예정하신 죽음의 때가 초막절 때가 아님도 아셨습니다. 유대 공회원들이 아무리 예수님을 체포하여 죽이려 하여도 하나님의 때가 이르지 아니했기 때문에 그들이 예수님을 죽일 수 없었습니다. 예수님은 하나님의 때를 여러 번 강조하셨습니다. 요한복음 7:30에서, 예수님이 명절 중간에 성전에서 가르치실 때에 유대 지도자들이 예수님을 잡으려고 했습니다. 그러나 "그들이 예수를 잡고자 하나 손을 대는 자가 없으니 이는 그의 때가 아직 이르지 아니 하였음이러라,"고 하였습니다.

여러분들이 시간을 보실 때에 세상사람 같은 시간 개념을 가질 수도 있고, 예수님의 동생들과 같은 시간 개념을 가질 수도 있습니다. 그리고 예수님 같은 시간 개념을 가질 수 있습니다. 만일 우리가 주님이 가지셨던 시간 개념을 가진다면 우리의 시간은 의미 있는 시간이 될 것입니다. 그렇게 된다면 우리가 주님을 위해, 주님의 영광을 위해, 선교와 전도를 위해 좋은 기회를 포착할 수 있을 것입니다. 하나님은 나에게 일어날 사건을 예정하시고 시간까지 예정하십니다. 하나님이 나의 인생의 시간을 장악하시고 미리 하나님의 절대주권을 통해서 정해 놓으셨다는 사실을 인식한다면 하나님 앞에서 가장 뜻 깊고 가치 있는 삶의 시간을 가질 것입니다.

바울은 삶과 죽음을 동일하게 보았습니다. 그는 사는 것도 유익하고 죽는 것도 유익하다고 했습니다. 살면 전도하고 죽으면 천국에 가니까 그렇다는 의미입니다. 죽음의 시간은 하나님이 예정하시기 때문에 누구도 알 수 없습니다. 그러나 예정 사실만은 성경적입니다. 하나님께 복종하는 마음을 가질 때 우리의 삶이 가치가 있는 것입니다. 우리의 삶의 기간을 잘 선용해야 합니다. 이것이 하나님께서 우리에게 주신 기회라고 생각하시길 바랍니다.

제2장

예수에 대한 평가

(요 7:11~13)

요한복음 7:11~13 "명절 중에 유대인들이 예수를 찾으면서
그가 어디 있느냐 하고, 예수에 대하여 무리 중에서 수군거림이 많아
어떤 사람은 좋은 사람이라 하며
어떤 사람은 아니라 무리를 미혹한다 하나,
그러나 유대인들을 두려워하므로
드러나게 그에 대하여 말하는 자가 없더라."

예수님을 누구라고 평가합니까?
좋은 사람? 4대 성인 중의 한 사람?
예수님은 인간의 몸을 입고
이 세상에 오신 하나님이십니다.
우리의 죄를 사해 주시기 위해 우리에게 영생을 주시기 위해
이 땅에 오신 하나님이십니다.

유대인들은 "그가 어디 있느냐"고 하면서 예수님을 찾았습니다. 유대인들이 예수님을 찾은 것은 만나보고 싶어서가 아니라 모함하고 죽이려는 계책이 있었기 때문입니다. 요한복음 5:18에서도 유대인들이 예수님을 죽이려고 하였다고 기록하고 있습니다. 왜 그랬습니까? 예수님이 하나님을 자기의 친 아버지라고 하면서 하나님과 자기를 동등시하였기 때문입니다. 요한복음 7:25에서도 "예루살렘 사람 중에서 어떤 사람이 말하되 이는 그들이 죽이고자 하는 그 사람이 아니냐,"고 하면서 유대인들이 예수님을 죽이려고 한다는 말을 하였습니다. 이와 같이 유대인들은 예수님을 모함하려고 찾아다닐 때에 군중들은 수군거리기 시작했습니다.

'수군거리다'는 헬라어로 공구스모스(γογγυσμός)입니다. 이것은 일종의 투덜투덜하거나 중얼중얼하면서 불만스러운 투를 가진 저음을 가리킵니다. 이 말은 이스라엘 자손들이 광야에서 모세에게 불평할 때 사용된 일상적인 언어입니다. 큰소리로 공언하기는 두려워서 이렇게 불평을 낮은 소리로 투덜거린 겁니다. 군중들이 예수님께 대하여 호감을 가지고 있을지라도 유대 관원들을 두려워했기에 이렇게 들릴락 말락 한 중얼거림을 계속한 것입니다. 두려움은 사람으로 하여금 자신의 신앙을 큰소리로 나타내지 못하게 하고 불투명한 표현을 하게 됩니다. 이런 군중들의 예수님께 대한 평가가 몇 가지로 나타납니다.

좋은 사람(아가도스 'ἀγαθός')

유대군중들이 수군수군하는 말 가운데 예수는 그저 좋은 사람이라고 하면서 예수님 편에 서는 무리들이 있었습니다. 이들이 예수님은 좋은 사람이라고 평가한 것은 도덕적으로 악을 행치 아니하고 선과 정의를 행하는 사람이라는 뜻입니다. 예수님은 불쌍한 자를 도우셨습니다. 병자를 고쳐주시고 고아를 돌보았으며 과부를 도와주었고 소외당한 죄인들을 만나주시고 그들의 말벗이 되었습니다. 예수님은 또한 배고픈 군중을 먹여주시고 아무런 보상도 요구하지 않으셨습니다. 오병이어로 오천 명을 먹이시고 칠병이어로 사천 명을 먹이셨습니다. 그래서 군중들 일부는 예수님을 도덕심이 많은 사람이고, 사랑을 베푸는 사람이라고 평가했던 것입니다.

예수님의 이 같은 평가는 지금도 계속되고 있습니다. 어떤 사람은 예수님을 사대성인의 한 분으로 말하고, 예수님은 도덕심이 충만한 분, 하나님을 가장 많이 닮은 자로서 사람의 모범이 된다고 하기도 합니다. 이런 평가는 완전한 진리가 아닙니다. 나폴레옹은 "나는 한 사람을 알고 있다. 그 사람은 바로 예수인데, 예수 그리스도는 인간 이상의 분이다,"라고 했습니다. 군중들은 예수님을 인간 이상으로 보지 않았고 인간 이하로도 보지 않았습니다. 인간들 중에 선한 부류에 속하는 자라고 생각했습니다. 예수님의 탄생과 생애, 대인관계와 목표가 다른 인간들과 똑같지만 선한 분이라는 평가입니다.

오늘날도 예수 그리스도의 동정녀 탄생과 무죄성, 죽음에서의 부활과 재림을 불신하면서 그저 인간으로서의 선함을 이야기하는 사람들이 많습니다. 이런 사람들은 성경의 한 부분만을 끊어서 자기에 맞게 해석합니다. 즉 '산상보훈의 교훈을 주신 예수님은 선한 분이시다,' 라든지 '오른편 뺨을 때리면 왼편 뺨까지 내밀어라', 또는 '오리를 가자고 하면 십리를 함께 가라', '겉옷을 달라면 속옷까지 내주어라' 라는 구절들을 끊어서 인간의 잣대로 예수님을 선한 인간이라고만 생각합니다.

그러나 예수님은 단순한 좋은 사람이 아니고 바로 하나님이십니다. 예수님께서 말씀하시길, "나는 생명의 떡이고, 세상의 빛이고, 양의 문이고, 길이요, 진리요, 생명이며, 부활이다,"라고 하셨습니다. 이것은 하나님의 이름인 '나는 …이다' 의 형식으로 '나는 곧 나이다(I am that I am)' 라고 모세에게 대답하신 그 하나님을 말씀하시는 것입니다. 예수님은 "모세가 내게 대하여 기록하였다,"라고 요한복음 5:46에서 말씀하셨습니다. 유대인들이 가장 존경하는 인물인 모세가 예수님에 대해 기록하였다는 것입니다. 그리고 덧붙이십니다. "너희가 모세를 믿었다면 또한 나를 믿었으리라,"고 하셨습니다.

또 예수님은 "내가 아브라함보다 이전에 존재했다,"고 요한복음 8:56에서 말씀하십니다. 예수님은 죄를 사해 주시는 분이십니다. 죄를 사해 줄 수 있는 사람은 아무도 없습니다. 죄를 사해줄 수 없는 것이 인간입니다. 그러나 예수님은 우리의 죄를 사해주십니다. 예수님은 종종 "네 죄 사함을 받았느니라"라고 말씀하십니다. 나니아 연대기를 지은 소설가 루이스(C.S. Lewis)는 이렇게 말했습니다. "죄를 사해준다고 말할 수 있는 분이 하나님이 아니라면, 그는 정말로 희극처럼 비상식적일 것이다." 이렇게 예수님은 우리의 죄를 사해주실 수 있는 하나님이십니다.

무리를 미혹하게 하는 사람

예수님을 그저 선하다고 평가한 사람들과는 정반대로 예수님을 평가한 사람들이 있습니다. 그들은 예수님은 무리를 선동시키는 자요, 잘못된 길로 인도하는 자라는 평가를 내린 자들입니다. 이것은 누가복음 23:2에서 나온 말과 같은 맥락입니다. 무리들이 빌라도에게 예수님을 고소하면서 하는 말이 "이 사람이 무리를 미혹케 한다,"라고 했습니다. 네로나 히틀러는 예수님을 사기꾼, 과대망상증에 걸린 자, 거짓 선지자라고 악평했습니다. 요한복음 7:20에서는 무리들이 예수님을 귀신들린 자라고 욕하였습니다. 곧 예수님을 미친 사람이라고 악평했던 것입니다.

유대지도자들은 예수님이 안식일에 38년 된 병자를 고쳐주었다고 '안식일을 범한 자'라고 비난했고, 세리 삭개오의 집에서 음식을 함께 먹었다고 해서 '먹기를 탐하는 자'라고 했으며, 요한복음 8장에서 간음죄로 현장에서 잡힌 현장범을 용서해 주었다고 해서 '가장 평판이 나쁜 인간들을 가까이 하는 자'라고 했고, 또한 '정통 종교를 파괴하는 자'라고 악평을 했습니다.

만일 예수님을 사기꾼이라고 한다면 진짜 사기를 잘 치는 사람이거나 선한 사람이 아니겠습니까? 그런데 잠시 정신을 가다듬고 생각을 해 보시기 바랍니다. 예수님에 대한 이 같은 평가가 다신론의 우상을 섬기던 로마나 헬라에서 나온 것입니까? 아닙니다. 오직 하나님을 섬긴다고 하는 유대인들 사회에서만 이런 평가가 있었습니다. 오직 과대망상에 사로잡혔던 유대인들에게만 이런 평가가 있었던 것입니다. 거꾸로 말한다면 예수님은 사기꾼이나 미혹케 하는 자라는 평가가 사실이 아니라면, 예수님은 좋은 사람입니다. 예수님이 귀신 들린 사람이란 평가가 틀린다면, 예수님은 하나님이시란 말입니다. 예수님이 미친 자라는 평가가 맞지 않다면, 예수님은 완전한 분이라는 말입니다. 예수님은 죄가 없는 분입니다. 예수님은 근본 하나님의 본체를 지니신 분이십니다. 그리고 완전하신 분이십니다. 생각해 보시기 바랍니다. 예수님은 권력을 차지할 수 있는 때에 오히려 십자가를 택하셨습니다. 예수님은 정복자로서 왕이 될 수 있는 때에 오히려 고난의 종이 되었습니다. 예수님은 모든 사람들을 자기 발아래에 무릎을 꿇게 할 수 있는 때에 제자들의 발을 씻어주었습니다. 예수님은 세상 전부를 자기의 노예로 만들 수 있었던 분이셨지만, 예수님은 인간을 섬겼고 인간을 위해 죽으셨습니다.

유대군중들의 일부와 유대 관원들과 지도자들은 완전하시고 거룩하시고 성결하신 예수님을 잘못 보았고, 크게 잘못 생각했습니다. 그래서 선하신 예수님을 악하다고 평가했고, 진정한 메시야를 선동자로 평가했고, 완전하신 예수님을 미친 자, 귀신 들린 자라고 평가했습니다. 이 세상에서 가장 어려운 일의 하나는 어떤 사람이든지 자신이 틀렸다고 하는 것을 인정하는 일입니다. 셰익스피어의 이야기들(Tales from Shakespeare)을 지은 찰스 램(Charles Lamb)은 이렇게 말했습니다. '만일 셰익스피어가 이 방에 들어온다면 모든 사람들이 자리에서 일어나서 경의를 표할 것입니다. 그러나 만일 예수 그리스도가 이 방에 들어오신다면 모두 무릎을 꿇어야만 할 것입니다.' 왜냐하면 예수님은 우리들의 구주이신 그리스도시며 하나님이시기 때문입니다.

제3장

사람의 교훈 하나님의 교훈

(요 7:14~18)

요한복음 7:14~18 "이미 명절의 중간이 되어 예수께서 성전에 올라 가사 가르치시니,
유대인들이 놀랍게 여겨 이르되 이 사람은 배우지 아니하였거늘
어떻게 글을 아느냐 하니, 예수께서 대답하여 이르시되
내 교훈은 내 것이 아니요 나를 보내신 이의 것이니라.
사람이 하나님의 뜻을 행하려 하면 이 교훈이 하나님께로부터 왔는지
내가 스스로 말함인지 알리라. 스스로 말하는 자는 자기 영광만 구하되
보내신 이의 영광을 구하는 자는 참되니 그 속에 불의가 없느니라."

인간의 교훈은 인간이 중심이 되어 모든 것을 평가합니다.

하나님의 교훈은 하나님이 중심이십니다.

인간의 교훈은 만족이 없습니다.

하나님의 교훈은 만족이 있습니다.

어느 교훈을 따르시겠습니까?

명절 중간에 예수님께서 예루살렘에 올라가셨습니다. 이 명절은 초막절을 가리키며 중간이라는 것은 명절 제 4일째를 가리킵니다. 이때 유대인들은 "이 사람이 배우지 아니 하였거늘 어떻게 글을 아느냐"고 이상하게 생각했습니다. 유대사회의 교육제도는 6세에 회당에서 율법을 배우는 것으로 시작합니다. 고등교육은 예루살렘에서 시행되었습니다. 거기에는 초등학문을 배우는 서책의 집(Beth Hassepel)과 고등학문을 배우는 설명의 집(Beth Hattalmud), 그리고 전문 학문을 배우는 연구의 집(Beth Hammidrash)이 있었습니다. 그러나 예수님이 이런 정규적인 교육을 받으셨다는 기록이 없습니다. 유대인들은 예수님이 학문이 없는 사람이라고 비평하면서 멸시했습니다. 베드로와 요한도 산헤드린 앞에서 비난을 당할 때에 같은 말을 들었습니다. 이들은 학문이 없는 자라는 비평과 멸시를 받았습니다.(행 4:13)

예수님은 랍비 학교에 다니신 적도 없습니다. 유대사회에서는 위대한 랍비들 중 한 사람에게 사사한 사람만이 성경을 설명하고 율법에 대해서 말할 수 있는 자격이 주어지는 것이 관례였습니다. 랍비는 언제나 자신의 권위로 말하지 않았고 언제나 '가르치시는 바' 라는 말로 시작했습니다. 곧 랍비들은 스승의 말을 인용하고 권위 있는 선배들의 말을 인용했습니다. 그런데 예수님은 갈릴리 목수로써 전혀 랍비 학교에서 교육이나 훈련도 받지 않았는데 감히 그들에게 모세의 말을 인용하고 설명하고 가르쳤습니다. 이런 예수님에 대하여 그들은 비평과 멸시의 말을 던졌습니다. "이 사람이 배우지 아니 하였거늘 어떻게 글을 아는가," 라고 했습니다.

사실 예수님은 12살 되었을 때 예루살렘의 학자들을 놀라게 했습니다. 유월절에 예루살렘에 올라가 서기관들과 성경을 언급했습니다. 우리는 요한복음 7:12~13에 초막절의 유대 군중들이 "예수님이 누구인가?" 하는 질문을 했다는 것을 살펴보았습니다. 이것은 예수님의 인격에 관한 질문이었습니다. 그들은 예수님을 좋은 사람, 사람들을 미혹하게 하는 자, 속이는 자, 과대망상중 환자, 귀신들린 자, 미친 자라고 비평했습니다. 그러나 예수님은 하나님이십니다.

하나님께로부터 온 교훈

이번에는 유대지도자들이 그의 가르침에 대해서 질문을 던집니다. 유대인들은 예수님이 주는 교훈에 대해 "저 교훈이 진실인가? 저것을 믿을 수 있나?" "이 사람이 배우지 아니 했는데 어떻게 글을 아는가?" 하는 질문을 했습니다. 이럴 때 예수님은 유대인들의 교묘한 질문의 술책에 걸려들지 않았습니다. 예수님이 '나는 선생이 필요 없다, 나는 내 자신 이외에 그 누구에게서도 내 가르침과 내 지혜와 내 주장을 받지 아니했다,' 라고 말할 수도 있었지만 그렇게 하지 않으셨습니다. 유대인들이 바라고 기대하던 말이 바로 이런 말이었기 때문입니다. 만일 이런 말을 했다면 유대인들은 한 마디로 경멸하고 비난했을 것입니다. 예수님은 유대인들의 질문을 바로 파악했습니다. 그들의 질문 내용은 '예수님의 선생이 누구인지, 무슨 권위로 성경을 해석하고 가르치는지,' 였습니다. 예수님은 이런 것을 다 아시고 그들이 원하는 대답을 하지 않고 오히려 "나의 교훈과 권위는 하나님의 것이다,"고 대답하셨습니다.

예수님은 결코 스스로 배운 것이라고 주장하지 않으셨습니다. 하나님의 가르침을 받았다고 말했습니다. 예수님은 여러 번에 걸쳐서 이 사실을 말씀하셨고 주장하셨습니다.

"내가 내 자의로 말한 것이 아니요 나를 보내신 아버지께서 내가 말할 것과 이를 것을 친히 명령하여 주셨으니." (요 12:49)

"내가 아버지 안에 거하고 아버지는 내 안에 계신 것을 네가 믿지 아니하느냐 내가 너희에게 이르는 말은 스스로 하는 것이 아니라 아버지께서 내 안에 계셔서 그의 일을 하시는 것이라.”(요 14:10)

본문말씀 요한복음 7:16은 “예수께서 대답하여 이르시되 내 교훈은 내 것이 아니요 나를 보내신 이의 것이니라,”는 대답입니다. 예수님의 교훈은 어떤 유명한 랍비에게서 배운 것이 아니라 하나님께로부터 받은 것이라는 말씀입니다. 곧 예수님은 하나님으로서 성경을 가르치고 설명하고 증언한다는 것입니다. 하나님으로부터 온 말씀을 전해야 하는 것이 기독교의 교육입니다. 내 스스로 해석하는 것은 절대로 불가능합니다. 내 스스로 성경을 해석하고 내 주관대로 할 때에는 문제가 생기게 됩니다.

인간의 교훈 대 하나님의 교훈

인간의 교훈은 인간을 중심으로 모든 것을 평가합니다. 그러나 하나님의 교훈은 하나님이 모든 것을 평가하십니다. 이 두 교훈에는 엄청난 차이가 있습니다. 이렇게 인간 중심에서 하나님을 생각할 때, 철학에서는 신을 이데아(Idea), 동력인(Prime mover), 제일 원인(the first cause), 절대자(the absolute) 등 비인격적인 신을 만들어 냅니다. 하지만 성경에서 하나님은 창조주이시고, 거룩하시며 절대 주권을 지닌 하나님이시고, 영원과 역사의 절대 주권을 지니신 분이시고, 계시의 하나님이시며 인격적인 신이십니다.

제사나 제물에 대한 의미도 인간의 입장으로 인간 중심에서 볼 때, 번제, 화목제, 소제, 속죄제, 속건제 등으로 수많은 제물이 희생됩니다. 그러나 그들은 하나님께서 그들에게 계시하신 것을 알지 못합니다. 하나님께서는 대속 희생(vicarious sacrifice)을 계시했지만 그들은 그것을 생각하지 않습니다. 하나님께서 완전하고 흠 없는 양인 그의 아들을 보내어 세상의 죄를 대신해서 희생될 것이라는 하나님의 예정을 전혀 이해하지 못하고 그저 수많은 제물을 바쳐서 제사를 지냅니다.

　그리스도의 교훈의 진위 판결방법이 있습니다. 사람의 교훈이 하나님께로부터 왔는지 아니면 스스로 말하는지 알려면, 하나님의 뜻을 행하려는 열망을 가졌는지를 봐야 합니다. 예수님은 자신의 가르침을 하나님의 교훈이라고 증거 하고 있습니다. 내 교훈이 아니요, 하나님께로부터 받은 것이라고 했습니다. 하나님의 교훈을 이해하려면 하나님의 뜻을 행하여야 한다고 주장하십니다. 인생의 삶에 있어서도 행함으로 배우는 일이 많습니다. 의사가 외과 수술을 할 때 교과서를 통해서 우선 배워 수술 이론을 알지만 그것만으로 수술을 할 수 있는 것은 아닙니다. 수술 실습을 통해서 수술을 배워야 합니다. 자동차 엔진 조작법도 이론만 배워서는 엔지니어가 될 수 없습니다. 실제로 엔진을 만지고 다루어서 행함으로 배우는 것입니다. 우리가 운전을 배울 때도 똑같요. 운전 필기시험인 운전 퍼밋만 가지고서는 운전을 할 수 없습니다. 실제로 차를 몰고 실습을 통해서 배워야만 운전을 할 수 있는 것입니다. 이론과 실습이 겸비되어야 비로소 완전한 지식이라고 할 수 있습니다.

　크리스천 생활도 똑같습니다. 성경을 다 알고 난 후에 믿겠다고 하는 사람은 절대로 믿을 수 없습니다. 성경을 다 알 때까지 기다리겠다는 사람도 절대로 믿을 수 없습니다. 우리가 하나님의 뜻과 구원의 진리를 배우고 아는 대로 행할 때에 진리를 분명하게 체득할 수 있는 것입니다. 우리는 행함으로 배웁니다. 만일 우리가 이해할 수 없는 기독교 교리가 너무나 많아서 크리스천이 될 수 없다고 하면서, 그것을 모두 이해할 때까지 기다리겠다고 한다면 우리는 결코 죽을 때까지 그것을 이해하지 못할 것입니다. 그러나 우리가 지금 여기서 크리스천의 삶을 살아가려고 노력하고 출발한다면, 시간이 감에 따라 더 많은 기독교의 진리를 터득합니다. 다른 모든 일에 있어서와 같이 기독교에 있어서도 배우는 길은 행하는 데에 있습니다.

하나님의 교훈에는 만족이 있으나 세상의 교훈에는 만족이 없습니다. 인간의 사상과 교훈 속에는 진정한 만족이 없고, 어떤 위기를 만날 때에는 인간의 교훈과 인간의 사상만을 가지고서는 위로를 받을 길이 없습니다.

어떤 천주교 신자인 조각가의 이야기가 있습니다. 그 조각가가 죽어가고 있을 때였습니다. 신부가 방문해서 마지막 종부성사(final unction)를 하게 되었습니다. 신부가 그 조각가에게 아름다운 십자가상을 쳐들고서는 "당신을 위해 죽으신 하나님을 바라보시오,"라고 했습니다. 그러자 조각가가 그 십자가상을 쳐다보면서 소리쳤습니다. "내가 그것을 만들었습니다." 조각가의 손으로 만든 십자가상이 죽어가는 조각가에게는 아무런 유익이 되지 못했습니다. 십자가상이 완전한 의미를 알지 못하는 사람에게는 그것은 그저 예술적 가치나 또는 미적 표현이라고 밖에는 생각할 수 없습니다. 그러나 믿음을 가진 사람에게 그것은 바로 우리에게 구원의 생명을 주시는 하나님의 손길이라는 사실을 굳게 믿게 되는 것입니다.

제4장

예수의 합리적 논증

(요 7:19~24)

요한복음 7:19~24 "모세가 너희에게 율법을 주지 아니하였느냐 너희 중에 율법을
지키는 자가 없도다 너희가 어찌하여 나를 죽이려 하느냐. 무리가 대답하되 당신은
귀신이 들렸도다 누가 당신을 죽이려 하나이까. 예수께서 대답하여 이르시되
내가 한 가지 일을 행하매 너희가 다 이로 말미암아 이상히 여기는도다. 모세가 너희에게
할례를 행했으니(그러나 할례는 모세에게서 난 것이 아니요 조상들에게서 난 것이라)
그러므로 너희가 안식일에도 사람에게 할례를 행하느니라.
모세의 율법을 범하지 아니하려고 사람이 안식일에도 할례를 받는 일이 있거든 내가
안식일에 사람의 전신을 건전하게 한 것으로 너희가 내게 노여워하느냐.
외모로 판단하지 말고 공의롭게 판단하라 하시니라."

예수님께서는 율법에 대해서 합리적인 논증을 하셨습니다.

율법은 우리의 죄를 깨닫게 합니다.

율법은 우리를 완전하게 합니다.

그러나 율법은 우리의 구원이 우리의 행함이 아닌

우리의 믿음에서 이루어진다는 것을

예수님께서 논증하셨습니다.

사람은 합리적으로 생각하는 두뇌를 가지고 있습니다. 곧 어떤 사람의 이야기가 이치에 맞느냐 그렇지 않느냐를 판단하는 능력을 가지고 있다는 말입니다. 어떤 사람의 말이 합리적이 아닐 때에 우리는 그 사람의 말이 앞뒤가 맞지 않는다고 말합니다. 사람은 또한 논리적으로 사고하는 본능을 지니고 있습니다. 사람은 하나님의 형상으로 창조되었으니 논리적으로 생각합니다. 예를 들어 사람이 하나님의 형상으로 창조되었으니, 황인종, 백인종, 흑인종 모두가 하나님의 형상으로 창조되었고, 어른, 아이도 사람이니 모두 하나님의 형상으로 창조되었으며, 남자도 여자도 사람이니 남자도 여자도 모두 하나님의 형상으로 창조되었다고 논리적으로 생각합니다. 그러나 합리적이 아닌 말이나 논리에 맞지 않는 말을 하거나 이치에 맞지 않는 말과 행동을 하는 맹랑한 인간도 있습니다.

아무리 학식이 있고 지식이 많다고 해도, 그리고 신앙생활을 잘한다고 해도 합리적으로 생각을 하지 않고 논리에 맞지 않는 생각과 말을 할 때, 그 사람의 말을 아무도 신용하지 않습니다. 그런 사람은 인격적으로 천대와 무시를 받을 수밖에 없습니다.

본문말씀 19~24절의 내용은 예수님과 유대 지도자들 사이에 있었던 대화입니다. 예수님의 변론을 세밀하게 기록해 놓았습니다. 곧 예수님이 유대 지도자들이 합리적으로 생각하지 않고 이치에 맞지 않게 말하는 것을 비평하면서 예수님 자신의 주장을 그들이 알아듣도록 논리정연하게 말씀하셨습니다.

율법에 대한 합리적 논증

본문 말씀 19절에 "모세가 너희에게 율법을 주지 아니하였느냐. 너희 중에 율법을 지키는 자가 없도다. 너희가 어찌하여 나를 죽이려고 하느냐?"고 주님은 말씀하였습니다. 유대지도자들은 예수님의 가르침을 그대로 받고 순종하려고 하지 않았습니다. 예수님의 교훈을 트집 잡고 틈만 있으면 함정에 빠뜨리려고 애를 썼습니다. 곧 예수님의 단점이나 결점만 발견하려고 혈안이 되어 있었습니다. 그러나 예수님께서 처음부터 끝까지 논리적으로 빈틈 없이 말씀을 가르치고 말씀을 전개해 가시니까, 그들은 더 이상 트집을 잡을 수가 없었습니다. 그래서 예수님을 죽여 버려야 하겠다고 공동모의를 했습니다. 요한복음 5:18에는 "예수를 죽이고자 하였다,"라고 했고, 요한복음 7:1에서도 "예수님이 초막절에 예루살렘에 올라오시면 체포하여 죽이려고 하였다,"고 하였습니다.

예수님은 하나님으로서 악한 유대지도자들의 심리상태를 파악하시고 "모세가 너희에게 율법을 주지 아니하였느냐?" 물으셨습니다. '율법을 알고 율법을 이야기하고 율법에 대한 지식은 많으면서도 왜 지키지 아니하느냐?' 라는 꾸지람입니다. 마태복음 23:3~4에서 예수님은 "그러므로 무엇이든지 그들이 말하는 바는 행하고 지키되 그들이 하는 행위는 본받지 말라 그들은 말만 하고 행하지 아니하며, 또 무거운 짐을 묶어 사람의 어깨에 지우되 자기는 이것을 한 손가락으로도 움직이려 하지 아니하며,"라고, 또 마태복음 23:13절에서 "화 있을진저 외식하는 서기관들과 바리새인들이여,"라고 그들을 꾸짖으십니다.

유대지도자들이 예수님을 죽이려고 함은 곧 율법을 범하는 행위입니다. 제 6계명, 살인하지 말라는 계명을 범하는 것입니다. 그들은 너무나 잘 알고 외우고 이야기하지만 이 계명을 지키지 않았습니다. 이들은 앞뒤가 맞지 않고 이치에 맞지 않는 생활을 했습니다. 하나님의 율법을 알고도 행하지 아니하고 불합리한 생각과 주장을 하면서 예수님께 대항했습니다.

예수님은 이들의 심중과 의도를 다 아시고 "왜 너희들이 나를 죽이려 하느냐?" 고 하십니다. 죽이려 하는 마음은 바로 하나님의 율법을 범하는 것이라고 하시는 것입니다. 예수님의 이 말씀이 유대인들의 잘못을 논리적으로 증명하고 있습니다.

예수님의 이 논리적 말씀에 대하여 유대지도자들은 당황했습니다. 본문말씀 20절에 그들의 반응이 나타납니다. "당신은 귀신이 들렸도다 누가 당신을 죽이려 하나이까?" 라고 정색을 하면서 다시 반문했습니다. 예수님의 논리적인 말씀에 답변이 궁색해진 유대지도자들은 예수님을 미쳤다고 몰아 붙였습니다. 그들은 예수님을 정신병자로 몰아붙이고 피해망상증 환자라고 주장했습니다.

우리들 가운데도 이런 모습을 흔히 볼 수 있습니다. 어떤 사람이 어떤 사건에 대하여 논리정연하게 이론을 전개하고 건설적인 주장을 할 때, 다른 사람이 그 사람의 이론에 대해 합리적인 답변과 대항을 할 수 없으면 인신공격으로 나옵니다. 그 이론에 대하여 정당한 반대 이론을 펴지 못하고 그 사실을 논리적으로 이야기하는 사람에 대해 욕을 하며 신랄하게 인신공격성의 비난을 하는 것을 종종 봅니다. 이런 일은 너무나 비신사적이고 억지 행동입니다. 이런 사람은 신용을 잃게 되고 존경을 받지 못하고 소외될 수밖에 없습니다.

안식일과 할례에 대한 합리적 논증(22~23절)

할례는 하나님께서 아브라함에게 주신 성약(聖約, 성스러운 약속, covenant)입니다. 남자 아기는 태어난 후 8일 만에 양피를 베도록 하였습니다(레 12:3). 그런데 제 8일 되는 날이 안식일이 되기도 했습니다. 그렇기에 할례는 안식일에 행해도 된다고 규정되었고, 유대인들의 법전인 미쉬나에도 성문화되어 있습니다. 그래서 유대인들은 안식일에도 할례를 행했고 할례를 행하는 것이 죄가 아니라고 했습니다. 이에 대해 예수님은 이렇게 논증하셨습니다.

"너희는 모세를 통해 너희에게 전해온 율법을 완전히 준수한다고 말한다. 너희는 안식일에는 아무 일도 할 수 없으며, 생명을 구하는데 필수적인 일만 해야 한다고 주장한다. 그러나 너희들은 안식일에 할례는 행할 수 있는 것으로 아주 명료하게 허락해 왔지 않느냐? 그렇다면 너희가 안식일에 신체의 한 부분을 절단하는 것은 인정하면서도 안식일에 사람의 몸 전체를 회복시키고 건강하게 하는 나를 비난할 수 있느냐? 너희는 스스로 모순을 저지르고 율법을 범하고 있다," 라고 논증하셨습니다.

할례는 사람의 신체 일부분을 잘라내는 의료행위입니다. 유대인은 신체를 248부분으로 나눌 수 있다고 생각했는데 그 중에 할례도 아기의 양피를 절단하는 엄연한 수술행위입니다. 그들은 이런 수술행위를 안식일에 행해도 된다고 규정해 놓았던 것 입니다. 예수님께서는 요한복음 5:1에서 38년 된 병자를 안식일에 고쳐주심으로 비난을 받았고 그들은 예수님을 향하여 안식일을 범한 자라고 했습니다. 만일 안식일에 할례를 시행하는 것이 합법이라면 신체를 완전하게 고치는 행위도 합법이어야 합니다. 예수님은 이렇게 유대지도자들에게 도전을 했습니다. "너희가 안식일에도 사람에게 할례를 행하느니라. 모세의 율법을 범하지 아니하려고 사람이 안식일에도 할례를 받는 일이 있거든 내가 안식일에 사람의 전신을 건전하게 한 것으로 너희가 내게 노여워하느냐," 하시면서 "외모로 판단하지 말고 공의롭게 판단하라,"고 꾸짖었습니다. 예수님은 이처럼 예리하고 정확한 합리적 논증으로 유대지도자들을 꼼짝 못하게 패배시켰습니다. 자기들 나름대로 박식하고 우월하다는 자만심에 가득 찬 바리새인, 서기관, 제사장들에게 현명한 논증으로 공격했습니다. 예수님의 이 같은 합리적 논증에 그들은 답변할 논증을 찾지 못했습니다.

하나님께서 율법을 주신 목적

하나님이 우리에게 율법을 주신 것은 죄를 깨닫게 함입니다. 율법은 사람을 저주합니다. 갈라디아서 3:13에서는 "그리스도께서 우리를 위하여 저주를 받은바 되사 율법의 저주에서 우리를 속량하셨으니 기록된바 나무에 달린 자마다 저주 아래에 있는 자라 하였음이라,"고 하였습니다. 예수님께서 율법의 저주에서 우리를 속량하셨다는 말씀입니다. 다윗이 밧세바를 취하여 범죄 했을 때 나단 선지자가 그 일을 비유로써 말하니 "이 일을 행한 자는 반드시 죽어야 한다,"면서 다윗은 자기가 한 일을 깨닫지 못하고 모르고 소리쳤습니다. 나단 선지자가 "당신이 바로 그 사람이다,"라 말하는 순간 다윗은 자기의 죄를 깨우쳤습니다. 이렇게 하나님의 법을 어기면 저주가 오고 죽음을 받게 됩니다.

율법은 사람에게 완전함을 요구합니다. 율법을 지킴으로 완전해 질 수 있다고 믿은 자들이 유대인 서기관, 바리새인, 제사장들이었습니다. 그러나 사람은 율법을 완전히 다 지킬 수 없습니다. 성경은 "율법을 하나라도 범하면 전체를 범한 것과 같다"고 합니다. 야고보서 2:10에서 "누구든지 온 율법을 지키다가 그 하나를 범하면 모두 범한 자가 되나니,"라고 하였습니다. 예수님의 율법 해석은 죄의 동기문제를 취급하십니다. 즉 "다른 사람을 미워하는 자는 벌써 살인한 자,"고 살인죄를 말씀하셨고, "음욕을 품은 자는 벌써 간음 한 자,"고 간음죄에 대해 말씀하셨습니다. 하나님의 율법은 완전합니다. 그러나 인간은 불완전한 존재입니다. 어떻게 완전한 율법을 불완전한 인간이 완전히 지킬 수 있습니까? 그러므로 율법에 의지하는 자는 율법의 저주를 받을 수밖에 없습니다. "그러므로 율법의 행위로 그의 앞에 의롭다 하심을 얻을 육체가 없나니 율법으로는 죄를 깨달음이니라,"고 로마서 3:20에 율법을 정의했습니다.

하나님께서 우리에게 율법을 주신 목적은 구원의 방법은 행함으로가 아니요, 믿음으로 된다는 것을 가르치시기 위함입니다. 율법은 사람들로 하여금 그들의 희망 없는 상태를 확신시키기 위해 주어진 것입니다. 그러므로 사람은 인간 자신의 노력으로 구원받을 수 없고 하나님의 은혜로 구원받을 수 있다는 것을 발견하게 합니다. 우리가 거울을 볼 때 거울은 우리 자신의 있는 그대로의 모습을 보여줍니다. 일하고 땀 흘린 모습이라면 거울은 그 모습 그대로를 보여주는 것입니다. 거울의 목적은 더러운 얼굴을 씻어주는 것이 아니라 그것을 보여주고 발견하게 하는 것입니다. 이런 거울이 바로 율법과 같습니다. 거울로 얼굴을 씻을 수는 없습니다. 마찬가지로 율법으로 우리의 더러운 마음을 씻을 수는 없습니다.

구약시대에도 하나님께서는 구원의 모형을 가르쳐 주셨습니다. 그것은 희생 제사를 통해서였습니다(레 16:22). 제사를 위해서 2마리의 염소를 희생염소로 택하는데 한 마리는 아사셀 양으로 안수하여 무인지경의 광야로 내어 보냅니다. 그리고 한 마리는 그 희생의 죄를 대제사장이 속죄제단에 뿌립니다. 하나님께서는 모세를 통하여 율법을 주셨습니다. 동시에 아론을 제사장으로 세워 하나님의 은혜를 깨닫게 하셨습니다.

고린도후서 5:21에는 "하나님이 죄를 알지도 못하신 이를 우리를 대신하여 죄로 삼으신 것은 우리로 하여금 그 안에서 하나님의 의가 되게 하려 하심이라,"고 하였습니다. 율법의 저주 아래서 죽을 수밖에 없는 우리를 구원하기 위해 예수님은 하나님의 완전한 어린 양으로 오셨습니다. 율법의 저주 아래 죽어가는 유대인들은 율법을 악용하여 예수님을 죄인으로 몰아붙이고 예수님을 죄인으로 증명하려 했습니다. 무지하고 불쌍한 존재들이었습니다.

우리는 하나님께서 왜 율법을 주셨는가를 알고 주님의 십자가 은혜에 다시 한 번 감격하고 살아야 하겠습니다. 합리적인 사고, 논리적인 사고를 가진 사람이 되어야 하겠습니다. 이치에 맞고 앞뒤가 맞는 주장을 해야만 하겠습니다.

제5장

제 5장 이 사람이 그리스도인가?

(요 7:25~31)

요한복음 7:25~31 "예루살렘 사람 중에서 어떤 사람이 말하되 이는 그들이 죽이고자
하는 그 사람이 아니냐, 보라 드러나게 말하되 그들이 아무 말도 아니하는도다
당국자들은 이 사람을 참으로 그리스도인 줄 알았는가. 그러나 우리는 이 사람이
어디서 왔는지 아노라 그리스도께서 오실 때에는 어디서 오시는지 아는 자가 없으리라
하는지라. 예수께서 성전에서 가르치시며 외쳐 이르시되 너희가 나를 알고 내가
어디서 온 것도 알거니와 내가 스스로 온 것이 아니니라 나를 보내신 이는 참되시니
너희는 그를 알지 못하나, 나는 아노니 이는 내가 그에게서 났고 그가 나를 보내셨음이라
하시니, 그들이 예수를 잡고자 하나 손을 대는 자가 없으니 이는 그의 때가 아직 이르지
아니하였음이러라. 무리 중의 많은 사람이 예수를 믿고 말하되 그리스도께서 오실지라도
그 행하실 표적이 이 사람이 행한 것보다 더 많으랴 하니,"

예수님은 참되신 성부 하나님께로부터 오셨습니다.
예수님의 근원은 하나님이십니다.
진리는 주님만이 나의 구주시라는 것을 고백하는 것입니다.

예수님이 초막절에 상경하여 성전에서 변론하시면서 가르치신 변론을 세 단계로 분류할 수 있습니다. 이 변론의 주제는 그리스도의 자기 증언입니다. 첫 번째는 유대인과 유대지도자들을 상대한 변론이고, 두 번째는 예루살렘 주민들을 상대로 한 것이고, 세 번째는 제사장들과 바리새인들을 상대해서 변론한 것입니다. 오늘은 요한복음 7:25~31에 예루살렘 주민들을 상대하여 변론한 예수님의 변론을 살펴보겠습니다. 이 변론은 예루살렘 주민들이 던진 질문을 중심으로 엮어가고 있습니다.

예루살렘 주민들은 예수님께서 성전 경내에서 가르치시는 것을 보고 놀랐습니다. 예루살렘 성전에는 이방인의 뜰이 있습니다. 이 뜰 양편을 따라서 두 줄의 커다란 기둥으로 된 주당과 솔로몬 행각이 있습니다. 이곳은 사람들이 산책하거나 소요하는 곳이고, 랍비들이 말하는 곳인데 이곳에서 예수님이 백성들을 가르쳤다고 보고 있습니다. 예루살렘 주민들은 예수에 대한 당국자들의 적의를 잘 알고 있었기에 당국자들을 조금도 개의치 아니하고 무시해 버리는 예수님의 용기를 보고 놀랐습니다. 그 보다도 예수님이 그들의 아무런 제재를 받지 아니하고 거침없이 가르치시는 것을 보고 더욱 놀랐습니다.

당국자들이 죽이려고 하는 사람

본문말씀 25절에 "예루살렘 사람 중에서 어떤 사람이 말하되 이는 그들이 죽이고자 하는 그 사람이 아니냐,"라 하였습니다. 사도 요한은 이 물음에 대한 직접적인 답변을 기록하지 않았습니다. 그 이유는 당국자들이 예수님을 죽이려고 한 것은 너무나 분명한 사실이었기 때문입니다. 예수님은 무죄하신 하나님의 아들이신데도 유대 당국자들이 예수님을 죽이려 한 것은 인간의 마음이 전적으로 타락한 것임을 보여줍니다. 가인이 동생 아벨을 죽인 것은 그의 아버지 아담이 타락한 이후에 생긴 사건입니다. 아담이 범죄한 이후로 모든 인간은 완전히 타락되었습니다. 그리고 하나님과의 관계가 단절되어 하나님의 진노 아래에 있게 되었습니다. 하나님과의 정상관계가 파괴된 후에 인간과 인간과의 관계가 비정상적이 되고 서로 살상하는 비참한 결과를 가져왔습니다. 이처럼 타락하고 완고해진 인간들은 무죄하신 예수님까지 죽이려고 계획하고 모의했습니다. 예루살렘 시민들은 초막절에 지방에서 올라온 유대인들보다 예수님에 대한 사정을 더 세밀하게 알고 있음에 틀림없습니다.

당국자들이 이를 그리스도인줄 알았는가?

이 질문은 첫 번째 질문이 있은 후에 곧바로 제기된 질문입니다. 예루살렘 시민들은 예수님이 유대인 당국자들의 미움을 사고 있으며 그들이 예수님을 죽이려고 계획하고 있는 줄 알고 있는데, 예수님이 공적으로 가르치고 증거해도 체포하지 않는 것을 보고 이상하게 생각했습니다. 그래서 그들은 "유대인 당국자들이 예수님을 그리스도라고 인정하는 것이 아닐까? 그렇기 때문에 예수님을 체포하지 않고 그의 가르침을 듣는 것이 아닐까?" 이런 추측을 하고 있는 것입니다.

예루살렘 시민들은 당국자들이 예수님을 그리스도라고 생각하는 것을 못마땅하게 여겼습니다. 유대 당국자들이 예수님을 메시야, 그리스도라고 생각한다면 그것은 큰 잘못이라고 그들은 주장했습니다. 유대인들이 기다리는 메시야는 어느 날 갑자기 세상에 나타난다고 생각했습니다. 그리고 메시야가 어디에서 왔는지 아무도 모른다고 생각했습니다. 랍비의 격언에 '전혀 예고 없이 닥쳐오는 세 가지가 있는데, 그것은 메시야, 하나님의 은혜, 그리고 전갈이다.' 라는 말이 있습니다. 메시야는 사람이 하나님의 은사를 받거나, 숨어있는 전갈을 밟는 것같이 돌연히 예기치 못하는 사이에 나타난다고 유대인들은 알고 있었습니다. 모든 유대인은 이 같이 메시야의 돌연적인 출현을 믿었으며 그는 신비스럽게 세계에 출현할 것이며 아무도 그가 어디에서부터 왔는지를 모른다고 생각했습니다. 이 같이 예루살렘 시민들이 메시야에 대하여 생각하는 내용이 27절에 밝히 나타나 있습니다. "그리스도께서 오실 때에는 어디서 오시는지 아는 자가 없으리라 하는지라," 그런데 예루살렘 시민들은 예수님이 어디에서 오셨는가를 잘 알고 있다고 말합니다. "그러나 우리는 이 사람이 어디서 왔는지 아노라,"고 하였습니다. 그들은 예수님이 갈릴리 나사렛에서 온 자요, 목수의 아들로 태어난 것을 안다고 하는 것입니다. 그리고 예수님의 육신의 형제들도 훤하게 알고 있다는 것입니다.

이들의 이 같은 생각이나 주장은 다음과 같이 볼 수 있습니다. "참 메시야는 어디에서 오는지 아무도 모른다, 그러나 우리는 예수가 어디에서 오는지 잘 알고 있다, 그러므로 예수는 참 메시야가 아니다,"라는 것입니다. 이렇게 첫 명제에서 두 번째 명제로 이어지면 결론은 논리적으로 명백합니다. 그러나 예루살렘 시민들이 생각했던 첫 번째 명제인 "참 메시야는 어디에서 오는지 아무도 모른다,"가 거짓 명제라면 결론도 거짓이 됩니다. 예수님께서는 예루살렘 시민들의 그리스도에 대한 그릇된 지식과 결론을 상대하여 가르치셨습니다. 본문말씀에 "예수께서 성전에서 가르치시며 외쳐 이르시되,"라고 하였습니다. 외친다라는 말은 헬라어 크라조(κράζω)로 요한복음에는 이 단어가 6번 나오는데 그 중 네 번은 예수님 자신이 생명과 근원이심을 가르치시는데 사용되었습니다. 이 단어의 의미는 '큰 소리로 말하다(speak with a loud voice),' 란 뜻입니다. 예수님은 중대한 선언을 하실 때 이렇게 큰 소리로 외치셨습니다.

예수님이 외치시면서 가르친 말씀은 예수님 자신의 근원이었습니다. 유대 군중들이나 예루살렘 시민들이 예수님을 안 것은 육적으로만 안 것입니다. 예수님이 나사렛 목수의 아들이요, 목수 일을 하던 사람이고, 가난하고 평범한 촌부에 불과한 사람으로만 안 것입니다. 그의 양친과 형제들을 모두 알고 있으며, 그의 누이들이 누구인지도 알고 있었다는 것입니다. 그리고 예수님의 조상에 대해서도 아무런 신비도 없다는 것입니다. 지금도 믿지 않는 사람들은 예수님에 대해 이렇게 알고 있습니다. 오직 육신적인 근원만 알고 있는 것입니다.

그러나 예수님의 참 근원은 하나님이시며 그는 하나님의 아들이십니다. 본문말씀 28절에서 "예수께서 성전에서 가르치시며 외쳐 이르시되 너희가 나를 알고 내가 어디서 온 것도 알거니와 내가 스스로 온 것이 아니니라 나를 보내신 이는 참되시니 너희는 그를 알지 못하나, 나는 아노니 이는 내가 그에게서 났고 그가 나를 보내셨음이라 하시니,"라 하시면서 유대군중들이 예수님에 대해 육적으로만 아는 것을 비판하셨습니다.

예수님의 이 말씀에서 우리는 예수님의 두 가지 주장을 발견할 수 있습니다. 하나는 예수님 자신이 목수의 아들이요, 나사렛에서 왔다는 예수님의 인적 사항에 대해서 예루살렘 시민이 알고 있었다는 사실과 다른 하나는 예수님 자신이 궁극적으로는 직접 하나님께로부터 왔다는 것도 사실이라는 것입니다. 그런데 "너희들은 나를 보내신 하나님을 알지 못하나 나는 그 하나님을 안다,"라고 말씀하시니 그들은 예수님을 잡고자 했습니다. 예수님이 예루살렘 시민들이나 유대인 당국자들이 하나님을 모른다고 한 것은 하나님의 선민이라고 자처하는 그들에게는 아주 큰 모욕이었습니다. 하나님의 백성들에게 그들이 하나님을 모른다고 하는 것만큼 더 큰 모욕은 없습니다. 예수님께서 자기만이 하나님을 아시고 그 하나님과 독자적인 관계를 가지고 있으며, 자기가 하나님께로부터 왔고, 하나님께로 돌아간다고 말씀하실 때에 유대인들은 예수님의 말씀을 도저히 이해할 수 없고 믿을 수 없었습니다. 유대인들을 향하여 '너희는 하나님을 알지 못한다,'고 했을 때, 그들은 예수님께로부터 모욕과 무시를 당했다고 생각했기 때문에 예수님을 체포하려고 하였던 것입니다.

유대인들은 예수님이 안식일에 38년 된 병자를 고쳐주심으로 안식일을 파괴하는 죄인으로 취급했습니다. 그들은 예수님을 안식일 파괴범으로 얼마든지 고소할 수 있다고 주장했습니다. 그러나 이제는 안식일 파괴범일 뿐만 아니고 하나님을 모독하는 신성모독죄까지 보태졌으니 간단히 처단할 수 있다고 생각했습니다. 예수님이 '이스라엘 백성인 너희는 하나님을 바로 알지 못하나 나는 하나님을 전체적으로 안다,'고 말씀하신 것입니다. 그 자신이 하나님께로부터 오셨다고 말하는 것을 그들은 큰 불경죄로 생각했습니다. 그리하여 예수님을 즉시 체포하려고 했지만 예수님께 손을 대지는 못했습니다. 그 이유를 성경은 이렇게 밝히고 있습니다.

"이는 그의 때가 아직 이르지 아니 하였음이라."(요 7:30)

예수님은 많은 위험으로부터 포위되었으나 체포되지 아니하였습니다. 그 이유는 하나님께서 허락하지 않으셨기 때문입니다. 예수님이 십자가상에서 죽으실 때가 아직 이르지 아니했기 때문에 하나님은 살벌한 위험 속에 있는 예수님을 지키고 보호해 주셨습니다. 예수님이 이 초막절에 죽는 것은 하나님의 뜻이 아니었습니다. 어마어마한 인간의 모략이 있었지만 하나님의 경륜을 어길 수는 없었습니다. 하나님은 우리 성도들에 대하여도 똑같이 보호하시고 지켜주십니다. 하나님의 섭리를 확신하며 살아야 합니다. 불신앙이 죄입니다.

예수님은 유대인들이 시기하고 미워하며 체포하여 죽이려는 살벌한 주위환경을 의식하면서도 자기가 하나님이 보내신 메시야이심을 늠름하게 증언하셨습니다. 예수님은 그의 근원과 개인에 대해 강하게 자기를 증언하셨습니다. 유대인들이 메시야를 보내신 참 하나님을 모른다고 그들의 무식을 폭로했습니다. 메시야는 유대인들이 생각하는 대로 결코 갑자기 신비스럽게 나타나는 것이 아니라, 구약 선지자들이 예언한 대로 공개적으로 나타날 것을 선언하셨습니다. 즉 메시야는 하나님의 자기 계시임을 선언했던 것입니다.

그리스도께서 오실 지라도 이 사람의 행한 표적이 많다

본문말씀 31절에서 요한은 "무리 중의 많은 사람이 예수를 믿고 말하되 그리스도께서 오실지라도 그 행하실 표적이 이 사람이 행한 것보다 더 많으랴" 하였습니다. 예수님이 친히 하나님께로부터 오신 메시야임을 증거 하실 때에 적개심을 가지고 예수님을 체포하려는 유대인들이 있었는가 하면, 무리들 중에 많은 사람들이 예수님을 믿었습니다. 예수님을 체포하려는 일부분의 사람보다 믿는 무리는 상당한 다수였습니다. 진리가 박해를 당할 때에 양심적인 사람들은 자던 잠을 깨고 진리 편으로 옵니다. 어두운 밤이 깊어지면 새벽이 오고야 말듯이 죄악이 혹독하게 그 정체를 드러내면 사람들의 마음에 정의감이 일어나며 진리의 아침을 기다리게 됩니다. 기독교는 주후 2~3세기에 혹독한 박해를 당했습니다. 로마 황제들이 기독교를 박해할 때 10대 박해가 있었습니다. 이 같은 가혹한 박해가 있은 후, 주후 313년에 콘스탄틴 황제는 기독교를 로마의 국교로 공포하였습니다.

예수 그리스도의 자기 증언의 복음을 듣고 예수님을 믿은 무리들이 질문을 던졌습니다. "앞으로 유대인들이 기다리는 메시야, 그리스도가 오신다고 해도 이 사람 예수가 행한 표적보다 더 많은 표적을 행할 수 있을까?" 이 질문은 바로 대답을 포함하고 있습니다. 그 대답은 "아니다, 이 사람 예수가 더 많은 표적을 행했다," 입니다. 여기서 예수를 믿은 사람들은 예수님을 정치적 메시야로 생각하고 믿었습니다. 그것은 진정한 신앙이나 산 신앙은 아니었지만 그래도 믿은 자들입니다.

예수님이 그리스도냐 아니냐는 인간의 증명 여부에 달려있는 것이 아닙니다. 예수님은 그리스도임을 자기가 증거 하십니다. 참 지식은 우리에게 참 만족을 가져다줍니다. 이런 참 지식, 즉 진리는 주님만이 나의 구주시라는 것을 고백하는 데에 있습니다.

제6장

예수님의 제 3변론

(요 7:32~36)

요한복음 7:32~36 "예수에 대하여 무리가 수군거리는 것이 바리새인들에게 들린지라
대제사장들과 바리새인들이 그를 잡으려고 아랫사람들을 보내니,
예수께서 이르시되 내가 너희와 함께 조금 더 있다가 나를 보내신 이에게로
돌아가겠노라, 너희가 나를 찾아도 만나지 못할 터이요 나 있는 곳에 오지도 못하리라
하시니, 이에 유대인들이 서로 묻되 이 사람이 어디로 가기에 우리가 그를
만나지 못하리요 헬라인 중에 흩어져 사는 자들에게로 가서
헬라인을 가르칠 터인가, 나를 찾아도 만나지 못할 터이요
나 있는 곳에 오지도 못하리라 한 이 말이 무슨 말이냐 하니라."

예수 그리스도는 십자가에서 구원의 대속을 완성하시고
성부 하나님께로 돌아가셨습니다.
지금도 하나님 보좌 우편에서 성부와 교제하시며
우리를 위하여 대언을 하십니다.

예수님께서 마지막으로 제사장들과 서기관들, 바리새인들, 곧 유대 종교지도자들과 상대하여 변론을 하셨습니다. 제 3변론의 요지는 예수님이 자기를 보내신 성부 하나님께로 돌아가신다는 것입니다.

내가 너희와 함께 조금 더 있으리라

예루살렘 시민들이 예수님에 대하여 수군거리는 말을 유대지도자들이 들었습니다. 예수를 정치적 메시야로 알고 믿고 따르는 군중들을 보고 유대지도자들은 매우 걱정했습니다. 군중들의 인기가 예수님께로 집중되는 것을 보고 시기와 초조감을 느껴 빨리 예수님을 처치하려고 했습니다. 예수님을 체포하여 빨리 죽이려고 그들은 공회에서 모의를 했음에 틀림없습니다. 공회 회원들은 전직 및 현직 대제사장들과 제사장들의 아들들, 장로들, 서기관과 율법사들로 구성되어 있습니다. 공회는 유대사회의 최고 법정이기 때문에 사형언도까지 내릴 수 있었습니다. 그러나 그 때는 로마 지배하에 있을 때였으므로 사형언도는 내릴 수 없었습니다. 로마 정부에서만 사형언도의 권한을 가졌기 때문입니다. 이런 막강한 공회에서 예수님을 체포하여 오도록 하속들을 보냈습니다. 그러나 하속들은 예수님을 체포하지 못하고 그냥 돌아왔습니다. 공회원들이 어째서 예수님을 잡아오지 못했느냐고 질책할 때 그들은 "그 사람이 말하는 것처럼 말하는 사람은 이때까지 없었나이다,"라는 이유를 댔습니다. 하속들은 예수님께로부터 받은 인상이 너무 컸기 때문에 그들이 양심에 느낀 대로 보고한 것입니다. 이 하속들은 그리스도에 대해 영원한 예언자가 되었을 것입니다. 예수 그리스도처럼 말씀하신 사람은 그 때까지나 그 후에나 세상의 어떤 철인, 어떤 도인에게서도 볼 수 없었고 또 없을 것이라는 말입니다.

공회원들이 예수님을 체포해 오도록 하속들을 보낸 날은 장막절 제 8일로써 안식일이었습니다. 안식일임에도 불구하고 그들은 공회에 모여 예수님을 체포하도록 하속들을 파견했던 것입니다. 공회원들의 신앙사상도 서로 상치되었습니다. 공회원 중에 사두개인들은 주로 대제사장들의 아들들이었습니다. 이들은 사후 부활과 천사와 내세를 불신했습니다. 그러나 바리새인들은 부활과 천사와 내세를 믿었습니다. 이처럼 정반대되는 신앙입장에 있었으나 예수님을 체포하는 데는 합심을 했습니다. 악을 행하고 예수님을 반대하는 데는 그들이 합작한 것입니다. 하속들이 돌아와서 예수처럼 말한 사람은 이때까지 없었다고 보고할 때에 대제사장들과 바리새인들은 하속들을 질책하였습니다(요 7:45~49).

"너희도 미혹되었느냐? 당국자들이나 바리새인 중에 그를 믿는 이가 있느냐?" 라고 질책했습니다. 그들은 니고데모가 예수님을 만나고 벌써 믿고 있었던 사실을 모르고 있었습니다. 하속들이 예수님을 체포해오지 않았을 뿐 아니라 도리어 높이 칭찬하는 말을 함으로 그들을 격분시켰던 것입니다. '율법을 알지 못하는 이 무리는 저주를 받은 자로다,' 라고 질책했습니다. 그리고 그들의 분노는 하속들에 대한 저주로 바뀌었습니다. 바리새인들은 율법을 알지 못하는 사람들을 '땅의 사람, 또는 땅의 무리(the people of the land)' 라고 경멸했습니다. 바리새인들은 땅의 무리에게 딸을 시집보내는 것은 어떤 짐승에게 아무 방비 없이 속수무책으로 내어놓는 것과 같다고 하면서 멸시했습니다. 그들은 율법을 알지 못하는 사람을 야만인이라고 규정했습니다. 그래서 바리새인들은 이런 격언의 말을 서슴없이 했습니다. '야만인 중에는 죄를 두려워하는 자가 없고 땅의 사람 중에는 경건한 자가 없다(Aboth 2:6),' 라고 했습니다. 또 "율법에 무식한 자는 불경건하다. 오직 유식한 자만이 부활에 참예할 것이다," 라고 했습니다.

바리새인들은 상류계급이라는 자만과 지성인인 체하는 속물근성을 가지고 있었습니다. 그리고 영적 교만을 가지고 일반인들을 극히 멸시했습니다. 하속들이 와서 예수님께 받은 좋은 인상을 보고했을 때 바리새인들은 그들을 경멸하면서, "모든 사물에 대하여 영적이고 학구적인 사람이라면 아무라도 예수를 믿지 않으며 오직 무지한 자들만이 예수를 받아들일 것이다,"라고 했습니다. 하속들까지도 도리어 예수님께 은혜와 감화를 받고 돌아와서 바리새인들에게 예수님을 칭찬했을 정도였으니까 예수님을 체포하는 일은 성사되지 않았습니다.

그것은 하나님께서 허락하지 않으셨기 때문입니다. 예수님이 초막절에 죽임 당하지 않도록 하나님께서 이미 보호하시고 계획하셨습니다. 이 사실을 성자 예수님께서는 미리 아시고 "내가 너희와 함께 조금 더 있으리라,"고 하셨습니다.

"사람의 마음에는 많은 계획이 있어도 오직 여호와의 뜻만이 완전히 서리라."(잠언 19:21)

나를 보내신 이에게로 돌아가리라

예수께서는 초막절부터 다음 해 유월절까지 6개월을 지나면 십자가를 지시고 스스로 죽으실 것을 예언하셨습니다. 그리고 십자가 죽음이 있은 후에 예수님은 육체부활을 하시고 승천하시어 성부 하나님께로 돌아가신다는 예언을 하셨습니다. 사도 요한이 사용한 "간다,"라는 동사에는 세 가지의 뜻이 있습니다. 우선 하나님께로 돌아간다라는 동사가 있습니다. 이 동사는 헬라어 후파고(ὑπάγω)로 '예수님이 하나님께로 돌아가신다,'는 의미입니다. 이 동사는 다음의 말씀에서 쓰였습니다.

"나는 내가 어디서 오며 어디로 가는 것을 알거니와."(요 8:14)

"또 자기가 하나님께로부터 오셨다가 하나님께로 돌아가실 것을 아시고." (요 13:3)

"내가 어디로 가는지 그 길을 너희가 아느니라."(요 14:4)

"지금 내가 나를 보내신 이에게로 가는데 너희 중에서 나더러 어디로 가는지 묻는 자가 없고."(요 16:5, 10,17)

다음으로 간다라는 동사는 '전도하러 가는 것'을 의미하는 말이 있습니다. 이것은 헬라어로는 포류오마이(πορεύομαι)라고 하는데 어떤 소득을 위해 뚜렷하게 가는 것을 의미합니다.(요 7:35, 14:3, 12, 28, 16:7, 28) 또 이 동사는 단순히 떠나간다 라는 뜻도 있습니다. 헬라어로는 아페르코마이(ἀπερχομαι)라고 합니다.

예수님께서 그를 보내신 이에게로 돌아간다고 하심은 성부 하나님과 더불어 영원한 교제 가운데로 돌아가심을 의미합니다. 예수님은 시간과 공간을 초월하신 초역사세계로 돌아가시기 때문에 그때는 예수님을 찾아도 만나지 못하리라고 유대 종교지도자들에게 말씀하십니다. 예수님의 수수께끼 같은 이 말씀을 그들은 도무지 이해하지 못했습니다. "내가 너희와 함께 조금 더 있다가 나를 보내신 이에게로 돌아가겠노라. 너희가 나를 찾아도 만나지 못할 것이요, 나 있는 곳에 오지도 못하리라,"고 하신 말씀을 바리새인들은 전혀 이해할 수 없었습니다. 그래서 저들 나름대로 예수님의 말씀을 해석했습니다. 본문 7:35~36에서 "이에 유대인들이 서로 묻되 이 사람이 어디로 가기에 우리가 그를 만나지 못하리요 헬라인 중에 흩어져 사는 자들에게로 가서 헬라인을 가르칠 터인가, 나를 찾아도 만나지 못할 터이요 나 있는 곳에 오지도 못하리라 한 이 말이 무슨 말이냐" 하였습니다.

유대인들 중에서도 본토에 살던 유대인들은 이방에 흩어져 살고 있는 유대인들을 차별했습니다. 예수께서 무리들을 보시고 "너희가 나를 찾아도 만나지 못할 것이다," 라고 하셨을 때, 그들은 이 말씀의 뜻이 예수님이 이방인 중에 흩어져 사는 유대인들 사회 속으로 들어가서 그들을 가르친다는 의미가 아닐까하고 생각했습니다. 이것은 선생이 되어도 하급선생이 될 것이라는 조롱의 말이었습니다. 이방인 중에 흩어져 사는 자(약 1:1, 벧전 1:1), 곧 디아스포라에게로 가고자 하는 걸까? 팔레스타인을 떠나 이방 세계 속으로 사라지고 말 것인가? 유대 지도자들의 손이 닿지 않은 곳으로 도망갈 것인가? 이렇게 그들은 예수님을 희롱하고 조롱했습니다. 유대인들의 이 희롱의 말은 우연히도 예언이 되었습니다. 예수님의 제자들은 팔레스타인을 떠나 이방 세계에 가서 전도했습니다. 사도 요한은 이 복음을 기록할 때 하나의 디아스포라로써 그 옛날의 이 회화를 생각하며 감회가 깊었을 것입니다.

예수 그리스도는 십자가에서 구원의 대속을 완성하시고 성부 하나님께로 돌아가셨습니다. 지금도 하나님 보좌 우편에서 성부와 교제하시며 우리를 위하여 대언 하십니다.

히브리서 7:25에서는 "그러므로 자기를 힘입어 하나님께 나아가는 자들을 온전히 구원하실 수 있으니 이는 그가 항상 살아 계셔서 그들을 위하여 간구하심이라,"고 했습니다. 하나님의 아들의 귀결을 예수 그리스도 자신이 예언하셨습니다. 성육신하신 예수 그리스도께서는 초막절 기쁜 절기에도 살인적인 분위기 속에 지나며 모욕과 멸시를 당했으나, 존귀하신 예수 그리스도시며 앞으로 하나님 보좌 우편에서 성부 하나님과 교통하실 것을 내다 보셨습니다.

예수 그리스도는 존귀하신 분이며 결코 멸시를 받으실 분이 아닙니다. 예수 그리스도의 정체를 아는 사람은 결코 그를 경시하고 멸시할 수 없으며, 그를 예배하고 높이며 찬양할 뿐입니다. 주 예수 그리스도는 참으로 우리의 구주이시며 예배와 찬양과 감사를 받으실 분이십니다.

제7장

초청과 약속

(요 7:37~39)

요한복음 7:37~39 "명절 끝날 곧 큰 날에 예수께서 서서 외쳐 이르시되
누구든지 목마르거든 내게로 와서 마시라. 나를 믿는 자는 성경에 이름과 같이
그 배에서 생수의 강이 흘러나오리라 하시니,
이는 그를 믿는 자들이 받을 성령을 가리켜 말씀하신 것이라.
(예수께서 아직 영광을 받지 않으셨으므로
성령이 아직 그들에게 계시지 아니하시더라)."

예수님은 우리를 초청하십니다.
나에게로 와서 생수를 마셔라.
나를 영접하고 나를 믿으라.
그리하면 너희에게 새 생명을 주리라고 하십니다.

요한복음 7장의 내용 전체는 초막절에 생긴 사건들입니다. 초막절은 예루살렘에서 20마일 이내에 사는 유대인 성년 남자는 의무적으로 참석해야 하는 유대 3대 명절 중에 하나입니다. 이 명절 동안에는 어느 곳이나 초막이 들어섰습니다.

초막절의 역사적 의미

유대인들은 초막절에는 평평한 지붕 위, 길가, 시가지, 광장, 정원, 그리고 바로 성전 뜰에까지도 초막을 만들어 세웠습니다. 초막의 벽은 나뭇가지나 잎사귀로 만들었고 지붕도 만들었습니다. 그러나 밤에는 별들을 볼 수 있도록 지붕이 뚫어져 있어야 했습니다. 초막은 그저 외기(外氣)를 막을 정도였습니다. 초막절을 지키는 의미는 이스라엘 사람들이 광야에서 집 없이 나그네가 되어 머리 위에 지붕이 없는 초막에서 지내던 때를 잊지 않고 기억할 수 있게 하기 위함이었습니다.(레 23:40~43) 본래 이 명절은 7일간 계속되었었는데 예수님 당시에는 8일로 추가되었습니다. 초막절의 의미는 이스라엘 자손들이 언약의 땅에 안주한 생활을 하기 전에 광야에서 나그네가 되었던 것을 회상하고 기리는 데 있습니다.

초막절의 농사적 의미

이 명절은 추수감사절에 비교됩니다. 이 절기는 유대인들에게 인기 있는 명절이었습니다. 이 명절에 대해서 여러 이름들이 있습니다. 열왕기상 8:2에서는 절기라고 했고, 레위기 23:39에서는 여호와의 절기라고 했으며, 유대인들은 '우리들의 기쁨의 계절' 이라고 불렀습니다. 이 명절은 늦가을에 오는 것이어서 어느 때보다 가장 즐거운 시기였고, 모든 수확을 마치는 때였습니다. 출애굽기 23:16에는 연말(年末)에 밭에서부터 거두어 저장함을 축하하는 것으로, 신명기에는 타작마당과 포도주들의 소출을 수장한 후에 지키는 것으로 되어 있습니다. 그것은 하나의 수확에 대한 감사일뿐만 아니라 삶을 가능케 하고 행복하게 살게 하는 하나님의 일반 은총에 대한 감사요, 기쁨이었습니다.

유대인 역사가 요세푸스는 이 절기를 가리켜 유대인들 중에서 가장 거룩하고 가장 큰 명절이라고 했습니다.(유대 고대사 3장, 10:4) 이 절기는 부자나 소유가 넉넉한 자들만이 지키는 절기가 아니라 종, 나그네, 과부, 가난한 사람들도 모두 같이 기쁨을 나누었던 절기입니다. 이 초막절에 유대인들은 아름다운 나무실과와 종려가지나 버드나무 가지를 가져와서 큰 제단의 주위를 행진했습니다. 절기 중 매일 아침에 제사장이 약 6홉들이 금 주전자를 들고 실로암 연못으로 가서 거기에 물을 채웠습니다. 그 의식은 사람들이 이사야 12:3에서 "그러므로 너희가 기쁨으로 구원의 우물들에서 물을 길으리로다," 라고 한 말씀을 낭송하는 동안에 수문을 지나 제단으로 되돌아오는 것입니다. 그 물은 하나님께 드리는 제물로써 그 제단 서편 위에 붓습니다. 이 같은 의식이 진행되는 동안 레위인 찬양대가 피리 반주에 따라 시편 113~118을 부릅니다. 레위 찬양대원들이 시편 118편의 "여호와께 감사하라(1절)", "이제 구원하소서(25절)", "여호와께 감사하라(29절)"의 말씀에 이르게 될 때에 예배자들은 제단을 향해 소리를 지르고 그들이 가진 종려가지를 들고 흔들었습니다. 이와 같은 극적의식의 전체는 물을 주신 하나님의 선하신 은혜를 생생하게 감사하는 것이었습니다. 그들이 광야를 지날 때 반석에서부터 솟아나온 물을 기념하고 감사하는 행위입니다. 즉 출애굽기 17:6과 민수기 20:10에서 기록된 광야를 지날 때 이스라엘 백성들이 므리바에서 물이 없어서 원망할 때, 하나님께서 모세에게 지팡이로 반석을 쳐서 물을 내게 하셨던 것을 기념하는 행위입니다. 초막절 마지막 날에는 그들이 제단을 일곱 번 돌면서 호산나(이제 구원하소서) 찬송을 부릅니다. 제 8일째 마지막 날을 큰 호산나의 날이라고 부릅니다.

제단을 일곱 번 도는 의미는 여리고 함락의 사건을 추념하는 행동입니다. 즉 여호수아 6:1~9에서 기록된 금성철벽의 여리고 성을 하나님께서 이스라엘 백성들에게 매일 한 바퀴 돌게 하고, 제 7일째 되는 날에는 일곱 바퀴를 돌게 하셔서 그 성을 무너뜨린 것을 기념하는 행위입니다. 이런 의미에 따라서 본문말씀 37절에 명절 끝날 곧 큰 날이라고 한 것입니다. 명절 끝날 곧 큰 날에 이스라엘 백성들이 제단을 일곱 번 돌고 그들의 함성이 끝나는 바로 그 순간에 예수님이 외쳐서 말하셨습니다. "누구든지 목마르거든 내게로 와서 마셔라,"고 하셨습니다. 앞에서도 살펴본 것과 같이 예수님께서 '외쳐'는 헬라어 크라조(κράζω)라는 단어로 예수님께서 중대한 진리를 말씀하실 때 사용했습니다. 절기 끝 날의 성대한 의식과 분위기에 적합하게 예수님은 서서 외치셨습니다.

위대한 초청의 말씀

예수님께서는 "누구든지 목마르거든 내게로 와서 마셔라!' 라고 위대한 초청의 말씀을 하셨습니다. "너희는 너희 육신의 갈증을 면하는 물을 주신 하나님께 감사하고 영광을 돌리고 있다. 만일 너희가 너희 영혼의 갈증을 면하기를 원한다면 내게로 오라!' 고 하시는 초청의 말씀입니다. 여기에서 초청자는 예수 그리스도이시고 피초청자는 '누구나' 입니다. 즉 목마른 사람은 누구나 주님의 초청에 응할 수 있습니다. 초막절에 참석할 수 있는 자, 말하자면 부자, 가난한 자, 유식한 자, 무식한 자, 고아, 과부 등 누구나 주님의 초청에 참석할 수 있다는 것입니다. 그 초청의 시간은 지금 이 순간입니다. 다음 날이나 내일은 그때가 아닙니다. 바로 지금 이 순간입니다. 피초청자는 지금 예수님께로 가야만 합니다. 빌립이 친구 나다나엘에게 '와서 보라!' 라고 한 것과 같이 지금 예수님께 가야만 합니다. 주님의 초청의 내용은 "내게로 와서 마시라!" 입니다.

이사야 55:1에서는 "오호라 너희 모든 목마른 자들아 물로 나아오라 돈 없는 자도 오라 너희는 와서 사 먹되 돈 없이, 값 없이 와서 포도주와 젖을 사라,"고 하였습니다. 이렇게 예수님의 초청은 값 없는 무상의 초청입니다.

이사야 58:11에서는 "여호와가 너를 항상 인도하여 메마른 곳에서도 네 영혼을 만족하게 하며 네 뼈를 견고하게 하리니 너는 물 댄 동산 같겠고 물이 끊어지지 아니하는 샘 같을 것이라,"고 하였습니다.

예수님은 우리를 초청하십니다. "나에게로 오라. 그리고 나를 영접하고 나를 믿으라. 그리하면 너희 속에 성령을 통하여 새 생명을 주리라. 그 새로운 생명은 너희에게 청결함과 만족을 줄 것이다. 그리고 모든 좌절감을 없애주며 만족할 줄 모르는 주림을 없이 하리라. 너희가 항상 구하여도 얻어 보지 못한 그 새로운 생명을 주리라,"고 하십니다. 풀지 못할 문제가 있습니까? 주님은 가정이나, 사회, 국가, 교회, 민족 대 민족, 교육, 경제 등 모든 문제를 해결할 뿐만 아니라 만족을 얻게 하신다고 하십니다.

주님은 우리에게 초청의 약속을 하십니다. 요한복음 7:38에 "생수의 강이 그 배에서 흘러나리라,"고 하시고 출애굽기 17:6에서는 "내가 호렙 산에 있는 그 반석 위 거기서 네 앞에 서리니 너는 그 반석을 치라 그것에서 물이 나오리니 백성이 마시리라 모세가 이스라엘 장로들의 목전에서 그대로 행하니라,"고 하셨습니다.

반석에서 물이 솟아나서 이스라엘 백성들이 그 물을 마시게 됩니다. 이와 같이 고린도전서 10:4에는 "다 같은 신령한 음료를 마셨으니 이는 그들을 따르는 신령한 반석으로부터 마셨으매 그 반석은 곧 그리스도시라,"고 예수 그리스도가 반석이라고 정의하는 것입니다. 요한복음 19:34에 십자가상의 예수님을 요한은 "그 중 한 군인이 창으로 옆구리를 찌르니 곧 피와 물이 나오더라,"고 묘사했습니다. 예수 그리스도는 피와 물이십니다. 물은 죄로부터 정결케 하는 것이고 피는 속죄의 죽음을 의미합니다. 사도 요한은 예수님을 우리를 정결케 하는 강으로 생각했습니다.

물이란 인간 생명의 필수품입니다. 물 없이 살 수가 없습니다. 이와 같이 우리는 예수님 없이는 살 수가 없습니다. 우리의 죽음 문제를 해결할 수 없습니다. 예수님께서 언급하신 물이란 성령을 가리킵니다. 이 성령은 믿는 자들이 받을 성령을 의미합니다. 성령은 예수님께서 보내주신다고 하십니다.(요 14:26, 15:26) 예수님께로부터 생명을 정결케 하고 강하게 하는 성령이 오시는 것입니다. 예수님께서 보내신 성령은 우리를 회개하게 하고 정결하게 하는 물 같은 역사이고, 더러운 죄를 불태우는 불같은 역사이고, 우리의 병을 치유하는 기름 같은 역사이고, 주님의 절대주권을 통해 자유자재하게 할 수 있는 바람과 같은 역사입니다. 예수님은 말씀이시니, 예수님께서 보내신 성령의 역사하심을 믿으셔야 합니다. 성령님은 말씀과 함께 동역하는 분이시기 때문입니다.

제8장

정치적 반대와 무식

(요 7:45~52)

요한복음 7:45~52 "아랫사람들이 대제사장들과 바리새인들에게로 오니 그들이 묻되 어찌하여 잡아오지 아니하였느냐, 아랫사람들이 대답하되 그 사람이 말하는 것처럼 말한 사람은 이때까지 없었나이다 하니, 바리새인들이 대답하되 너희도 미혹되었느냐, 당국자들이나 바리새인 중에 그를 믿는 자가 있느냐, 율법을 알지 못하는 이 무리는 저주를 받은 자로다. 그 중의 한 사람 곧 전에 예수께 왔던 니고데모가 그들에게 말하되, 우리 율법은 사람의 말을 듣고 그 행한 것을 알기 전에 심판하느냐. 그들이 대답하여 이르되 너도 갈릴리에서 왔느냐 찾아보라 갈릴리에서는 선지자가 나지 못하느니라 하였더라."

스스로 유식한 자라고 생각하십니까?
유식함보다 믿는 자가 더 복됩니다.
니고데모는 유식했지만
예수님을 믿는다는 신앙고백은 하지 못했습니다.
적극적인 신앙고백은 유식함보다 훨씬 강합니다.

예수님께서 초막절에 예루살렘에 올라가셔서 명절 끝 날인 제8일에 일어나서 큰 소리로 외치시면서 가르치셨습니다. "누구든지 목마르거든 내게로 와서 마셔라. 나를 믿는 자는 성경의 이름과 같이 그 배에서 생수의 강이 흘러나리라,"고 선언하셨습니다. 주님의 교훈을 받은 무리들 중에는 예수님이 바로 구세주, 메시야라고 말하는 사람이 있는가 하면, 그저 좋은 사람이라고 평가한 사람들도 있었습니다. 그리고 무리를 미혹하게 하는 자라고 악평을 하는 사람들도 있었습니다. 예수님에 대한 이런 여러 가지 평가를 바리새인들과 유대 당국자들이 듣고 시간을 다투어 예수님을 체포하려고 하였습니다. 그래서 장막절 제8일에 공회로 모여서 예수님을 잡으려는 모의를 했습니다. 이날은 안식일이었습니다. 그들은 예수님을 체포하기 위해서는 안식일까지 범해가면서 하속들을 파견하여 예수님을 체포하라는 지령을 내렸습니다. 약 5,6명의 하속들이 예수님을 체포하려고 갔을 것입니다.

하속들의 예수님에 대한 반응

하속들은 바리새인들의 재촉을 받고 즉시 예수님을 체포하려고 행동을 개시했습니다. 그러나 하속들은 예수님을 잡을 수 없었고 오히려 당황하고 놀랐습니다. 예수님에게 압도당한 채 그냥 있다가 빈손으로 돌아가 버리고 말았습니다. 공회원들이 놀라면서 왜 예수를 잡아오지 않았냐고 질책합니다. 하속들은 주저하지 않고 이렇게 대답했습니다. "그 사람이 말하는 것처럼 말한 사람은 이때까지 없었나이다." 이 말을 좀 더 세밀히 살펴보겠습니다.

"그 사람이 말하는 것처럼 그렇게(후토스, οὕτως) 말한 사람은 이때까지 없었나이다,"라고 하속들은 대답했습니다. 여기에서 그렇게라는 말은 예수님이 가르치시는 내용보다 그 태도를 강조합니다. 그러니까 예수님의 권위,

위엄, 능력이 그 하속들을 압도했던 것입니다.(Lenski) 하속들은 예수님을 체포하러 갔다가 예수님의 신적인 권위와 위엄과 능력에 압도되어 주님의 말씀을 경청하고 그 말씀 속으로 흡수되고 말았습니다. 곧 명절 끝 날에 예수님은 자리에서 일어서서 외치셨고 선언하셨습니다. "누구든지 목마르거든 내게로 와서 마셔라! 나를 믿는 자는 성경에 이름과 같이 그 배에서 생수의 강이 흘러나리라!' 주님의 장엄하신 이 말씀에 하속들은 깊은 인상을 받았습니다. 인간의 행위로 구원을 얻는 것이 아니라 하나님의 은혜, 곧 믿음으로 구원을 얻는다는 사실을 주님이 강조했을 때, 하속들은 주님의 교훈을 받아들이는 용기를 가졌던 것입니다.

하속들이 한 말, 곧 "그 사람이 말한 것처럼 그렇게 말한 사람은 이때까지 없었나이다,"에서 강조된 것은 사람(헬라어 안드로포스, ἄνθρωπος)이라고 바렛(Barrett)은 말했습니다. 하속들의 이 말은 이렇게 의역할 수 있습니다. '어떤 다른 사람도 결코 예수님처럼 말할 수 없다,' 는 것입니다. 곧 예수님의 말씀은 어떤 '한 사람' 의 말이 아닙니다. 예수님의 말씀은 초인간적인 권위를 가진 하나님의 말씀으로써 하속들을 압도했던 것입니다. 예수님에 대한 하속들의 이 같은 보고는 바리새인들이나 공회원들 가운데 그 어느 누구도 예수님처럼 말할 수 없다는 것입니다. 다시 말하면 "지금까지 우리가 당신들의 하속 노릇을 해왔지만 당신들로부터 예수님이 말씀한 것 같은 말을 한 번도 들어보지 못했다,"라는 뜻입니다. 하속들은 귀중한 체험을 한 것입니다. 그들은 예수님을 체포하러 갔다가 도리어 예수님에게 사로잡혔습니다.

주님의 교훈을 경청하는 사람은 이 같은 신비로운 체험을 하게 됩니다. 무신론자였던 월레이스(Wallace)는 반기독교 운동을 전개하려고 책을 쓰기 위해 성경을 읽다가 예수님의 포로가 되었고, 기독교를 전파하는 작품인 벤허를 쓰게 되었습니다.

공회원들의 반응

공회는 산헤드린으로써 바리새인과 제사장 등 70명으로 구성되어 있는 이스라엘 사회의 최고 회의 기관입니다. 하속들이 한 예수님에 대한 이야기를 듣고 바리새인과 대제사장들은 예수님을 경멸하는 말을 서슴지 않고 했습니다. 그들은 하속들을 보고, "너희도 미혹되었느냐? 당국자들이나 바리새인들 중에 예수를 믿는 자가 있느냐? 율법을 알지 못하는 이 무리는 저주를 받은 자로다,"라고 그들을 질타했습니다. 예수님의 말씀에 깊은 인상을 받고 감화를 입고 온 하속들과 무리를 보고 저주를 받은 자라고 공회원들은 소리소리 질렀습니다. 바리새인들은 자기들만이 하나님의 율법을 잘 지키는 자요, 지식인이라고 자부하고 율법을 알지 못하는 무리는 저주를 받은 자라고 규정했습니다. 그들은 율법을 알지 못하는 사람들을 멸시하는 용어를 만들어 냈는데 그것이 바로 땅의 무리, 또는 땅의 사람들이라는 말이었습니다.

그들은 땅의 무리에 대해 여섯 가지 사실을 규정했습니다. "그들에게 증거를 위임하지 말라. 그들로부터 증거를 취하지 말라. 그들에게 비밀을 터놓지 말라. 그들을 고아의 보호자로 삼지 말라. 그들에게 구제금의 관리를 맡기지 말라. 그들과 함께 여행하지 말라,"는 규정이었습니다. 이외에도 땅의 무리에 대하여 차별대우를 했습니다. "땅의 무리에 속한 사람을 손님으로 초대하지 말고 그들의 초대에 응하지도 말라,"고 했습니다. 또한 땅의 무리와는 매매행위도 하지 말아야 한다는 등 많은 규례가 있었습니다.

바리새인들에게는 상류계급이라는 자만과 지성인인 체 하는 더러운 속물근성이 있었습니다. 그리고 그들은 최고의 영적 위치에 있다고 자부하면서 일반사람들을 극히 멸시했습니다. 바리새인들은 하속들을 지극히 경멸하면서 율법을 철두철미하게 지키는 바리새인들 중에 예수를 믿는 자가 있느냐며 반문했습니다. 율법을 배우고 아는 사람이라면 아무도 예수를 따르지 않을 것이고 영적이고 학구적인 사람이라면 아무도 예수를 믿지 않을 것이고 오직 무지한 바보들만이 예수를 받아들일 것이라는 주장입니다. 그들은 무리들을 저주하고 하속들을 멸시했습니다. 그러나 하속들은 예수님에 대하여 양심적인 반응을 보였습니다. 공회원들은 예수님에 대하여 처음부터 끝까지 정치적 반응을 보였고 거절과 멸시의 반응을 보였습니다.

　지성인이 예수를 믿지 않는다는 바리새인들의 주장은 맞지 않습니다. 지적 재능이 매우 뛰어난 어느 판사가 있었습니다. 하루는 그 판사의 부인이 무디 선생을 찾아와서 자기 남편이 예수님을 믿게 해 달라고 요청했습니다. 무디는 이 요청을 받자 그 판사에게 솔직하게 그 이야기를 했습니다. 부인이 요청했다는 것과 예수를 믿으라고 전도하면서 무디는 한 마디 더 덧붙였습니다. "귀하께서 예수님을 믿게 된다면 내게 알려주시기로 약속하겠습니까?" 그러자 판사는 냉소를 머금고 이렇게 대답했습니다. "오, 그렇게 하지요. 만약 내가 예수를 믿는다면 신속히 알려드릴 것을 약속합니다." 무디는 그 말을 믿고 판사를 위해 계속해서 기도를 했습니다. 일 년이 채 되지 않아서 무디는 그 판사로부터 전갈을 받았습니다. 그는 이렇게 말했습니다. "어느 날 밤 나의 아내가 기도회에 나갔을 때, 나는 이상하게 매우 슬퍼지고 불안해지기 시작했습니다. 아내가 오기 전에 잠자리에 들었지만 잠을 잘 수가 없었습니다. 불안감과 슬픔에 한숨도 자지 못하고 꼬박 밤을 새우고는 그 다음 날 아침도 먹지 못하고 사무실에 나갔지만, 불안감과 슬픔은 사라지지 않고 나를 괴롭혔습니다. 일을 할 수도 없어서 직원들에게 휴무한다고 하고 집으로 귀가시킨 후에 내 개인 사무실에 들어앉아 있다가, 끝없는 슬픔과 불안감에 더 이상 견딜 수가 없어서 무릎을 꿇고 자포자기 상태에서 기도를 했습니다. 오, 주여! 내 죄를 사해주소서. 그러자 그때 즉시 마음에 평화가 찾아들었습니다." 그 판사는 무디와 약속한 대로 그가 예수님을 믿자마자 바로 무디에게 알려준 것입니다.

공회원들은 자신들이 상류계급에 속한자요, 지성인이라고 자부했지만 저들은 무서운 살인죄를 범하고 있었습니다. 곧 하속들을 시켜 예수님을 체포하라고 지령을 내렸던 간접살인자들이었습니다. 예수님은 저들은 마귀의 자식이라고 지탄하셨습니다. 그들은 자신들이 마귀의 자식이요, 마귀가 시키는 대로 행동하면서도 그들 자신의 행위가 옳은 줄 알았던 바보요, 무식쟁이였습니다.

그들은 하속들이 예수님을 만나 감화를 받고 은혜를 받은 것을 이해하지 못했습니다. 마찬가지로 은혜 받지 못한 사람은 은혜 받은 사람을 이해하지 못하고 이상하게 생각합니다. 은혜 받지 못하여 교만한 상태에 있는 사람은 겸손한 사람을 이해하지 못하고 바보 취급을 합니다.

니고데모의 반응

니고데모는 공회원이요, 율법을 잘 아는 사람으로서 전날에 예수님을 방문한 적이 있습니다. 그는 공회원들이 예수님에 대하여 오해하고 바른 견해와 판단을 하지 않으므로 이의를 제기했습니다. 니고데모는 "이스라엘의 율법은 피고의 진술을 듣고 그 행위를 심사하기 전에는 그를 정죄하지 못한다," (신 1:16~17, 17:18, 19:15)고 설명했습니다. 곧 공회가 율법을 위반하고 있다는 것을 지적했습니다. 그는 예수의 진술을 직접 들어보지 않고 정죄함은 잘못이라고 말했습니다.

바리새인들이나 제사장들, 곧 공회원들은 율법을 높이고 율법을 자랑하고, 율법의 지식을 과시했습니다. 그러나 사실 그들은 율법에도 무식했습니다. 같은 동료요, 공회원인 니고데모가 그들의 율법에 대한 무식을 폭로했습니다. 그리고 공회원들과 교권자들의 모순을 지적했습니다. 니고데모의 이론은 정연했습니다. 여기까지는 니고데모가 잘한 점이라고 할 수 있습니다. 그러나 니고데모는 공회 앞에 단순한 질문만 했지 예수님을 적극적으로 변호하고 증거 하지는 않았습니다. 그는 예수님의 직접적인 증인은 되지 못했고 간접적인 증인에 멈추어 있었습니다. 아마 니고데모의 마음은 예수님을 변호하라고 속삭이고 있었는데 그의 머리는 자신의 위험을 자초하지 말라고 이야기했을 것입니다. 그가 예수님이 옳다고 생각했으면 적극적으로 예수님을 변호하고 증거 했어야만 합니다. 어떤 사실이 하나님이 원하시는 일이요, 하나님의 뜻에 부합한 것이라면 그대로 결정하고 성취해 나가도록 추진해야만 됩니다.

그러나 바리새인들은 니고데모의 바른 율법 해석을 무시해 버리고 비난의 공세를 펴부었습니다. "당신은 갈릴리에서 선지자가 나오지 못한 것을 알지 않는가? 그럼에도 불구하고 갈릴리 하층계급의 사람들과 관계하겠는가? 갈릴리에서 무슨 선지자가 나겠는가?" 그들은 갈릴리에서 선지자가 난 것을 모르는 무식쟁이였습니다. 성경에 대하여 너무나 무식했으므로 예수님이 갈릴리에서 오셨기에 촌부에 불과하다고 억지를 부린 것입니다.

선지자 요나는 갈릴리 가드헤벨에서 출생했습니다. 호세아, 나훔도 갈릴리에서 났을 가능성이 많고 엘리야, 엘리사, 아모스 선지자도 갈릴리 사람이라고 전해지고 있습니다. 니고데모는 공회원들 대다수의 공격을 받을 때 소극적인 마음을 가지고 침묵하고 말았습니다. 공회의 율법 해석의 큰 과오를 지적하는 용기는 컸다고 할 수 있지만, 예수님에 대한 그리스도인으로서 신앙고백의 정점에는 이르지 못했습니다. 곧 적극적인 신앙고백은 없었던 것이 그의 신앙의 약점입니다.

주님은 우리에게 고백적인 신앙을 요구하십니다. 마태복음 16:16에서 베드로가 "주는 그리스도시오, 살아계신 하나님의 아들"이라고 고백했을 때 예수님은 기뻐하시고 축복하셨습니다. "세상사람 앞에서 인자를 시인하는 자를 내가 하나님 앞에서 시인할 것이요, 세상사람 앞에서 인자를 부인하는 자를 내가 하나님 앞에서 부인하리라,"고 예수님은 말씀하셨습니다.

프러시아의 프레드릭 대왕은 그리스도와 교회를 비웃는 사람이었습니다. 그러나 그의 충성스러운 신하 본진랜드 장군은 신실한 크리스천이었습니다. 하루는 왕과 신하들이 모인 자리에서 대왕의 천한 야유가 시작되었습니다. 예수 그리스도를 비웃는 말이 온 장내에 가득 찼습니다. 이때 본진랜드 장군이 엄숙한 표정을 지으며 이렇게 말했습니다. "대왕 폐하! 폐하께서는 내가 죽음을 두려워하지 않는다는 사실을 잘 아십니다. 그래서 나는 전쟁터에서 폐하를 위해 38번을 싸워서 이겼습니다. 저는 이제 나이가 많아 늙었습니다. 이제 나는 멀지 않아 지금 폐하께서 비웃으시는 나의 구주 그리스도를 만나 뵈러 갈 것입니다. 폐하! 소신은 이제 물러가려 합니다." 이 엄청난 말과 태도에 장내는 숙연해 졌습니다. 곧 프레드릭 대왕의 분노가 치솟아 올라 장군을 즉시 처형하라는 추상같은 어명이 떨어질 것이라고 생각했습니다. 그러나 예상과는 달리 프레드릭 대왕은 떨리는 음성으로 말했습니다. "본진랜드 장군, 내가 잘못했소. 나를 용서하시오." 이렇게 대왕은 장군에게 용서를 빌었습니다.

우리는 조만간에 꼭 주님을 만나 뵙는 날이 있음을 기억하고 항상 담대하고 용기 있게 믿음을 지켜야만 합니다. 그리스도에 대한 충성은 먼저 그에 대한 신앙고백이 공적으로 있어야 합니다. 이런 고백을 함으로 무서운 십자가의 고난이 우리 앞에 기다리고 있을 수 있습니다. 그러나 그것은 영원한 면류관을 가져다 줄 것입니다. 예수 그리스도를 증거 함에 있어서는 우리 머리로써 헤아리는 것보다도 앞뒤를 분간하지 못하더라도 정열적인 태도로 나서는 것이 더욱 좋습니다. 담대하고 용기 있게 믿음을 지키면서 예수님에 대한 신앙을 고백해야 하겠습니다.

제9장

죄인에 대한 예수의 태도

(요 7:53~8:11)

요한복음 7:53~8:11 "다 각각 집으로 돌아가고, 예수는 감람산으로 가시니라. 아침에 다시 성전으로 들어오시니 백성이 다 나아오는지라 앉으사 그들을 가르치시더니, 서기관들과 바리새인들이 음행 중에 잡힌 여자를 끌고 와서 가운데 세우고, 예수께 말하되 선생이여 이 여자가 간음하다가 현장에서 잡혔나이다. 모세는 율법에 이러한 여자를 돌로 치라 명하였거니와 선생은 어떻게 말하겠나이까. 그들이 이렇게 말함은 고발할 조건을 얻고자 하여 예수를 시험 함이러라 예수께서 몸을 굽히사 손가락으로 땅에 쓰시니, 그들이 묻기를 마지아니하는지라 이에 일어나 이르시되 너희 중에 죄 없는 자가 먼저 돌로 치라 하시고, 다시 몸을 굽혀 손가락으로 땅에 쓰시니, 그들이 이 말씀을 듣고 양심에 가책을 느껴 어른으로 시작하여 젊은이까지 하나씩 하나씩 나가고 오직 예수와 그 가운데 섰는 여자만 남았더라. 예수께서 일어나사 여자 외에 아무도 없는 것을 보시고 이르시되 여자여 너를 고발하던 그들이 어디 있느냐 너를 정죄한 자가 없느냐. 대답하되 주여 없나이다 예수께서 이르시되 나도 너를 정죄하지 아니하노니 가서 다시는 죄를 범하지 말라 하시니라."

죄의 삯은 사망입니다.

우리 모두는 사망의 권세 아래에 있습니다.

예수님은 허물과 죄로 죽은 우리에게

제 2의 삶의 기회를 주셨습니다.

예수님은 죽음 앞에 서있는 우리들에게

생명의 소식을 전해주는 복음이십니다.

바리새인들과 서기관들, 온 공회원들이 초막절에 예수님을 체포하려다가 실패했습니다. 백성들은 모두 집으로 돌아가고 예수님은 그날 밤에 홀로 감람산에 기도하러 올라가셨습니다. 이튿날 아침에 예수님은 다시 성전에 가서서 백성들을 가르치고 계셨습니다. 이때 바리새인들과 서기관들이 간음죄를 범한 여자 하나를 끌고 왔습니다. 유대사회에서 간음죄는 살인이나 우상숭배와 함께 3대 범죄 중에 속합니다. 현행범으로 체포되어 온 이 여자를 예수님 앞에 세워놓고 그들은 예수님께 질문을 던졌습니다. "모세는 율법에 이러한 여자를 돌로 치라 명하였거니와 선생은 어떻게 말하겠나이까?"라고 묻습니다. 모세율법은 이렇게 밝혀놓았습니다.

"누구든지 남의 아내와 간음하는 자 곧 그의 이웃의 아내와 간음하는 자는 그 간부와 음부를 반드시 죽일지니라."(레 20:10)

"처녀인 여자가 남자와 약혼한 후에 어떤 남자가 그를 성읍 중에서 만나 동침하면, 너희는 그들을 둘 다 성읍 문으로 끌어내고 그들을 돌로 쳐 죽일 것이니."(신 22:23~24)

바리새인들과 서기관들은 모세의 율법을 가지고 예수님께 질문공세를 했습니다. 그들은 예수님을 궁지에 몰아넣고, 모세의 율법을 범하면 공회에서 즉결처단을 내리려고 계획했던 것입니다. 그들의 율법 해석대로 이 여자를 돌로 쳐 죽이라고 예수님이 명령을 내렸다면 두 가지 문제가 뒤따르게 됩니다. 우선 예수님은 사랑과 긍휼하심이 많은 분이라는 명성을 영구히 상실하게 되고 민중들의 많은 사랑과 신뢰를 받지 못하고 다시는 죄인의 벗이라고 불리지 못했을 것입니다. 또한 여자에게 사형을 결정 내렸다면 그것은 로마법에 저촉되는 것입니다. 그 당시는 로마의 속국 아래에 있었으므로 어느 누구도 사형을 선고하거나 집행하는 권한이 유대인에게는 없었기 때문입니다. 또 이 여인을 살려야 한다고 말씀하셨다면 예수님은 사람들에게 모세의 율법을 깨뜨리는 것을 가르치고 불의에 대해 관용하며 간음죄를 범하도록 조장하는 자라는 비평을 피할 수 없었을 것입니다. 더 나아가서 그들은 모세의 율법을 범한 자라고 정죄하며, 예수를 고소하여 산헤드린에서 재판을 하고, 범죄자로 낙인찍었을 것입니다. 그리하여 유대백성에게 예수님이 끼친 깊은 영향을 모두 없애버리려는 계획을 했던 것입니다.

본문말씀 8:6에 "그들이 이렇게 말함은 고발할 조건을 얻고자 하여 예수를 시험 함이러라,"고 하였습니다. 시험하다라는 말은 헬라어 페이라조 ($\pi\epsilon\iota\rho\acute{\alpha}\zeta\omega$)로 악한 의미인 '죄악으로 인도한다,'라는 뜻입니다. 이들의 질문에 예수님은 즉시 대답하지 않으셨습니다. 마치 그들의 이야기를 듣지 못하신 것처럼 몸을 굽히시고 땅에 손가락으로 글을 쓰시고 계셨습니다. 예수님이 무슨 글을 쓰고 있었을까요? 여기서 글을 쓰다라는 말은 헬라어 카테그라펜 ($\kappa\alpha\tau\acute{\epsilon}\gamma\rho\alpha\phi\epsilon\nu$)으로, 이 말은 그라포($\gamma\rho\acute{\alpha}\phi\omega$), 즉 '글을 쓰다,'에 접두어 카타 ($\kappa\alpha\tau\acute{\alpha}$)가 붙은 형태입니다. 카타의 의미는 '누구에 반대하여(opposed), 누구에 대항하여(against),'라는 뜻입니다. 그러니 예수님께서 땅에다 무엇인가를 썼다는 의미는 정확하게 풀이하면 '예수님이 그들에 반대하는 무엇을 쓰셨다,'라고 바꿀 수 있습니다. 여기서 미루어볼 때, 예수님께서는 질문하는 그들의 이름과 그들의 죄목을 썼을 수 있고, 예수님이 바리새인들과 서기관들을 경고하는 글을 썼을 수도 있으며, 또한 예수님이 '인자가 세상에 온 것은 심판하기 위함이 아니라 구원하기 위함이라는 것'을 생각하시면서 무언가를 썼으리라고 짐작할 수 있습니다.

땅에 낙서를 하시는 주님에게 그들은 대답해주기를 재촉했습니다. 이때 주님께서는 "죄 없는 자가 먼저 돌로 쳐라"고 하셨습니다. 여기 죄 없다는 말은 단순히 죄가 없다는 의미도 되겠지만, 죄의 욕망이 없다는 의미도 됩니다. 죄가 없을 뿐만 아니라 죄의 욕망이 없는 자라면 먼저 그 여인을 돌로 치라고 명하신 것입니다. 즉 "너희 유대 무리들아, 이 여인과 같이 간음죄를 짓지 아니 하였으되, 너희 마음에 음욕이 없었다면 이 여인을 돌로 쳐라"하시는 말씀이십니다. 먼저 돌로 치는 사람은 증인이 되는 것입니다.(신 17:7) 주님의 이 같은 엄숙한 명령을 듣고 한 순간에 그곳에는 침묵이 흘렀습니다. 얼마 안 되어 고발한 자들은 어른으로부터 아이에 이르기까지 그 자리를 떠나버리고 말았습니다. 그리하여 그 자리에는 예수님과 여인만 남아있었습니다.

어거스틴이 말한 대로 거기에는 감당키 어려운 고민과 깊은 동정심이 남아 있었습니다. 무리들이 다 돌아간 후에 예수께서 그 여인에게 물었습니다. "너를 정죄하는 자가 없느냐?" 여인은 "주여, 없나이다,"라고 간단하게 대답할 뿐이었습니다. "나도 너를 정죄하지 아니하노니 가서 다시는 죄를 범하지 말라,"고 하시면서 예수님은 그 여인을 돌려보냈습니다.

예수님이 주신 제 2의 삶

예수님께서는 마치 이 여인에게 "분명히 너는 큰 실수를 저질렀다는 것을 내가 아노라. 그러나 아직 인생이 끝난 것이 아니니라. 내가 너에게 제 2의 삶의 기회를 주고자 하는데, 그 기회를 포착하여 새로운 삶의 전환점으로 삼으라,"고 말씀하신 것으로 여겨집니다. 주님은 그 사람이 과거에 어떠했는가에 대하여도 생각하시지만 앞으로 그 사람이 어떠할 것인가에 대해서도 깊은 관심을 갖고 계셨습니다. 과거의 죄악 된 생활을 문제시하지 않으시는 것이 아니라 주님은 모든 사람이 허물진 과거와 더불어 깨끗하게 살 수 있는 미래도 가진 것을 보십니다.

서기관들과 바리새인들은 범죄 한 이 여인을 즉시 돌로 쳐 죽이려고 하였으며, 어떤 삶의 기회도 주지 않으려고 했습니다. 그러나 예수님은 죄인인 여인에게 먼저 삶의 기회를 주시려고 했습니다. 죄인인 여인이 예수님 앞에 끌려와 그 앞에 엎드러져 있을 때, 예수님의 말씀 한 마디에 유대인들은 이 여자를 돌로 쳐 죽일 수 있었습니다. 분명히 그 여인은 돌에 맞아 죽을 줄 알고 공포와 절망 속에서 죽음의 순간을 초조하게 기다렸을 것입니다. 그러나 그 여인은 뜻밖에 삶의 기회를 얻었습니다. 넓은 의미로 생각할 때 모든 사람들은 전적으로 타락 되어 죽을 수밖에 없었습니다.(로 6:23) 죄의 삯은 사망이라고 하신 대로 전 인류는 사망의 권세 아래에 있습니다. 이처럼 죽음의 한계 상황 아래 있는 인류에게 예수님은 오셔서 제 2의 삶의 기회를 주셨습니다. 그러므로 예수님은 죽음 앞에 서있는 절망의 인간들에게 생명의 소식을 전해주는 복음이십니다.

덴마크의 철학자이자 신학자인 키르케고르(Kierkegaard, 1813~1855)는 인간들의 생태를 이렇게 비유했습니다. "사형수들이 사형을 받기 위해 형장으로 끌려가고 있는데, 그 모습을 바라보면서 자기 차례를 기다리는 것이 우리의 인생이다." 이 같은 절망적인 인생, 구제불능의 인생들에게 주님은 제 2의 삶의 기회를 주셨습니다. 주님께서 친히 말씀하시기를 "내가 길이요, 진리요, 생명이라,"고 하셨습니다. 또한 우리는 삶의 현장에서 위험스런 사건을 직면하였으나 다시 살 수 있는 기회가 주어지기도 합니다. 죽을병에 걸렸다가 낫는다든지 교통사고로 죽음 직전까지 갔다가 살아난 일이라든지, 전쟁의 불길 속에서 생존하는 것은 생사의 절대 주권을 가지신 주 예수님이 주신 제 2의 삶의 기회입니다. 요나가 하나님께 불순종했지만 하나님은 물고기 뱃속에서 회개하고 순종하는 기회를 주셨습니다. 주님은 결코 사람을 죽이려고 하시는 잔인한 분이 아니요, 여유가 없으신 분이 아니십니다. 우리를 이해하시고 제 2의 삶의 기회를 주시는 분이십니다.

범죄 하지 말고 살라는 예수님의 도전

예수님께서 죄인인 여인을 취급하신 사실에 대하여 그릇된 해석을 하기 쉽습니다. 예수님이 죄를 문제시하지 않고 쉽게 용서해 주신 것이라는 인상을 주기가 매우 쉽습니다. 그러나 예수님의 태도는 결코 그러한 것이 아닙니다. 주님은 그 죄인인 여인을 보고 "나도 너를 정죄하지 않겠으니, 가서 다시는 죄를 범하지 말라,"고 말씀하셨습니다. 이 여인의 죄를 용서하실 때 값싼 용서를 하신 것이 아닙니다. 이것은 값 비싼 용서입니다. 예수님의 이 말씀은 그 자신이 심판을 포기하신 것이 아닙니다. "너는 범죄 했지만 괜찮아. 염려할 것 없어"라고 말씀하시지 않았습니다. 인간적인 표현으로 말하자면 예수님께서 의도하신 바는 집행유예인 것입니다.

예수님께서는 최종적인 심판을 선고하지는 않습니다. "너는 세상에 가서 더 이상 범죄 하지 말고 선한 삶을 살고 의로운 생애를 장식하라,"고 경고하셨습니다. 그리고 마지막 심판 날에 칭찬 받는 사람으로 내 앞에 다시 서야 한다는 도전의 말씀을 주신 것입니다. 이 여인에 대한 예수님의 도전은 죄 없는 생활을 하라는 도전입니다. "지금까지 너의 생활은 전부 그릇된 것이다. 철두철미하게 회개하고 네 인생을 전환시켜라. 선한 삶을 위하여 피 흘리기까지 투쟁해라. 가서 더 이상 죄를 범하지 말라"고 하신 것입니다. 주님은 사죄권을 발동하여 그 여인의 죄를 완전 용서하시고 사면해 주시면서 그 여인이 이전에는 꿈에도 생각해보지 못했던 선의 극치를 제시해 주신 것입니다. "불쌍한 여인아, 부질없이 인생을 낭비하고 몸을 깎았던 과거의 무가치한 생활을 정리하고 가치 있고 보람되고 선한 삶을 살아 보라,"는 도전을 하시는 것입니다.

주님은 여러분에게도 지금 도전의 말씀을 던지십니다. 지금까지 하나님의 계명을 어기면서 산 생활이 족한 줄 알고, 이제부터는 하나님의 계명을 철저히 지키라고 하십니다. 세상과 짝하면서 신앙생활 한다고 나팔만 불었던 생활을 청산하고 철두철미한 신본주의 신앙생활로 돌아서라고 하십니다. 지금까지 직분자로서 기초적인 의무도 감당하지 못한 것을 뼈아프게 뉘우치고 하나님이 인정하실 만한 의젓한 신자가 되라고 도전하십니다.

죄인인 여인에 대한 주님의 기대

예수님께서 간음의 현행범이요, 도덕적으로 타락하여 쓰레기 같은 이 여인에게 "가서 다시는 죄를 범하지 말라,"고 말씀하신 것은 진실로 놀라운 일입니다. 예수님은 실수하고 과오를 범한 인간에게 너는 아무리 해도 구원 받을 수 없는 존재라고 말씀하시지 않으십니다. 주님이 말씀하신 것은 단순히 '가서 다시는 범죄 하지 말라,' 는 경고였습니다. 주님의 이 말씀은 아무리 큰 죄인이라도 주님의 도움을 받을 때에, 성령의 감동을 받을 때에 성자(聖者)가 될 수 있다는 가능성을 시사한 것입니다. 도덕적으로 암흑상태에 있던 이 여인에게서 예수님은 회복의 가능성을 발견하셨습니다. 아무리 쓸모없는 죄인이지만 그 죄인이 변화하여 의인이 되고 천국의 일꾼이 될 수 있다는 가능성을 보신 것입니다.

서기관들과 바리새인들은 이 여인을 하나의 도구로 사용하려고 했습니다. 이 여인을 사용하여 예수님을 딜레마에 빠뜨리고 예수님으로 하여금 율법을 범하도록 계책을 세운 것입니다. 사실 현행범으로 잡힌 이 여인을 공회 앞으로 데려가서 공회에서 재판할 수도 있었지만 예수님 앞으로 이 여인을 끌고 온 것은 그들의 계책 때문이었습니다. 그들은 죄인인 여인을 이용물로 삼고 예수님을 시험하려는 하나의 도구로 여인을 사용하려 했습니다. 서기관과 바리새인들은 이 여인을 전혀 한 인간으로 보지 않았습니다. 하나의 물건으로 간주했고 예수님에 대한 송사를 공식화하기 위한 도구로 보았습니다. 그들은 어떤 도구를 사용하듯이 이 여인을 그들의 이용물로 사용하려고 했습니다. 이 여인은 그들이 예수님을 파멸시키려고 사용한 단순한 인질에 불과했습니다.

이 여인은 도덕적으로 타락하고 범죄 했으나, 서기관과 바리새인들은 이 여인보다 더 심하게 부패했고 타락한 장본인들이며, 비인간적이고 잔인한 존재들이었습니다. 그들은 자기 정의를 주장한 자들로 간음죄를 범한 여인보다 더 큰 죄를 범한 자들입니다. 그러나 예수님은 범죄 한 이 여인을 그래도 하나의 고귀한 인간으로 보고 인격으로 보시면서 그 여인에게 기대를 거셨습니다. 다시는 범죄 하지 말고 성자가 되기를 기대하셨습니다. 속된 인간이 되지 말고 거룩한 성도가 되리라고 기대하셨습니다.

여러분들은 주님이 원하시는 기대만큼 여러분들의 믿음이 성장하였습니까? 지금까지 주님의 마음을 아프게 하고 슬프게 했었던 것에 족한 줄 알고, 예수 그리스도의 마음을 기쁘시게 하고 흡족하게 해 드리는 큰 믿음을 갖고 큰 봉사를 하도록 마음에 결심을 해야 하겠습니다.

제10장

나는 세상의 빛이라

(요 8:12)

요한복음 8:12 "예수께서 또 말씀하여 이르시되
나는 세상의 빛이니 나를 따르는 자는
어둠에 다니지 아니하고 생명의 빛을 얻으리라."

예수님은 세상의 빛이십니다.
예수님은 생명의 빛이십니다.
예수님은 우리에게 영생을 주시는
참 빛이십니다.

요 한복음에는 예수님이 자신을 정의하신 '나는 ...이다(I am),' 라는 말이 일곱 번 나옵니다.

"나는 생명의 떡이니." (요 6:35)

"나는 양의 문이라," "내가 문이니." (10:7, 9)

"나는 선한 목자라." (10:11, 14)

"나는 부활이요 생명이니." (11:25)

"내가 곧 길이요 진리요 생명이니." (14:6)

"나는 참포도나무요," "나는 포도나무." (15:1, 5)

오늘 본문에 나온 "나는 세상의 빛이니," 라는 말씀에 대해서 생각해 봅니다. 나는 ...이다라는 말씀의 근본 의미는 나는 스스로 있는 자(I am that I am) 라는 뜻입니다. 이 말은 존재 이유를 자기 자신이 가지고 있는 것을 뜻합니다. 예수님 자신이 하나님이시라는 것입니다. '내가 세상의 빛이라' 는 예수님의 말씀을 이해하려면 먼저 요한복음 7장에 나타난 초막절 행사에 대한 지식을 가지는 것이 필요합니다. 초막절은 8일간 계속되는데 매일 아침 제사장들이 실로암 못에 가서 금주전자로 물을 길어와 제단에 붓습니다. 제사장들이 희생 제물에 물을 붓는 동안 이스라엘 백성들은 이사야 12:3의 말씀을 가지고 노래를 부릅니다.

"그러므로 너희가 기쁨으로 구원의 우물들에서 물을 길으리로다." (사 12:3)

또한 시편 114:7,8의 말씀을 가지고 노래를 부릅니다.

"땅이여 너는 주 앞 곧 야곱의 하나님 앞에서 떨지어다. 그가 반석을 쳐서 못물이 되게 하시며 차돌로 샘물이 되게 하셨도다."

초막절에 이런 행사를 가지는 것은 이스라엘 백성의 선조들이 광야 40년 생활을 하면서 하나님이 물 없는 그곳에서 이적을 보이셔서 물을 공급해 주신 것을 감사하는 순서로써 행한 것입니다. 초막절 전날 저녁에는 성전의 조명이라 불리는 의식을 행했습니다. 이 의식은 성전의 '부녀자의 뜰' 앞에서 행해졌습니다. 이 뜰에는 네 개의 큰 촛대가 세워지고 어둡기 시작할 때에 이 촛대의 불이 켜집니다. 촛불이 켜지면 이스라엘의 현인, 현자라고 불리는 사람들이 군중 앞에 나타납니다. 그리고 군중들은 다음 날 닭이 우는 새벽 시간까지 밤새 춤추고, 주 하나님을 찬미하는 노래를 부릅니다. 촛대에 불을 켜는 조명 의식은 아마 하나님이 광야에서 불기둥으로 그들의 선조들을 인도해 주시고 보호해 주신 사실을 기념하고 감사하는 의식일 것입니다.

예수님께서 "나는 세상의 빛이라,"고 말씀하실 때, 아마도 초막절의 이런 행사적 배경을 생각하시고 말씀하셨을 것입니다. 세상의 빛이라고 하신 말씀은, "너희는 성전의 밝은 불빛이 어둠을 몰아내는 것을 보았다. 그러나 그 불빛은 하룻밤만 지속될 뿐이다. 아무리 그 불빛이 밝을지라도 조만간 그것은 꺼지기 시작하여 마침내는 꺼지고 말 것이다. 그러나 나를 따르는 자는 이 영광스러운 하룻밤의 불빛뿐만 아니라 그 일생의 행로를 통해서 빛을 받으리라. 그리고 나는 사람들을 위해서 영원히, 영원히 계속되는 빛이다,"라는 뜻이 담긴 말씀입니다.

또 주님이 "나는 세상의 빛이라,"고 말씀하신 것은 간음 중에 붙잡혀 온 여인과 이 여인을 고소한 사람들의 마음을 살피시고 하신 말씀입니다. 간음 죄를 범한 그 여인의 마음은 도덕적으로나 영적으로나 어두워져 있는 상태였습니다. 이 여인을 고소한 바리새인들과 서기관들의 마음도 캄캄한 어둠의 상태에 있었습니다. 자기만의 정의는 어둠을 의미합니다. 죄 없는 자가 먼저 돌로 이 여인을 치라고 하셨을 때, 아무도 이 여인을 향해 돌을 던질 자가 없었습니다. 왜냐하면 모두 다 똑같은 타락한 죄인들이었기 때문입니다. 죄인들의 마음을 밝히고 관찰하고 비추는 빛이 곧 예수 그리스도 자신이라는 말씀입니다. '나는 세상의 빛이라,' 고 하신 예수님의 말씀은 그 주어와 서술어를 바꾸어도 같은 의미를 지니는 말씀입니다. 즉 '예수님은 세상의 빛이다,' 라는 말씀과 '세상의 빛은 예수님이다,' 라는 말씀은 동일한 의미입니다.

생명의 빛이란 생명의 원천으로부터 비치는 빛이라는 뜻과 사람들에게 생명을 주는 빛이라는 뜻이 있습니다. 예수님은 생명의 원천이시고 생명을 창조하신 분이십니다. 그리고 예수님은 간음한 여인에게도 새 생명을 주신 분이십니다. 예수님께서 자신을 세상의 빛이라고 하심은 몇 가지 함축된 의미를 우리에게 제시하고 있습니다. 곧 이스라엘 선조들의 광야 길을 인도한 불기둥에서 그 의미를 발견할 수 있습니다.

세상의 빛이라는 말씀은 하나님의 임재를 의미

이스라엘 백성 앞에 나타난 불기둥은 바로 하나님의 임재를 가리키며 하나님의 현현을 나타내는 것입니다.

"여호와께서 그들 앞에서 가시며 낮에는 구름 기둥으로 그들의 길을 인도하시고 밤에는 불기둥을 그들에게 비추사 낮이나 밤이나 진행하게 하시니, 낮에는 구름 기둥, 밤에는 불기둥이 백성 앞에서 떠나지 아니하니라." (출 13:21~22)

이스라엘 앞에 나타난 불기둥과 구름기둥은 바로 하나님의 현현이요, 하나님의 임재이며, 하나님의 활동방법이십니다. 그 불기둥이 40년 동안만 이스라엘과 함께 하였고, 그 후에는 불기둥이 나타나지 않았습니다. 그들의 선조들을 인도한 불기둥을 생각하며 초막절의 조명 의식을 유대인들이 행하고 있었습니다. 그들은 역사적 사건만을 회상하면서 초막절의 행사를 진행했는데, 그들이 기념하고 회상하는 불기둥 그 자체이신 예수님이 그들 앞에 서서 "나는 세상의 빛이라,"고 말씀하신 것입니다. 예수님의 이 말씀은 곧 "내가 너희와 함께 하는 하나님이다,"라는 말씀입니다.

빛이라는 단어는 유대인에게 있어서 하나님과 연관되어 있습니다.

"여호와는 나의 빛이요."(시 27:1)

"여호와가 네 영원한 빛이 되고."(사 60:19)

"나는 엎드러질지라도 일어날 것이요 어두운 데에 앉을지라도 여호와께서 나의 빛이 되실 것임이로다."(미 7:8)

랍비들은 메시야의 이름이 빛이라고 하였습니다. 예수님이 자기를 세상의 빛이라고 하신 말씀은 그 누구도 할 수 없었던 최고의 주장입니다.

초막절은 유대인들이 애굽에서 탈출해 나온 후 40년 간 광야에서 천막을 치며 살던 사실을 기념하고 감사하면서 지킨 절기입니다. 유대인들이 지키던 초막절에 그들과 함께 하신 예수님은 바로 그들을 구원하고 보호해 주시고 살려주신 하나님 자신입니다. '나는 세상의 빛이라,'고 하시는 주님의 말씀을 읽을 때에 우리는 주님의 음성을 듣는 것이며 주님의 음성을 듣는 것은 곧 주님의 임재를 알고 실감하는 것입니다. 우리는 세상의 빛이신 그를 경외해야만 합니다. 우리는 코람 데오(Coram Deo)의 생활을 해야 합니다. 이 생활은 하나님의 임재를 느끼고 사는 믿음의 생활입니다. 찬양과 기도와 예배를 통해서 하나님의 임재를 체험하며 사는 생활을 해야 합니다. 코람 데오는 라틴어로 '하나님의 임재 하에서' 라는 뜻입니다. 이것은 하나님의 영광과 명예를 위해, 하나님의 권세 하에서, 하나님의 임재 안에서 사는 크리스천의 삶을 의미합니다.

세상의 빛이라는 말씀은 하나님의 보호를 의미

이스라엘 백성들이 애굽을 탈출한 후에 얼마 안 있어 앞길이 막혔습니다.

이백만이나 되는 애굽 대군이 이스라엘 백성들을 뒤쫓아 왔고, 그 앞에 홍해 바다가 가로놓여 있었으니 이제는 탈출할 수 있는 길이 없었습니다. 뒤에서 쫓아오는 애굽의 칼날을 피할 길이 없었습니다. 진퇴양난의 다급한 상황에 놓인 것이었습니다. 이때 하나님께서 이적의 역사를 나타내어 홍해 바다를 갈라 길을 내시고 이스라엘로 하여금 홍해를 건너가게 하셨습니다. 그러나 노인과 어린아이까지 딸린 이스라엘 백성의 진행 속도는 애굽 병사들의 속도보다도 너무나 느린 속도여서, 곧 바로의 군대가 그들에게 닥쳐와 멸망 직전에 이르게 되었습니다. 그때 하나님께서는 불기둥과 구름기둥으로 이스라엘 진과 바로 군대 사이를 막아 버리셨습니다.(출 14:23~25) 하나님께서는 이스라엘 백성 한 사람도 상하지 않게 보호하여 주셨습니다.

그들이 광야생활을 할 때에 낮에는 화씨 140도~150도의 뜨거운 햇빛 아래서 즉사할 수밖에 없었지만 하나님께서 구름기둥을 보내셔서 저들을 보호하여 주셨고, 밤에는 영하로 내려가는 사막기후에서 하나님께서 보내신 불기둥의 보호를 받고 살아갔습니다. 시편을 쓴 시인은 하나님의 보호를 이렇게 노래했습니다.

"내가 산을 향하여 눈을 들리라 나의 도움이 어디서 올까. 나의 도움은 천지를 지으신 여호와에게서로다. 여호와께서 너를 실족하지 아니하게 하시며 너를 지키시는 이가 졸지 아니하시리로다. 이스라엘을 지키시는 이는 졸지도 아니하시고 주무시지도 아니하시리로다. 여호와는 너를 지키시는 이시라 여호와께서 네 오른쪽에서 네 그늘이 되시나니. 낮의 해가 너를 상하게 하지 아니하며 밤의 달도 너를 해치지 아니하리로다." (시 121:1~6)

주님이 예루살렘 도성을 향하여 우시면서 하신 말씀을 우리는 기억합니다.

"예루살렘아 예루살렘아 선지자들을 죽이고 네게 파송된 자들을 돌로 치는 자여 암탉이 그 새끼를 날개 아래에 모음 같이 내가 네 자녀를 모으려 한 일이 몇 번이더냐 그러나 너희가 원하지 아니하였도다. 보라 너희 집이 황폐하여 버려진바 되리라. 내가 너희에게 이르노니 이제부터 너희는 찬송하리로다 주의 이름으로 오시는 이여 할 때까지 나를 보지 못하리라 하시니라." (마 23:37~39)

주님은 완악하고 타락하고 황폐한 유대백성들에게 회개를 촉구하시고 그리스도의 품안으로 돌아오기를 고대하셨습니다. 그들을 보호하시고 양육하시고 아름다운 신앙결실을 맺게 하려고 하셨습니다. 그러나 유대인들은 주님의 뜨거운 보호를 거절하고 스스로 죽음을 택하고 말았습니다. 광야생활을 하던 이스라엘 백성들이 불기둥을 벗어나면 얼어 죽을 수밖에 없었고, 구름기둥을 떠나면 햇볕에 타 죽을 수밖에 없었습니다. 인간은 하나님의 보호를 거절하고 떠날 때부터 잘린 가지에 불과하여 시들고 죽어버리고 말 것입니다.

일차 세계대전 때 독일군은 사상 최초로 독가스를 무기로 사용했습니다. 1915년 4월 22일 독일은 독가스를 사용해서 연합군을 초토화시켰고, 일곱 번에 걸친 대승을 거두었습니다. 마지막으로 독일은 영국을 점령하고자 영국해협을 점령하고 다시 독가스를 사용했습니다. 그때 영국 왕 조지에게 전세에 대한 질문이 들어오자 조지는 오직 하나님의 기적과 보호만이 남았을 뿐이라고 했습니다. 독일군은 풍향을 재서 36시간 동안 바람의 방향을 측정한 후에 독가스를 살포했습니다. 그런데 갑자기 바람의 방향이 바뀌었고, 독일군이 살포한 독가스는 바로 다시 독일군 쪽으로 되돌아와서 독일군을 살상했습니다. 이로 인해 독일군 수천 명이 죽고 전쟁은 패배의 길로 들어서게 되었습니다. 독일 기상대는 이런 일이 여태까지 없었다고 발표했습니다. 이렇게 주님을 믿고 의지함은 주님의 보호 아래로 들어가는 것입니다.

세상의 빛이라는 말씀은 하나님의 인도하심을 의미

광야생활을 하던 이스라엘 백성들은 철저하게 구름기둥과 불기둥의 인도를 받아야 했습니다. 성막 위에 구름기둥이나 불기둥이 머물러 있는 시간이 짧으면 짧은 대로 오래면 오랜 대로 이스라엘 군중들이 머물러 있었습니다. 이틀이든지 한 달이든지 일 년이든지 성막 위에 이 두 기둥이 머물러 있으면 그들은 움직이지 않았습니다. 불기둥이나 구름기둥이 움직여야만 이스라엘 백성들이 행군할 수 있었고, 움직이지 않을 때에는 그대로 기다리고 머물러야만 했습니다. 곧 이스라엘 군중들의 여론이나 주장이 하나님의 불기둥과 구름기둥을 마음대로 움직일 수 없고, 이스라엘 군중이 하나님의 불기둥과 구름기둥을 쳐다보고 그것을 따라서 움직이는 행동을 취할 뿐이었습니다. 이렇게 광야에서 이스라엘이 하나님의 인도를 받았을 때에 가나안 목적지까지 도착할 수 있었고 하나님의 인도를 거절하고 항거하며 배반했을 때에 그들은 저주를 받고 광야 모래밭에 묻히고 말았습니다. 이스라엘에게 하나님은 길 없는 광야에 탄탄대로를 만들어 주셨고 그 길로 인도하여 젖과 꿀이 흐르는 가나안 땅에 도착하게 하신 것입니다.

주님께서는 이러한 역사적 사건을 상기시키면서 "나는 세상의 빛이니 나를 따르라."고 말씀하셨습니다. "나를 따르는 자는 어두움에 다니지 아니하고 생명의 빛을 얻으리라."고 하셨습니다. 여기 따른다는 말씀 속에는 여러 가지 뜻이 있습니다. 이것은 헬라어 아콜루돈(ἀκολουθῶν)으로 여러 가지 의미가 있습니다.

첫째, 군사가 지휘관에 따른다 는 의미가 내포되어 있습니다. 군사들이 장거리 행군을 할 때나 전투에서나 훈련받을 때에 군사들은 반드시 지휘관의 지시를 따라야만 합니다. 크리스천은 군사이며 예수 그리스도는 우리의 지휘관이십니다.

둘째, 노예가 주인과 함께 동행 하는 것을 의미합니다. 주인이 가는 곳이라면 어느 곳이나 노예는 동행합니다. 노예는 어떠한 때에도 주인을 섬기게끔 대기하고 주인이 지시하는 일을 즉시 행합니다. 노예의 기쁨은 주인이 시키는 대로 행하는 데 있고, 주인을 섬기는 데 있습니다. 그리스도는 우리의 주인이시며, 우리는 그의 종이며 노예입니다.

셋째, 현명한 조언자의 의견을 받아들인다는 의미를 가집니다. 우리가 어떤 미심쩍은 일이 있을 때에는 숙달된 전문가나 지식인에게로 가서 상담을 받고 상담해 주는 이의 고견과 충고와 의견을 받아들입니다. 주님은 우리의 가장 좋은 상담자이십니다. 가장 훌륭한 조언자이며, 가장 적절한 충고를 주시는 분이십니다. 크리스천은 그리스도의 조언으로써 자기 자신의 인생을 건설해 가는 사람입니다.

넷째, 국가의 법률에 복종한다는 의미가 있습니다. 어떤 사람이 사회에서나 단체에서 신뢰 받는 사람이라면 그 사람은 반드시 법을 준수하는 사람입니다. 크리스천은 천국시민입니다. 천국시민으로서 하나님의 율법을 준수해야만 합니다. 하나님의 법인 말씀을 자신의 인생을 좌우하는 것으로 받아들여야 합니다.

다섯째, 선생의 가르침이나 어떤 사람의 연설에 찬동한다는 의미가 있습니다. 크리스천은 주님의 가르침에 귀를 기울이고 그 뜻을 이해하는 사람을 말합니다. 주님의 교훈에 경청하지 않는 사람은 진정한 크리스천이 아닙니다. 주님의 교훈을 제멋대로 해석하고 주장하는 사람은 진정한 크리스천이 아닙니다. 주님의 교훈을 한 귀로 듣고 한 귀로 흘려버리는 사람도 진정한 크리스천이 아닙니다. 진정한 크리스천은 주님의 교훈을 마음속으로 받아들이고 이해하고 그 모든 말씀을 기억하고 강직하게 그것에 순종하는 사람들입니다.

확실한 안내자와 정확한 지도를 가진 자만이 반드시 안전하게 목적지에

도달할 수 있습니다. 예수 그리스도는 인생의 바른 안내자이십니다. 그 분 만이 사람의 일생의 지도(map)를 가지고 우리를 인도하십니다. 그리스도를 따르는 길이야 말로 인생을 안전하게 살아가는 길이며, 영광으로 들어갈 수 있는 오직 하나 밖에 없는 진리입니다.

'내가 세상의 빛이라' 고 하신 예수님의 말씀의 의미를 다시 한 번 새겨보시기 바랍니다. 예수 그리스도 자신이 하나님이시고, 하나님의 임재를 뜻하시고, 예수 그리스도께서 우리를 보호하여 주시고, 예수 그리스도께서 우리의 길을 인도하시는 것을 마음 깊이 새기시길 바랍니다.

제11장

참된 증거

(요 8:13~18)

요한복음 8:13~18 "바리새인들이 이르되 네가 너를 위하여 증언하니 네 증언은 참되지 아니하도다. 예수께서 대답하여 이르시되 내가 나를 위하여 증언하여도 내 증언이 참되니 나는 내가 어디서 오며 어디로 가는 것을 알거니와 너희는 내가 어디서 오며 어디로 가는 것을 알지 못하느니라. 너희는 육체를 따라 판단하나 나는 아무도 판단하지 아니하노라. 만일 내가 판단하여도 내 판단이 참되니 이는 내가 혼자 있는 것이 아니요 나를 보내신 이가 나와 함께 계심이라. 너희 율법에도 두 사람의 증언이 참되다 기록되었으니, 내가 나를 위하여 증언하는 자가 되고 나를 보내신 아버지도 나를 위하여 증언하시느니라."

예수님은 하나님이십니다.
예수님은 인간의 증거를 필요로 하지 않습니다.
예수님의 자기 증거와 세례 요한의 증언, 그리고
성경에서 예수님이 하나님이신 것을 증명하고 있습니다.
이것은 참된 증거입니다.

예수님께서 "나는 세상의 빛이라," 고 선언하셨을 때 유대인들의 거부반응이 일어났습니다. 예수님이 자신을 빛이라고 하셨을 때 빛이란 곧 예수님 자신이 메시야요, 하나님이라는 의미였습니다. 또한 바리새인들과 서기관 등 유대지도자들도 예수님의 이 주장이 바로 예수님 자신이 하나님이요, 메시야라는 것을 인식하고 있었습니다. 그들은 예수님의 이런 주장에 대하여 대단히 못 마땅하게 여겼습니다. 그리하여 그들은 다시 예수님의 주장이 거짓이요, 참되지 못하다는 것을 모세의 법을 들추어 반증하기로 한 것입니다.

본문 말씀 13절에서 "바리새인들이 이르되 네가 너를 위하여 증언하니 네 증언은 참되지 아니 하도다," 라고 하였습니다. 이 같은 그들의 거부반응과 예수님의 자기주장에 대한 그들의 반대는 성경에 기초하는 것입니다. 유대교의 율법으로는 어떤 진술이라 하더라도 그것이 진실 된 것으로 간주되기 위해서는 두 사람 이상의 증인의 증언을 필요로 했습니다.

"사람을 죽인 모든 자 곧 살인한 자는 증인들의 말을 따라서 죽일 것이나 한 증인의 증거만 따라서 죽이지 말 것이요." (민 35:30)

"죽일 자를 두 사람이나 세 사람의 증언으로 죽일 것이요 한 사람의 증언으로는 죽이지 말 것이며." (신 17:6)

"사람의 모든 악에 관하여 또한 모든 죄에 관하여는 한 증인으로만 정할 것이 아니요 두 증인의 입으로나 또는 세 증인의 입으로 그 사건을 확정할 것이며." (신 19:15)

유대인들이 예수님을 비방하고 있는 것은 예수님의 주장이 자기 자신 이외에 다른 증인의 지지가 없으니 그 증거를 받아들일 수 없다는 것입니다. 곧 예수님이 자기를 "세상의 빛이라," 고 주장하는 것은 거짓이요, 예수님이 자기를 하나님이요, 메시야라고 하는 것은 참된 주장이 아니라 거짓 주장이라고 결론을 내리는 것입니다. 바리새인들의 이 같은 반대 이론에 대하여 예수님은 자기의 주장이 합법적이요, 참되다고 말씀하십니다. 오늘 본문말씀 요한복음 8:13~18에는 참되다라는 말이 너무나 강조되어 있습니다. 본문말씀에서 참되다라는 말이 4번씩이나 나오고 있습니다.

예수님 자신의 권위

본문말씀 14절에 "예수께서 대답하여 이르시되 내가 나를 위하여 증언하여도 내 증언이 참되니 나는 내가 어디서 오며 어디로 가는 것을 알거니와 너희는 내가 어디서 오며 어디로 가는 것을 알지 못 하느니라,"고 하였습니다. 이 말씀은 하나님의 권위에 대한 논증입니다. 예수님이 이 말씀을 하시는 것은 자기 자신에 대하여 아신다는 의미입니다. 예수님은 직관으로 자신을 아실뿐만 아니고 완전하게 자기를 아신다는 뜻입니다. "나는 어디서 온 것을 알며, 어디로 가는 것도 아노라," 하시는 말씀은 곧 "나는 하나님께로부터 와서 하나님께로 가는 것을 아노라(heavenly origin and destination). 내가 세상의 빛이라고 선언한 것은 내가 완전한 자의식(self-consciousness)을 가지고 선언한 것이므로 사람들은 마땅히 나의 선언을 받아들여야만 한다,"라는 뜻입니다. 그러나 바리새인들은 예수님이 어디서 왔으며(origin), 어디로 가는 것을 알지 못하기 때문에 예수님의 증거를 부인하는 것은 아무런 가치가 없다고 예수님은 말씀하십니다.

빛은 자기 증거자입니다. 빛은 다른 무엇의 증거를 요구하지 않고 자기의 밝음을 나타냄으로 그 빛 된 사실을 성립시킵니다. 이와 같이 예수님은 자기가 친히 자기를 증거 하심으로만 자기를 나타내십니다. 소경이 태양 빛을 보지 못하였다고 하여 빛의 존재를 믿지 않을 수는 없습니다. 소경은 태양 빛을 믿음으로 태양의 존재를 인정합니다. 예수님이 하나님의 아들이심에 대하여 인간은 직접적으로 증거 할 수 없습니다. 인간은 예수님께로부터 진리를 받아서 증거 할 수 있습니다. 왜냐하면 인간은 자율적으로 하나님을 모르기 때문입니다. 인간은 죄로 인해 타락했기 때문에 하나님을 알 수 없고, 계시에 의해서만 신지식을 얻어서 하나님을 알 수 있습니다. 예수님은 자기를 증거하실 때에 인간을 사용하시기는 하지만 인간에게 의뢰하지는 않습니다. 예수님은 어디까지나 독자적 신임성을 가진 하나님이십니다.

독자적 신임성은 헬라어 아우토피스토스(αὐτοπιστός)입니다. '그 스스로 신뢰성을 갖는다,' 라는 말입니다. 네덜란드의 신학자 헤르만 바빙크(1854~1921)는 말했습니다. "신앙은 자체의 통찰에 의하여 진리를 취하지 못하고 다만 하나님의 권위에 근거하여 성립한다(진리와 하나님의 권위). 하나님의 계시는 하나님의 권위에 근거해서만 종교적 의미에서 믿어진다(계시와 권위). 누가 기독교 신자에게 왜 믿느냐고 한다면 그는 하나님이 말씀하시기 때문이라고 대답할 것이다. 하나님이 성경에서 말씀한다고 믿는 이유가 무엇이냐고 다시 묻는다면, 성경은 하나님의 말씀이라고 믿도록 하나님께서 그 안에 역사하시기 때문이라고 할 것이다."

예수님께서 "세상의 빛이라,"고 하신 말씀에 대한 증거는 예수님 자신의 증거만으로 충분하다고 예수님께서 대답하셨습니다. 예수님은 자신이 하나님이시기 때문에 다른 인간의 증거를 필요로 하지 않으십니다. 이것은 어떤 자부심이나 자기 과시 같은 것이 아닙니다. 예수님은 본질적으로, 존재론적으로 하나님이시기 때문에 다른 인간들의 증거를 필요로 하지 않습니다. 우수한 의사는 자기 자신의 판단에 자신을 가집니다. 그는 자기를 지지해 주는 자를 필요로 하지 않습니다. 그를 위한 증인은 자기 자신의 의술이기 때문입니다. 재판관은 자기 자신의 법 해석이나 적용에 대해 확신을 가지고 있습니다. 그러나 그것은 자기 자신에 대한 자만심을 가지고 있기 때문이 아니라 단지 자기 자신이 알고 있다고 하는 것을 알고 있는 것에 지나지 않습니다.

유대인들의 그릇된 판단

유대인들의 판단과 예수 그리스도의 판단 사이에는 큰 차이가 있습니다. 유대인들의 예수님에 대한 판단은 육체에 따른 판단입니다. 그들은 예수님을 육적으로만 알고 판단했고, 예수님을 하나의 인간으로만 알고 판단했습니다. 그들은 세상적 기준에 의해 예수님을 판단했습니다. 예수님의 겉으로 들어난 외적 기준과 육적 기준으로 판단했습니다. "예수는 다만 요셉의 아들인데 어떻게 하늘에서 내려온 자라고 말하느냐?"(요 6:42) 그들은 예수님을 외모로만 판단했습니다.(요 7:24) 예수는 그리스도가 아니라고 했습니다.(요 7:41) 예수님으로 인해 무리 중에 쟁론이 일어났습니다.(요 7:42) 예수님을 가리켜 갈릴리에서 선지자가 날 수 없다고 했습니다.(요 7:52)

조선시대에 숙종 대왕은 어진 임금으로 백성들의 생활을 살피기 위하여 자주 어의를 입지 않고 평복을 하였습니다. 그러나 평복을 하였다고 해도 그가 왕이 아닌 것이 아닙니다. 그는 왕이고 왕의 신분을 가진 사람입니다. 예수 그리스도는 인간을 죄악에서 구원하시려고 오신 하나님이시지만 인간의 모습을 가지고 세상에 오셨습니다. 예수님의 본질과 본체를 알지 못한 유대인들은 자기들과 똑같은 수준의 인간, 죄인으로 예수님을 취급하고 있습니다. 그들이 하나님의 판단을 받고 하나님의 명령을 따라야 했을 터인데도 오히려 그들이 하나님이신 예수님을 판단하고 예수님의 말씀을 거부하고 참되지 않다고 평가했습니다. 이 같은 맹랑한 무리들에게 예수님은 그들의 판단이 틀린 것이요, 예수님의 판단이 참되다고 증거 하십니다. 예수님이 참된 이유는 요한복음 8:16에서 "만일 내가 판단하여도 내 판단이 참되니 이는 내가 혼자 있는 것이 아니요 나를 보내신 이가 나와 함께 계심이라,"고 하신 것입니다. 곧 예수님의 판단은 성부 하나님의 판단이요, 그러므로 예수님의 판단은 곧 하나님 자신의 판단입니다.

"하나님이 보내신 하나님의 말씀을 하나니 이는 하나님이 성령을 한량없이 주심이니라."(요 3:34)

"그러므로 예수께서 그들에게 이르시되 내가 진실로 진실로 너희에게 이르노니 아들이 아버지께서 하시는 일을 보지 않고는 아무 것도 스스로 할 수 없나니 아버지께서 행하시는 그것을 아들도 그와 같이 행하느니라."(요 5:19)

"내가 아무 것도 스스로 할 수 없노라 듣는 대로 심판하노니 나는 나의 뜻대로 하려 하지 않고 나를 보내신 이의 뜻대로 하려 하므로 내 심판은 의로우니라."(요 5:30)

"내게는 요한의 증거보다 더 큰 증거가 있으니 아버지께서 내게 주사 이루게 하시는 역사 곧 내가 하는 그 역사가 아버지께서 나를 보내신 것을 나를 위하여 증언하는 것이요."(요 5:36)

"또한 나를 보내신 아버지께서 친히 나를 위하여 증언하셨느니라."(요 5:37)

그러므로 예수님의 판단은 단순한 인간의 판단이 아니요, 하나님의 판단입니다.

성부의 증거와 성자의 증거의 일치

인간적인 증명도 두 사람의 증언이면 참되다고 모세의 법에 가르치고 있습니다. 사형언도를 할 때 사람을 죽이는 데는 2인 이상의 증인이 있어야 하고, 어떤 사람을 정죄하는 데도 2인 이상의 증거가 있어야 합니다. 교회 직분자를 치리하는 데도 2인 이상의 증인이 있어야 합니다. 유대인들이 예수님이 세상의 빛이라고 선언한 사실에 대하여 허위요 거짓이라고 주장하는 이유는 증인이 하나이기 때문이라는 것입니다. 그러나 예수님은 그들이 주장하는 대로 예수님에 대한 2인 이상의 증거를 제시합니다. 곧 성자 예수 그리스도 자신과 그를 보내신 성부 하나님이라고 말씀하십니다.(18절) "내가 나를 위하여 증거 하는 자가 되고 나를 보내신 아버지도 나를 증거 하시니라,"고 하셨습니다. 예수님이 세례를 받을 때에 하나님께서 "이는 내 사랑하는 아들이요 내 기뻐하는 자라, 너희는 저의 말을 들을찌니라,"고 하셨습니다.

인간적인 증명도 2중이면 참되다고 하는데 하물며 2중의 신적인 증거는 더 참되지 않습니까? 예수님에 대한 증거는 세례 요한과 성경과 예수님의 행하신 사적들이었습니다. 예수님께서 하나님이신 것은 증명할 필요가 없습니다. 예수님은 하나님의 자기 계시이기 때문입니다. 다만 예수님을 하나님의 아들, 하나님 자신으로 믿을 일 밖에 없습니다. 그를 믿어야만 합니다. 캄캄한 의심들이 우리를 공격할 때에 믿어야 합니다. 우리의 힘이 적을 때에 믿어야 합니다. 믿기 제일 어려울 때에 믿어야 합니다. 그가 미쁘시기에 믿어야 합니다. 그의 뜻이 가장 좋으니까 믿어야 합니다. 그의 마음이 우리의 유일한 안식처이기에 믿어야 합니다. 흐릴 때나 해가 날 때나 어느 때나 항상 믿어야 합니다. 우리의 모든 걱정은 예수님께 던지고 풍랑과 재난이 다 지나갈 때까지 그 분을 믿어야 하는 것입니다.

제12장

세 가지 질문

(요 8:19~27)

요한복음 8:19~27 "이에 그들이 묻되 네 아버지가 어디 있느냐 예수께서 대답하시되 너희는 나를 알지 못하고 내 아버지도 알지 못하는도다 나를 알았더라면 내 아버지도 알았으리라. 이 말씀은 성전에서 가르치실 때에 헌금함 앞에서 하셨으나 잡는 사람이 없으니 이는 그의 때가 아직 이르지 아니 하였음이러라. 다시 이르시되 내가 가리니 너희가 나를 찾다가 너희 죄 가운데서 죽겠고 내가 가는 곳에는 너희가 오지 못하리라. 유대인들이 이르되 그가 말하기를 내가 가는 곳에는 너희가 오지 못하리라 하니 그가 자결하려는가. 예수께서 이르시되 너희는 아래에서 났고 나는 위에서 났으며 너희는 이 세상에 속하였고 나는 이 세상에 속하지 아니하였느니라. 그러므로 내가 너희에게 말하기를 너희가 너희 죄 가운데서 죽으리라 하였노라 너희가 만일 내가 그인 줄 믿지 아니하면 너희 죄 가운데서 죽으리라. 그들이 말하되 네가 누구냐 예수께서 이르시되 나는 처음부터 너희에게 말하여 온 자니라. 내가 너희에게 대하여 말하고 판단할 것이 많으나 나를 보내신 이가 참되시매 내가 그에게 들은 그것을 세상에 말하노라 하시되, 그들은 아버지를 가리켜 말씀하신 줄을 깨닫지 못하더라."

성부 하나님을 알 수 있는 유일한 길은

성자 예수 그리스도를 아는 데 있습니다.

만일 우리가 '예수님이 그' 인 줄 믿지 아니하면

우리 죄 가운데서 죽을 것이라 하십니다.

예수님을 하나님으로 믿을 때에 생명이 있을 것이요,

예수님을 하나님으로 믿지 않을 때에 죽음이 있을 뿐입니다.

예수님께서 "나는 세상의 빛이다,"라고 선언하실 때에 유대 지도자들은 예수의 증거는 자기 자신이 자신을 증거 함으로 신빙성이 없는 거짓된 주장이라고 반박하였습니다. 그러나 예수님께서는 자기가 하나님으로서 얼마든지 자기를 증거 할 수 있으며 또한 성부 하나님께서 자기를 증거 하신다고 명백하게 선언하셨습니다. 예수님께서 유대 당국자들과 논쟁하신 장소는 연보궤, 즉 헌금함 앞에서였습니다. 성전 안에 있는 뜰은 셋으로 구별되어 있습니다. 첫째 뜰은 이방인의 뜰이요, 두 번째 뜰은 부녀자의 뜰입니다. 그리고 세 번째 뜰은 제사장의 뜰입니다. 부녀자들은 제물을 드리기 위해서만 제사장의 뜰까지 들어갈 수 있으나 그 외에는 부녀자의 뜰까지만 들어갈 수 있었습니다.

부녀자의 뜰에는 기둥들이 많이 있습니다. 그리고 그 기둥들에 13개의 연보궤가 달려있습니다. 이 연보궤, 즉 헌금함은 나팔이라는 별명으로 불립니다. 그 이유는 위 꼭지가 좁고 밑으로 내려감에 따라 넓어져서 마치 나팔과 같은 모양을 하고 있기 때문입니다. 13개의 헌금함에 각각 다른 목적으로 헌금을 드립니다. 첫째 두 곳에는 반 세겔을 던져 넣는데 이것은 성전유지비로써 유대인들은 누구나 의무적으로 납부해야 합니다. 셋째와 넷째는 비둘기 2마리를 살만한 돈을 넣습니다. 출산 후의 부인들은 깨끗함을 받기 위해 비둘기 2마리를 드려야 했습니다.(레 12:8) 다섯 째 궤에는 제단의 불을 피워두기 위한 경비를 넣습니다. 여섯 째 궤에는 성전 제사에 사용되는 향료의 비용을 위한 기부금을 넣었고, 나머지 여섯 개의 궤에는 제물을 구입하고 남은 돈이나 그 외에 드리고 싶다고 생각하는 것을 넣었습니다. 부녀자의 뜰은 헌금함에 헌금하기 위해 끊임없이 사람들이 붐비는 매우 활기가 넘쳐나는 장소입니다. 이곳에서 예수님은 유대교의 당국자들과 논쟁을 하였습니다.

예수님께서 세상의 빛이라고 선언할 때에 두 사람 이상의 증거를 제시해야 그 주장을 믿겠다고 유대인들은 반박했습니다. 주님도 자신이 하나님으로서 자기를 증거 할 수 있으며 또한 성부 하나님께서 자신을 증거 하신다고 말씀하셨습니다. 그때 당국자들은 예수님의 증거를 거부하면서 질문을 던졌습니다.

네 아버지가 어디 있느냐?

이 질문은 예수님을 경멸하는 어투입니다. "당신의 아버지는 요셉이 아니냐? 요셉 외에 다른 아버지가 어디 있느냐?"라는 질문입니다. 그들은 예수님을 요셉의 아들이라고 간주하고 있었습니다. 그러나 요셉은 예수님의 아버지가 아닙니다. 그들의 질문에 예수님은 답변하시기를 "너희는 나를 알지 못하고 내 아버지도 알지 못 하는도다. 나를 알았더라면 내 아버지도 알았으리라,"고 하셨습니다. 성부 하나님을 알 수 있는 유일한 길은 성자 예수 그리스도를 아는 데 있습니다.

"그 말씀이 너희 속에 거하지 아니하니 이는 그가 보내신 이를 믿지 아니함이라."(요 5:38)

"너희가 나를 알았더라면 내 아버지도 알았으리로다 이제부터는 너희가 그를 알았고 또 보았느니라."(요 14:7)

"내 아버지께서 모든 것을 내게 주셨으니 아버지 외에는 아들을 아는 자가 없고 아들과 또 아들의 소원대로 계시를 받는 자 외에는 아버지를 아는 자가 없느니라."(마 11:27)

하나님은 예수 그리스도의 인격 안에 자기를 계시하였고, 성경 속에 또한 계시하셨습니다. 그러므로 예수 그리스도를 알 때에 성부 하나님을 알 수 있고 예수 그리스도를 알지 못할 때에 성부 하나님을 알 수 없습니다. 성자 하나님을 통하지 않고, 또 성령 하나님을 통하지 않고는 성부 하나님을 알 수 없는 것입니다. 이것이 바로 삼위일체의 하나님이십니다.

"보혜사 곧 아버지께서 내 이름으로 보내실 성령 그가 너희에게 모든 것을 가르치고 내가 너희에게 말한 모든 것을 생각나게 하리라."(요 14:16)

"그러므로 내가 너희에게 알리노니 하나님의 영으로 말하는 자는 누구든지 예수를 저주할 자라 하지 아니하고 또 성령으로 아니하고는 누구든지 예수를 주시라 할 수 없느니라."(고전 12:3)

유대 당국자들은 마음이 강퍅해져서 두 증인의 증거도 인정하지 않았습니다. 그 이유는 저들의 죄악 때문이었습니다. 저들이 예수 그리스도의 증거를 불신할 때에 예수님께서 말씀하셨습니다. "내가 가리니 너희가 나를 찾다가 너희 죄 가운데서 죽겠고 내가 가는 곳에는 너희가 오지 못하리라." 예수 그리스도는 하나님께로부터 오셨고 성부 하나님께로 가신다고 말씀하셨습니다. "나는 내가 어디서 오며 어디로 가는 것을 안다. 그러나 너희는 알지 못한다."고 하셨습니다. 사실 유대인들 앞에 성육신하여 오신 예수님은 항상 그들과 함께 계실 분이 아니요, 때가 되면 성부 하나님께로 돌아가실 분이십니다. 그러므로 성육신하여 그들 가운데 오신 하나님을 믿을 기회는 영원히 계속되는 것이 아닙니다. 하나님의 아들이 그들과 함께 계시는 기회는 천지창조 이후 처음이요 후에도 없을 것입니다. 그리고 하나님의 아들의 말씀을 들을 기회도 그들에게 늘 있는 것이 아닙니다. 그러나 그들은 그 기회가 귀중한 줄 몰랐습니다. 예수님은 증거를 믿지 않는 유대인들의 비참한 결과를 이렇게 말씀하셨습니다. "너희가 나를 믿는 기회를 놓치면 너희 죄 가운데서 죽겠고, 나의 가는 곳에는 너희가 오지 못하리라."

예수님께서는 예수 그리스도를 불신하면 하나님과의 분리로 인해 죽음이 있을 것이요, 당신이 계시는 천국에 오지 못한다는 것을 말씀하신 것입니다. 천국에 오지 못한다는 말은 지옥에 떨어진다는 의미입니다. 예수 그리스도께서 자기가 하나님의 계시를 알려주고 성부 하나님의 증거를 제시해도 그들이 믿지 않는 것은 그들의 죄 때문이었습니다. 여기서 죄라는 것은 헬라어 하마르티아(ἁμαρτία)이고, 그 의미는 표적을 벗어났다(to miss the mark)라는 사격 용어입니다. 예수 그리스도를 구주로, 주님으로 받아들이는 것을 거절하는 자는 인생에 있어서 표적을 상실한 자입니다. 하나님과의 바른 관계를 정립하지 못한 자입니다. 하나님은 우리에게 기회를 주십니다. 회개하고, 봉사하고, 은혜 받을 수 있는 기회를 주십니다. 이 기회를 포착하고 선용해야 은혜 생활을 할 수 있습니다. 신앙의 성숙을 이룰 수 있습니다.

"이르시되 내가 은혜 베풀 때에 너에게 듣고 구원의 날에 너를 도왔다 하셨으니 보라 지금은 은혜 받을 만한 때요 보라 지금은 구원의 날이로다."(고후 6:2)

저가 자결하려는가?

"유대인들이 가로되 저가 나의 가는 곳에는 너희가 오지 못하리라 하니 저가 자결하려는가?"라고 하였습니다. 예수님이 유대 지도자들에게 회개할 기회가 많지 않음을 알려주기 위하여 말씀을 주시면서 경고하심에도 불구하고 그들은 회개할 줄 몰랐고 철면피하게도 더욱 심하게 예수님을 모욕하는 말을 했습니다. '저가 자결하려는가?' 그들은 예수님에게 매우 몹쓸 모독적인 말을 했습니다. '아마도 이 사람은 자살이라도 할 것 같다. 이 사람은 지옥의 가장 깊은 곳으로 빠져 들어가고 있는 중이지.' 이런 식으로 말한 것입니다.

유대인들의 사고에 의하면 자살은 지옥의 심연에 빠지는 길이라고 하였습니다.(요세푸스) 그들은 같은 말씀을 들었을 때 이전에는 '헬라인에게 가겠느냐?(요 7:35) 낮은 수준의 랍비가 되겠느냐?' 라는 등의 회의적인 말을 했고 이제는 '자살하려느냐?'고 조소적으로 말했습니다.

생사화복의 대권과 천국과 지옥을 지배하시는 하나님이신 예수 그리스도에게 그들은 서슴없이 모욕적인 언어의 폭행을 행사했고, 모독적인 말을 했습니다. 이때 주님은 더 강경한 어조로 말씀하셨습니다. "너희는 아래서 났고 나는 위에서 났으며, 너희는 이 세상에 속하였고 나는 이 세상에 속하지 아니했느니라,"고 하셨습니다. 21절에서는 기원과 행방의 대조를 말씀하셨고, 이번 말씀은 출처와 소속의 대조를 말씀하셨습니다. 육신적인 것과 신적인 것, 세상적인 것과 영원적인 것의 대조가 나오고 있습니다. 이것은 근본적인 대조입니다. 이 말씀에서 예수님은 유대인들의 존재 지위를 그대로 밝혀 드러내며 예수님이 하나님이심을 강력하게 증거 하셨습니다. 또한 예수님과 그들 사이에 영적으로 전혀 통하지 않음을 나타내셨습니다.

유대 지도자들에게 예수님은 엄히 경고하셨습니다. 본문말씀 24절에서 "내가 너희에게 말하기를 너희가 너희 죄 가운데서 죽으리라 하였노라. 너희가 만일 내가 그인 줄 믿지 아니하면 너희 죄 가운데서 죽으리라,"고 그들에게 사형선고를 내리셨습니다. 여기서 또 "내가 그이다,"라는 말이 나옵니다. 곧 예수님 자신이 하나님이심을 나타내고 있습니다. 그리고 "죽으리라,"고 그들에게 말했습니다. 이것은 그들이 죄 가운데 영멸하고 죄의 형벌 아래에 있으리라고 하는 사형선고입니다.

예수님은 믿음과 생명의 불가분리의 관계를 강조하셨습니다. 예수님을 하나님으로 믿을 때에 생명이 있을 것이요, 예수님을 하나님으로 믿지 않을 때에 죽음이 있을 뿐입니다. 요한복음 20:31에서는 "오직 이것을 기록함은 너희로 예수께서 하나님의 아들 그리스도이심을 믿게 하려 함이요 또 너희로 믿고 그 이름을 힘입어 생명을 얻게 하려 함이니라,"고 이 요한복음의 기록 목적을 밝히고 있습니다. 의사는 환자에게 병 고침을 받으려면 치료와 수술을 반드시 받아야 한다고 말할 수 있습니다. 만일 치료와 수술을 받지 아니하면 죽음을 면할 수 없다는 경고도 할 수 있습니다. 지금 예수께서는 유대인들에게 이런 경고를 주시는 것입니다. "내가 그인 줄 믿지 않으면 죄 가운데 죽으리라." 이것은 예수님이 주시는 치료를 받지 않는다면 그 사람은 죽고 말 것이라는 말씀입니다. 죽음은 저주의 죽음과 복된 죽음이 있습니다. 저주의 죽음은 죄를 용서함 받지 못하고 죽은 죽음으로 불신자의 죽음입니다. 복된 죽음은 요한계시록 14:13에 나와 있듯이 주안에서 죽은 죽음이고 죄의 용서함을 받고 믿다가 죽은 죽음을 뜻합니다.

네가 누구냐?

예수님을 하나님으로 믿지 않는 자들은 저들의 죄 가운데서 죽으리라고 경고했을 때에 유대인들은 예수님을 멸시하면서 '네가 누구냐?'라고 공격을 가했습니다. 이 말은 예수님의 신분을 더 알아보려고 묻는 말이 아니라 격분해서 싸우려 달려들면서 하는 말입니다. 말하자면 '당신이 도대체 뭔데?'라는 공격조의 말입니다. 이들의 공격을 받으신 예수님께서는 조금도 피하려는 태도를 취하지 않고 태연자약하게 그들에게 대답하셨습니다. "나는 처음부터 말하여 온 자니라(Τὴν ἀρχὴν ὅτι καὶ λαλῶ ὑμῖν),"

그리스도는 옛날부터 모든 족장들이나 선지자들을 통하여 계시된 내용이고, 구약의 예언된 자라는 말씀이십니다. 유대인들은 그리스도를 모를 수 없으리만큼 계속해서 여러 번에 걸쳐서 계시를 받았고 약속도 받아왔습니다. 예수님께서 '성역초기부터 자기가 누구라고 주장해 오던 대로의 그,'라는 뜻입니다. 24절의 "내가 그이다,"라는 구절과 부합되는 말입니다. 이것은 예수님의 공생애 초기부터 제기되었고 답변된 것입니다. 요한복음 1:29에서는

"세상 죄를 지고 가는 하나님의 어린 양," 이라고 했고, 가이사랴 빌립보에서 베드로의 고백에서 "예수님은 구주시고 하나님의 아들" 이라는 답변이 있었습니다.

본문 26절에서는 "내가 너희에게 대하여 말하고 판단할 것이 많으나," 라고 말씀하였습니다. 우선 '너희들에게 말할 것이 많다,' 고 하신 말씀은 주님의 입으로부터 나오는 말씀은 곧 유대인을 심판하는 말씀입니다. '너희에 대하여 판단할 것이 많다,' 라는 말씀은 예수님께서 유대인들을 판단할 때에 그들을 저주할 수밖에 없다는 뜻입니다. 곧 예수님이 가지신 하나님의 심판권을 여기서 강조하시는 것입니다. 신적 권위를 가지신 예수님이시지만 유대인들이 불신할 때에 다시 하나님의 증거를 말씀하십니다.

예수님께서 말씀하십니다. "내가 너희에 대하여 말하고 판단할 것이 많이 있다. 너희들이 열렬히 나를 반대하고 나에 대하여 불신의 태도를 나타냈음에도 불구하고 내가 말한 것은 참이다. 왜냐하면 나를 보내신 그 분은 참되시고, 참되신 그 분으로부터 들은 것을 세상에게 말하기 때문이다." 예수님을 보내신 분은 물론 성부 하나님이십니다. 보내신 분은 그의 모든 선언이나 심판이 참되십니다. 그는 본성적으로 참이시기 때문에 그의 말씀과 선언과 심판은 참이십니다. 예수님의 모든 말씀에서 성부의 마음이 표현되고 있습니다.(참조 요 3:11, 5:19, 30, 32, 37, 7:16) 보내신 분은 바로 성부 하나님이라고 예수님이 유대인의 사용하는 언어로 분명히 말씀하셨지만 그들은 이해하지 못했습니다. 유대인들의 불신과 편견과 교만은 그들로 하여금 예수님의 말씀을 거절하게 하였고 그들로 하여금 예수님의 말씀을 들을 수 없는 귀머거리로 만들었습니다. 예수님을 하나님이 보내신 분으로 볼 수 없도록 소경이 되게 하였습니다.

삼위일체의 개념을 최초로 가르치신 분은 예수님 자신입니다. 하나님 자신이 삼위일체를 가르쳐 주셨으니 이 진리는 정확하고 참된 진리입니다. 하나님을 알 수 있는 길은 하나님 자신의 계시에 의합니다. 예수님께서 친히 삼위일체의 하나님을 가르치십니다. 예수님이 하나님이심을 믿는 것은 삼위일체 하나님을 믿는 것입니다.

제13장

인자가 들린 후에 알리라

(요 8:28~30)

요한복음 8:28~30 "이에 예수께서 이르시되 너희가 인자를 든 후에
내가 그인 줄을 알고 또 내가 <u>스스로</u> 아무 것도 하지 아니하고
오직 아버지께서 가르치신 대로 이런 것을 말하는 줄도 알리라.
나를 보내신 이가 나와 함께 하시도다 나는 항상 그가 기뻐하시는 일을
행하므로 나를 혼자 두지 아니하셨느니라.
이 말씀을 하시매 많은 사람이 믿더라."

'인자가 들린다,' 함은 예수님의 십자가 죽음을 의미합니다.
예수님의 십자가 죽음은 하나님의 계획입니다.
무죄하신 예수님이 죽음으로 우리의 죄가 씻깁니다.
우리의 죄 씻음과 영생을 위해
예수님께서 십자가에서 돌아가셨습니다.

본문 28절에 '인자를 든다,' 는 말씀이 나옵니다. 요한복음에서 인자를 든다는 말은 매우 중요한 진리를 나타내고 있습니다. '인자를 든다,' 는 말씀이 요한복음에 3번이 나옵니다.

"모세가 광야에서 뱀을 든 것 같이 인자도 들려야 하리니, 이는 그를 믿는 자마다 영생을 얻게 하려 하심이니라." (요 3:14~15)

"이에 예수께서 이르시되 너희가 인자를 든 후에 내가 그인 줄을 알고 또 내가 스스로 아무 것도 하지 아니하고 오직 아버지께서 가르치신 대로 이런 것을 말하는 줄도 알리라." (요 8:28)

"내가 땅에서 들리면 모든 사람을 내게로 이끌겠노라 하시니." (요 12:32)

'인자를 든다,' 는 말의 의미는 예수님이 십자가에 달리신다는 뜻입니다. 즉 예수님께서 십자가 나무에 달려 고난당하시고 죽으시는 사실을 가리키고 있습니다.

죄인을 구원하시려는 하나님의 영원한 계획

요한복음 3:14에 예수님께서 친히 "모세가 광야에서 뱀을 든 것 같이 인자도 들려야 하리니," 라고 하셨습니다. 모세가 이스라엘 백성 2백만을 이끌고 가나안 땅을 향하여 전진할 때에 40년간 광야에서 살게 되었습니다. 하나님은 물 없는 광야에서 생수를 주어 마시게 하였고, 양식 없는 광야에서 하늘로부터 만나를 내려서 그들로 하여금 먹게 하셨습니다. 그리고 메추라기 고기를 먹게 하시고 불기둥과 구름기둥으로 저들의 앞길을 인도하여 주셨습니다. 그럼에도 불구하고 그들은 크게 열 번이나 하나님과 모세를 원망하였습니다. 그 결과 아론은 죽어 호르산에 묻혔고, 모세 혼자 그들을 인도하여 가려고 할 때에 또 다시 그들의 원성은 충천하였습니다. 그들은 "왜 하나님께서 곧바로 가나안 땅으로 인도하지 않는가? 왜 다시 광야 길로 들어서게 하며 우리를 애굽에서 끌어올려 광야에서 죽게 하는가? 왜 우리는 만나만 먹어야만 하는가?"라고 불평했습니다. 그들은 하나님이 주신 식물 만나에 싫증을 느끼고 맛도 영양도 없는 만나를 싫어한다고 하면서 모세를 원망했습니다. 이때 하나님은 무서운 징계의 손을 펴셨습니다.

불뱀들을 보내어 여지없이 저들을 물게 하고 고통을 당하게 하셨습니다. 원망은 사망과 직통하는 것입니다. 감사가 없고 원망만 하는 저들을 하나님께서는 죽음의 계곡으로 밀어 넣고 말았습니다. 그들은 다시 자기의 죄를 깨닫고 모세를 부르기 시작했습니다. "여호와와 당신을 향하여 원망함으로 범죄 했사오니 당신이 여호와께 기도하여 불뱀들을 물러가게 해 달라,"고 간청했습니다. 모세는 즉시 하나님께 기도했습니다. 하나님은 모세의 간곡한 기도를 들으시고 죽어가는 이스라엘 백성들이 살 수 있는 방법을 제시하여 주셨습니다. 모세로 하여금 놋뱀을 만들어 장대에 달아 이스라엘 진중에 세워 어느 곳에서나 보이도록 하였습니다. 그리고 모든 이스라엘 백성들이 놋뱀을 쳐다보면 살리라고 모세가 외쳤습니다. 이러한 역사적 사건을 예수님께서 상기시키면서 모세가 광야에서 놋뱀을 든 것 같이 인자도 들려야 하리라고 말씀하셨습니다.

죽어가는 이스라엘 백성을 살게 하는 하나님의 방법과 계획은 그들에게 놋뱀을 쳐다보게 하는 것이었습니다. 나무 장대에 뱀의 모습으로 만든 놋뱀을 달아놓게 하고 그것을 바라보아야 산다고 하나님이 가르치셨습니다. 예수님은 이 놋뱀을 이야기하시면서 자기 자신도 십자가에 달려 죽어야 하는 것이 죄인을 구원하시려는 하나님의 계획이라는 것이라고 말씀하신 것입니다. 주님의 십자가 죽음은 하나님의 영원한 계획 가운데 들어 있었던 것입니다. 모세 시대에 나무에 달린 놋뱀은 바로 신약시대에 예수님의 십자가의 그림자요, 예수님의 십자가 죽음을 상징하고, 하나님의 계획이 그림자로 벌써 드러난 것입니다. 죄인들을 구원하시려는 하나님의 계획을 성취할 수 있는 사람은 이 세상에 아무도 없습니다. 죄인의 죄 값을 지불하고 용서함 받게 하며 자유를 줄 자는 한 사람도 없습니다. 물에 빠진 자가 같은 물에 빠진 자를 건질 수 없듯이 죄인은 죄인을 대속하거나 속량할 수 없습니다. 다만 하나님의 아들로 인간의 몸을 입고 탄생하신 무죄하신 예수님만이 죄인들의 죄를 속량하실 수 있습니다. 무죄하신 하나님이신 예수님께서 십자가에 달려 죽으셔야만 인간의 죄를 속량할 수 있기에 예수님께서 "모세가 광야에서 뱀을 든 것과 같이 인자도 들려야 하리라,"고 하셨습니다. 인자가 반드시 들려야, 곧 십자가에서 반드시 죽어야 우리의 죄를 속량할 수 있다고 말씀하시는 것입니다.

가이사랴 빌립보 지방에서 베드로가 유명한 신앙고백을 하고 난 후에 예수님께서 십자가의 죽음을 예고하셨습니다. 그때 베드로는 주님께 간청하기를 "그리 마옵소서. 이 일이 결코 주에게 미치지 아니하리이다,"고 말했습니다. 예수님은 그런 베드로에게 무서운 말씀을 하셨습니다. "사탄아 네 뒤로 물러가라. 너는 나를 넘어지게 하는 자로다. 네가 하나님의 일을 생각하지 아니하고 도리어 인간의 일을 생각하는도다,"라고 책망하셨습니다. 죄인을 구원하시려는 하나님의 계획에 대하여 무지한 말을 할 때 베드로는 무서운 책망을 받았습니다. 주께서 십자가에 달려 희생 제물이 되는 것이 하나님의 영원한 계획이었습니다.

"하나님이 죄를 알지도 못하신 이를 우리를 대신하여 죄로 삼으신 것은," (고후 5:21)

'인자가 들려야 한다.' 는 말씀은 너무나 중요하며, 우리의 구원과 직결되는 축복의 말씀이십니다.

영적인 일에 대한 진정한 지식의 기초가 되는 십자가

예수님은 유대지도자들로부터 심한 멸시와 조롱과 모욕을 당하셨습니다. 성부 하나님이 예수님을 보내셨다고 증거 해도 그들은 예수님을 불신했고 성부 하나님으로부터 들은 바를 예수님이 증거 한다고 해도 그들은 거절해 버렸습니다. 그들은 예수님의 기적을 보고도 하나님의 아들이심을 믿지 아니하였고, 예수님을 비난하면서 "네 아버지가 어디 있느냐? 저가 자결하려는가? 당신이 도대체 누구냐?"고 질문 공세를 하면서 예수님께 도전했습니다. 그런 것을 보시며 예수께서는 이들이 영적 일에 대한 지식, 즉 삼위일체의 하나님과 성부와 성자의 관계에 관한 지식을 언제 갖게 될 것인가를 말씀하셨습니다. '인자가 십자가에 달려 죽으신 후'에야 그들이 예수님에 대한 참 지식, 바른 지식을 가질 수 있으리라는 것을 알려 주셨습니다. 십자가 죽음 사건이 있은 후에 예수님이 하나님이심을 알 것이라고 밝히 말씀하신 것입니다.

십자가 사건은 예수님이 누구인가에 대한 영적 지식을 취득하는 근본 사건이 되는 것입니다. 곧 예수님이 하나님이심을 알게 되는 것이 바로 십자가 사건입니다. 하나님의 계시의 빛이 인간의 영혼을 비추는 것은 오직 십자가 사건뿐입니다. 예수님의 탄생, 생애, 교훈, 기적이 모두 계시 사건이지만 그 중에도 십자가 사건은 구원 지식을 갖게 합니다. 예수님의 탄생, 기적, 교훈을 듣고 또 보고도 유대지도자들은 예수님을 불신했으나 주님이 십자가에 달리신 그 사건을 볼 때에는 예수님이 하나님이심을 알리라고 예수님이 말씀하셨습니다. 사도 바울은 예수님의 십자가를 이렇게 증거하고 확신하였습니다.

"유대인은 표적을 구하고 헬라인은 지혜를 찾으나 우리는 십자가에 못 박힌 그리스도를 전하니 유대인에게는 거리끼는 것이요, 이방인에게는 미련한 것으로되, 오직 부르심을 입은 자들에게는 유대인이나 헬라인이나 그리스도

는 하나님의 능력이요 하나님의 지혜니라."(고전 1:22~24)

예수님의 십자가가 유대인들에게는 거리끼는 것이었습니다. 종이 주인에게 반역하거나 백성이 국가에 반역할 때에 십자가에 처형하는 중벌을 내렸는데 예수님이 십자가를 진 것은 이런 범죄로 진 것은 아닌가라고 유대인들은 생각했습니다. 헬라인에게는 예수님의 십자가가 어리석은 것이라고 생각되었습니다. 왜? 그들이 존경하고 숭앙하는 철학자 소크라테스는 죽음 후에 있는 일을 이야기하고 자기의 무죄를 주장했는데 예수님은 한 마디 변명 없이 십자가를 지고 죽어갔으니 약자 중의 약자가 아니겠느냐고 생각한 것입니다. 그러나 사도 바울은 유대인의 율법을 익숙하게 알았고 헬라 철학에도 능통했지만 예수 그리스도의 십자가만큼 영광스러운 것이 없고, 예수 그리스도의 십자가 사건만큼 인생을 지혜롭게 하는 것이 없다고 말했습니다. 참으로 예수 그리스도의 십자가는 하나님의 지혜라고 하면서 십자가를 자랑했습니다.

"그러나 내게는 우리 주 예수 그리스도의 십자가 외에 결코 자랑할 것이 없으니."(갈 6:14)

"인자가 들려야 하리라,"에서 든다라는 말은 헬라어 휩소오(ὑψόω)로, 이 말은 '높인다,' 또는 '상승한다,'의 의미를 갖고 있습니다. 곧 예수님은 십자가에 죽으실 뿐만 아니라 사흘 만에 다시 부활하셔서 승천하셨으므로, '인자가 들린다,'는 말은 주님의 높아지심을 강하게 나타냅니다. 곧 예수님이 하나님이심을 나타내는 것입니다.

"그는 그 앞에 있는 기쁨을 위하여 십자가를 참으사 부끄러움을 개의치 아니하시더니 하나님 보좌 우편에 앉으셨느니라."(히 12:2)

예수님이 누구신가를 알려고 하면 우리는 예수님의 십자가로 나아가야 합니다. 유대인들이 예수님의 십자가를 보았을 때 예수님이 하나님이심을 더 이상 부정할 수 없습니다. 주님의 십자가는 우리에게 우리 자신의 존재가 무엇인가를 알게 합니다. 주님의 십자가는 우리가 구원 받아야 할 죄인임을 알게 합니다. 주님의 십자가는 우리에게 구원지식을 가지게 합니다. 주님의 십자가는 예수님이 하나님이심을 가르처 줍니다.

사람들이 예수님에 대한 지식이 부족해서 예수님을 믿지 못한다고 할 수 없습니다. 그들의 죄 때문에 예수 그리스도를 부인하고 불신하게 되는 것입니다. 유대인들은 예수님의 가르치심과 기적과 이적의 행하심을 직접 보았고 들어서 예수님에 대한 지식이 많았던 자들입니다. 그러나 그들의 죄의 장벽 때문에 예수 그리스도를 구주로 영접하지 않았고 불신하였습니다. 그러므로 예수님에 대한 지식의 결핍이 결코 믿을 수 없는 변명이 될 수 없습니다. 자신의 죄를 해결하지 못했음으로 예수님을 불신하게 되는 겁니다. 죄인된 자마다 십자가 사건과 예수 그리스도에 대하여 관심을 가지고 그 십자가를 바라볼 때 죄의 문제를 해결 받고 구원지식을 가지며 구원을 얻는 감격을 체험할 것입니다. 예수 그리스도의 십자가는 우리에게 구원을 얻게 하고 구원의 은혜가 얼마나 크다는 사실을 체험하게 하는 하나님이 주신 최대의 계시 사건입니다.

죄인을 끄는 위대한 매력을 지닌 십자가

보통 사람의 죽음의 사건은 가끔 두려운 감도 주고 안타깝다는 감정도 일으킵니다. 그 사람이 죽어서는 안 되는데 하는 안타까운 감정을 갖게 됩니다. 그러나 이러한 감정도 그렇게 오래 가지 못하며 사람의 마음을 계속 끌 수는 없습니다. 그러나 예수 그리스도의 십자가 죽음 사건은 인간을 근본적으로 끄는 힘을 가지고 있습니다. 그리고 시간이 흐르면 흐를수록, 시대가 바뀌면 바뀔수록 십자가의 끄는 매력은 없어지지 않고 더 뚜렷해지고 계속적으로 그 능력을 나타내고 있습니다.

"내가 땅에서 들리면 모든 사람을 내게로 이끌겠노라 하시니, 이렇게 말씀하심은 자기가 어떠한 죽음으로 죽을 것을 보이심이러라."(요 12:32~33)

미국의 작가이며 목사인 로빈 토레이(Reuben Archer Torrey 1856~1928)는 십자가 속에 있는 매력을 두 가지로 말하고 있습니다. 첫째로 예수 그리스도의 십자가는 인간의 첫째 되는 요구, 가장 깊은 요구, 가장 위대한 요구, 가장 근본적인 요구를 해결하기 때문이라고 하였습니다. 이 요구는 바로 영생에 대한 요구를 말합니다. 죄인은 반드시 죽습니다. 그리고 하나님의 심판대 앞, 거룩하신 하나님 앞에 서서 자기 죄에 대하여 심판을 당할 수밖에 없습니다. 예수 그리스도의 십자가는 이처럼 속절없고 처절한 인간의 죄의 문제를 해결해 주었고 영원히 사는 문제를 해결했으며, 하나님 앞에 가서 심판을 받지 않게 하셨습니다. 곧 하나님 심판대 앞에서 유죄선고를 받지 않게 하였습니다. 무죄선고를 받고 천국에서 행복을 누리게 하였습니다. 이슬람교에서는 자칭 선지자요, 선생인 인간 마호멧만을 이야기할 뿐입니다. 그는 죄인을 구원하는 구세주는 아닙니다. 불교에서는 도를 깨닫고 무아지경에 들어간다고 하는 무의 철학을 이야기하는 석가만을 이야기할 뿐이지 죄인을 구원하는 구주는 말하지 않습니다. 유교에서는 도덕을 이야기하고 인간의 바른 처세만을 가르치는 공자만 이야기할 뿐이지 구주에 대해서는 언급도 하지 않습니다. 예수 그리스도의 십자가만이 죄인을 구원하는 하나님의 방법이요 길입니다. 예수 그리스도의 십자가만이 인생의 근본문제인 영생을 언급하며 해결해 줍니다.

둘째로 예수 그리스도의 십자가가 매력이 있는 이유는 하나님의 놀라운 사랑을 나타내기 때문이라고 하였습니다.

"그가 우리를 위하여 목숨을 버리셨으니 우리가 이로써 사랑을 알고 우리도 형제들을 위하여 목숨을 버리는 것이 마땅하니라."(요일 3:16)

예수 그리스도의 십자가는 우리를 살리기 위한 그의 희생의 죽음입니다. 이 사랑을 우리가 알기 때문에 우리는 십자가를 사랑합니다. 사랑만큼 사람을 끌 수 있는 매력은 없습니다. 예수님의 십자가는 하나님이 죄인을 사랑하시는 사랑의 결정체요, 하나님의 사랑의 마음을 그대로 드러낸 사랑의 온상입니다.

"하나님이 세상을 이처럼 사랑하사 독생자를 주셨으니 이는 그를 믿는 자마다 멸망하지 않고 영생을 얻게 하려 하심이라."(요 3:16)

하나님은 죄인을 살리시려고 그의 아들까지 십자가에 처형되도록 허락하셨습니다. 그러므로 예수 그리스도의 십자가를 바라볼 때에 구원 받은 우리들은 그 십자가만큼 귀하고 아름답고 사랑스러운 것이 없습니다.

갈보리 산위에 십자가 섰으니 주가 고난을 당한 표라
험한 십자가를 내가 사랑함은 주가 보혈을 흘림일세
멸시함을 받은 주의 십자가에 나의 마음이 끌리도다
귀한 어린양이 영광 다 버리고 험한 십자가 지셨도다
험한 십자가에 주가 흘린 피를 믿는 맘으로 바라보니
나를 용서하고 내 죄 사하시려 주가 흘리신 보혈일세
최후 승리를 얻기까지 주의 십자가 사랑하리
빛난 면류관 받기까지 험한 십자가 붙들겠네

"인자가 들려야 한다," 즉 "십자가를 지고 죽어야 한다,"는 것은 매우 중요한 의미를 지닙니다. 죄인들을 구원하시려는 십자가는 하나님의 영원한 계획을 가르칩니다. 십자가는 영적 일에 대한 진정한 지식의 기초가 됩니다. 십자가는 죄인들을 끄는 위대한 힘을 기지고 있습니다. 십자가는 죄인을 사랑으로 정복하는 막대한 힘을 가지고 있다는 것을 마음 속 깊이 간직하시기 바랍니다.

제14장

믿는다는 것

(요 8:29~30)

요한복음 8:29~30 "나를 보내신 이가 나와 함께 하시도다
나는 항상 그가 기뻐하시는 일을 행하므로 나를 혼자 두지 아니하셨느니라.
이 말씀을 하시매 많은 사람이 믿더라."

예수 그리스도를 압니까?
아는 것만으로는 부족합니다.
예수 그리스도를 믿습니까?
예수 그리스도가 나의 구주가 되시고
하나님이 되신다는 것을 믿는
구원적인 믿음을 가져야 합니다.

주일마다 수많은 교회에서 신자들은 설교를 듣습니다. 그 설교를 듣고 예수님을 개인적으로 영접하며 자기 자신을 주님께 의탁하는 신자들이 있는가 하면, 그렇지 않은 교인들도 있습니다. 그들은 목사의 설교를 듣고 기독교 진리에 대한 지식만을 추구하고자 합니다. 기독교 교리를 부정하지도 않으며 그 교리까지 수납한다고 합니다. 그러나 그리스도의 제자가 되어 그를 따르는 것은 사양합니다. 그저 교회에 출석하여 예배드리고 설교를 듣는 것으로 족하게 생각하는 교인들이 많습니다. 영국이나 미국의 국민들 90%가 인격적으로 하나님을 믿는다고 말합니다.

진정한 믿음과 지식으로써의 믿음

일찍이 사도 요한은 믿는다는 것을 두 가지로 분류했습니다. 오늘 본문말씀 30절에는 "이 말씀을 하시매 많은 사람이 믿더라,"고 했습니다. 31절에는 "그러므로 예수께서 자기를 믿은 유대인들에게 이르시되 너희가 내 말에 거하면 참으로 내 제자가 되고,"라고 했습니다. 전자의 믿음은 예수님과의 인격적 결합을 이룬 진지한 신앙을 가리킵니다. 예수님께서 하나님의 아들이시요, 성부 하나님의 보내신 자임을 믿는 신앙입니다. 성자와 성부의 밀접한 관계를 믿으며 삼위일체 하나님을 믿는 신앙입니다. 예수님이 하나님의 아들이시요, 하나님의 보내신 자임을 불신하던 유대인들에게 자신이 십자가를 지신 후에는 내가 그인 줄 알리라고 가르쳐 주셨습니다. 예수님이 항상 성부 하나님과 함께 하심을 알려주시고 성자가 성부 하나님의 기뻐하시는 일을 행함으로 성부께서 항상 예수님과 함께 하신다고 증거 하셨습니다. 이때 많은 사람들이 예수님을 믿었습니다. 이 믿음은 진실 된 믿음(genuine faith)이었습니다.

사도 요한은 이들의 믿음을 에피스튜산 에이스 아우톤(ἐπίστευσαν εἰς αὐτόν)이라고 밝히고 있습니다. 영어의 'believe in Him,' 이고 예수님을 신앙적으로 믿는 것을 의미합니다. 이런 믿음은 기독교 교리까지 파악한 정중한 믿음이요, 주님이 기뻐하시는 성숙한 믿음입니다. 예수님을 개인적으로 영접한 믿음이요, 자신의 생애와 자신의 생명과 모든 것을 주님께 완전히 위탁한 신앙입니다. 나의 뜻대로 살려는 것이 아니라 오직 주님의 뜻대로 살려는 신본주의적 신앙입니다.

이러한 진지한 믿음에 미치지 못하는 단순한 지적 믿음이 있습니다. 사도 요한은 31절에서 예수님을 믿은 유대인이라는 구절을 기록할 때에 30절과는 달리 'believe Him,' 이라고 기록했습니다. 이 두 구절은 헬라어로 찾아보면 분명히 구별해서 기록하고 있습니다. 30절에서는 전치사 'in' 을 의미하는 'εἰς' 가 있는 반면에 31절에서는 이 전치사가 없습니다. 영어 성경에서도 NIB, NEB, NASB에는 이 사실을 분명히 하여 두 구절 사이의 차이를 명백하게 기록하고 있지만 RSV에는 구분 없이 똑같이 기록하고 있습니다. 31절에서 유대인들이 예수님을 믿었다고 할 때에 그 믿음은 단순히 예수님이 말씀하신 어떤 것을 믿는다는 뜻입니다. 이런 믿음은 예수님을 구주로 믿는 믿음이 아니고 예수님에 대한 어떤 것을 믿는 것입니다.

이런 믿음을 가진 사람들이 있습니다. 가룟 유다는 12제자 중에 한 명입니다. 그는 이적과 기사를 행하고 병 고치는 은사까지 받은 제자입니다. 그는 초기 전도자고 설교자였습니다. 예수님을 3년간 따라다닌 12제자 중의 회계였습니다. 그러나 그는 구원 받은 사람이 아니었습니다.

시몬 마구스는 사마리아 성의 마술사로서 빌립의 전도를 듣고 예수님을 믿었습니다. 그리고 세례를 받고 전심으로 빌립을 따라다녔습니다. 사마리아의 전도 소식을 들은 예루살렘 교회가 베드로와 요한을 사마리아 땅에 파송하여 그곳 교회를 살피게 했습니다. 베드로와 요한이 성도들에게 안수함으로 성령 충만한 은혜를 받았습니다. 이것을 본 시몬이 돈을 줄 터이니 이 권능을 내게도 주어 나도 안수하는 자마다 성령을 받게 해 달라고 요구했습니다. 베드로는 그런 그를 책망했습니다. "하나님의 은사를 돈 주고 살 줄로 생각하였으니 네 은과 함께 네가 망하리라. 하나님 앞에 네 마음이 바르지 못하니 이 도에는 네가 관계도 없고 분깃된 것도 없도다. 너의 이 악함을 회개하라,"고 했습니다.

마귀는 예수님이 누구인지 알았고 예수님을 보고 떨었습니다. 거라사 땅에 귀신들린 사람이 무덤 사이에서 옷도 입지 않고 예수님께 고합니다.

"지극히 높으신 하나님의 아들 예수여!" (막 5장, 눅 8장)

또한 많은 귀신들린 사람들이 예수님을 보고 소리칩니다.

하나님의 아들 예수여!" (막 3:11)

그러나 마귀는 예수님이 누군지 알았지만 구원 얻는 믿음을 소유한 것이 아닙니다.

19세기에 장 프란소아 그라발레이(Jean Francois Gravalet), 예명은 찰스 블론딘(Charles Blondin)이라는 유명한 곡예사가 있었습니다. 그는 어릴 때부터 곡예사로 묘기가 특출 나므로 유럽과 미국에 널리 알려졌습니다. 그가 1824년 나이아가라 폭포를 가로지르는 외줄타기를 함으로 사람들을 깜짝 놀라게 했습니다. 폭포 길이가 1100피트, 높이는 160피트나 되는 곳에서 한 번은 외줄 위로 외바퀴 자전거로 건넜고, 또 한 번은 외줄의 중간 지점에서 멈추고는 오믈렛을 요리했습니다. 또 다른 한 번은 한 사람을 등에 업고 외줄을 왕복했습니다. 블론딘은 많은 관중들을 보면서 '내가 여러분을 등에 업고 이 높은 외줄을 왕복할 것을 믿습니까?' 하고 물었습니다. 그때 관중들은 '물론입니다,' 라고 대답했습니다. 그러자 그가 관중 가운데 한 사람을 지명하면서 나오라고 하자 그 사람은 사색이 되어 생명이 위태로울지도 모르니까 거절하겠다고 말했습니다. 관중들은 블론딘이 묘기를 보이는 것을 익히 보았고 그의 능란한 기술을 알았습니다. 그러나 막상 그의 등에 업혀 외줄을 타는 것은 원치 않았습니다.

지적 수준에서 무엇을 믿는다는 것과 성경이 예수 그리스도를 구주로 개인적으로 영접하고 인격적으로 예수 그리스도를 믿으라고 요구하는 것과는 차이가 있습니다. 성경적 의미에서 믿는다는 것은 예수 그리스도에게 나 자신을 완전히 위탁하는 것입니다. 예수 그리스도께서 나를 업고 소용돌이치는 폭포와 같은 험난한 이 세상을 건너게 해주신다는 것을 믿고 예수 그리스도의 등에 업히는 생활이 곧 믿음입니다.

그렇다면 예수 그리스도를 아는 믿음은 믿음이 아닙니까? 그것도 믿음입니다. 예수 그리스도가 하나님의 아들이심을 알고, 십자가에서 인류의 죄를 위하여 죽으신 사실을 아는 것도 믿음입니다. 이것이 믿음의 지적 요소입니다. 그러나 이러한 믿음은 불충분한 믿음입니다. 예수님은 이러한 믿음에서 더 발전하고 전진하며 깊어지기를 원하십니다. 나사로의 죽음을 아시고 마르다의 집을 찾아가신 예수님께 마르다가 "주께서 여기 계셨더라면 내 오라버니가 죽지 아니 했겠나이다,"라고 했습니다. 예수님께서는 마르다에게 "네 오라버니가 다시 살리라,"고 하시면서 나사로를 살려주셨습니다. 이에 마르다는, "마지막 부활의 날에는 다시 살줄을 내가 아나이다,"라고 말했습니다. 예수님은 말씀하십니다. "나는 부활이요, 생명이니 나를 믿는 자는 죽어도 살겠고, 무릇 살아서 나를 믿는 자는 영원히 죽지 아니하리라. 이것을 네가 믿느냐?" 예수님은 마르다의 믿음이 마지막 부활을 아는 지적 신앙에서 부활자체이신 예수 그리스도를 믿는 차원으로 끌어올리시기를 원하셨습니다.

예수님은 자기를 믿는 유대인들 중에 아직까지 지적인 믿음만 가진 것을 보시고 그들의 믿음이 구원적인 믿음이 되기를 원하셨습니다. 그래서 그들을 계속해서 가르치셨습니다. 31절에서 "그러므로 예수께서 자기를 믿은 유대인들에게 이르시되 너희가 내 말에 거하면 참으로 내 제자가 되고,"라 가르치십니다. 여기 예수님을 믿는 유대인들이란 예수 그리스도에 대하여 지적으로 동의한 것을 가리킵니다. 예수님은 그들의 작은 믿음을 과소평가하시거나 무가치하다고 말씀하시지 않았습니다. 동시에 그런 믿음을 칭찬하시지도 않았습니다. 그와 같은 초보적이고 미숙한 믿음이 성장하기를 기대하십니다. 온전히 우리 자신을 주님께 위탁하고 신탁할 수 있는 믿음으로 성숙하기를 원하십니다.

"인자가 올 때에 세상에서 믿음을 보겠느냐 하시니라."(눅 18:8)

이런 믿음에 대해서 스펄전은 말합니다 "믿음을 볼 수 없다는 의미가 아니라, 주님은 사람들의 작은 믿음도 눈 여겨 보시고 믿음이 성장하기를 원하신다는 적극적인 의미로 해석할 수 있다." 부싯돌의 작은 불씨는 점차 활활 타는 불로 변할 수 있는 것입니다. 예수님은 너무나 자비로우심으로 꺼져가는 심지를 끄지 않으시며 상한 갈대를 꺾지 않으십니다. 우리의 가냘픈 믿음, 부싯돌의 작은 불빛 같은 믿음도 성장하고 성숙하기를 기다리십니다.

믿음 성장의 비결

우리는 예수님의 말씀에 거해야 합니다. 거할 때에 주님의 제자가 되는 것입니다. 말씀은 우리 영혼의 젖과도 같은 것입니다. 육신에는 육신의 양식이 필요하듯이 우리의 영혼에는 영혼의 양식이 필요합니다. 그것이 바로 말씀입니다. 말씀을 읽고 묵상하고 지켜 나가야만 합니다. 그리고 그것은 꾸준히 계속해서 지속적으로 해야 하는 것입니다. 식사도 매일 지속적으로 하는 것과 같이 영혼의 식사도 매일 지속적으로 해야 합니다. 그리고 영적 호흡을 해야만 합니다. 영적 호흡이란 기도를 말합니다. 아무리 육신의 양식이 잘 공급

되더라도 숨을 쉬지 못하면 문제가 생깁니다. 영혼도 양식이 공급될지라도 숨을 쉬지 않는다면 문제가 생깁니다. 그래서 사도 바울은 데살로니가전서 5:17에서 "쉬지 말고 기도하라,"고 했습니다. 사무엘도 "기도를 쉬는 죄를 범하지 않겠노라,"고 했습니다. 그리고 영혼의 양식을 공급하고 숨을 쉬게 했다면 이제는 적당한 운동을 해야 합니다. 이 적당한 운동이 바로 전도입니다. 그런 후에 친교가 중요합니다. 주위환경이 정상적이어야지만 정상적인 성장을 하게 됩니다. 이 주위환경이 바로 친교입니다. 성도의 친교는 신령한 교제입니다.

하나님이 기뻐하시는 일을 행하고 하나님과 동행하는 생활을 해야 합니다. 성부 하나님께서는 예수님을 홀로 두시지 아니하십니다. 구약 창세기의 에녹도 하나님과 동행합니다. 신앙이 미숙하면 하나님과 동행하지 못하고 세상과 동행할 뿐입니다.

"믿음이 없이는 하나님을 기쁘시게 하지 못하나니." (히 11:6)

믿음을 굳게 갖는 것이 하나님을 기쁘시게 하는 것입니다. 이런 생활을 하면서 신앙이 성장하고 성숙하시기를 바랍니다.

그리스도의 참된 제자

(요 8:31~32)

요한복음 8:31~32 "그러므로 예수께서 자기를 믿은 유대인들에게 이르시되
너희가 내 말에 거하면 참으로 내 제자가 되고, 진리를 알지니
진리가 너희를 자유롭게 하리라."

주님은 우리에게 참 제자가 되기를 요구하십니다.
주님의 교훈을 그대로 접하고 주님을 본받으라고 하십니다.
주님의 말씀에 거해서 참 제자가 되어야 합니다.

제자라는 말은 선생의 가르침과 견해를 그대로 받아들이고 그것을 견지하는 사람을 가리킵니다. 성경에서 보면 세례 요한의 제자들이 있었고(마 9:4, 눅 7:18, 요 3:15), 바리새인들의 제자가 있었습니다.(마 22:16, 막 2:18, 눅 5:33) 유대인들은 스스로 모세의 제자라고 말했습니다.

나면서 소경된 자가 예수님의 은혜로 눈을 뜨고 성한 사람이 되었을 때 바리새인들이 눈 뜬 소경을 보고 말하기를 "누가 너로 하여금 눈을 뜨게 했느냐?"고 물었습니다. 소경이 말하기를 "예수라는 분이 진흙을 이겨 내 눈에 바르고 실로암 못에 가서 씻으라고 해서 씻었더니 내 눈이 떠졌나이다."라고 했을 때 그 소경에게 바리새인들은 "네 눈을 뜨게 한 자는 죄인이다."라 했습니다. 그들은 예수님이 안식일에 소경의 눈을 뜨게 했다고 예수님을 죄인으로 몰아붙였습니다. 이때 소경은 그가 죄인인지 아닌지 내가 알지 못하나 한 가지 아는 것은 내가 소경으로 있다가 보는 것이라고 담대히 증거 하였습니다. 그들이 다시 이 눈 뜬 소경을 보고 "그 사람이 무엇을 했느냐? 어떻게 눈을 뜨게 했느냐?"라고 물었습니다. 소경은 정색을 하면서 내가 이미 대답했거늘 왜 다시 묻느냐면서 "당신들도 예수님의 제자가 되려는가?"하고 물었습니다. 그때 바리새인들은 그를 욕하면서 "너는 예수의 제자이나 우리는 모세의 제자다."라고 하였습니다.

예수님의 12사도들을 예수님의 제자라고 했습니다.(마 10:1) 예수님의 십자가 죽음과 부활, 승천 사건 이후에는 예수님을 구주로 고백하는 크리스천들을 가리켜 제자라고 하였습니다. 바나바와 사도 바울이 안디옥 교회를 개척하고 1년 간 성경을 그들에게 가르쳤을 때 그 당시 성경을 배운 신자들을 제자라고 하였고, 그 제자들의 별명이 크리스천이었습니다.

오순절 초대교회가 생긴 후 베드로가 유대민중을 향하여 설교했을 때 하루에 3천 명이 회개하고 세례를 받았습니다. 이 많은 무리를 가리켜 성경은 "제자의 수가 3천 명이나 더하더라."고 표현하고 있습니다. 그리고 이 큰 무리는 사도들의 가르침을 받고 성찬에 참여하며 서로 교제함으로 초대 교회의 유능한 일꾼들이 되었습니다.

예수님께서는 자기를 믿은 유대인들에게 '나의 참 제자가 되라,'고 강권하십니다. 예수님에 대한 지적 동의만 하는 작은 믿음을 가졌던 유대인들에게 "내 말에 거하면 참 내 제자가 되리라,"고 말씀하십니다. 모세의 제자이고 바리새인들의 제자들이라고 자부하는 그들에게 예수님은 내 제자가 되라고 강권하십니다. 예수님은 3년 동안 천국 복음을 스스로 전파하셨을 뿐만 아니고 12제자를 양성하셨습니다. 3년 간 12명을 양성했다고 할 때 매우 소수의 사람을 제자로 훈련시킨 것 같습니다. 그 중에 가룟 유다를 제하면 11명에 불과합니다. 그러나 11명의 제자들이 세계 여러 곳에 나가 전도하고 그들이 제자를 또 양육했을 때 기독교의 복음은 들판의 불길 같이 번져 나갔습니다.

예수님은 12제자들에게 제자를 양육하는 사명을 주셨습니다. 마태복음 28:19~20에는 "너희는 가서 온 족속으로 제자를 삼아 아버지와 아들과 성령의 이름으로 세례를 주고 내가 너희에게 분부한 모든 것을 가르쳐 지키게 하라,"고 하셨습니다. 사도 바울도 예수님의 제자로서 활약하면서 제자를 또 양육했습니다. 브리스길라, 아굴라, 누가, 디모데, 디도, 실라 등 그는 여러 사람을 제자로 삼아 성경을 가르치고 제자 훈련을 받게 했습니다. 사도 바울은 충실한 목회자 디모데에게도 제자 훈련을 실시하라고 당부했습니다.

"또 네가 많은 증인 앞에서 내게 들은 바를 충성된 사람들에게 부탁하라 그들이 또 다른 사람들을 가르칠 수 있으리라." (딤후 2:2)

주님께서 지금도 우리에게 집요하게 요구하는 것은 '주님의 참된 제자가 되라,'는 것입니다. 믿는 신자의 자리에만 머물러 있지 말고, 하나님의 자녀된 자리에서 만족하지 말고 예수 그리스도의 제자가 되라고 요구하십니다. 어떻게 하면 예수 그리스도의 제자가 될 수 있습니까? 주님께서는 그것을 친히 가르쳐 주셨습니다. "너희가 내 말에 거하면 참 내 제자가 되리라,"고 하셨습니다. 여기서 '거한다,' 라는 말은 헬라어 메노(μένω)로, 그 뜻은 '머문다,' 라는 의미입니다. 이 단어는 사도 요한의 특징적인 용어입니다. 곧 예수님의 말씀 속에 끊임없이 머무는 것을 의미합니다. 일시적으로 또는 감정적으로 예수님께 오는 것이 아니라 불가분리적으로 예수님 안에 내재하는 것을 '내 말에 거한다,' 라고 예수님은 말씀하시는 것입니다. 예수님의 말씀 안에 거한다는 말씀을 보다 구체적으로 분석하면 네 가지 내용이 내포되어 있습니다.

말씀에 끊임없이 귀를 기울여라

예수님께서 천국에 대한 비유의 말씀을 가르치실 때에 제자들은 그 교훈에 귀를 기울이며 들었습니다. 씨 뿌리는 비유를 말씀하실 때, 제자들은 그것을 경청하였습니다. 그래도 그 비유의 뜻을 알 수 없어서 무리들은 돌아가고 제자들만이 모였을 때 예수 그리스도에게 그 비유를 해석해 달라고 했습니다. '가라지 비유' 를 말씀하실 때에도 귀를 기울여 듣고 그 뜻을 해석해 달라고 했습니다. 예수님의 제자들은 주님의 말씀에 끊임없이 경청했음으로 예수님의 제자의 생활을 결단할 수 있었습니다. 곧 초대교회를 세우고 다스리고 가르칠 수 있었습니다. 베다니 촌의 마리아는 예수님의 방문이 있을 때마다 예수님의 말씀에 귀를 기울여 들었습니다. 예수님의 발아래 앉아 예수님의 교훈과 가르침에 경청한 신실한 여종이었습니다.

기도생활을 계속하면서 특별히 깨닫게 되는 중요한 한 가지가 있습니다. 내가 하나님께 요청하고 호소하고 간구하는 기도가 있는가 하면 듣는 기도가 있습니다. 곧 묵상의 기도입니다. 기도는 대화이지 독백이 아닙니다. 하나님께서 내게 무엇을 요구하고 계시는가? 하나님께서 나에게 무엇을 먼저 하라고 하시며, 하나님께서 나에게 무엇을 먼저 해결하라고 하시는가? 하나님께서 나에게 어떻게 살라고 가르치시는가? 이런 것들을 들을 줄 알아야 합니다.

"내가 나의 침상에서 주를 기억하며 새벽에 주의 말씀을 작은 소리로 읊조릴 때에 하오리니."(시 63:6)

"내가 주의 법도들을 작은 소리로 읊조리며 주의 길들에 주의하며."(시 119:15)

"주의 종은 주의 율례들을 작은 소리로 읊조렸나이다."(시 119:23)

"내 입의 말과 마음의 묵상이 주님 앞에 열납되기를 원하나이다."(시 19:14)

"오직 여호와의 율법을 즐거워하여 그의 율법을 주야로 묵상하는도다."(시 1:2)

"이 율법책을 네 입에서 떠나지 말게 하며 주야로 그것을 묵상하여."(수 1:8)

엘리야는 호렙산에서 하나님의 세미한 소리를 경청하였습니다. 하나님의 지시에 경청하여 그릿 시냇가에서 사렙 땅으로, 사렙 땅에서 갈멜 산으로 움직였습니다. 사도 요한은 밧모 섬에서 주님의 음성에 경청하였고, 바울 사도는 아라비아로 내려가 3년 동안 주님의 말씀을 경청하였습니다. 그리스도인이란 먼저 예수 그리스도의 말씀하시는 것을 들을 줄 아는 자입니다. 참된 그리스도인은 내가 먼저 무엇을 결정하고 내 마음대로 행동하는 것이 아니라 주님이 말씀하시고 명령하시는 일에 귀를 기울이고 경청하는 사람들입니다.

끊임없이 예수님에게 배워라

제자란 문자 그대로 배우는 자를 말합니다. 베드로는 초대교회를 지도할 때 유대군중들에게 복음을 능력 있게 증거 하였습니다. 하루에 3천 명이 '형제들아, 어찌할꼬?'라고 하면서 마음을 찢고 예수님을 구주로 믿으며 세례를 받았습니다. 사도행전 2:41에서는 이 회개한 삼천 명을 제자라고 말했습니다.

"그 말을 받은 사람들은 세례를 받으매 이 날에 신도의 수가 삼천이나 더 하더라, 그들이 사도의 가르침을 받아 서로 교제하고 떡을 떼며 오로지 기도 하기를 힘쓰니라."(행 2:41~42)

큰 무리인 삼천 명이 사도들의 가르침을 받을 때에 제자의 구실을 할 수 있었습니다.

제자란 일생동안 학생정신을 가지고 주님의 말씀을 배우는 자들입니다. 성경을 알지 못할 때에 신앙생활이 흔들리고 그 중심을 잃어버립니다. 성경을 배우지 아니 할 때에 신앙생활의 진여를 알지 못하고 신앙생활의 진수를 깨닫지 못합니다. 성경을 배우는 자와 배우지 않는 자 사이에는 큰 차이가 있게 됩니다. 곧 성경을 배우는 사람은 하나님의 참된 제자가 될 수 있으나, 성경을 배우지 않는 사람은 예수님의 참된 제자노릇을 하지 못하고 세상을 마칠 수밖에 없습니다. 성경을 계속해서 배우는 사람은 그가 또 제자를 만들 수 있습니다. 그리고 그 제자가 또 다른 제자를 만들 수 있어서 교회를 부흥케 합니다. 그러므로 제자화 운동은 부흥의 지름길입니다.

교회에는 집사의 직분, 장로의 직분, 권사의 직분 등 이름만의 직분이 중요하고 가치가 있는 것이 아니라, 예수님의 제자로서의 집사, 예수님의 제자로서의 장로, 예수님의 제자로서의 권사가 중요하고 필요한 것입니다. 어느 교회 교인의 이름을 가지는 것보다 예수님의 제자로서의 교인이 되는 것이 중요하고 시급한 문제입니다.

말씀의 진리를 끊임없이 통찰하라

어느 누구도 예수님의 말씀을 단 한 번만 듣고 완전히 다 깨달을 수는 없습니다. 이 세상에 그런 사람은 없습니다. 성경을 한 번 읽고 그 뜻을 전부 파악할 수는 없습니다. 훌륭한 책과 단명한 책 사이의 차이점은 무엇입니까? 단명한 책은 한 번 읽으면 더 읽고 싶지 않게 됩니다. 이에 반해서 훌륭한 책은 몇 번 읽어도 또 다시 읽고 싶어집니다. 성경은 하나님의 말씀을 하나님의 감동으로 쓰인 책이기에 오랜 역사를 두고 읽혀져 왔고 연구해 왔지만 그 깊이, 높이, 넓이, 길이는 감히 측량하는 것이 불가능합니다.

예수님의 하신 말씀이 내 자신의 양식이 될 때까지 몇 번이고 배우고 생각해야 합니다. 성경을 읽고 또 읽으며 묵상하고 또 묵상하여 그 말씀이 내 생활 속에 배어들게 해야 합니다. 그 말씀이 내 생각을 지배하고 내 인생관을 좌우하고 내 말과 행동과 마음과 생각을 주장하여 그 말씀에 사로잡히게 되는 것이 예수님의 말씀에 거하는 의미입니다.

말씀에 끊임없이 복종하라

예수님의 말씀을 배우려는 열심도 중요하고 말씀을 배워 성경지식을 가지는 것도 중요합니다. 그러나 성경을 배우는 최종목적은 학문적인 만족이나 지적인 이해만을 얻기 위해서가 아닙니다. 하나님께서 우리들에게 무엇을 하도록 바라고 계시는지를 알아내기 위함입니다. 대학에서 학문을 배우는 것은 지식만을 갖게 하지만 그 최종 목적은 지식만이 아닙니다. 의과대학에서 학생이 의학을 배웠다고 하지만 그것이 행동화되어 병자를 고칠 때에 비로소 그 지식은 산지식이 되는 것입니다. 성경을 안다고 하는 것으로 멈춘다고 할 때에 그것은 산 성경지식이 아닙니다. 잘못하면 교만해지기 쉽습니다. 때때로 지식은 인간을 교만하게 합니다.

성경을 한 가지 배워 알았다면 그 한 가지를 실천에 옮길 때 행동하는 성경 지식이고 그 지식은 산지식이 됩니다. 그 배움은 바른 배움이 되는 것입니다. 배움으로 생활의 변화와 인격의 변화와 생각의 변화가 나타나야 합니다. 성경에 대하여 백가지 지식을 가졌으나 한 가지도 실천하지 못하는 사람보다 성경에 대해 한 가지만 알고도 그것을 실천하는 성도가 바른 성도이며 하나님이 인정하시는 성도입니다. 이런 성도가 참된 예수님의 제자라고 불릴 수 있습니다.

제자라고 하는 것은 무엇인가를 행할 수 있게끔 배우는 자를 말합니다. 스승에게 배웠어도 행하지 않는 사람은 참 제자가 아닙니다. 우리가 주님의 말씀에 복종하고 실천할 때에 그 진리의 말씀을 바르게 알게 됩니다. 예수님의 말씀은 진리입니다. 곧 성경의 진리입니다. 진리의 말씀을 복종하고 진리대로 살 때에 진리에 대한 진정한 지식을 갖게 됩니다.

예수님께서 가르치신 진리는 행동의 길로 인도하는 진리입니다. 이런 면을 생각하면서 우리 자신을 점검해 봐야 합니다. 하나님의 자녀, 그리고 신자의 자리에만 머물러 있는가? 예수님의 제자가 되었는가? 이것을 점검해 봐야 합니다. 주님의 요구는 '나의 참 제자가 되라, 나의 교훈을 그대로 접하고 나를 본받으라, 너희가 내 말에 거하면 참 내 제자가 되리라,' 하는 것입니다. 그러므로 우리는 계속적인 행동과 계속적인 배움과 계속적인 연구와 계속적인 복종으로 주님의 참 제자가 되기 위해 노력해야만 할 것입니다.

제16장

참된 자유

(요 8:32~36)

요한복음 8:32~36 "진리를 알지니 진리가 너희를 자유롭게 하리라.
그들이 대답하되 우리가 아브라함의 자손이라 남의 종이 된 적이 없거늘
어찌하여 우리가 자유롭게 되리라 하느냐.
예수께서 대답하시되 진실로 진실로 너희에게 이르노니
죄를 범하는 자마다 죄의 종이라, 종은 영원히 집에 거하지 못하되
아들은 영원히 거하나니, 그러므로 아들이 너희를 자유롭게 하면
너희가 참으로 자유로우리라."

예수님은 진리이십니다.
진리를 아는 사람은 자유롭게 됩니다.
예수님을 믿는 사람은 자유를 얻습니다.

사람은 누구나 자유하기를 원합니다. 자유라는 개념은 정치적인 면에서도 생각할 수 있고 사상적인 면에서도 생각할 수 있습니다. 경제적인 면이나 언론적인 면으로도 생각할 수 있습니다. 사람들은 이 자유를 얻기 위해 투쟁도 하고, 죽음도 불사하면서 이 자유를 쟁취하려고 합니다. 패트릭 헨리는 "자유를 달라. 그렇지 않으면 죽음을 달라,"고 하여 자유를 얻기 위해서는 죽음도 불사한다는 인간의 본질적인 권리를 말했습니다. 1941년 1월 6일 프랭클린 루스벨트는 그의 유명한 연설 가운데 인간 권리에 대해 크게 강조한 바 있습니다. 곧 인간은 언어와 표현의 자유를 가질 권리가 있고, 하나님께 개인적으로 예배할 권리와 자유가 있다고 했습니다. 그리고 궁핍으로부터의 자유와 공포로부터의 자유를 가질 권리가 있다고 외쳤습니다.

18세기 영국의 맨스필드 지방의 처음 백작이었던 윌리엄 머레이는 자유하게 되는 것이란 법대로 정치하는 정부 아래서 사는 것이라고 말했습니다. 그러나 오늘 날 반항적인 기질을 가진 사람들은 법으로부터 탈출하고 벗어나는 것이 자유라고 생각합니다. 미국 문화에서는 자유에 대한 지배적인 개념이 있습니다. 불의한 억압에서 벗어나는 것이 진정한 자유라고 합니다. 그러면 진정한 자유란 무엇입니까? 성경이 가르치는 자유란 무엇입니까? 사도 요한이 요한복음에서 예수님이 가르치시는 자유가 무엇인가 하는 것을 분명하게 기록하고 있습니다.

영적 무지에서의 자유

본문말씀 32절에서는 "진리를 알지니 진리가 너희를 자유케 하리라,"고 하였습니다. 무지는 사람을 제한합니다. 무지와 무식은 사람을 속박하고 자유를 제한합니다. 그러므로 배우려는 의지를 가져야만 합니다. 인간의 영적 무지를 깨닫게 하고 영적 지식을 갖게 하는 것은 진리입니다. 그렇다면 진리란 무엇입니까? 빌라도가 예수님을 재판하면서 "네가 왕이 아니냐 예수께서 대답하시되 네 말과 같이 내가 왕이니라 내가 이를 위하여 태어났으며 이를 위하여 세상에 왔나니 곧 진리에 대하여 증언하려 함이로라 무릇 진리에 속한 자는 내 음성을 듣느니라 하신대," 라고 하였습니다.(요 18:37) 진리는 예수님 자신이십니다.

"내가 곧 길이요, 진리요, 생명이다."(요 14:6)

진리이신 예수님께서 죄인들을 자유케 하십니다. 그러므로 진리를 아는 것은 예수님을 알아야 하는 것이고 그것은 무엇보다도 우선적입니다.

예수님이 자기를 믿는 유대인들에게 "너희가 진리를 알지니 진리가 너희를 자유케 하리라,"고 하였을 때 유대인들은 "우리가 아브라함의 자손이요, 남의 종이 된 적이 없거늘 어찌하여 우리가 자유케 되리라 하는가?" 라 했습니다. 예수님이 말씀하신 자유는 영적면에서의 자유를 의미한 것이었습니다. 그러나 유대인들은 정치적인 의미로 받아들였습니다. 이 유대인들의 말은 조리에 맞지 않는 말입니다. 아브라함의 자손이라는 것은 아브라함의 후손 가운데 메시야가 나와서 온 세계를 다스릴 것이라는 소망과 신앙을 가진 의미입니다. 그러나 그들은 정치적인 메시야를 기다렸습니다. 그들은 "남의 종이 된 적이 없다,"고 했지만 민족적으로 유대인들은 애굽, 바벨론 70년, 메대, 파사, 앗수르, 헬라의 종노릇을 했던 자들입니다. 예수님과 대화를 나누고 있는 그 당시도 로마의 지배 아래 있었습니다. 그들의 호주머니에는 로마 황제의 얼굴이 새겨진 돈이 들어 있었습니다. 그러나 그들은 그들의 민족적인 수치와 노예 생활을 생각하지 않았습니다. 이것은 자기기만입니다. 스토아학파는 "현명한 자만이 자유롭고 어리석은 자는 노예다"라고 했습니다. 랍비들은 "율법을 연구함으로 자유를 얻을 수 있다,"고 했습니다. 그러나 예수님은 "진리를 알아야 자유를 얻을 수 있다,"고 가르치십니다.

"너희가 내게 대하여 제사장 나라가 되며 거룩한 백성이 되리라 너는 이 말을 이스라엘 자손에게 전할지니라."(출 19:6)

"너는 여호와 네 하나님의 성민이라 네 하나님 여호와께서 지상 만민 중에서 너를 자기 기업의 백성으로 택하셨나니."(신 7:6)

그러나 그들은 아모스 선지자의 외침을 잊어버렸습니다.

"내가 땅의 모든 족속 가운데 너희만을 알았나니 그러므로 내가 너희 모든 죄악을 너희에게 보응하리라 하셨나니."(암 3:2)

하나님의 선민일지라도 범죄 하면, 곧 하나님께서 보내신 자를 알지 못할 때, 징계와 심판이 떨어집니다. 본문말씀 32절에서 '진리를 안다,' 고 하는 것은 '진리를 믿는다,' 라는 의미입니다. 사도 요한은 안다는 말과 믿는다는 말을 동격으로 사용하고 있습니다. 독일의 신학자 아돌프 불트만(Rudolf Karl Bultmann 1884~1976)은 "요한에게 있어서 신앙과 지식은 서로 병행어요 유사어다,"라고 했습니다.

'진리가 자유케 한다,' 는 의미는 '아무에게나 통치를 받지 않는다,' 라는 뜻이 아니라 '잘 다스리는 이의 통치를 받는다,' 는 것을 의미합니다. 중세교회의 통치는 신앙의 자유가 없었습니다. 종교개혁을 통해서 신앙의 자유가 시작되었습니다. 예수님 당시 바리새인의 판단은 잘못된 것이었습니다. 그들에게는 자유가 없었습니다. 예수님이 오셔서 성경의 진리를 가르치심으로 그 진리가 낮과 같이 밝아질 때에 자유를 갖게 되는 것입니다. 그러므로 그리스도와 함께 사는 것이 최선의 사회이고 최선의 자유입니다.

죄로부터 자유

예수님께서 "진리가 너희를 자유케 하리라,"라고 하시는 말을 들었을 때에 유대 군중들은 충격을 받고 분노했습니다. 그들은 민족적 자존심을 갖고 있어서 '아브라함의 자손이고 남의 종이 된 적이 없다,' 고 반박했습니다. 그러나 예수님의 말씀은 그들의 민족적 자존심이나 우월감, 그리고 그들의 긍지를 여지없이 공격하는 말씀이기에 그들이 분노한 것입니다. 예수님은 말씀하십니다. "죄를 범하는 자마다 죄의 종이라." 여기 죄란 말은 단수형입니다. 또 관사가 앞에 붙어 있기에 근본적인 죄 즉 원죄를 의미합니다. 원죄를 가진 사람은 누구나 다 죄의 종이고 노예입니다. 그러므로 죄에서 해방되어야 진정한 자유인입니다.

"하나님께 감사하리로다 너희가 본래 죄의 종이더니 너희에게 전하여 준 바 교훈의 본을 마음으로 순종하여."(롬 6:17)

"너희 자신을 종으로 내주어 누구에게 순종하든지 그 순종함을 받는 자의 종이 되는 줄을 너희가 알지 못하느냐 혹은 죄의 종으로 사망에 이르고 혹은 순종의 종으로 의에 이르느니라."(롬 6:16)

악을 행하는 것은 배우지 않아도 가능한 것입니다.

"사람의 마음이 계획하는 바가 어려서부터 악함이라."(창 8:21)

유대인들이 주장한 "우리가 종 된 일이 없다,"라는 것은 주님이 보실 때에 그들의 큰 무지요, 치명적인 무식이었습니다. 아브라함의 자손이니 우리는 자유민족이라 하는 것도 거짓입니다. 아브라함은 죄인이었음으로 그 후손이 모두 죄인입니다. 이런 죄의 결박에서 해방시켜줄 자가 누구입니까? 본문말씀 36절에는 "아들이 너희를 자유케 하면 너희가 참으로 자유하리라,"고 하였습니다. 예수님은 우리에게 죄의 속박에서부터 자유를 주신 분이십니다. 예수님만이 십자가에서 우리의 죄를 담당하시고 죄의 문제를 해결하시려고 죽으셨습니다. 우리를 죄의 종에서 해방시키려고 십자가를 지신 것입니다. 더 이상 죄가 우리를 다스리지 못하고 통치하지 못합니다. 왜냐하면 주님께서 우리의 죄를 다 용서하시고 하나님의 자녀가 되게 하셨기 때문입니다. 예수님은 우리 신분의 변화와 존재의 변화를 일으키셨습니다. 하나님이 우리를 다스리게 하셨습니다.

본문말씀 35절에는 "종은 영원히 집에 거하지 못하되, 아들은 영원히 거하니," 라 하였습니다. 종은 얼마 동안은 주인의 집에 있을 수 있고, 주인 식구들과 즐길 수 있지만 영원히 집에 거할 수는 없습니다. 주인이 죽일 수도 있고 팔아 버릴 수도 있습니다. 그러나 아들은 영원히 거할 수 있습니다. 죄의 종인 불신자는 얼마 동안은 하나님이 지으신 이 우주라는 집, 가정이라는 집에서 살 수 있지만 하나님과 함께 살 수 있는 영원한 천국에서는 제외되는 것입니다.

어느 부유한 사장이 프랑스에 가서 아름답고 우아한 도자기를 사가지고 왔습니다. 그 도자기를 선반에 얹어놓고 식사할 때마다 감상하고 자랑을 했습니다. "저 도자기는 매우 값진 것이고 훌륭한 작가가 만든 것이다," 라 자랑을 했습니다. 그때 초등학교에 다니는 딸이 그 도자기를 멀리서 보는 것이 마음에 차지 않아서 내려서 가까이 보기를 원했습니다. 그런데 그것을 내리다가 그만 금이 가게 만들었습니다. 딸은 아버지에게 혼이 날까 무서워서 궁리하다가 도자기가 금이 간 곳을 벽 쪽으로 향하게 해서 앞에서 보기에는 아무렇지도 않은 것처럼 해놓았습니다. 아무도 모를 것이라고 생각했지만 그것을 가정부가 보았습니다. 그 가정부는 그것을 빌미로 딸을 괴롭혔습니다. 자기 할 일을 딸에게 시키고 딸이 힘들어 하거나 하지 않으려고 하면 도자기에 금이 가게 한 것을 아버지께 알린다고 협박을 했습니다. 그러니 딸은 점점 야위어 갔습니다. 어머니가 보니 딸이 점점 야위어 지는 것이 이상했습니다. 그래서 딸에게 집요하게 물어서 그 이유를 알게 되었습니다. 자연히 어머니는 아버지에게 그 말을 했습니다. 혼날 것이라고 생각했던 딸에게 아버지는 의외로 괜찮다고 하면서 오히려 위로를 하면서 용서를 했습니다. 그리고는 그 가정부를 그 자리에서 해고시켰습니다. 이 일하는 사람의 행위는 바로 사탄의 역사입니다.

하나님은 우리를 당신의 아들의 신분으로 바꾸어 주십니다. 예수 그리스도의 십자가 은혜로 하나님을 "아바 아버지"라고 부를 수 있습니다. 하나님의 자녀로서의 특권과 자유를 누릴 수 있습니다. 그러므로 자유는 방종이 아니고 죄의 지배에서 하나님의 지배로 바뀌는 것입니다. 죄의 소속에서 하나님의 소속으로 될 때 자유가 있는 것입니다. 자유는 하나님의 뜻으로 예수 그리스도를 우리에게 주심으로 가능케 했습니다. 자유를 얻음은 하나님의 자녀가 되는 것이고 영생을 획득하고 죽음의 공포로부터 해방이 되는 것입니다. 예수님 자신은 진리이시고, 이 진리는 우리를 영원히 자유케 하리라는 것을 깊이 믿으시기 바랍니다.

제17장

아브라함의 자손

(요 8:37~40)

요한복음 8:37~40 "나도 너희가 아브라함의 자손인 줄 아노라 그러나 내 말이 너희
안에 있을 곳이 없으므로 나를 죽이려 하는도다. 나는 내 아버지에게서 본 것을 말하고
너희는 너희 아비에게서 들은 것을 행하느니라. 대답하여 이르되 우리 아버지는
아브라함이라 하니 예수께서 이르시되 너희가 아브라함의 자손이면 아브라함이 행한
일들을 할 것이거늘, 지금 하나님께 들은 진리를 너희에게 말한 사람인 나를 죽이려
하는도다 아브라함은 이렇게 하지 아니하였느니라."

아브라함의 자손이냐 아니냐가 중요한 것이 아닙니다.
형식적인 것이 중요하지가 않습니다.
예수님을 영접하는 자, 거듭남을 받은 자만이
진정한 아브라함의 자손이고,
진정한 믿음을 가진 자들입니다.

저스틴 말터(Justin Martyr)는 유대인의 종교에 관하여 유대인인 트리포(Trypho)와 대화를 했습니다. 그 결과 얻은 것은, "영원한 나라는 혈통상 아브라함의 자손에게 부여된다. 비록 그들이 죄인이고 불신앙자이며 하나님에게 불순종하는 자들이라 하더라도 그것은 부여된다"(트리포와의 대화 p140)

유대인들에게 있어서 아브라함은 역사를 통하여 가장 숭앙하는 인물이었습니다. 그리고 아브라함의 혈통적 자손이라는 이유 하나만으로 하나님의 은총을 안전 보장 받고 있다고 생각하였습니다. 아브라함은 인류 신앙 역사에 있어서 거인이었기 때문에 유대인들이 아브라함에게 보낸 칭찬은 도리어 합당한 것이었습니다. 그러나 유대인들이 아브라함의 위대함을 이용하려 한 것은 치명적인 잘못이었습니다. 그들은 혈통적으로 아브라함의 자손이기 때문에 무조건적으로 하나님의 사랑과 보호와 축복을 누리게 되어있다고 생각하고 또 그렇게 주장하였습니다.

그러나 세례 요한은 이들의 사상과 주장이 틀렸다고 비판하며 치명적 타격을 주고 있습니다. 세례 요한은 바리새인들과 사두개인들이 세례 베푸는 데 오는 것을 보고 아브라함이 너희 조상이라고 생각하지 말라고 하면서 회개를 촉구하였습니다.

"요한이 많은 바리새인과 사두개인이 세례 베푸는 데 오는 것을 보고 이르되 독사의 자식들아 누가 너희를 가르쳐 임박한 진노를 피하라 하더냐 그러므로 회개에 합당한 열매를 맺고 속으로 아브라함이 우리 조상이라고 생각지 말라 내가 너희에게 이르노니 하나님이 능히 이 돌들로도 아브라함의 자손이 되게 하시리라."(마 3:7-9)

유대인들은 구원의 조건이 아브라함의 혈통에 있다고 생각하였으므로 회개하는 대신에 혈통을 의지 하였습니다. 랍비들의 교훈에는 "이스라엘 중에 가장 가난한 자도 귀족이다. 저들은 아브라함의 자손이기 때문이다." "할례를 받은 자 중에 지옥 갈 자는 없다" 등의 말이 있습니다.

세례 요한은 육신으로 좇아 난 아브라함의 자손이라고 해서 아브라함의 참 자손이라는 보증을 받을 수 있는 건 아니라는 사실을 충분히 알고 있었습니다. 그는 또한 그러한 육신의 혈통을 떠나서도 하나님이 아브라함에게 자손들을 주실 수 있는 사실들 역시 알고 있었습니다. 땅의 티끌을 취하여 아담을 지으신 하나님께서 세례 요한이 손가락으로 가리켜 보였던 광야의 돌들로도 아브라함의 자손이 되게 하실 수 있으신 분이십니다.

요한복음 8:37에서 예수님은 "나도 너희가 아브라함의 자손인줄 아노라" 하신 것은 유대인들이 육체적인 의미에서 아브라함의 자손임을 인정하신다는 것입니다. 그러나 예수님은 8: 31-32에서 "너희가 내 말에 거하면 참 내 제자가 되고 진리를 알찌니 진리가 너희를 자유케 하리라" 하셨습니다. 예수님의 말씀을 들은 유대인들이 예수님의 말씀 안에 내재한다면 진리이신 예수가 그들에게 자유를 주리라고 하신 것입니다.

스토아학파의 격언에 "오직 지혜만이 모든 우매의 종을 해방시킨다," (Cicero, Parad 5)라는 말이 있습니다. 자유에는 정치적, 사상적, 언론적인 것이 있음을 생각할 수 있습니다. 그러나 죄와 마귀에게서의 자유를 얻지 못하면 이 모든 세상적 자유가 인간에게 진정한 행복을 주지 못할 것입니다.

예수님이 자유의 문제를 언급하실 때 유대인들과 또다시 영육적 견해의 충돌이 생겼습니다. 아브라함의 자손이란 자존심과 오직 메시야를 통해 로마의 정치적 속박에서만 해방되려고 하던 유대인들은 그리스도께서 말씀하신 이런 자유의 본의를 알 리가 없었습니다.

8장 33절에서 그들은 "우리가 아브라함의 자손이라 남의 종이 된 적이 없다"고 하였으나 저들은 민족적으로 애굽, 바벨론, 앗수르, 바사, 헬라 등의 종이 된 사실과 현재도 로마의 종된 자리에 있는 것을 무시하려고 몸부림치고 있었습니다. 유대인들은 메시야 왕국이 실현될 때, 이 모든 이방인들은 다 유대인의 종이 되어 자기들을 섬기게 된다는 자존심에서 살고 있었습니다. 그러나 예수께서는 그들이 영적으로는 자유인들이 아니라 노예들이란 뜻을 암시함으로 그들에게 충격과 분노를 일으켰습니다. 그래서 그들은 교만한 마음으로 "우리가 아브라함의 자손이라 남의 종 된 적이 없거늘 어찌하여 우리가 자유케 되리라 하느냐"고 주님께 반격을 가하는 말을 서슴지 않았습니다. 이것은 유대인의 인간적 우월감을 표현하는 교만의 말입니다.

헨드릭슨은 유대인들의 반박에 대한 말을 다음과 같이 설명합니다. "유대인들이 이렇게 말할 때 그들의 정치적 상태를 염두에 두지 않는 것은 분명하다. 그들은 과거에 애굽과 바벨론과 메대 파사 수리아에 속박당한 사실이나 현재 로마에 속박 당하고 있는 사실을 잊어버릴 수 없었던 것이다. 그들은 사회적 상태에 대해서도 생략하지 않았다. 많은 유대인들이 노예가 되어 있었다. 하지만 종교적으로는 자기네들 자유인들도 하나님과 은혜의 언약을 맺은(창 17:7) 아브라함의 씨라고 생각하였다. 그들은 이처럼 한 백성으로 혹은 한 국가로서 특이한 종교적 지위를 누렸다. 그들은 선택 받은 민족, 왕 같은 제사장, 거룩한 나라, 하나님의 소유하신바 된 백성이 아니었던가? 유대인들의 추론의 방향은 이런 순서로 되어 있었다. 즉 이방인은 속박당하고 있다. 그들은 우상을 섬긴다. 하지만 우리는 속박되어 있지 않다. 우리는 이방인이 아니다. 우리는 심지어 사마리아인들도 아니다. 그렇다면 예수가 너희가 자유케 되리라고 말한 것은 무슨 까닭인가?"

예수께서는 유대인들을 육체적인 의미에서 아브라함의 자손으로 인정하셨으나 영적으로는 그들을 죄의 종이라고 지적하셨습니다. 그 결과 예수님은 그들로부터 반감을 샀고 증오의 대상이 되셨습니다. 요 8:37에서는 유대인들이 예수님을 죽이려한 사실을 폭로하시면서 그들의 모순된 메시야관을 지적하셨습니다.

"나도 너희가 아브라함의 자손임을 아노라 그러나 내 말이 너희 속에 있을 곳이 없으므로 나를 죽이고자 하는도다. "

아브라함은 기쁜 기대감을 가지고 예수님이 오심을 기다렸습니다. "너희 조상 아브라함은 나의 때 본 것을 즐거워하다가 보고 기뻐하였느니라"(요 8:56)고 예수님은 말씀하셨습니다. "너희가 아브라함의 자손이라고 하면 아브라함이 고대한 것을 고대하고 아브라함이 기뻐하던 것을 기뻐해야 할 것이 아니냐? 그런데 너희는 아브라함이 기대하고 고대하면서 기다린 메시야인 나를 죽이려가는 것은 너희 스스로 아브라함의 자손이 아니라는 것을 증명하는 것이 아니냐?" 그리고 예수님께서 여기서 바로 아브라함의 자손이 그를 죽이려하고 있음을 강조하실 때 주님은 결국 아브라함이 영적인 의미에서는 그들의 아버지가 아니라는 것을 보여주기 시작하신 것입니다.

"유대인들이 이를 인하여 더욱 예수를 죽이고자 하니 이는 안식일만 범할 뿐 아니라 하나님을 자기의 친아버지라 하여 자기를 하나님과 동등으로 삼으심이러라"(요 5:18)

"모세가 너희에게 율법을 주지 아니하였느냐 너희 중에 율법을 지키는 자가 없도다 너희가 어찌하여 나를 죽이려 하느냐?"(요 7:19)

"저희가 돌을 들어 치려하거늘 예수께서 숨어 성전에서 나가시니라."(요 8:59)

화란의 개혁신학자 크로쇠데(Grosheide)는 "그들(유대인들)이 예수님의 말씀을 멸시하고 그를 죽일 계획을 세웠다 예수님은 그들에게 용납될 수 없는 존재였다. 이렇게 된 것은 그들과 예수님은 영적으로 한 계통이 아닌 사실을 드러낸다. 왜 그들이 아브라함의 자손이라고 하면서 아브라함이 바라보며 기뻐하던 그 메시야를 죽이려 했던가?"라고 하였습니다.

왜 유대인들은 예수님을 죽이려고 했습니까? 그 대답은 '내 말이 너희 속에 있을 곳이 없으므로' 입니다. 살해 음모가 유대인들의 마음속에서 그처럼 크게 자리 잡고 있었으므로 예수님의 말씀을 담아 둘 자리는 아예 없었던 것입니다. 곧 유대인들이 예수님의 말씀을 완전히 거부했기 때문입니다. 그러면 진정한 아브라함의 자녀는 누구입니까? 모든 참 신자들입니다.

"저가 할례의 피를 받은 것은 무할례 시에 믿음으로 된 의를 인친 것이니 이는 무할례자로서 믿는 모든 자의 조상이 되어 저희로 의로 여기심을 얻게 하려 하심이라. 또한 할례자의 조상이 되었나니 곧 할례받을 자에게 뿐 아니라 우리 조상 아브라함의 무할례시에 가졌던 믿음의 자취를 좇는 자들에게도니라."(롬 4:11-12)

"그런즉 믿음으로 말미암은 자들은 아브라함의 아들인 줄 알찌어다."(갈 3:7)

"너희가 그리스도께 속한 자면 곧 아브라함의 자손이요 약속대로 유업을 이을 자니라."(갈3:29)

"오직 이면적 유대인이 유대인이며 할례는 마음에 할찌니 신령에 있고 의문에 있지 아니한 것이라 그 칭찬이 사람에게서가 아니요 다만 하나님에게서니라."(롬 2:29)

아브라함은 하나님의 말씀을 믿었고(창 15:6), 하나님의 명령에 순종하였으며(창 12:4, 22:1-14), 하나님의 사자들을 영접하였습니다.(창 18:1-8) 이러한 사람들을 바울은 이면적 유대인이라고 하였습니다. 이와 같은 이면적 유대인이 참된 그리스도인입니다.

예수님은 이런 참된 그리스도인을 가리켜 아브라함의 자손이라고 명명하였습니다.

제18장

마귀의 정체와 마귀의 자식

(요 8:41~44)

요한복음 8:41~44 "너희는 너희 아비가 행한 일들을 하는도다 대답하되 우리가 음란한 데서 나지 아니하였고 아버지는 한 분뿐이시니 곧 하나님이시로다. 예수께서 이르시되 하나님이 너희 아버지였으면 너희가 나를 사랑하였으리니 이는 내가 하나님께로부터 나와서 왔음이라 나는 스스로 온 것이 아니요 아버지께서 나를 보내신 것이니라. 어찌하여 내 말을 깨닫지 못하느냐 이는 내 말을 들을 줄 알지 못함이로다. 너희는 너희 아비 마귀에게서 났으니 너희 아비의 욕심대로 너희도 행하고자 하느니라 그는 처음부터 살인한 자요 진리가 그 속에 없으므로 진리에 서지 못하고 거짓을 말할 때마다 제 것으로 말하나니 이는 그가 거짓말쟁이요 거짓의 아비가 되었음이라."

마귀는 약속합니다.

그 약속의 결과는 죽음, 미움이었으며, 비참함입니다.

주님께서 약속을 하십니다.

우리가 주님을 따르면 영원한 기쁨,

곧 천국의 즐거움을 안겨주겠다고 약속하십니다.

여러분들은 어느 길을 따르겠습니까?

요즘 기독교 안에 인기 있고 유행하는 말이 있습니다. 그것은 "하나님은 보편적인 만민의 아버지고, 만민이 다 형제다(Universal fatherhood of God, universal brotherhood of man)"라는 말입니다. 곧 하나님은 믿는 자의 아버지도 되시고 불신자의 아버지도 된다는 말입니다. 그리고 예수님을 믿는 자나 믿지 않는 자나 모두 형제자매라는 것입니다. 이 같은 '하나님의 보편적 부성(父性)'이나 만민 형제라는 주장은 19세기 자유주의 신학의 산물입니다. 예수님은 하나님이 만민의 아버지라고 가르치지 않습니다. 만민이 다 한 형제라고 말씀하시지 않습니다. 이 세상에는 마귀의 자식이 있고 마귀를 아비로 모시는 자가 있다고 가르치시며, 따라서 믿는 자나 믿지 않는 자가 다 형제요, 자매라는 사상을 배격하십니다.

하나님의 참 아들

예수님은 자기에게 찾아와 대화하는 유대인들에게 그들의 생활과 행실을 보니 아브라함의 자손이 아니라고 단언하셨습니다. 그리고 예수님에 대한 태도를 보니 그들은 참다운 아브라함의 자손이 아님이 분명하다고 말씀하셨습니다. 곧 아브라함은 예수님을 환영했는데 아브라함의 후손이라고 자처하는 유대인들은 예수님을 죽이려고 계획하였으니 아브라함의 자손이 아닌 것이 확실하다고 하시는 것입니다.

예수님의 이 이론에 대하여 유대인들은 어이없는 주장을 다시 계속하고 있습니다. 구약에서는 하나님이 이스라엘 백성을 가리켜 자기의 아들이라고 했다고 말하고 있습니다. 하나님께서 모세로 하여금 애굽 왕 바로의 앞에 서서 이렇게 말하라고 하셨습니다.

"여호와의 말씀에 이스라엘은 내 아들, 내 장자라."(출 4:22)

모세가 이스라엘의 불순종을 꾸짖을 때에 이렇게 호소했습니다.

"어리석고 지혜 없는 백성아 여호와께 이같이 보답하느냐 그는 네 아버지시요 너를 지으신 이가 아니시냐 그가 너를 만드시고 너를 세우셨도다."(신 32:6)

이사야도 하나님을 신뢰하면서 이렇게 말했습니다.

"주는 우리 아버지시라 아브라함은 우리를 모르고 이스라엘은 우리를 인정하지 아니할지라도 여호와여, 주는 우리의 아버지시라 옛날부터 주의 이름을 우리의 구속자라 하셨거늘."(사 63:16)

"그러나 여호와여, 이제 주는 우리 아버지시니이다 우리는 진흙이요 주는 토기장이시니 우리는 다 주의 손으로 지으신 것이니이다."(사 64:8)

말라기 선지자는 타락한 자기 백성 이스라엘을 향하여 이렇게 외쳤습니다.

"우리는 한 아버지를 가지지 아니하였느냐 한 하나님께서 지으신 바가 아니냐 어찌하여 우리 각 사람이 자기 형제에게 거짓을 행하여 우리 조상들의 언약을 욕되게 하느냐."(말 2:10)

이런 구약의 말씀을 근거로 하여 그들은 하나님께서 그들의 아버지라고 주장하였습니다. 그리고 그들은 자랑스럽게 "우리는 음란한 데서 나지 아니하였고, 아버지는 한 분뿐이시니 곧 하나님이시로다,"라고 했습니다. 그들은 "우리가 간음의 결과로 태어난 것이 아니다,"라 외쳤습니다. 이런 주장에는 두 가지 내용이 담겨 있습니다.

그들은 우상 숭배하는 이방 민족에 속한 것이 아니고 참 신이신 하나님을 예배하는 자라는 뜻이 있습니다. 구약성경에서 하나님은 이스라엘을 자기의 아내라 하고 하나님은 그의 남편이라는 아름다운 묘사가 있습니다. 그러므로 이스라엘이 하나님을 버리고 이방신들을 추종했을 때 이스라엘은 이방 우상들과 행음한 행위라고 했습니다. 곧 그들이 하나님을 버리고 우상 숭배하는 불신앙은 영적 간음을 행하는 것이고, 하나님과의 결혼을 파기하는 행위라고 했습니다. 호세아 선지자는 이 같은 불신앙에 빠진 배신의 무리들을 가리켜 "음란한 자식들"(호 2:4) 이라고 질책했습니다. 유대인들이 우리가 음란한 데서 태어나지 않았다는 것은 그들이 조금도 하나님을 떠나거나 배신한 일이 없으며 영적 간음을 범한 일이 없다고 하는 말입니다. 이것은 참으로 위선적인 말이지요. 그들의 조상들이 얼마나 많은 이방신들을 따르고 좋아했습니까? 바알, 아세라, 몰록, 가나안 신들을 섬겼고, 출애굽할 때는 송아지와 놋뱀의 우상을 따랐으며, 여러 왕들까지도 이방신을 섬겼습니다.

그들이 말한 "우리가 음란한 데서 나지 않았다,"라는 말은 예수님을 지적하여 "당신은 음란한 데서 나온 사람이다,"라는 의미가 있습니다. 초대 교회 신자들은 예수 그리스도의 복음을 전파할 때 예수님의 동정녀 탄생을 전했습니다. 그러나 유대인들은 마리아가 요셉에게 대하여 부정을 범했다는 소문을 퍼뜨렸습니다. 그 말에 의하면 마리아의 정부는 판테라(Panthera)라는 로마의 군인이었으며, 예수님은 그 간음의 결과로 태어난 자라는 것입니다. 말하자면 유대인들은 여기서 예수님의 탄생에 대하여 모욕적인 언사를 퍼부은 것입니다. 그들은 오만하게 '우리같이 순결한 하나님의 자녀가 당신같이 음란한 가운데서 출생한 자와 비할 수 없다,' 고 말한 것입니다. 엄밀하게 족보적으로 따져 볼 때에 유대인들의 조상들 여러 명이 육체적인 간음을 행했습니다. 그들의 조상의 피가 순결하다고 말할 수는 없는 것입니다.

하나님의 경고

예수님은 그들의 모욕에 찬 반대에 대하여 다시 공격을 가하셨습니다. "하나님이 너희의 아버지였으면 너희가 나를 사랑하였으리라. 왜냐하면 나 자신이 하나님께서 나서 왔음이라. 나는 스스로 온 것이 아니요, 아버지께서 나를 보내신 것이다,"라고 말씀하셨습니다. 이 말씀 속에는 예수님 자신이 성육신하신 것과 처녀 잉태에 의한 탄생을 설명하시고 있습니다. 만일 하나님이 유대인들의 진정한 아버지, 영적인 아버지라고 한다면 그들은 예수님을 사랑해야만 했습니다. 아버지 하나님을 사랑한다면 아버지께서 보내신 아들 예수님을 사랑해야 한다는 것입니다. 그러나 그들은 예수님을 미워했습니다. 그러므로 그들은 아버지 하나님을 미워하는 것입니다. 그렇기 때문에 그들은 하나님의 자녀가 아니라고 예수님은 논리정연하게 말씀하셨습니다.

"예수께서 그리스도이심을 믿는 자마다 하나님께로부터 난 자니 또한 낳으신 이를 사랑하는 자마다 그에게서 난 자를 사랑하느니라."(요일 5:1)

하나님이 유대인들의 아버지라면 그 하나님은 사람을 죽이도록 권장하고 용기를 주는 하나님이십니다. 왜냐하면 유대인들이 하나님의 자녀라고 하면서 하나님의 아들인 예수님을 죽이려고 하기 때문입니다. 사람을 죽이려고 도모하고 계획을 세운 그들은 분명히 하나님의 자녀가 아니라고 예수님이 판정하십니다. 하나님은 사람을 죽이도록 권장하는 하나님이 결코 아니십니다.

예수님은 유대인들이 하나님의 자녀가 아니요, 하나님은 그들의 아버지가 아니라고 밝히시면서 다시 그들을 가리켜 '어리석은 자요, 답답한 사람'이라고 탄식하면서 말씀하십니다. 본문말씀 43절에 "어찌하여 내 말을 깨닫지 못하느냐 이는 내 말을 들을 줄 알지 못함이로다,"라고 하셨습니다. 그들은 예수님께 영적으로 어리석은 질문을 여러 번 했습니다.

"네 아버지가 어디 있느냐?"(요 8:19)

"저가 자결하려는가?"(요 8:22)

"당신이 도대체 누구인가?"(요 8:25)

이렇게 어리석은 질문을 했습니다. 요한복음 8:33에서도 "우리가 아브라함의 자손이라 남의 종이 된 적이 없거늘 어찌하여 우리가 자유롭게 되리라 하느냐,"라 했습니다. 그들은 영적으로 우둔했고 영적인 귀머거리에 불과하였습니다. 예수님의 말씀을 이해할 능력도 없었을 뿐 아니라 아예 예수님의 말씀을 들으려고 하지 않았습니다. 고의적으로 예수님의 말씀을 듣는 것을 거절하고 귀를 막아버렸습니다.

사람은 누구나 하나님의 경고에 귀를 기울일 수 있습니다. 그러나 그 반대로 하나님의 경고나 양심의 소리에 귀를 기울이는 것을 고의적으로 거부할 수도 있습니다. 이런 거부반응을 오래 나타내면 영적 귀머거리가 되고 맙니다. 이런 종류의 사람은 자기가 듣고 싶은 것 이외에는 듣지 않게 됩니다. 그리고 자기 멋대로 살고 행동하며 그릇된 소리에 귀를 계속 기울이다가 하나님의 경고를 무시하고 맙니다. 그 결과는 무서운 하나님의 채찍이요, 징계일 뿐입니다.

소돔과 고모라의 멸망 직전에 천사의 심판 경고를 롯이 들었습니다. 롯이 사위 될 두 사람에게 멸망의 경고를 일러주고 피난해야 한다고 말했을 때, 그들은 롯의 말을 농담으로 알았습니다. 그들의 마음은 죄로 물들고 마비되었기 때문에 롯의 경고를 아무렇게나 듣고 지나쳐 버리다가 유황불에 멸망을 당하고 말았습니다.

마침내 예수님은 유대인들의 아비는 마귀라고 단정했습니다. 본문말씀 44절에 "너희는 너희 아비 마귀에게서 났으니 너희 아비의 욕심대로 너희도 행하고자 하느니라," 하시면서 이 유대인들은 아브라함의 자녀가 아니요, 마귀의 자식이라고 선포하십니다. 그들의 아버지는 하나님이 아니고 마귀라고 밝혀주었습니다. 예수님은 여기서 마귀의 두 가지 특징을 알려주십니다.

마귀가 이끄는 길과 예수 그리스도가 이끄는 길

마귀는 살인자입니다. 그리스도는 처음부터 사람을 살리는 분이십니다. 마귀는 처음부터 아담을 꾀어 사망으로 인도했습니다. 마귀는 가인으로 하여금 그의 동생 아벨을 쳐 죽이게 하였고, 가룟 유다의 마음에 들어가 예수님을 배반하게 하였습니다. 그리고 마침내 예수님이 원수의 손에 죽게 하였습니다.

로마서 5:12에 의하면 "마귀로 말미암아 죄가 이 세상에 들어왔고, 죄로 말미암아 사망이 온 것입니다."

마귀는 온 인류의 살해자요, 본질적으로 살인자입니다. 예수님과 대화하면 유대인들은 어떻게 예수님을 죽일 것인가 하는 음모만 획책하고 있었습니다. 그들은 훌륭한 살인자가 되려고 애쓰고 있었으니 마귀의 길을 걸어가고 있는 것이 분명했습니다.

마귀는 거짓을 사랑하는 자입니다. 마귀는 거짓말쟁이요, 거짓의 아비라고 하였습니다. 거짓의 사상, 허위적인 언변, 진리를 굽히고 왜곡하는 것, 거짓말 등은 모두 마귀의 것입니다. 거짓말은 모두가 마귀로부터 생겨난 것이고, 마귀로 말미암아 조롱당하고 마귀의 역사에 가담하는 것입니다. 거짓된 것은 항상 진리를 미워하고 진리를 파괴하려고 합니다.

에덴동산에 나타난 마귀는 하와에게 선악과를 따먹어도 결코 죽지 않는다고 말했습니다.(창 3:4) "네 눈이 밝아져서 하나님과 같이 된다,"고 거짓말을 한 것입니다. 이것은 에덴동산에서의 추방과 죄의 출생과 그리고 죄의 값인 사망이 시작되는 것입니다.

이스라엘의 극악한 왕이었던 아합 왕이 유다 왕 여호사밧과 연합전선을 도모하여 아람 나라를 침략하려고 했습니다. 이때 여호사밧 왕이 먼저 하나님의 말씀이 어떠한지 알아본 후에 전쟁을 하자고 제의했습니다. 아합 왕이 선지자 400명을 모아 저들의 말을 들어본 결과 전쟁에 나가면 반드시 하나님께서 승리를 주신다고 말했습니다. 지혜로운 여호사밧 왕이 아합 왕에게 이 400명의 선지자 외에 하나님의 말씀을 들을 자가 또 없느냐고 물었습니다. 아합 왕은 미가야라는 선지자가 있는데 그는 아합 왕에게 항상 좋은 예언은 하지 않고 나쁘고 흉한 예언만 하는 자라고 하면서 달갑게 여기지 않았습니다. 그러나 여호사밧 왕은 미가야의 말도 들어보는 것이 중요하다고 했습니다.

미가야 선지자를 부르러간 사자가 미가야에게 부탁을 했습니다. 400명의 선지자들은 똑같이 전쟁에 나가면 승리를 얻는다고 했으니 그렇게 예언해 달라는 것이었습니다. 두 왕 앞에 나타난 미가야 선지자는 "전쟁을 일으켜 승리를 얻으소서, 승리를 얻으소서!"라고 하면서 빈정거리는 말을 했습니다. 거짓 선지자 400명이 했던 말을 똑같이 하면서 전쟁에 나가라고 비꼬는 소리를 했습니다. 그러나 여호사밧 왕은 미가야 선지자에게 진실한 예언을 부탁했고, 그때 미가야 선지자가 정색을 하면서 이런 예언을 했습니다. "내가 보니 온 이스라엘이 목자 없는 양같이 산에 흩어졌고, 여호와의 말씀이 임하기를 이 무리가 주인이 없으니 각각 집으로 편안히 돌아가라고 했습니다."라는 예언을 합니다. 곧 그것은 전쟁을 하지 말라는 예언이었습니다. 그런 후에 다시 미가야 선지자는 더 상세하게 '하늘의 보좌' 내용을 이야기합니다. 하나님께서 "누가 아합을 꾀어 전쟁에 나가게 할꼬?"라고 하시니 한 영이 말하기를 "내가 거짓말하는 영이 되어 그 모든 선지자들의 입에 거짓말을 하도록 하겠습니다."라고 했습니다. 아합 왕은 그날 즉시 거짓 선지자들의 말대로 전쟁에 나가 싸우다가 죽고 말았습니다. 또 마귀는 아나니아와 삽비라 부부의 마음에 들어가 거짓을 넣어 주었고, 그들로 하여금 죽음의 길로 빠지게 만들었습니다.

유대인들과 예수님이 만났을 때 그것은 곧 허위와 진리가 만나게 된 것입니다. 거짓된 것이 진리를 파괴하고자 한 것은 당연한 것이었습니다. 예수님께서 유대인들을 마귀의 자식들이라고 선언하신 것은 그들의 생각이 언제나 진리를 파괴하고 거짓과 허위를 옹호하려고 기울어지고 있기 때문입니다. 진리를 파괴하려는 자는 언제나 누구를 막론하고 마귀의 역사를 행하고 있는 것입니다.

마귀는 인격적 악의 존재(a personal devil)입니다. 악에 대한 추상적 생각이나 상상의 허구가 아니라 실제로 인격을 지닌 존재입니다. 마귀는 항상 하나님의 뜻을 이루지 못하게 악을 도모하고 계책을 세우는 일을 합니다. 성도의 거룩한 생활을 항상 방해합니다. 그러나 마귀의 활동은 제한되어 있고 그의 존재 자체도 제한되어 있습니다. 하나님과 같이 전지(全知)하지 못합니다. 전능하지도 못합니다. 편재하지도 못하고 무소부재(無所不在)하지도 못합니다.

예수님과 대화하던 유대인들의 마음을 유혹하고 강퍅하게 하며 그들의 마음을 악하게 했던 그 마귀는 지금도 우리에게 접근하며 거짓말을 하게 합니다. 이웃을 미워하고 살인하게 하는 악심을 유발시킵니다. 우리 앞에는 두 개의 길이 열려 있습니다.

"어떤 길은 사람이 보기에 바르나 필경은 사망의 길이니라."(잠 14:12)

"생명으로 인도하는 문은 좁고 길이 협착하여 찾는 자가 적음이라."(마 7:14)

한 길에서 마귀는 약속합니다. "너희에게 생명을 주고 지혜와 사랑을 주며 기쁨을 주겠다," 굳게 약속합니다. 하와에게 "네가 선악과를 먹는 날에는 하나님과 같이 되리라,"는 약속을 했습니다. 그러나 그 결과는 생명이 아니라 죽음이요, 지혜가 아니라 어리석음이요, 사랑이 아니라 미움이었으며, 기쁨이 아니라 영원한 비참이었습니다. 그 마귀는 지금도 우리를 유혹하면서 헛된 약속을 합니다.

다른 한 길에 주님께서 서셔서 선언과 약속을 하십니다. "너희는 진리를 보지 못하는 맹인이다. 내가 너희에게 눈을 뜨게 하여 지혜를 주리라. 나는 죄를 미워하노라. 나는 너희들로 하여금 죄에서 돌이켜 하나님의 위대한 사랑을 받게 하리라"고 약속하십니다. 또한 "나는 너희에게 영원한 죽음, 지옥이 있는 것을 선언하노라. 너희가 나를 따르면 영원한 기쁨, 곧 천국의 즐거움을 안겨 주리라,"는 말씀으로 약속하십니다.

여러분들은 어느 길을 따르겠습니까?

최후의 원수, 죽음

(요 8:45~51)

요한복음 8:45~51 "내가 진리를 말하므로 너희가 나를 믿지 아니 하는도다.
너희 중에 누가 나를 죄로 책잡겠느냐 내가 진리를 말하는데도 어찌하여
나를 믿지 아니하느냐. 하나님께 속한 자는 하나님의 말씀을 듣나니
너희가 듣지 아니함은 하나님께 속하지 아니하였음이로다.
유대인들이 대답하여 이르되 우리가 너를 사마리아 사람이라 또는
귀신이 들렸다 하는 말이 옳지 아니하냐. 예수께서 대답하시되
나는 귀신 들린 것이 아니라 오직 내 아버지를 공경함이거늘 너희가 나를 무시하는도다.
나는 내 영광을 구하지 아니하나 구하고 판단하시는 이가 계시니라.
진실로 진실로 너희에게 이르노니 사람이
내 말을 지키면 영원히 죽음을 보지 아니하리라."

예수님께서 말씀하십니다.
너희가 내 말을 지키면
영원히 죽음을 보지 아니 하리라.

오늘의 본문말씀은 하나의 생생한 대화를 듣는 느낌을 갖게 됩니다. 예수님의 자기주장의 말씀에 대하여 유대인들이 극렬하게 공격하는 말을 들어볼 수 있습니다. 유대인들에게 대한 예수님의 날카롭고 빈틈없는 완벽한 공격의 말씀도 들어볼 수 있습니다. 하나님이 자기들의 아버지라고 주장하는 유대인들에게 예수님은 결코 하나님이 그들의 아버지가 아니라고 완벽하게 증명하셨습니다. 그리고 그들의 아비는 살인자요, 거짓말쟁이인 마귀라고 단언하셨습니다. 예수님은 계속해서 유대인들의 죄와 불신앙을 지적하셨습니다.

본문말씀 45절에서 "내가 진리를 말하므로 너희가 나를 믿지 아니하는도다,"라고 하신 진리는 요한복음 8:40에서 밝힌 대로 성자 예수님께서 하나님께로부터 들은 진리입니다. 이 진리는 영적사건에 관한 진리입니다. 인간의 전적인 타락, 인간의 무능력, 구원을 위한 하나님의 계획, 구원을 완성하기 위하여 인자를 보내신 일, 하나님의 아들을 거절하는 자의 마지막 받을 형벌 등등이 모두 영적 사건입니다. 그러나 인간의 교만은 이러한 진리를 수납할 수 없습니다. 인간의 교만은 바로 인간 자신이 죄로 말미암아 상실된 상태에 있으며, 저주받을 수밖에 없는 자리에 있는 것을 나타내 줍니다. 예수님과 대화하던 유대인들은 거짓의 장본인인 마귀를 그들의 아비로 삼고 있기 때문에 진리를 들으려고도 하지 않고 진리를 증거 하는 예수님을 거절한 것입니다. 그들은 거짓을 믿었고 진리이신 예수님을 믿지 않았습니다.

본문말씀 46절 전반부에서 "너희 중에 누가 나를 죄로 책잡겠느냐," 하였습니다. 그들은 예수님을 마리아의 사생아라고 모욕하며 불결한 자라고 소문을 퍼뜨렸습니다. 그러나 예수님은 그들의 가슴을 비수로 찌르는 듯한 질문을 던졌습니다. "너희 중에 누가 나에게 죄성(罪性)이 있다고 지적할 자가 있느냐? 너희 중에 누가 나를 죄인이라고 단정할 자가 있느냐?"라고 날카로운 질문을 하자 예수님의 그런 포효 같은 질문에 대답하거나 도전할 자가 없었습니다. 예수님은 자기가 죄 없음을 말씀하셨고, 그 자신은 죄의식이 없음을 증거 하였습니다. 주님의 이 말씀에 대하여 현대 신학자들은 '예수님의 도덕적 완전' 을 이야기한 것뿐이라고 해석하나 그것은 크게 잘못된 해석입니다.

죄와 불신앙

계속해서 예수님은 그들에게 질문을 던지셨습니다. 46절 후반부에 "내가 진리를 말하는데도 어찌하여 나를 믿지 아니하느냐," 하셨습니다. 주님의 이 질문에 아무도 대답하지 못하고 불안한 침묵이 흘렀습니다. 이때 예수님은 스스로 답변을 하셨습니다. 47절에 "하나님께 속한 자는 하나님의 말씀을 듣나니 너희가 듣지 아니함은 하나님께 속하지 아니 하였음이로다," 라 하셨습니다. 하나님께 속한 자는 하나님께로 부터 난 자를 의미합니다. 즉 하나님의 자녀, 성도들을 의미합니다. 여기 "하나님께 속하지 아니하였다," 라는 말씀은 하나님께로부터 나지 않았다는 뜻입니다. 곧 그들은 하나님께로부터 난 자가 아니요, 마귀에게로부터 난 자이기 때문에 예수님의 말씀을 들을 수도 믿을 수도 없다는 것입니다. 예수님의 이 같은 유대인들에 대한 신랄한 비판이 있자 그들은 다시 예수님께 악담과 욕설을 퍼부었습니다.

48절 전반부에서 유대인들은 예수님을 사마리아 사람이라고 했습니다. 자기들은 순수한 아브라함의 후손이나 예수님은 혼혈족이라고 모욕하는 말입니다. 사마리아는 앗수르 나라에서 5개 민족을 강제 이민시켜 혼혈족이 된 사람들을 가리키는 말입니다.(1권 제 31장 화해자로서의 예수 참조,(열왕기하 17장) 유대인과 사마리아인과는 적대관계에 있었습니다. 유대인들이 혼혈족인 사마리아인을 짐승 같이 생각하였기에 예수님을 사마리아인이라고 부르는 것은 그들의 원수라는 뜻입니다.

48절 후반부에서 유대인들은 예수님에게 "귀신이 들렸다 하는 말이 옳지 아니하냐?"고 하였습니다. 예수님을 귀신이 들렸다고 모욕하는 말을 하는 것입니다. 이들의 이 같은 말은 예수님께서 이적을 행하였을 때도 비난하는 말로 소문을 퍼뜨렸던 것과 똑같은 맥락입니다.

"바리새인들은 듣고 이르되 이가 귀신의 왕 바알세불을 힘입지 않고는 귀신을 쫓아내지 못하느니라."(마 12:24)

이 말은 예수님께서 온갖 병든 사람들을 고쳐주셨을 때 군중들이 예수님을 다윗의 자손, 즉 메시야라고 하자 바리새인들이 예수님을 비방하고 비난하기 위해서 한 말입니다. 요한복음 10:20에서도 예수님께서 나면서 맹인 된 사람의 눈을 뜨게 하시고, 자신이 하나님의 뜻을 받들어 스스로 십자가를 지신다고 말씀하실 때에 유대인들은 크게 반발했습니다. "그 중에 많은 사람이 말하되 그가 귀신 들려 미쳤거늘 어찌하여 그 말을 듣느냐,"고 하였습니다. 유대인들은 예수님에게 귀신이 들렸다고 모욕한 것입니다.

그러나 예수님께서는 이들을 이미 마귀의 자식이라고 단언하셨습니다. 그들은 스스로 아브라함의 자손이라고 하지만 예수님은 그들이 아브라함의 자손이 아니요, 하나님이 그들의 아버지가 아니라고 선언하셨습니다. 그런데 이제는 유대인들이 예수님을 가리켜 귀신들린 사람이라고 몰아붙이니 과연 누가 귀신 들린 자이며 마귀의 자식이겠습니까? 그들과 예수님과의 대화를 살펴보면 예수님이 그들에게 마귀의 자식이요, 너희 아비는 살인자요 거짓말쟁이인 마귀라고 말씀하실 때에, 그들은 대담하게 우리는 마귀의 자식이 아니라고 대답하지 못했습니다. 그러나 예수님은 즉시 그들의 질문에 대답하셨습니다. 49절에서 "예수께서 대답하시되 나는 귀신 들린 것이 아니라 오직 내 아버지를 공경함이거늘 너희가 나를 무시하는도다,"라고 하셨습니다. 이 말씀은 그들이 예수님의 질문에 대답하지 못한 것에 반해서 예수님께서는 그들의 질문에 즉시 주저하지 않으시고 대답하면서 그들을 공격하신 것입니다.

몽고 내륙 지방에는 옥도가 부족한 탓으로 혹이 난 사람들이 대부분이라고 합니다. 그 마을에서는 혹이 나지 않은 사람이 오히려 이상한 사람으로 취급을 받는다고 합니다. 마귀의 자식이요, 마귀의 후손인 유대인들이 마귀를 대적하고 파멸하러 오신 하나님의 아들을 볼 때에 하나님의 아들이신 예수님을 비정상인으로 보았던 것입니다. 오히려 자신들이 비정상인이요, 마귀의 자식이면서 도리어 예수님을 귀신 들린 자로 판단하면서 공격했던 것입니다. 마귀에게 속하여 온갖 거짓말을 하며 살인죄를 범하는 저들의 종말은 영원한 죽음뿐입니다. 이처럼 속절없는 죽음으로 향하는 맹랑한 인간들에게 예수님은 영원히 살 수 있는 말씀을 주셨습니다.

영원히 살 수 있는 말씀

본문말씀 51절에서 "진실로 진실로 너희에게 이르노니 사람이 내 말을 지키면 영원히 죽음을 보지 아니하리라," 하셨습니다. 예수님이 유대인과의 변론에서 온갖 멸시와 천대를 받으면서도 그들에게 분명하게 지적한 것은 '사람은 죽음의 존재이다. 그러나 나의 말을 지키면 영원히 죽음을 보지 않으리라,' 는 것이었습니다. 예수님 앞에서 큰소리 치고 함부로 모욕하는 언사를 퍼붓고 교만한 말을 하는 유대인들은 별 수 없이 죽어야할 존재들입니다. 그러나 예수님의 말씀을 지키면 영생을 얻는다고 주님은 강조하셨습니다. 죽음에 대한 공포는 많은 사람들의 마음 속 깊이 도사리고 있습니다.

프란시스 베이컨은 "사람은 마치 아이들이 어두움을 무서워하듯이 죽음을 무서워한다,"고 하였습니다. 성경은 인간의 죽음이 반드시 있다는 것을 선언하였고, 그 죽음이 왜 왔는가 하는 죽음의 이유도 설명하며 죽음 후의 사건도 명백히 보여주고 있습니다.

"네가 흙으로 돌아갈 때까지 얼굴에 땀을 흘려야 먹을 것을 먹으리니 네가 그것에서 취함을 입었음이라 너는 흙이니 흙으로 돌아갈 것이니라." (창 3:19)

"한번 죽는 것은 사람에게 정해진 것이요 그 후에는 심판이 있으리니." (히 9:27)

"죄의 삯은 사망이요." (롬 6:23)

죄 때문에 사망이 왔고 죄 아래 있는 자는 어느 누구도 죽음을 피할 수 없으며, 죽음 후에는 반드시 심판이 있는 것을 성경은 밝히 가르치고 있습니다. 죽음은 하나님과의 분리를 의미하며 그 분리의 결과로 고통과 재난과 화가 오는 것입니다. 이것은 영적 죽음입니다. 그래서 사도 바울은 인간의 죽음을 가리켜 원수라고 명명했고, 파멸되어야 할 최후의 원수는 곧 이 죽음이라고 하였습니다. 예수님은 이 죽음을 정복하고 승리할 수 있는 놀라운 비결을 가르쳐 주시는데 그것은 '예수님의 말씀을 지키는 것이다,' 라고 하셨습니다. "진실로 진실로 너희에게 이르노니 사람이 내 말을 지키면 죽음을 영원히 보지 아니하리라," 하시는 말씀은 위대한 주님의 약속입니다. 이 약속을 세 부분으로 나누어 생각할 수 있으니, 약속이 기초가 되어 있는 조건과 약속 자체와 그 약속의 확신입니다.

약속이 기초가 되어있는 조건

죽음을 영원히 보지 않는 조건은 바로 '만일 사람이 내 말을 지키면' 입니다. 예수님께서 만일이라는 말로 시작한 것은 사람이 반드시 무엇을 해야 한다는 조건을 전제로 제시한 것입니다. 곧 '사람이 반드시 주님의 말씀을 지키다면,' '...하리라,' 라는 조건을 말하시는 것입니다. 그러면 예수님의 말씀을 지킨다는 것이 무슨 뜻입니까?

믿음으로 예수님의 말씀을 받는 것입니다. 예수님의 말씀을 철저하게 듣는다는 의미입니다. 곧 예수님의 말씀을 이해하면서 듣는 것을 가리킵니다.

"내가 진실로 진실로 너희에게 이르노니 내 말을 듣고 또 나 보내신 이를 믿는 자는 영생을 얻었고 심판에 이르지 아니하나니 사망에서 생명으로 옮겼느니라."(요 5:24)

데니스 코크란(Dennis Cochrane)이라는 선교사가 뉴기니의 두나 인디안(Duna Indian) 부족에게 선교하고 있었습니다. 그들은 말은 있었지만 글자가 없었기 때문에 코크란 선교사는 그들의 말을 배우고 글자를 만들어 성경을 만드는 일에 착수했습니다. 그런데 '믿음' 이라는 단어에서 고심을 하게 됩니다. 왜냐하면 그들은 성경이 가리키는 '믿음' 이라는 단어를 이해할 수 없었기 때문입니다. 그것을 연구하던 코크란 선교사는 마침내 그들에게 '믿음' 이라는 단어를 이해시키려고 하나의 우화를 삽입했습니다. 그들의 주변에서 흔히 볼 수 있고 알 수 있는 우화였습니다.

다람쥐 한 마리가 나무에 올라 앉아 있는데 개 한 마리가 나무 아래로 와서 다람쥐를 위협하면서 잡아먹겠다고 으르렁거렸습니다. 그러나 다람쥐는 개가 하는 위협을 듣고도 조금도 두려워하지 않았습니다. 왜냐하면 다람쥐는 개가 나무에 올라올 수 없다는 것을 잘 알고 있기 때문입니다. 이상의 이야기는 다람쥐가 개의 말을 한 귀로 듣고 한 귀로 흘려버린 것입니다. 개가 생각하기를 자기가 다람쥐를 위협해도 다람쥐가 전혀 겁을 먹지 않고 있으니, 개가 다른 꾀를 냈습니다. 개는 다람쥐에게 다른 친구를 데리고 오겠다고 했습니다. 이때 다람쥐가 이해를 했습니다. 그 개의 친구는 혹시 나무를 타고 올라올 수 있을지 모른다는 생각을 한 것입니다. 그래서 그 개가 다른 친구를 데리러 간 동안에 다람쥐는 재빨리 나무에서 내려와 숲속으로 도망쳤습니다.

코크란 선교사는 여기서 믿음이 무엇인가를 두나 인디안 부족에게 가르쳐 주었습니다. '믿음이란 이해심을 갖고 들으며 행동하는 것이다,' 라는 것입니다. (Faith means to hear with understanding and act on it.) 여기서 그는 hearing, 즉 듣는 것을 강조했습니다. 믿음이란 이해하면서 듣는 것이요, 그것을 행동으로 옮기는 것이라는 의미입니다.

예수님의 말씀을 지킨다는 것은 그에게 복종하는 것을 의미합니다. '지킨다,' 라는 말은 복종을 뜻합니다. '지킨다,' 라는 말의 관계와 다른 의미는 '죄수를 인도한다,' 는 뜻입니다. 곧 교도관이 한 죄수를 위임 맡아 인도하고 지도하도록 명령을 받았을 때에 교도관은 그 맡은 일에 복종해야만 합니다. 이처럼 주님의 말씀을 지키기 위해서는 주님께 복종하라는 것입니다.

약속 자체(the promise itself)

"죽음을 영원히 보지 아니하리라," 는 말씀은 육신의 죽음을 영원히 보지 아니하리라는 말씀은 아닙니다. 예수님 자신이 죽으셨고 그를 믿는 자들도 그 후에 죽었습니다. 이 말씀은 '영적 죽음' 을 영원히 보지 아니하리라는 의미로 말씀하신 것입니다.

"내가 진실로 진실로 너희에게 이르노니 내 말을 듣고 또 나 보내신 이를 믿는 자는 영생을 얻었고, 심판에 이르지 아니하나니, 사망에서 생명으로 옮겼느니라." (요 5:24)

이 말씀에서 우리는 '영생을 얻었고,' 와 '심판에 이르지 아니하고,' 와 '사망에서 생명으로 옮겼다,' 로 나누어 볼 수 있습니다. 미래에 죽음을 보지 않겠다는 것은 현재에 벌써 영생을 가졌다는 것입니다. 예수님의 죽음은 우리를 죄와 죽음에서 영원히 옮겨주셨습니다. 주님이 십자가에 달리신 그 어둠의 시간 동안에 우리를 위해 예수님은 하나님과 분리된 것을 체험하셨고, 예수님은 그 죽음을 그를 믿는 사람들을 위해 영원히 제거하셨습니다. 그렇기에 지금 예수 그리스도를 믿는 성도들은 죽음의 공포 안에 살지 않습니다. 우리는 더 이상 하나님과 분리된 상태에 있는 것이 아니고 하나님과의 영원한 연합관계에 속해 있는 것입니다. 그래서 사도 바울은 승리의 노래를 불렀습니다.

"사망아 너의 승리가 어디 있느냐 사망아 네가 쏘는 것이 어디 있느냐."(고전 15:55)

사도 바울은 말했습니다. "이 세상 생명에서 떠나는 것은 하나님과의 연합이다. 비록 육신의 죽음이 슬픔과 고통을 수반하더라도 그것은 본향에 들어가는 영광스런 길이다."

무디(D. L. Moody)는 임종 시에 "이것이 죽음이냐? 죽음이 결코 나쁜 것이 아니로구나. 어두운 계곡이 없구나. 죽음은 축복이다, 영광이다,"라고 했습니다.

영생 약속의 확신

진실로 진실로라는 말씀은 헬라어로는 'ἀμήν ἀμην' 즉 아멘 아멘으로 되어 있습니다. 아멘은 히브리어의 의미로 '팔로 부축하거나 지지하는 것,' 이라는 뜻과 '견고하다, 흔들리지 않는다,' 라는 두 개의 뜻을 갖고 있습니다. 이사야 22:23에서 "못이 단단한 곳에 박힘 같이 그를 견고하게 하리니," 라는 뜻과 동일한 의미입니다.

아멘은 하나님에 대하여 사용되었습니다. 하나님의 속성은 불변하심입니다. 이사야 65:16에서 "이러므로 땅에서 자기를 위하여 복을 구하는 자는 진리의 하나님을 향하여 복을 구할 것이요 땅에서 맹세하는 자는 진리의 하나님으로 맹세하리니," 의 말씀에서 진리의 하나님은 아멘의 하나님이라고 되어 있습니다.

하나님은 아멘의 존재이십니다. 진실하고 신실하신 존재라는 뜻으로 하나님의 위대하신 성품을 가리키고 있습니다. 아멘은 예수 그리스도 자신에 대하여 사용되기도 하였습니다.

"라오디게아 교회의 사자에게 편지하라 아멘이시요 충성되고 참된 증인이시요 하나님의 창조의 근본이신 이가 이르시되." (계 3:14)

예수님을 '아멘이시오,' 라고 하였습니다. 그러므로 예수님도 하나님과 마찬가지로 진실하고 신실하십니다. 아멘은 하나님께서 말씀하신 것에 대한 사람의 반응으로 사용되었습니다. 아멘은 하나님이 말씀하시는 것에 동의한다는 표입니다.

가나안 정복 직후에 시므온, 레위, 유다, 잇사갈, 요셉, 베냐민의 여섯 지파는 백성을 축복하기 위해 그리심 산에 서고, 르우벤, 갓, 아셀, 스불론, 단, 납달리의 여섯 지파는 백성을 저주하기 위해 에발 산에 섰습니다.

"너희가 요단을 건넌 후에 시므온과 레위와 유다와 잇사갈과 요셉과 베냐민은 백성을 축복하기 위하여 그리심 산에 서고, 르우벤과 갓과 아셀과 스불론과 단과 납달리는 저주하기 위하여 에발 산에 서고." (신 27:12~13)

바로 그 뒤에 이어 나오는 신명기 27:15~26에서는 사람들이 '아멘' 하며 응답하는 장면이 나옵니다. 레위사람이 하나님이 주신 율법을 큰소리로 이스라엘 각 지파에게 들리도록 읽었고, 그들은 아멘으로 대답했습니다.

아멘은 하나님의 율법에 동의한다는 의미입니다. 기도를 할 때 마지막에 아멘 하는 것은 그 기도에 응답을 같이 기원하는 것입니다. 신약에는 아멘이란 단어가 127번 나오는데 그중에 76회는 문장의 처음에 나오면서, 그 의미는 '말씀하시는 하나님'을 가리킵니다. 48회는 문장 끝에 나옵니다. 이 의미는 '하나님이 신실하심을 믿고 인정한다,'는 뜻입니다. 곧 '하나님이 모든 진리와 모든 생명의 원천입니다,'라고 인정하는 사람들의 합창입니다.

"진실로 진실로 너희에게 이르노니 인자의 살을 먹고 인자의 피를 마시지 않는 자는 너희 안에 생명이 없느니라."

"아멘!"

"진실로 진실로 너희에게 이르노니 나는 양의 문이라."

"아멘!"

"진실로 진실로 너희에게 이르노니 나의 말을 지키는 자는 영원히 죽음을 보지 않으리라."

"아멘!"

예수님께서는 영생의 확신을 우리에게 주셨습니다. 예수님의 말씀을 지키는 자에게 영원히 죽음을 보지 않게 하십니다. 우리는 예수님을 영접하고 말씀을 지키고 믿음으로 죽음의 문제를 해결하고 본향으로 돌아가야 합니다. 이것은 체념이 아니라 영생을 획득했다는 확신입니다. 다른 사람들에게 영생 얻는 진리를 증거하고 그들에게 확신을 심어주어야 한다는 것을 명심하시기 바랍니다.

제20장

아브라함과 예수

(요 8:52~59)

요한복음 8:52~59 "유대인들이 이르되 지금 네가 귀신 들린 줄을 아노라 아브라함과 선지자들도 죽었거늘 네 말은 사람이 내 말을 지키면 영원히 죽음을 맛보지 아니하리라 하니, 너는 이미 죽은 우리 조상 아브라함보다 크냐 또 선지자들도 죽었거늘 너는 너를 누구라 하느냐. 예수께서 대답하시되 내가 내게 영광을 돌리면 내 영광이 아무 것도 아니거니와 내게 영광을 돌리시는 이는 내 아버지시니 곧 너희가 너희 하나님이라 칭하는 그이시라. 너희는 그를 알지 못하되 나는 아노니 만일 내가 알지 못한다 하면 나도 너희 같이 거짓말쟁이가 되리라 나는 그를 알고 또 그의 말씀을 지키노라. 너희 조상 아브라함은 나의 때 볼 것을 즐거워하다가 보고 기뻐하였느니라. 유대인들이 이르되 네가 아직 오십 세도 못되었는데 아브라함을 보았느냐. 예수께서 이르시되 진실로 진실로 너희에게 이르노니 아브라함이 나기 전부터 내가 있느니라 하시니, 그들이 돌을 들어 치려 하거늘 예수께서 숨어 성전에서 나가시니라."

아브라함은 우리 믿음의 기준입니다.
아브라함과 같이 믿음생활을 하고 있습니까?
하나님의 부르심을 세상 영광보다 귀한 것으로 여깁니까?
어떠한 환경에서도 하나님을 확신합니까?
소망과 기쁨을 예수 그리스도의 재림에 둡니까?
아브라함의 신앙과도 같이 끝까지 믿는 신앙을 지키시길 바랍니다.

요한복음 1장에서 4장까지는 사도 요한이 예수님을 소개할 때 예수님에 대하여 백성들이 호의를 가지고 있는 사실을 기록하고 있습니다. 여기에는 예수님에 대한 적대반응이 없었습니다. 요한복음 5장에서 8장까지는 유대지도자들이 예수님에 대하여 적대감을 가지고 미워하는 내용들이 많이 기록되어 있습니다. 우리는 이 사실을 이미 살펴보았습니다. 요한복음 8장 마지막 부분에서 유대지도자들은 그들이 존경하는 조상 아브라함과 예수를 비교하는 사실이 나옵니다.

예수님이 "내 말을 지키면 너희가 영원히 죽음을 보지 아니하리라," 고 말씀하실 때 그들은 예수님에 대하여 심한 적대 반응을 보였습니다. '당신이 이런 터무니없는 말을 하는 것을 보니 귀신들린 사람인 것 같다. 아브라함도 죽었고 선지자들도 죽었다. 당신의 말에 의하면 당신 말을 지키는 자는 영원히 죽음을 보지 않는다고 하니 당신은 이미 죽은 아브라함보다 더 큰 자인가?' 라고 질문을 합니다.

아브라함보다 큰 자

요한복음 4장에서 예수님은 사마리아 여인에게 "야곱의 우물을 길어다가 마시면 다시 목이 갈할 것이다. 그러나 내가 주는 물을 마시면 네 속에 생수가 솟아나리라." 하셨습니다. 이때 그 여인은 예수님을 향하여 "당신이 야곱보다 더 큰 분이냐?"고 질문했습니다. 그런데 오늘 본문말씀에서 유대인들은 예수님보고 "야곱의 조부 아브라함보다 더 큰 자냐?"고 물었습니다. 아브라함뿐만 아니고 다른 선지자들도 다 죽었거늘 당신은 당신 자신을 누구라고 하느냐고 질문한 것입니다.

이들의 질문에 예수님은 직접적인 대답보다 간접적인 답변을 하셨습니다.

본문말씀 54절에 "내가 내게 영광을 돌리면 내 영광이 아무 것도 아니거니와 내게 영광을 돌리시는 이는 내 아버지시니,"라고 하셨습니다. 이 세상에서 자기가 자기에게 영광을 돌리는 일은 어렵지 않습니다. 실제적으로 자화자찬이라는 것은 쉬운 일입니다. 그리고 다른 사람들로부터 영예를 받는 일도 그리 어려운 일은 아닙니다. 이 세상은 출세하고 야심적인 사람을 예우합니다. 그러나 하나님께로부터 오는 영광을 얻는다는 것은 쉬운 일이 아닙니다. 주님은 유대인들이 하나님이라 칭하는 그 분으로부터 영광을 얻는 분이라고 밝히 말씀하셨습니다. 곧 예수님은 제 2위 하나님으로서 성부 하나님의 영광을 받으시는 분이라는 뜻입니다. 그리고 성부 하나님의 뜻을 가장 잘 아시고 그의 말씀을 지키는 자라고 스스로 증거 하셨습니다.

'아브라함보다 더 크냐?'고 질문한 사실에 대해서 예수님께서는 이렇게 대답하셨습니다. 본문말씀 56절에 "너희 조상 아브라함은 나의 때 볼 것을 즐거워하다가 보고 기뻐하였느니라,"고 하셨습니다. 이 말씀을 살펴보기 전에 우리는 아브라함의 신앙을 먼저 분석해 보는 것이 중요합니다. 아브라함의 신앙은 하나님의 부르심을 지상의 영광보다 더 귀하게 생각했습니다. 아브라함은 갈대아 우르에서 부유하게 살았고 하란 땅에서 또한 풍요하게 살았던 사람입니다. 이때 하나님께서 아브라함을 부르시면서 하나님이 정하신 곳으로 떠나라고 하셨습니다.

"여호와께서 아브람에게 이르시되 너는 너의 고향과 친척과 아버지의 집을 떠나 내가 네게 보여 줄 땅으로 가라. 내가 너로 큰 민족을 이루고 네게 복을 주어 네 이름을 창대하게 하리니 너는 복이 될지라."(창 12;1~2)

하나님의 명령을 받은 아브라함은 하나님께서 자기를 부르신 그 부르심을 영광스럽게 생각했습니다. 그는 나 같은 존재를 하나님이 불러주셨다는 사실을 영광스럽게 생각했습니다. 그래서 그는 그 명령에 즉시 복종하고 순종했습니다.

"믿음으로 아브라함은 부르심을 받았을 때에 순종하여 장래의 유업으로 받을 땅에 나아갈새 갈 바를 알지 못하고 나아갔으며." (히 11:8)

아브라함은 어디로 갈지도 모르는 채로 하나님의 명령에 순종하여 따랐습니다. 곧 아브라함은 하나님으로부터 부르심을 받았을 때 그것을 영광스럽게 생각했습니다. 그는 하나님으로부터 오는 영광을 기뻐하고 감사했습니다.

예수님 당시 유대지도자들은 사람으로부터 영광 받기를 기뻐하고 자화자찬하기를 좋아한 자들입니다. 그들은 번잡한 거리에 가서 손들고 기도하기를 좋아했고, 구제할 때에는 나팔을 불어 사람들이 보는 앞에서 구제하였고, 잔칫집에 가면 상석을 차지하려고 했던 자들입니다. 그들은 스스로 아브라함의 자손이라고 하면서 아브라함이 구했던 영광과는 다른 영광을 구했습니다. 곧 세상 영광을 구하였고, 하나님께로부터 오는 영광을 구하지 않았습니다.

아브라함의 믿음

아브라함은 환경을 극복하는 믿음을 가지고 살았습니다. 아브라함은 어떤 환경에서도 하나님을 믿는 믿음을 가졌습니다. 처음 정착한 가나안 땅에 흉년이 들어 심한 기근이 들었을 때, 그는 하나님의 약속의 땅을 떠났습니다. 이것은 그렇게 잘한 일은 아니었습니다. 창세기 20장에서 아브라함은 하나님의 약속의 땅을 떠남으로 그의 아내 사래를 그랄 왕 아비멜렉에게 빼앗기는 결과를 가져옵니다. 아브라함은 자기 아내 사래를 누이라고 했고, 아비멜렉은 사래를 데려갑니다. 그러나 하나님의 계시에 의해 아비멜렉은 다시 사래를 아브라함에게 돌려줍니다. 그러나 이런 어려움을 통해서 아브라함은 하나님을 더 신뢰하는 것을 배웠습니다.

아브라함에게는 가족의 문제도 있었습니다. 롯은 아브라함의 양보로 인해 아브라함을 떠나서 좋은 땅을 차지했습니다. 물이 흐르고 목초가 많은 소돔과 고모라 들판을 롯이 먼저 선택한 것입니다. 아브라함은 롯을 보내고 험한 산악지대에 홀로 남았습니다. 그러나 그는 하나님을 더 가까이 했고 세상 물질보다 하나님을 택했습니다. 하나님은 "동서남북을 네 발로 걸어보아라. 내가 이 땅을 네게 주리라,"고 약속 하셨습니다. 소돔과 고모라 왕이 엘람 왕 그돌라오멜과 고임 왕 디달과 시날 왕 아므라벨과 엘라살 왕 아리옥 네 왕과의 전쟁에 지면서 소돔과 고모라에 사는 조카 롯과 그의 식구들이 모두 그들에게 잡혀가자 아브라함은 군사 삼백십팔 명을 거느리고 그들을 쫓아 롯과 그의 식구들을 다 구했습니다.

아브라함에게는 또한 상속자의 문제도 있었습니다. 하나님께서는 아브라함에게 75세에 아들을 주어서 자손을 하늘의 별과도 같이 바다의 모래와도 같이 많게 만드시겠다고 약속하셨습니다. 그러나 10년이 지나도 하나님께서 실제로 아들을 주지 않았습니다. 아브라함은 많은 재산을 누구에게 상속할까 고민했습니다.

"아브람이 이르되 주 여호와여 무엇을 내게 주시려 하나이까 나는 자식이 없사오니 나의 상속자는 이 다메섹 사람 엘리에셀이니이다. 아브람이 또 이르되 주께서 내게 씨를 주지 아니하셨으니 내 집에서 길린 자가 내 상속자가 될 것이니이다." (창 15:2~3)

그때 아브라함은 자기가 아들이 없으니 상속자로 자기의 종인 엘리에셀이나 아니면 집에서 기른 자, 즉 이스마엘로 생각하고 있었습니다. 그러나 하나님께서 아브라함에게 자식을 줄 것을 약속하셨습니다.

"여호와의 말씀이 그에게 임하여 이르시되 그 사람이 네 상속자가 아니라 네 몸에서 날 자가 네 상속자가 되리라 하시고." (창 15:4)

그는 하나님의 약속을 믿었고 하나님의 이적을 믿었습니다. 그래서 마침내 아들 이삭을 얻었습니다.

"아브라함이 바랄 수 없는 중에 바라고 믿었으니 이는 네 후손이 이같으리라 하신 말씀대로 많은 민족의 조상이 되게 하려 하심이라. 그가 백세나 되어 자기 몸이 죽은 것 같고 사라의 태가 죽은 것 같음을 알고도 믿음이 약하여지지 아니하고, 믿음이 없어 하나님의 약속을 의심하지 않고 믿음으로 견고하여져서 하나님께 영광을 돌리며, 약속하신 그것을 또한 능히 이루실 줄을 확신하였으니, 그러므로 그것이 그에게 의로 여겨졌느니라." (롬 4:18~22)

아브라함의 믿음을 이렇게 표현한 것입니다.

아브라함의 소망

아브라함은 메시야 예수 그리스도의 오심을 대망하고 기뻐하는 믿음을 소유했습니다. 아브라함의 이 믿음은 예수님이 증거 하고 해석하고 설명하셨습니다. 본문말씀 56절에서 "너희 조상 아브라함은 나의 때 볼 것을 즐거워하다가 보고 기뻐하였느니라," 하였습니다. 아브라함은 천국에서 살고 있으면서 이 땅에서 어떠한 일이 일어나고 있는지 볼 수 있습니다. 이것은 누가복음 16장에서 예수님께서 부자와 거지 나사로의 비유를 통해서 아브라함을 이야기하는 것을 살펴보면 아브라함이 천국에서 살고 있다는 것을 알게 됩니다.

"나의 때를 보고 기뻐했다,"라는 말은 과거에 일어났던 일을 말합니다. 즉 과거에 아브라함은 예수님의 미래의 비전을 본 것입니다. 말하자면 메시야가 오기 전에 이미 그 환상을 아브라함이 보았다는 것입니다. 창세기 17:17에서 아브라함의 웃음은 불신의 웃음이 아니라 메시야가 온다는 기쁨의 웃음입니다.

　이런 모든 것을 종합해 볼 때 아브라함이 생존했을 때 이미 메시야 오심의 환상을 보았다는 것입니다. 예수님께서 "아브라함이 나의 때를 보았다,"고 하실 때, 그 자신이 바로 메시야이심을 주장하시는 것입니다. 이 말을 다른 말로 바꾸면, "아브라함은 하나님께로부터 한 가지 환상을 보았다. 그 환상에서 아브라함은 메시야가 오는 것을 보았고 예견한 것이었다. 너희들은 그것을 믿고 있다. 아브라함이 환상 가운데서 본 것은 바로 이 날이며 나인 것이다,"라고 예수님은 말씀하시는 것입니다.

　아브라함이 이삭을 제물로 바칠 때를 생각해 봅시다. 아브라함이 이삭을 데리고 모리아 산으로 가서 이삭을 하나님께 제물로 바치려고 할 때, 아브라함은 하나님을 굳게 믿었습니다. 주실 때에 기적으로 주셨으니 살릴 때에도 기적으로 살리실 것이라고 굳게 믿었기에 아무런 의심도 하지 않았습니다. 그는 주님의 기적이 이삭의 부활을 준비하실 것이라고 믿어 의심하지 않았습니다. 그때 하나님께서 양 한 마리를 준비하셔서, 이삭의 대신으로 이삭을 구원할 완전한 대속물을 준비하신 것입니다. 이런 하나님의 제물에 대한 준비하심을 통해서 아브라함은 예수 그리스도의 오심을 보았고, 예수 그리스도의 죽으심과 부활을 본 것입니다. 그래서 그는 예수 그리스도가 오심을 바라보았고 기뻐했던 것입니다.

　아브라함은 우리 믿음의 기준입니다. 주님이 우리에게 질문하십니다. "아브라함과 같이 너희도 믿음생활을 하고 행동하느냐? 하나님의 부르심을 세상 영광보다 귀한 것으로 여기느냐? 어떠한 환경에서도 하나님을 확신하느냐? 네 소망과 기쁨을 예수 그리스도의 재림에 두느냐?" 이렇게 질문하실 때에 여러분들은 어떻게 대답하시겠습니까? 아브라함의 신앙과도 같이 끝까지 믿는 신앙을 지키시길 바랍니다.

제21장

예수가 누구인가

(요 8:53~59)

요한복음 8:53~59 "너는 이미 죽은 우리 조상 아브라함보다 크냐 또 선지자들도
죽었거늘 너는 너를 누구라 하느냐. 예수께서 대답하시되 내가 내게 영광을 돌리면
내 영광이 아무 것도 아니거니와 내게 영광을 돌리시는 이는 내 아버지시니 곧 너희가
너희 하나님이라 칭하는 그이시라. 너희는 그를 알지 못하되 나는 아노니 만일 내가 알지
못한다 하면 나도 너희 같이 거짓말쟁이가 되리라 나는 그를 알고 또 그의 말씀을
지키노라. 너희 조상 아브라함은 나의 때 볼 것을 즐거워하다가 보고 기뻐하였느니라.
유대인들이 이르되 네가 아직 오십 세도 못 되었는데 아브라함을 보았느냐. 예수께서
이르시되 진실로 진실로 너희에게 이르노니 아브라함이 나기 전부터 내가 있느니라
하시니, 그들이 돌을 들어 치려 하거늘, 예수께서 숨어 성전에서 나가시니라."

예수님은 생명의 떡이십니다.

양의 문, 선한 목자, 부활이요 생명이십니다.

길이요, 진리요, 생명이십니다.

진리 그 자체이십니다.

참 포도나무이십니다.

우리의 모든 것이십니다.

어느 정신과 의사가 '사람에게 있어 두 가지 중요한 질문이 있다,' 고 말했습니다. 그 의사는 실존주의자였습니다. 그 두 가지 질문은 '나는 누구인가?'와 '내가 어디로 가고 있는가?'라는 것이었습니다. 이런 질문은 인생에 있어서 중요한 질문임에는 틀림이 없습니다. 그러나 가장 중요하고 위대한 질문은 아닙니다. 가장 중요하고 위대한 질문은 '예수 그리스도는 누구인가? 와 '예수님은 하나님인가?' 입니다. 사도 요한은 그의 복음서에서 이 문제를 다루고 있습니다. 사도 요한에게 가장 중요한 이슈는 '예수님은 누구인가?' 였습니다. 예수님이 하나님이라면 우리가 그를 믿고 따르고 충성해야만 합니다. 예수님이 하나님이 아니라면 예수님 당시 종교지도자들처럼 그를 무시하고 우리 생애 속에 그의 모습을 지워버려야 합니다.

예수님의 주장

본문말씀 56절에서 예수님은 "너희 조상 아브라함은 나의 때 볼 것을 즐거워하다가 보고 기뻐하였느니라," 하셨습니다. 유대인들이 그 말씀을 듣고 반문합니다. "네가 아직 오십 세도 못 되었는데 아브라함을 보았느냐?" 여기서 오십 세라 함은 레위인들의 회막 봉사 퇴임 연령을 말합니다. 민수기 4:3에 "삼십 세 이상으로 오십 세까지 회막의 일을 하기 위하여 그 역사에 참가할 만한 모든 자를 계수하라," 는 말씀이 있습니다. 회막의 일은 30~50세로 정해진 것입니다.

본문에서 유대인들의 말은 "아직 인생의 장년기에 있는 사람이, 더욱이 아직 직분을 그만 둘 나이도 되지 않았는데 어찌하여 아브라함을 보았다고 하는가?" 라는 질문입니다. 예수님은 이 질문을 듣고 즉석에서 주저하지 않으시고 대답하셨습니다. "진실로 진실로 너희에게 이르노니 아브라함이 나기 전부터 내가 있느니라."

이 말씀을 듣고 유대인들은 예수님을 돌로 치려했습니다. 그 이유는 영원한 선재(eternal pre-existence) 때문이 아니라 내가 존재하느니라(I am)는 문제 때문이었습니다. 이 말씀의 영어본문은 'before Abraham was born, I am!' 입니다. 'I am.' 은 '내가 있느니라, 내가 존재하느니라.' 라는 의미입니다. '내가 있었느니라.' 가 아닙니다. 이것의 엄밀한 의미는 예수님은 존재하게 된 때가 없으며, 예수님은 존재하는 때를 그칠 때도 없다는 말입니다. 말하자면 시간이 예수님을 지배할 수 없다는 말입니다. '예수님이 계셨다.' 는 말은 과거형으로 예수님이 시간에 지배를 받았다는 말입니다. 하지만 예수님은 시간 전에 계셨고, 시간 후에도 계실 것이며 영원히 계시는 하나님이십니다. 그렇기에 예수님은 계시다라는 현재형이 되는 것입니다. 예수님은 시간을 초월해 계시는 분입니다. 무시간적인 존재이십니다.

"예수 그리스도는 어제나 오늘이나 영원토록 동일하시니라." (히 13:8)

이런 시간의 개념뿐만 아니라 더 큰 의미가 이 말씀에 담겨 있습니다. 'I am.' 은 신성한 이름입니다. 출애굽기 3:13~14에서 "하나님이 모세에게 이르시되 나는 스스로 있는 자이니라 또 이르시되 너는 이스라엘 자손에게 이같이 이르기를 스스로 있는 자가 나를 너희에게 보내셨다 하라. 하나님이 또 모세에게 이르시되 너는 이스라엘 자손에게 이같이 이르기를 너희 조상의 하나님 여호와 곧 아브라함의 하나님, 이삭의 하나님, 야곱의 하나님께서 나를 너희에게 보내셨다 하라 이는 나의 영원한 이름이요 대대로 기억할 나의 칭호니라,"고 스스로 있는 자(I am that I am: Jehovah-여호와)라는 하나님의 이름을 하나님께서 직접 설명하셨습니다.

그런데 예수님이 자기를 여호와 하나님이라고 하시니 유대인들은 그것이 신성모독이라고 해서 예수님을 돌로 치려한 것입니다.

많은 주장들(예수님은 곧 하나님이시다)

성경에는 직접, 간접으로 예수님 자신이 하나님이심을 주장하셨습니다. 바리새인들이 하나님의 나라가 어느 때 임하느냐고 물을 때 "하나님의 나라는 너희 안에 있다," (눅 17:21) 하셨고 중풍병자를 고치시면서 "하나님의 나라는 너희 안에 있다," (눅 17:21)고 하셨는데 이런 말씀은 하나님만이 하실 수 있는 것입니다. 예수님께서는 하나님이시기 때문에 이렇게 말씀하십니다.

"보혜사 곧 아버지께서 내 이름으로 보내실 성령 그가 너희에게 모든 것을 생각나게 하시리라." (요 14:26)

"나와 아버지는 하나이니라."

예수님께서는 부활하신 후 무덤을 찾아간 막달라 마리아에게 말씀하십니다.

"나를 붙들지 말라 내가 아직 아버지께로 올라가지 아니하였노라 너는 내 형제들에게 가서 이르되 내가 내 아버지 곧 너희 아버지, 내 하나님 곧 너희 하나님께로 올라간다." (요 20:17)

요한복음 17장의 기도에서는 직접 '내 아버지여' 라고 하나님을 부르셨습니다. 역사는 예수님이 하나님이라고 주장한 것을 지울 수 없습니다. 시간이 이 사실을 결코 바꿀 수도 없습니다. 예수님은 우리에게 '나를 따르라,' 고 하십니다. 예수님이 하나님이 아니라면 우리는 그의 존재, 말씀, 교훈을 무시할 수 있을 것입니다. 그러나 하나님이라면 전적으로 복종하고 따르며 충성해야만 합니다.

사도 요한의 특징적인 기록은 '믿는다,' 를 명사형인 'faith' 로 쓰지 않고 동사형인 'believe in' 을 썼다는 데 있습니다. 이것은 신앙의 동작이나 행동을 강조합니다. 믿는다는 것은 개념적이 아니라 실제적이고, 공상이 아니라 행동입니다.

예수님께서 자기 선언을 하신 생명의 떡이란 말씀은 영적 포만을 의미합니다. 빛이란 말씀은 밝은 데로 다닌다는 말로 실족하지 않고 넘어지지 않으며 무서워하지 않고 좌절하지 않게 하신다는 말씀이십니다. 양의 문이라는 말씀은 우리를 보호하신다는 말씀이십니다. 선한 목자라는 말씀은 우리를 인도하신다는 말씀이십니다. 우리에게 염려나 근심을 하지 말라고 하시는 말씀이십니다. 우리를 푸른 초장과 잔잔한 물가로 인도하시고, 양을 위해 목숨을 버리신다는 말씀이십니다. 부활이요 생명이라는 말씀은 우리의 소망이시라는 말씀으로 어떤 일에도 절망하지 말라고 하시는 말씀이십니다. 길이요, 진리요, 생명이라고 하시는 말씀은 우리가 어떤 길을 가더라도 헤매지 않고 방황하지 않게 하신다는 말씀이고, 예수님은 진리 그 자체시라는 말씀이며, 하나님의 생명이라는 말씀, 즉 영생을 우리에게 주신다는 말씀이십니다. 참 포도나무라는 말씀은 많은 결실을 맺는다는 말씀이십니다. 예수님 안에서 사는 삶을 의미합니다. 가지는 나무에 붙어 있어야 합니다.

믿음은 추상적이나 개념적이거나 생각으로 하는 것이 아닙니다. 말씀을 듣고 좋다고 긍정하고 수긍만 하는 것이 아니라 실제로 행동을 하는 것입니다. '믿는다,' 라는 것은 그저 말씀이 좋다고 생각하는 것이 아니라 그것을 체험하고 행동에 옮기는 것입니다.

예수님의 말씀은 하나님의 말씀입니다. 복종하고 충성하면서 실제적인 믿음이 따라야 합니다. 생각만 가지고는 아무런 것도 이룰 수가 없습니다. 요리사가 된다는 꿈만 갖고 있다면 무엇 하겠습니까? 요리사가 되기 위해서는 음식도 해봐야 하고, 설거지도 해야 하고, 불도 지피고, 물도 끓이고 하면서 실제 행동으로 나타내져야 합니다. 우리의 믿음도 이처럼 행동으로 나타나서 참 포도나무에 열리는 무성한 열매처럼 되어야 합니다.

제22장

고난의 원인

(요 9:1~5)

요한복음 9:1~5 "예수께서 길을 가실 때에 날 때부터 맹인 된 사람을 보신지라.
제자들이 물어 이르되 랍비여 이 사람이 맹인으로 난 것이
누구의 죄로 인함이니이까 자기니이까 그의 부모니이까.
예수께서 대답하시되 이 사람이나 그 부모의 죄로 인한
것이 아니라 그에게서 하나님이 하시는 일을 나타내고자 하심이라.
때가 아직 낮이매 나를 보내신 이의 일을 우리가 하여야 하리라
밤이 오리니 그 때는 아무도 일할 수 없느니라.
내가 세상에 있는 동안에는 세상의 빛이로라."

하나님은 인간의 불행한 일들을 상대로 해서 일을 하십니다.
하나님은 그 불행을 고쳐서 선으로, 복된 것으로
변화시키는 사랑과 능력을 가지고 계신 분이십니다.

신약성경에는 태어나면서부터 불구가 된 자가 고침을 받는 사건이 세 번 기록되어 있습니다.

"나면서 못 걷게 된 이를 사람들이 메고 오니 이는 성전에 들어가는 사람들에게 구걸하기 위하여 날마다 미문이라는 성전 문에 두는 자라."(행 3:2)

"루스드라에 발을 쓰지 못하는 한 사람이 앉아 있는데 나면서 걷지 못하게 되어 걸어 본 적이 없는 자라."(행 14:8)

그리고 오늘 본문말씀에 "나면서부터 맹인 된 사람"이 치유를 받습니다.

인간의 불행은 누구의 죄 때문인가

예수님과 동행하던 제자들은 이 사람이 맹인으로 난 것이 누구의 죄로 인한 것이냐고 예수님께 물었습니다. 인간의 불행은 누구의 죄 때문인가 하는 신학적인 질문을 한 것입니다. 인생의 고난이나 사고, 아픔, 죽음의 원인은 과연 무엇입니까? 이것은 성경에서 잘 나타내 주고 있습니다.

인간의 불행과 질병의 근본 원인은, 아담의 원죄 때문입니다.

"아담에게 이르시되 네가 네 아내의 말을 듣고 내가 네게 먹지 말라 한 나무의 열매를 먹었은즉 땅은 너로 말미암아 저주를 받고 너는 네 평생에 수고하여야 그 소산을 먹으리라. 땅이 네게 가시덤불과 엉겅퀴를 낼 것이라"(창 3:17~18)

바울은 그의 서신서에서 인간이 썩어짐의 종노릇하는 것이 아담에게서부터 왔음을 이렇게 한탄합니다.

"피조물이 허무한 데 굴복하는 것은 자기 뜻이 아니요 오직 굴복하게 하시는 이로 말미암음이라. 그 바라는 것은 피조물도 썩어짐의 종노릇 한 데서 해방되어 하나님의 자녀들의 영광의 자유에 이르는 것이니라. 피조물이 다 이제까지 함께 탄식하며 함께 고통을 겪고 있는 것을 우리가 아느니라. 그뿐 아니라 또한 우리 곧 성령의 처음 익은 열매를 받은 우리까지도 속으로 탄식하여 양자 될 것 곧 우리 몸의 속량을 기다리느니라." (롬 8:20-23)

"사망이 한 사람으로 말미암았으니 죽은 자의 부활도 한 사람으로 말미암는도다. 아담 안에서 모든 사람이 죽은 것 같이 그리스도 안에서 모든 사람이 삶을 얻으리라." (고전 15:21~22)

"전에는 우리도 다 그 가운데서 우리 육체의 욕심을 따라 지내며 육체와 마음의 원하는 것을 하여 다른 이들과 같이 본질상 진노의 자녀이었더니." (엡 2:3)

인간의 불행과 질병의 근본 원인은, 부모의 죄로 인한 원인 때문에 그럴 수도 있습니다.

"그것들에게 절하지 말며 그것들을 섬기지 말라 나 너의 하나님 여호와는 질투하는 하나님인즉 나를 미워하는 자의 죄를 갚되 아버지로부터 아들에게로 삼사 대까지 이르게 하거니와." (출 20:5)

"인자를 천대까지 베풀며 악과 과실과 죄를 용서하리라 그러나 벌을 면제하지는 아니하고 아버지의 악행을 자손 삼사 대까지 보응하리라." (출 34:7)

"여호와는 노하기를 더디하시고 인자가 많아 죄악과 허물을 사하시나 형벌 받을 자는 결단코 사하지 아니하시고 아버지의 죄악을 자식에게 갚아 삼사대까지 이르게 하리라 하셨나이다." (민 14:18)

"그것들에게 절하지 말며 그것들을 섬기지 말라 나 네 하나님 여호와는 질투하는 하나님인즉 나를 미워하는 자의 죄를 갚되 아버지로부터 아들에게로 삼사 대까지 이르게 하거니와." (신 5:9)

인간의 불행과 질병의 근본 원인은, 또한 자신의 죄 때문에 그렇게 될 수도 있습니다.

"그 때에 그들이 말하기를 다시는 아버지가 신 포도를 먹었으므로 아들들의 이가 시다 하지 아니하겠고, 신 포도를 먹는 자마다 그의 이가 신 것 같이 누구나 자기의 죄악으로 말미암아 죽으리라." (렘 31:29~30)

"너희가 이스라엘 땅에 관한 속담에 이르기를 아버지가 신 포도를 먹었으므로 그의 아들의 이가 시다고 함은 어찌 됨이냐. 여호와의 말씀이니라. 내가 나의 삶을 두고 맹세하노니 너희가 이스라엘 가운데에서 다시는 이 속담을 쓰지 못하게 되리라. 모든 영혼이 다 내게 속한지라 아버지의 영혼이 내게 속함 같이 그의 아들의 영혼도 내게 속하였나니 범죄하는 그 영혼은 죽으리라." (겔 18:2~4)

신명기 28:15~68에서는 사람들이 지켜야할 규례를 명하시면서 "네가 만일 네 하나님 여호와의 말씀을 순종치 아니하고 내가 명하는 그 모든 명령과 규례를 지켜 행하지 아니하면 이 모든 저주가 네게 미칠 것이다."라고 하였습니다.

유대인들은 이상의 세 가지 불행의 이유 중에 부모의 죄와 자신의 죄를 강조했습니다. 그래서 제자들도 예수님께 질문할 때 "그 부모의 죄입니까, 아니면 그 자신의 죄입니까?"라고 물은 것입니다. 예수님 당시의 유대인들은 영혼의 선재설을 믿었습니다. 모든 영혼은 창세 이전에 하나님이 창조하여 에덴의 뜰에 존재해 있었다고 유대인들은 믿었습니다. 이 영혼들은 제 칠 하늘, 또는 특별한 방에 놓여 있었는데 영혼들은 항상 육체에 들어가는 것을 기다리고 있었다는 것입니다. 헬라인들은 이런 영혼은 선한 것인데 육체로 들어갔기 때문에 타락한 것이라고 생각했습니다. 유대인들 중에 헬라의 이 같은 철학의 영향을 받은 자들이 있었습니다. '영혼은 선하지만 몸은 악하다,'라고 하는 그노시스파의 가현설 인성 부정이 이에 속합니다.

또 어떤 유대인들은 영혼에는 이미 선한 것과 악한 것 두 종류가 있다고 생각했습니다. 유대 랍비들은 태아가 형성될 때부터 인간이 악의 영향을 받는다고 가르칩니다. 그래서 랍비들은 태중에서 에서가 야곱을 죽이려 했다고 결론지었습니다. 이러한 유대인 사상의 영향 하에 있었던 제자들은 나면서부터 맹인이 된 사람은 그의 죄 때문에 불행하게 된 것이라고 생각하면서 그렇게 말했던 것입니다.

이들에게 이런 사상의 감화는 이 당시 불교의 윤회설과 같은 생각이 일부 유대인들에게 있었다는 추측이 가능합니다. 욥이 고난을 당할 때에 그 친구들은 욥의 불쌍한 정황을 위로하고 동정하지 않고 인과응보의 법칙으로 해석하며 그를 괴롭혔습니다. 그들은 "네 죄 때문에 고통을 당하고 질병을 앓는다,"고 했습니다.

"생각하여 보라 죄 없이 망한 자가 누구인가 정직한 자의 끊어짐이 어디 있는가."(욥 4:7)

"하나님은 순전한 사람을 버리지 아니하시고 악한 자를 붙들어 주지 아니하시므로."(욥 8:20)

"지혜의 오묘함으로 네게 보이시기를 원하노니 이는 그의 지식이 광대하심이라 하나님께서 너로 하여금 너의 죄를 잊게 하여 주셨음을 알라."(욥 11:6)

제자들은 태어날 때부터 맹인인 사람을 보고 불쌍히 여기고 동정하는 마음은 없이 저 사람이 누구의 죄 때문에 저렇게 불행하게 되었을까?' 만을 따졌습니다. 인간의 불행이나 고통, 질병, 죽음은 근본적으로 아담의 원죄 때문에 발생한 것입니다. 그러나 외부적으로 나타나는 육체적 불구만이 죄의 결과는 아닙니다. 그보다도 더 심한 불행은 죄로 인한 심령의 불구가 더 불행한 것입니다. 제자들은 인간의 외적 불행만을 죄의 결과로 생각했고 그보다 더 불행한 심적 불구를 생각하는 데는 소홀했습니다.

성경은 인간의 마음이 얼마나 병들고 더러워졌으며 불행해졌나 하는 것을 이렇게 말하고 있습니다.

'인간의 마음은 악하다(히 3:12)' '만물보다 거짓되다(렘 17:9)' '약하다(겔 16:30)' '이중이다(시 12:2)' '회개하지 않는다(롬 2:5)' '반역한다(렘 5:23)' '강퍅하다(겔 3:7)' '돌과 같다(겔 11:19)' '사악하다(잠 17:20)' '패려한 마음(잠 12:8)' '멸시하는 마음(겔 25:15)' '미련한 마음(롬 1:21)' '완악한 마음(사 10:12)' '교만한 마음(잠 13:10)' 이라고 하였습니다.

인간의 불행과 하나님의 일

제자들은 맹인에게 동정과 사랑이 없는 냉혹한 태도로 '누구의 죄로 저가 불행해졌는가?' 라는 문제만 제기하고 따졌습니다. 불행한 맹인을 앞에 놓고 동정하고 도와주어야 함에도 불쌍한 자를 앞에 놓고 죄의 문제를 캐어 본다는 것은 너무나 무정한 일입니다. 제자들은 법을 가지고 따져보려 했고, 법보다 더 중요한 사랑을 생각하지 않았습니다. 그들은 소경의 죄가 무엇일까? 그 부모의 죄가 무엇일까를 구체적으로 밝혀내려고 애를 썼습니다. 이것이 인간들에게 있는 못된 악성(惡性)입니다.

토마스 풀러는 "다른 사람에게서는 장점과 덕을 찾아보도록 하고 나 자신에게서는 죄악만 찾아내라,"고 하였습니다. 나 자신의 윤리와 신앙생활에서는 엄격하고 타인에 대해서는 관대해야 합니다. 내 자신의 실수와 잘못은 엄하게 다스리고 타인의 과오에 대해서는 너그러워야 합니다.

'누구의 죄인가?' 하는 제자들의 질문에 예수님은 뭐라고 답변하셨습니까? "이 사람이나 그 부모가 죄를 범한 것이 아니라 그에게서 하나님이 하시는 일을 나타내시고자 함이라,"고 하셨습니다. 이것은 하나님이 불행을 계획하신다는 의미가 아닙니다. 하나님께서 고의로 사람에게 불행한 일이 있게 하여 하나님의 일을 하신다는 뜻이 아닙니다. 하나님이 인간의 불행한 일을 상대로 하여 일하신다는 뜻입니다. 제자들이 '누구의 죄 때문인가?'라고 따진다고 할 때 그 맹인에게는 아무런 유익이 없습니다. 그러나 예수님께서는 실제 문제를 해결, 강구하십니다. 맹인의 현실의 고난 문제를 어떻게 해결할까에 중점을 두십니다.

예수님은 나사로가 병들었을 때 그 병이 하나님의 영광을 위함이라고 하셨습니다.

"이에 그 누이들이 예수께 사람을 보내어 이르되 주여 보시옵소서 사랑하시는 자가 병들었나이다 하니, 예수께서 들으시고 이르시되 이 병은 죽을병이 아니라 하나님의 영광을 위함이요 하나님의 아들이 이로 말미암아 영광을 받게 하려 함이라 하시더라."(요 11:3~4)

하나님은 인간 세상에 있어서 다행한 일들만 가지고 일하시지 않고 인간의 불행한 일들을 상대로 해서 일을 하십니다. 그 불행을 고쳐서 선으로, 복된 것으로 변화시키는 사랑과 능력을 가지고 계신 분이십니다

예수님의 일은 하나님의 영광을 위한 일이고 하나님의 아들이 영광을 받게 하는 일입니다. 그러나 인간의 일은 무엇입니까? 갈릴리 가나 혼인 잔치집에 포도주가 모자랐을 때에, 사람들이 '이것이 누구의 잘못이냐?'를 따진다면 어떻게 되겠습니까? 신랑신부의 잘못이냐? 그 부모의 잘못이냐? 잔치를 주관한 자들의 잘못이냐? 이렇게 따져보았자 아무런 도움이 되지 않고 아무런 유익이 없습니다. 그러나 주님께서는 이런 것을 따지지 않으시고 물로 포도주를 만들어 문제를 해결하셨습니다. 누구 때문이냐? 이 질문은 사람을 생각하고 감정 풀이를 하기 쉽게 만듭니다. 그러나 우리는 먼저 해결해야 할 일이 무엇인가를 알아내고 그 문제를 해결하도록 노력해야만 합니다.

흔히 우리 인간들은 불행한 일을 보고 피하거나 저주하기에 급급하기 쉽

습니다. 그러나 하나님은 불행한 일을 대하여도 지극한 자비를 베푸시고 불행한 문제를 해결하여 하나님의 기쁘신 뜻을 이루십니다. 하나님은 본래 그 속성이 사랑이심으로 불행한 자를 그대로 버리시지 않으시고 그것을 하나님 자신의 일감으로 삼으십니다.

본문말씀 3절에 태어날 때부터 맹인이 된 사람은 그의 죄나 그의 부모의 죄가 아니라 하나님의 하시는 일을 나타내시고자 함이라고 하였습니다. 하나님께서 하시는 일은 치유의 일이십니다. 예수님의 이적으로 죄를 치유하시는 것입니다. 이 맹인이 만약에 맹인이 아니었다면 주님을 만날 기회가 있겠습니까? 하나님께서는 불행 가운데에서 주님을 만나고 영접하게 하십니다. 예수님은 사람에게 그리스도를 믿게 하는 영적 유익을 주십니다. 하나님께서는 지금도 인간의 불행이나 실패, 좌절 등을 하나님의 일감으로 삼으십니다.

마르커스 다드(Marcus Dods)는 "불행과 고통은 하나님의 일을 증가시킨다. 곧 그것을 극복하는 데는 하나님의 역사가 나타난다."고 하였습니다. 사도 바울에게는 가시가 있었습니다. 혹자는 그것을 간질이라고 했고 안질이라고도 했습니다. 사도 바울이 그것을 위해 하나님께 간구했습니다. 그러나 하나님께서는 "네게 준 내 은혜가 족하다. 네가 약한 데서 곧 강함이니라," 는 응답을 주셨습니다. 육체의 약함은 영적으로 강해짐을 말해줍니다. 곧 사도 바울의 불행인 아픔은 하나님의 일을 증진시킨 것입니다.

고난의 원인은 근본적으로 아담의 원죄가 그 결과입니다. 고난의 원인을 캐고 밝히는 것이 하나님의 목적이 아니라 고난을 해결해 주시는 것이 하나님의 목적이며 일입니다. 하나님께서는 이 고난을 육적 차원에서 해결해 주시고, 또한 영적 차원에서도 해결해 주십니다. 고난은 이미 인간에게 부과되어 있는 기정사실입니다. .

제23장

제 6의 기적

(요 9:4~7)

요한복음 9:4~7 "때가 아직 낮이매 나를 보내신 이의 일을 우리가 하여야 하리라
밤이 오리니 그 때는 아무도 일할 수 없느니라. 내가 세상에 있는 동안에는 세상의
빛이로라. 이 말씀을 하시고 땅에 침을 뱉어 진흙을 이겨 그의 눈에 바르시고,
이르시되 실로암 못에 가서 씻으라 하시니
(실로암은 번역하면 보냄을 받았다는 뜻이라)
이에 가서 씻고 밝은 눈으로 왔더라."

우리는 영적 맹인입니다.
주님은 우리를 보고 계십니다.
우리의 눈을 뜨게 해 주십니다.
영적 소경인 우리는 예수 그리스도에게 가야 영적 눈을 뜨게 됩니다.
예수 그리스도에게로 나아가야 죄 씻음을 받습니다.

예수님께서 이 땅에 오셔서 베푸신 이적은 너무나 많습니다. 사도 요한은 그의 책 요한복음에 기록되지 아니한 이적도 많다고 보고하고 있습니다. 예수님의 행하신 일을 낱낱이 기록한다면 이 세상이라도 이 기록된 책을 두기에 부족하다고 하였습니다.(요 21:25)

요한복음에는 예수님이 행하신 이적 가운데 일곱 가지만 선택하여 기록하고 있습니다. 물로 포도주를 만드신 일, 가버나움 땅의 신하의 병을 고쳐주신 일, 베데스다 못 가의 38년 된 병자를 고치신 일, 오병이어로 5천명을 먹이신 일, 물 위로 걸으신 일, 날 때부터 맹인 된 사람을 고치신 일, 죽은 나사로를 살리신 일이 그것들입니다. 사도 요한이 예수님의 많은 이적들 가운데서 선별해서 기록한 일곱 가지 이적은 신령한 진리를 제공해 주기 때문에 중요한 이적들입니다. 예수님께서 날 때부터 맹인 된 사람을 고쳐주신 이적을 통하여 무슨 신령한 진리를 가르쳐 주는가를 살펴보고자 합니다.

제자들이 날 때부터 맹인 된 사람을 보면서 누구의 죄 때문에 맹인이 된 것인가 질문을 던졌습니다. '그 부모의 죄일까? 아니면 자신의 죄 때문인가? 질문했습니다. 예수님은 그 부모의 죄도 아니요, 그 사람 자신의 죄도 아니라고 하시면서 그에게서 하나님의 하시는 일을 나타내고자 하심이라고 대답하셨습니다. 그렇다면 하나님의 하시는 일을 누가 나타낼 수 있습니까? 바로 예수 그리스도 자신입니다. 하나님의 하시는 일이란 무엇입니까? 그것은 그 사람의 눈을 뜨게 하여 보게 하는 것입니다.

나면서 맹인 된 사람의 죄의 근원을 이론적으로 따져보는 것이 그 사람에겐 아무런 유익이 없습니다. 그 사람의 죄, 부모의 죄 중 어느 편의 죄라고 해도 그 죄의 문제는 해결되어야 하고 그 맹인의 눈은 떠져야 했습니다. 제자들의 질문에 예수님께서는 "하나님의 하시는 일을 나타내시고자 하여 그가 맹인이 되었다,"고 하셨습니다. 곧 그 원인이 하나님께 있다고 설명했습니다.

이렇게 답변하신 후에 주님은 "때가 아직 낮이매 나를 보내신 이의 일을 하여야 하리라,"고 말씀하시고 침을 뱉어 진흙을 이겨 맹인의 눈에 발라주면서 실로암 못에 가서 씻으라고 명령하셨습니다. 맹인이 예수님의 말씀대로 순종한 결과 눈이 밝아졌습니다. 이것이 요한복음에 기록된 여섯 번째 이적입니다.

예수는 하나님이 보내신 자임을 드러냄

예수님은 자기를 보내신 이의 일을 하는 자라고 밝히십니다. 곧 성부 하나님께서 성자 하나님을 보내셨습니다. 예수님은 하나님의 보내심을 받은 자, 하나님 자신이십니다. 여기에 낮이란 십자가를 지시기 전까지의 예수님의 존재한 때를 가리킵니다. "밤이 오리니 그때는 아무도 일할 수 없다,"고 하신 말씀 중에 밤은 예수님이 십자가에 죽으실 것을 표현하신 것입니다.

예수님에게 주어진 33년 생애는 하나님의 일을 해야 하는 시간이었습니다. 예수님께서 이 땅에 오신 목적은 자기 일이 아니라 하나님의 일을 위해 오셨습니다. 그래서 주님은 "나를 보내신 이의 일을 하여야 하리라," 하셨습니다. 이것은 의무를 나타냅니다. 이런 의무에 대한 말씀은 여러 곳에서 찾아볼 수 있습니다.

"예수께서 이르시되 어찌하여 나를 찾으셨나이까 내가 내 아버지 집에 있어야 될 줄을 알지 못하셨나이까."(눅 2:49)

"예수께서 이르시되 내가 다른 동네들에서도 하나님의 나라 복음을 전하여야 하리니."(눅 4:43)

"예수께서 그 곳에 이르사 쳐다보시고 이르시되 삭개오야 속히 내려오라 내가 오늘 네 집에 유하여야 하겠다."(눅 19:5)

"이르시되 인자가 많은 고난을 받고 장로들과 대제사장들과 서기관들에

게 버린바 되어 죽임을 당하고 제 삼일에 살아나야 하리라." (눅 9:22)

이런 말씀은 모두 의무를 나타내고 있습니다. 예수님에게 있어서 하나님의 일을 해야 된다는 것은 바로 하나님의 일을 행하는 것입니다.

맹인에게서 하나님의 일을 나타내고자 함이라 하신 말씀은 예수님은 곧 하나님이요, 하나님께서 보내신 자로서 치유할 것을 나타냅니다. 예수님께서는 주변에 유대인들을 의식하면서 하나님이 보내신 자라고 분명히 말씀하셨습니다. 구약에서 맹인의 눈을 뜨게 하는 자는 반드시 메시야의 사역이라고 밝히고 있습니다.

예수님이 이 세상의 빛이심을 증거 하심

본문말씀 5절에 주님은 "내가 세상에 있는 동안에는 세상의 빛이로라," 하셨습니다. 맹인의 눈을 밝히는 권능을 행하기 위하여 예수님께서는 자기가 누구임을 알려주십니다. 예수님은 맹인의 눈을 밝힐 수 있는 빛이십니다. 영적으로 맹인이 되어 하나님을 보지 못하는 자들을 고쳐주시는 영생의 빛이십니다. 이런 의미에서 예수님은 자기가 누구인지를 먼저 알려주시는 것입니다.

예수님은 침을 뱉어 진흙을 이겨 그의 눈에 바르셨습니다. 귀 먹고 말 더듬는 자를 고치실 때에도 침을 사용하셨는데 나면서부터 맹인이 된 자를 고치시는데 침을 사용하십니다. 이것은 어찌 보면 괴이하고 불쾌하고 비위생적이라는 생각도 듭니다. 그러나 고대사회에서 침으로 병을 고치는 것은 지극히 일반적인 일이었습니다. 유독 훌륭한 사람의 침은 병을 낫게 한다는 것을 믿었습니다.

역사가 타키투스(Publius Cornelius Tacitus, 56~117)의 기록에 의하면 로

마의 황제 베스파시아누스(Titus Flavius Caesar Vespasianus Augustus, 9~79)가 알렉산드리아를 방문했을 때 그에게 두 사람이 찾아왔습니다. 한 사람은 눈이 나빴고 다른 사람은 팔이 아팠습니다. 둘은 황제에게 신이 자신들에게 황제를 찾아가라고 지시해서 찾아왔다고 했습니다. 그러면서 눈을 잃고 있는 사람은 황제에게 자신의 눈에 황제의 침을 발라달라고 요청했습니다. 그러면 눈이 낫는다고 했습니다. 팔을 잃고 있는 사람은 황제가 발로 그의 팔을 밟아주기를 원했습니다. 이렇게 침은 치유의 효과가 있다고 믿었습니다.

로마의 작가 플리니우스(Gaius Plinius Secundus, 23~79)는 침은 뱀의 독을 푸는 데 쓰이고, 간질병에 특효이며, 안질에 좋은데 특히 단식자의 침을 매일 아침 바르는 것이 좋다고 했으며, 마귀의 눈을 피하는 데도 유효하다고 했습니다. 이렇게 특별 효력이 있는 것이 침인데, 거룩하신 예수님의 침은 그 효력이 어떻겠습니까? 그러나 예수님의 치유의 능력은 침의 효력이 아니었습니다. 본래 주님이 가지신 권능이시고 능력이십니다.

이것은 바로 예수님의 능력이시자 하나님의 인간창조를 우리에게 보여주십니다. 하나님이 인간을 창조하실 때에 진흙으로 만드셨습니다. 예수님께서도 진흙을 침으로 이겨서 맹인의 눈을 뜨게 하시는 것입니다. 예수님의 이 같은 행동은 소경에게 접촉하시기 위한 인자한 방법이십니다. 보지 못하는 자에게 촉감을 통해서 접촉을 시도하시는 것입니다. 보지 못하는 자의 눈에다 진흙을 바르는 것은 그나마 시각을 막는 불친절한 일이라고 생각하기 쉽습니다. 그러나 소경의 간절한 바람과 예수님의 현명한 시도가 접촉으로 이루어져서 그가 눈을 뜨게 되는 것입니다.

예수님이 병자를 고치는 방법은 손을 대서 치료하는 방법, 말씀으로 치료하는 방법, 먼 곳에서 말씀만 하심으로 치료하는 방법, 침을 발라서 치료하는 방법 등 여러 가지 방법들이 성경에 소개되어 있습니다. 병자의 신앙의 정도에 따라서 다른 형식과 다른 접근 방법으로 병자를 고치신 것입니다.

우리도 맹인일 수 있습니다. 우리는 영적 진리를 모르고, 성경을 이해하지 못하고, 이해하려고 기도하지 않는 영적 소경일 수 있습니다. 이 맹인을 생각해 보시기 바랍니다. 그는 주님이 가려는 그 장소에 앉아 있었습니다. 그 장소에 앉아 있지 않았더라면 그는 눈을 뜨지 못했을 것입니다. 마찬가지로 우리도 주님의 자리에 가 있어야 합니다. 눈뜨게 해달라고 부르짖어야 합니다. 주님은 우리를 보고 계십니다. 그리고 우리의 눈을 뜨게 해 주십니다. 교회에 앉아서, 성경공부 자리에서, 신앙의 대화를 통해서, 믿는 자와 접촉을 통해서 우리는 주님이 오시는 길에 나가 있어야 합니다. 그리고 부르짖어야 합니다. "제 눈을 뜨게 해 주십시오!"

이 이적의 교훈

맹인은 주님의 말씀을 온전히 믿었고 완전하게 복종했습니다. 주님께서 "실로암 못에 가서 씻으라," 했을 때에 그는 추호의 의심도 하지 않고 말씀에 복종했습니다.

실로암 못은 예루살렘의 동남쪽에 있던 못입니다. 못의 길이는 53척, 폭은 18척 정도입니다. 유대 왕 히스기야가 앗수르의 산헤립 군대의 침략을 예견하여 남북 양 쪽에서 갈지(之)자로 터널을 파 들어갔습니다. 실로암 못은 아래 못(사22:9)인데, 옛 못의 물을 위하여 두 성벽사이에 저수지를 만들었습니다(사22:11). 이 못은 '왕의 못(느 2:14)'이라고도 불리었습니다. 1880년에 실로암 못에서 놀던 두 소년에 의해 수도를 완성한 기념비, 즉 실로암 비문이 우연히 발견되었습니다.

맹인은 예수님의 명령을 듣고 바로 실로암 못으로 갑니다. 주저함 없이 완전히 순종하면서 갑니다. 주님은 보냄을 받았고, 맹인은 그 명령에 복종했습니다. 주님께서 "씻으라," 하셨기에 씻었습니다. 그리고 맹인은 눈을 떴습니다. 맹인은 주님의 보냄을 받고 순종하여 눈을 떴습니다.

영적 소경인 우리도 예수 그리스도에게 가야 깨끗함을 받고 영적 눈을 뜨게 됩니다. 예수 그리스도에게로 나아가야 죄 씻음을 받습니다. 눈이 나쁘십니까? 말씀의 안경을 쓰면 모든 것을 잘 볼 수 있습니다. 맹인은 눈이 보이지 않기 때문에 방향을 상실할 수 있습니다. 눈이 안 보이기 때문에 답답합니다. 맹인이 맹인을 인도할 수 없습니다. 영적 맹인이 다른 영적 맹인을 인도할 수 없습니다. 맹인을 인도하시는 분은 바로 예수 그리스도이심을 믿으시기 바랍니다. 예수 그리스도를 영접하고 믿고 순종함으로, 우리의 영적 눈이 밝아져서 하나님의 뜻인지 인간의 뜻인지를 구별할 수 있습니다. 하나님의 일인지 인간의 일인지를 분별할 수 있습니다. 하나님의 보내심 받은 자이신 예수님께로 나아가서 빛을 발견해야 합니다. 생명과 소망의 빛을 발견하시기를 바랍니다.

샘물과 같은 보혈은 임마누엘 피로다 이 샘에 죄를 씻으면 정하게 되겠네
정하게 되겠네 정하게 되겠네 이 샘에 죄를 씻으면 정하게 되겠네

제24장

편견과 확신

(요 9:8~20)

요한복음 9:8~20 "이웃 사람들과 전에 그가 걸인인 것을 보았던 사람들이 이르되 이는 앉아서 구걸하던 자가 아니냐. 어떤 사람은 그 사람이라 하며 어떤 사람은 아니라 그와 비슷하다 하거늘 자기 말은 내가 그라 하니, 그들이 묻되 그러면 네 눈이 어떻게 떠졌느냐. 대답하되 예수라 하는 그 사람이 진흙을 이겨 내 눈에 바르고 나더러 실로암에 가서 씻으라 하기에 가서 씻었더니 보게 되었노라. 그들이 이르되 그가 어디 있느냐 이르되 알지 못하노라 하니라. 그들이 전에 맹인이었던 사람을 데리고 바리새인들에게 갔더라. 예수께서 진흙을 이겨 눈을 뜨게 하신 날은 안식일이라. 그러므로 바리새인들도 그가 어떻게 보게 되었는지를 물으니 이르되 그 사람이 진흙을 내 눈에 바르매 내가 씻고 보나이다 하니, 바리새인 중에 어떤 사람은 말하되 이 사람이 안식일을 지키지 아니하니 하나님께로부터 온 자가 아니라 하며 어떤 사람은 말하되 죄인으로서 어떻게 이러한 표적을 행하겠느냐 하여 그들 중에 분쟁이 있었더니, 이에 맹인 되었던 자에게 다시 묻되 그 사람이 네 눈을 뜨게 하였으니 너는 그를 어떠한 사람이라 하느냐 대답하되 선지자니이다 하니, 유대인들이 그가 맹인으로 있다가 보게 된 것을 믿지 아니하고 그 부모를 불러 묻되, 이는 너희 말에 맹인으로 났다 하는 너희 아들이냐 그러면 지금은 어떻게 해서 보느냐. 그 부모가 대답하여 이르되 이 사람이 우리 아들인 것과 맹인으로 난 것을 아나이다."

눈을 뜬 맹인은 자기 존재에 대한 바른 파악의 확신을 가졌습니다.

자기가 은혜 받았다는 확신, 믿음의 대상에 대한 확신을 가졌습니다.

예수님을 하나님의 아들이라고 확신했습니다.

여러분들도 이런 확신을 갖고 있습니까?

날때부터 맹인 된 사람을 예수님께서 고쳐 주셨을 때, 눈 뜬 맹인의 이웃들은 놀랐습니다. "저가 전에 구걸하던 자가 아니냐. 어떤 사람은 그 사람이라 하며 어떤 사람은 아니라 그와 비슷하다,"고 하였습니다. 이 맹인은 이웃사람들에게만 잘 알려졌던 것이 아니라 그 지방 모든 사람들에게 눈 먼 걸인으로 알려졌던 것이 확실합니다. 이웃들이 그의 정체에 대하여 여러 가지 구구한 견해를 가질 때 눈 뜬 맹인은 자기가 먼 과거도 아닌 몇 시간 전만 해도 길가에 앉아 구걸하던 맹인이라고 자기 신분을 밝혔습니다.

절대로 믿지 못할 이적을 본 이웃들은 그에게 다시 질문을 합니다. "네 눈이 어떻게 떠졌느냐?" 그러자 그는 대답하기를 "예수라 하는 사람이 진흙을 이겨 내 눈에 바르고 나보고 실로암 못에 가서 씻으라 하기에 가서 씻었더니 눈을 뜨게 되었다,"고 사실대로 증거 했습니다. 그러자 이웃들은 또 묻기를 "그가 어디 있느냐?" 이런 질문을 하는 것을 보면 그들은 예수님을 매우 보고 싶고 만나고 싶었던 것 같습니다. 맹인을 고쳐주신 주님은 이미 그 자리를 떠나셨고 보이지 않았음으로 그 눈 뜬 맹인은 "내가 알지 못한다,"고 대답했습니다.

이런 대화가 오고 간 후에 이웃 사람들은 눈 뜬 소경을 데리고 바리새인들에게 갔습니다. 왜 그를 바리새인들에게 데리고 갔을까요? 일반 민중들이 악의를 품고 그를 데려간 것은 아닐 것입니다. 예수님께서 맹인을 고쳐주신 날이 안식일이었기에 법적 문제가 염려되어 보고할 겸 확인하기 위해 데려갔을 것입니다.

그들이 눈 뜬 소경을 데리고 먼저 예수님께 가서 감사와 영광을 돌려야 했었는데 바리새인에게로 간 것은 매우 잘못된 일이었습니다. 여기 바리새인들은 공회가 아니고 더 작은 회당의 모임이라고 보입니다. 약 23명 정도로 구성되는 회당의 바리새인 모임일 것입니다. 나면서부터 맹인이 된 사람을 예수님께서 고쳐주셨을 때에 예수님에 대한 바리새인들의 태도와 고침 받은 맹인의 태도는 뚜렷하게 구별됩니다. 고침 받은 맹인은 예수님에 대하여 믿음을 가지고 확신하는 태도를 보였지만 바리새인들은 잘못된 편견을 가졌습니다.

맹인의 확신

맹인은 자기 존재에 대한 바른 파악을 했습니다. 예수께서 진흙을 이겨 그의 눈에 발라주시고 실로암 못에 가서 씻으라고 하실 때 맹인은 그대로 순종함으로 육신의 눈을 떴습니다. 시력을 회복하고 만물을 보게 되었을 때 그 앞에는 다른 세계가 전개되었습니다. 세상을 한 번도 볼 수 없었던 맹인이 시각을 가지고 살게 되었을 때, 얼마나 기쁘고 행복하겠습니까? 부모, 형제, 이웃 사람들을 볼 수 있고 아름다운 자연과 하늘과 땅, 해와 별을 볼 때 신기하고 감격했을 것입니다. 이제는 남에게 구걸하지 않고 혼자 자립하여 생계를 유지하고 떳떳하게 살아갈 수 있다는 자신감도 가졌을 것입니다. 다른 사람과 같이 이제는 정상적인 사람으로 취급과 대우를 받을 수 있는 신분의 변화가 생긴 것도 발견했을 것입니다. 전에는 구제의 대상이었지만 이제는 남을 구제할 수 있는 능력이 있다고 자신했을 것입니다. 이 사람은 분명히 눈 뜨기 전의 자기와 눈을 뜬 후의 자신과를 비교할 수 있는 지각을 갖게 되었습니다.

눈을 뜨기 전에는 좁은 세계에서 살 수 밖에 없었습니다. 활동이 부자유했고, 항상 수동적이며, 남에게 이끌려 다녀야만 했습니다. 자신의 힘으로 삶을 꾸려나갈 수 없이 길가에서 구걸을 하며 살 수 밖에 없었습니다. 누군가가 돌보아 주어야만 살 수 있고 돌보지 않으면 한 시도 자립할 수 없는 처지에 있었던 비참한 존재였습니다. 예수님께서 그의 눈을 뜨게 해 주셨음으로 이 맹인은 과거 자기의 모습이 얼마나 초라했고 얼마나 보잘 것 없었던가를 발견하게 되었습니다. 예수님께서 보지 못하는 세계에서 볼 수 있는 세계로 이 사람을 고쳐 주셨을 때, 자기의 과거 사고방식과 삶의 철학과 행동이 얼마나 비참했는가를 발견하게 되었습니다.

예수님 앞에 서는 체험적 신앙이 있을 때 사람들은 자기 정체를 발견할 수 있습니다. 갈릴리 바닷가에서 예수님의 앞에 섰던 베드로는 자기를 발견 한 후에 위대한 고백을 했습니다.

"주여, 나를 떠나소서. 나는 죄인이로소이다."

예루살렘에서 있었던 예수님의 부활 사건을 완전히 믿지 못한 채 엠마오로 가던 두 제자도 예수님이 동행하였지만 저희의 눈이 가려서 예수님을 알아보지 못했습니다. 그들은 그때 예수님께서 구약에 나온 부활 예언을 가르치시면서 축사하신 후에 그들의 눈이 밝아져서 예수님을 알아보게 되었습니다.

우리는 예수님이라는 렌즈를 통해서만 자기 존재를 파악할 수 있습니다. 예수님의 말씀의 렌즈를 통해서만 내 신앙의 현 주소를 파악하고 진단할 수 있습니다. 내 믿음이 얼마나 성장했는가? 내 신앙 인격이 얼마나 고상해졌는가? 내 신앙 봉사는 얼마나 하나님의 인정을 받을 수 있는가? 이런 것들은 모두 예수님이라는 렌즈를 통해서만 알 수 있는 것입니다.

그는 자기가 은혜 받았다는 확신을 가졌습니다.

맹인이 눈을 뜬 것은 전적으로 예수님의 은혜입니다. 나면서부터 맹인 된 자가 받을 수 있는 최대의 은혜, 말로 다 할 수 없는 은혜, 세상 어느 곳에도 비길 수 없는 은혜가 바로 눈을 뜨는 것입니다. 돈이나 명예나 다른 어느 것이 아니라 바로 눈을 뜨는 것이 맹인에게는 최대의 은혜입니다. 이웃 주민들이 자기를 보고 '저가 옛날에 길가에 앉아 구걸하는 걸인이 분명하다, 아니다, 그 비슷한 사람이다.' 라고 의견이 분분할 때 이 사람은 "내가 그로다," 라고 분명히 말했습니다.

이 말은 눈 뜬 맹인이 그가 받은 은혜에 대해 증거 하는 말입니다. 맹인으로 있다가 눈 뜬 것이 확실하다는 자기 증언입니다. 그는 맹인으로 있다가 눈 뜬 사실에 대해 자기 혼자만 알고 감사하고 있지 않았습니다. 그 은혜를 이웃에게 증언하고 간증하고 분명하게 전달했습니다. 하나님께서 사람들에게 은혜를 주시는 것은 하나님을 증거 하게 함입니다. 은혜를 받은 자가 그 사실을 증거 하지 않으면 하나님의 은혜는 그에게 계속 머물지 않습니다.

은혜 받은 사람들이 잘못하기 쉬운 점은 은혜를 주신 하나님을 나타내지 않고 자기 자신을 과시하는 것입니다. 이것은 하나님을 근심시키는 것이요, 하나님의 영광을 탈취하는 교만한 행동입니다. 사도 바울은 "나의 나 된 것은 하나님의 은혜로다,"라 하였습니다. 다른 사도들보다 많이 수고했고, 성경도 많이 기록했고, 전도도 많이 했지만 바울이 한 것이 아니요, 하나님의 은혜가 그렇게 한 것이라는 말입니다.

그는 믿음의 대상에 대한 확신을 가졌습니다.

눈 뜬 맹인은 예수님에 대한 지식과 믿음이 점점 자란 것을 볼 수 있습니다. 처음에는 예수님을 단순한 사람이라고 생각했습니다. 이웃 사람들이 "네 눈이 어떻게 떠졌냐?"고 물을 때 '예수라는 사람이'라고 했습니다. 이 사람은 예수님을 단순한 한 사람(a man)으로 알았고 그 이상 예수님에 대한 지식을 갖지 못했습니다.

그 다음에는 예수님을 하나의 선지자라고 했습니다. 바리새인들이 눈 뜬 맹인을 보고 예수님이 안식일에 눈을 뜨게 했는데 "너는 예수를 누구라고 생각하느냐?" 물었습니다. 그들이 기대했던 대답은 '율법을 범한 자, 안식일을 범한 자'라는 것이었지요. 그러나 그 사람은 "그는 하나의 선지자"라고 대답했습니다. 그가 말한 선지자는 '하나의 선지자(a prophet)'였지 '그 선지자

(The Prophet)' 는 아니었습니다. 왜 이 눈 뜬 맹인이 예수님을 선지자라고 불렀습니까? 구약에서 선지자들의 활동을 보면 그들은 이적을 많이 행했습니다. 선지자란 이름은 항상 기적과 이적을 행하는 사람이라고 일반적으로 생각해 왔기 때문 입니다.

모세는 선지자로서 많은 기적과 이적을 행함으로 자기 자신이 하나님의 참다운 종이요 사자인 것을 바로에게 증거 했습니다. 엘리야도 많은 이적을 행함으로 바알 선지자들과 다른 것을 나타내 주었고 하나님의 참된 선지자임을 증거 했습니다. 엘리사도 특별한 이적을 행하였던 하나님의 선지자였습니다. 눈 뜬 맹인이 예수님을 선지자 중의 한 사람이라고 말한 것은 구약의 선지자들의 행한 일을 알고 생각하고 있었기 때문일 것입니다.

다음으로 그는 예수님을 선생이라고 생각했습니다. 바리새인들이 눈 뜬 맹인을 불러 다시 "예수라는 사람이 네게 무엇을 하였느냐? 어떻게 네 눈을 뜨게 하였느냐?"고 질문했을 때 그는 "내가 이미 설명했는데 왜 또 묻는가? 당신들은 예수님의 제자가 되려고 하는가?"라고 반문했습니다. 즉 "너희들은 예수님을 선생으로 모시겠는가?"라는 질문이었습니다.(요 9:27)

그 다음에야 예수님을 하나님께로부터 온 사람이라고 생각했습니다. 바리새인들이 "우리 조상 모세는 하나님의 종인 줄 믿지만 예수는 어디에서 왔는지 모르겠다(9:29),"고 눈 뜬 맹인에게 말했습니다. 그러자 눈 뜬 맹인은 "창세로부터 누가 맹인으로 난 자의 눈을 뜨게 했다는 이야기를 들어본 적이 없다,"고 하면서 "이 사람이 하나님께로부터 온 사람이 아니면 이런 이적을 행할 수 없다,"고 예수님이 하나님께로부터 온 사람이라고 믿는 것을 밝혔습니다.(요 9:33)

그리고 마지막으로 눈 뜬 맹인은 예수님을 하나님의 아들이라고 확신했습니다.

눈 뜬 소경이 예수님을 하나님께로부터 온 사람, 곧 하나님이라고 믿을 때 바리새인들은 그를 출교시켰습니다. 이 소식을 예수님이 듣고 그를 찾아가 "네가 인자를 믿느냐?"라고 물으셨습니다. 요한복음 9:35~39에서 "예수께서 그들이 그 사람을 쫓아냈다" 하는 말을 들으셨더니 그를 만나사 이르시되 네가 인자를 믿느냐. 대답하여 이르되 주여 그가 누구시오니이까 내가 믿고자 하나이다. 예수께서 이르시되 네가 그를 보았거니와 지금 너와 말하는 자가 그이니라. 이르되 주여 내가 믿나이다 하고 절하는지라. 예수께서 이르시되 "내가 심판하러 이 세상에 왔으니 보지 못하는 자들은 보게 하고 보는 자들은 맹인이 되게 하려 함이라"고 하였습니다. 그 때 그는 예수님을 하나님이 보내신 사람임을 믿고 자기의 구주로 확신하며 즉시 예수님께 경배했습니다.

예수님을 구주로 믿는 사람은 예수님을 경배하고 예수님에게 예배하는 자입니다. 우리가 이 사람에 대하여 확신할 수 있는 한 가지가 있다면, 그는 용기 있는 사람이요, 예수님에 대한 믿음과 은혜 받은 것을 그대로 이야기할 수 있었던 확신의 사람이었다는 것입니다. 예수님을 구주라고 믿고 하나님께로부터 온 자로 믿는 자는 출교를 당한다는 사실을 알면서도 그것을 두려워하지 않고 주께 대한 믿음을 고백하고 확신한 믿음의 대장부였습니다.

바리새인들의 편견

편견이란 공정하지 못하고 한 쪽으로 치우친 생각을 말합니다. 신념이나 태도가 몹시 일방적이고 불건전한 것입니다. 사실을 정확하게 파악하기 전에 내리는 정곡을 벗어난 판단을 편견이라고 합니다. 맹인들이 동물원 구경을 가서 코끼리를 만져보았습니다. 한 사람은 코끼리 다리를 만져보고 코끼리에 대한 정의를 내리기를, 코끼리는 기둥과 같다고 했고, 다른 맹인은 코끼리 배를 만져보고, 코끼리는 벽과 같다고 했습니다. 이렇게 편견이란 무식과 통하는 말이요, 편견이란 정상적인 사람이 생각하는 바가 아닙니다. 편견은 오해를 가져오고 오판을 하게 만듭니다. 편견은 바른 것을 싫어하는 사람의 액세서리입니다.

나면서부터 맹인 된 사람을 고쳐주신 예수님에 대하여 바리새인들은 편견을 가졌습니다. 그들은 예수님이 안식일을 지키지 않았기 때문에 하나님께로부터 온 자가 아니다, 곧 하나님께서 보내신 자가 아니라고 했습니다. 유대인들은 안식일 지키는 법을 만들어놓고는 그 법대로 지키는 것이 하나님을 영화롭게 하며 기쁘시게 하는 것이라고 생각하고 있었습니다. 그러면서 예수님이 유대인의 안식일 법을 저촉했다는 것입니다.

예수님이 제 4계명인, "안식일에는 아무 일도 하지 말라,"는 것을 어겼다는 것입니다. 맹인의 눈에 진흙을 이겨 발라준 것은 안식일에 예수님이 일한 것과 같다고 판정을 내린 것입니다. 그들이 만든 안식일 준수법에 의하면 안식일에 지극히 간단한 것을 해도 일에 해당한다고 판정합니다. 접시에 기름을 따르는 것, 등잔을 옆에 두는 것, 등잔의 심지를 갈아 넣는 것도 일이라고 봅니다. 못을 박은 신을 신고 외출하는 것도 일이라고 봅니다. 못의 무게는 짐에 해당하므로 짐을 운반하는 것과도 같다고 생각하기 때문입니다. 손톱을 깎는 것이나 머리나 수염을 깎는 것도 모두 일에 해당된다고 했습니다. 이러한 세칙에 따르면 침을 뱉어 진흙을 이겨 눈에 바르는 것은 단순한 일이 아니라 중노동에 해당하는 것입니다.

유대인들은 안식일에 병을 고치는 것을 금지하였습니다. 의료적 시술은 생명이 위험한 경우에만 할 수 있었습니다. 그것은 환자가 더 이상 악화되지 않도록 만 해야지 낫는 방향으로 해서는 안 된다는 것입니다. 이 조항에 의하면 치통을 치료해서는 안 되고, 골절한 뼈를 잇는 것도 금지됩니다. 수족이

탈골되었을 때는 그 위에 찬물을 부어서도 안 됩니다. 냉수는 그 회복을 돕기 때문입니다. 나면서부터 맹인 된 사람이 생명의 위험이 없었다는 것은 분명합니다. 따라서 그런 사람을 낫게 한다는 것은 예수님이 안식일을 범했다는 것입니다.

안식일에 침을 사용한 것도 안식일 율법 준수에 저촉되는 것이었습니다. 안식일에 침을 눈꺼풀에 바르는 것은 합법적이 아니라고 그들은 법을 정해 놓았습니다. 예수님이 안식일에 침을 뱉어 진흙을 이겨 맹인의 눈 전체에 발랐으니 그것이 위법이라는 것입니다.

바리새인들은 이러한 하찮은 세목을 준수하는 것이 하나님을 높이고 하나님을 가장 잘 섬기는 줄 알았습니다. 그러나 이러한 안식일 준수 세칙은 하나님의 율법에서 찾아볼 수 없고 다만 인간의 머리에서 나온 인본주의적 산물에 불과한 것입니다. 그래서 예수님은 바리새인들의 이 세칙을 무시해 버리고 안식일에 그 맹인을 치유하셨습니다.

바리새인들의 이론을 한 마디로 종합하면 하나의 삼단논법으로 정리할 수 있습니다. 하나님으로부터 온 모든 사람은 안식일을 지켜야만 하는데 예수는 안식일을 지키지 않았으니 그는 하나님으로부터 온 사람이 아니라는 것이지요. 틀린 전제 조건을 가지고 판단한 것입니다. 바리새인들은 그들이 너무나 세분해서 만든 하찮은 안식일 준수 법을 하나님의 율법과 동일시했습니다. 이러한 논리는 하나님이 인정하지 않는 편견이요 그들의 무식입니다. 그래서 예수님은 그들의 안식일 세칙을 쓰레기같이 여기고 무시해 버렸습니다.

편견이란 일고의 가치조차 없습니다. 신앙세계에 있어서 편견은 무시를 당할 수밖에 없고 관심의 대상이 될 수 없습니다. 율법은 하나님이 주신 것입니다. 곧 성부, 성령, 성자께서 주신 것입니다. 그런데 율법을 주신 자요, 율법을 내신 분을 율법의 본래의 뜻이 아닌 율법해석과 세칙을 가지고 정죄하는 것은 엄청난 죄입니다.

그들은 예수님이 이적을 행한 것이 아니라고 주장합니다. 맹인이 눈을 뜬 것은 분명히 예수님께서 행하신 이적의 결과인데도 불구하고 그들은 믿지 않았습니다. 나면서부터 맹인이 된 사람이 눈 뜬 후에 증거 했고, 또 그 이웃들의 증거가 있는데도 그들은 그 사실을 불신했습니다. 그래서 제 삼의 증인을 채택하려고 그 부모를 불러서 "네 아들이냐? 어떻게 해서 눈을 떴느냐?"고 물었습니다. 그 부모는 출교가 염려가 되었고, 위협감을 느껴서 "그가 장성했으니 그에게 물어보시오,"라고 둘러서 대답했습니다.

그들은 예수님을 죄인이라고 단정했습니다. 눈 뜬 맹인을 두 번째로 불러서 타이르기를 "너는 하나님께 영광을 돌리라. 저 예수는 죄인인 줄 아노라,"고 했습니다. 그들은 예수님을 못 박을 때도 죄인 아닌 자를 죄인이라고 재판하고 선언했습니다. 이것은 유대인들이 편견에 의한 오류이고 빌라도의 오판입니다.

그들은 예수님을 무시했습니다. "하나님이 모세와 말씀하신 것은 알지만 이 사람 예수는 어디에서 왔는지 알지 못한다,"고 했습니다. 편견은 이처럼 만용을 부리게 합니다. 피조물인 인간이 창조주 하나님을 무시하는 엄청난 죄를 범하게 합니다.

우리는 눈을 뜬 맹인처럼 주님께로부터 받은 은혜를 간증하고 증거 하고 확신하고 살아가고 있습니까? 아니면 바리새인들처럼 예수님에 대한 편견을 가지고 살아가고 있습니까? 교회에 대한 편견은 곧 예수 그리스도에 대한 편견임을 알아야 합니다.

제25장

세 사람이 가진 지식

(요 9:18~33)

요한복음 9:18~33 "유대인들이 그가 맹인으로 있다가 보게 된 것을 믿지 아니하고 그 부모를 불러 묻되, 이는 너희 말에 맹인으로 났다 하는 너희 아들이냐 그러면 지금은 어떻게 해서 보느냐. 그 부모가 대답하여 이르되 이 사람이 우리 아들인 것과 맹인으로 난 것을 아나이다. 그러나 지금 어떻게 해서 보는지 또는 누가 그 눈을 뜨게 하였는지 우리는 알지 못하나이다 그에게 물어 보소서 그가 장성하였으니 자기 일을 말하리이다. 그 부모가 이렇게 말한 것은 이미 유대인들이 누구든지 예수를 그리스도로 시인하는 자는 출교하기로 결의하였으므로 그들을 무서워함이러라. 이러므로 그 부모가 말하기를 그가 장성하였으니 그에게 물어 보소서 하였더라. 이에 그들이 맹인이었던 사람을 두 번째 불러 이르되 너는 하나님께 영광을 돌리라 우리는 이 사람이 죄인인 줄 아노라. 대답하되 그가 죄인인지 내가 알지 못하나 한 가지 아는 것은 내가 맹인으로 있다가 지금 보는 그것 이니이다. 그들이 이르되 그 사람이 네게 무엇을 하였느냐 어떻게 네 눈을 뜨게 하였느냐. 대답하되 내가 이미 일렀어도 듣지 아니하고 어찌하여 다시 듣고자 하나이까 당신들도 그의 제자가 되려 하나이까. 그들이 욕하여 이르되 너는 그의 제자이나 우리는 모세의 제자라. 하나님이 모세에게는 말씀하신 줄을 우리가 알거니와 이 사람은 어디서 왔는지 알지 못하노라. 그 사람이 대답하여 이르되 이상하다 이 사람이 내 눈을 뜨게 하였으되 당신들은 그가 어디서 왔는지 알지 못하는도다. 하나님이 죄인의 말을 듣지 아니하시고 경건하여 그의 뜻대로 행하는 자의 말은 들으시는 줄을 우리가 아나이다. 창세 이후로 맹인으로 난 자의 눈을 뜨게 하였다 함을 듣지 못하였으니, 이 사람이 하나님께로부터 오지 아니하였으면 아무 일도 할 수 없으리이다."

계시에 의한 지식이 바른 지식입니다.

예수님을 인격적으로, 개별적으로 만나야 체험적인 지식을 얻습니다.

예수님을 통한 지식만이 참된 지식이고, 마음으로 얻는 지식입니다.

예수님께서 나면서부터 맹인 된 사람을 고쳐주신 후에 바리새인들과 맹인이었던 자의 부모 간에 중대한 문제로 옥신각신 하였습니다. 본문 9:18~33에는 예수님에 대해 '안다' '모른다,' 라는 말이 10번 이상이나 나옵니다. 아는 것은 행동과 관계되기 때문에 예수님에 대한 바른 지식을 갖는 것은 중요합니다.

맹인 부모의 예수님에 대한 지식

바리새인들이 부모를 불러 그 아들에 대해 질문을 했습니다. "이 사람이 맹인으로 낳았다 하는 네 아들이냐? 그러면 어떻게 된 일이냐?"고 묻자 그 부모는 "이가 우리 아들인 것과 소경으로 난 것을 아나이다," 라고 대답했습니다. 그러면서 "우리는 지금 어떻게 되어 그가 보게 되었는지 알지 못합니다. 그에게 물어보시오. 그가 장성했으니 자기 일을 말하리라," 했습니다. 그 부모는 분명히 아들에게 들어서 예수님께서 그의 눈을 뜨게 해 주었다는 사실을 알았음에도 알지 못한다고 비겁하게 말한 것입니다. 그 이유는 유대인들이 자기 아들을 예수님이 그리스도라고 시인했기에 출교했기 때문입니다. 아들을 고쳐주신 예수님에 대한 고마움도 감격도 인정도 없는 사람입니다.

출교는 헬라어 '아포수나고고스(ἀποσυνάγωγος)'로 이것은 회당에서 추방시키는 형벌입니다. 유대종교에는 세 가지 종류의 형벌이 있습니다. 7~30일 정도 벌을 받는 견책이 있습니다. 10인 회의에서 선고를 받고, 최소한 40일 간의 공중 교제가 금지되며 저주를 받는 근신이 있습니다. 그리고 가장 중한 벌은 유대사회에서 완전히 제거되는 출교입니다. 공동회석에 나올 수 없고 사람들은 그 곁 4규빗 이상 접근하지 못합니다. 그와 교제도 할 수 없고, 물건도 팔 수 없고 같이 먹지도 못합니다. 그가 죽으면 시체에 돌질을 하고 그를 위해 우는 것을 금하는 아주 심한 형벌이었습니다. 예수를 그리스도라 고백하는 자에게 이런 형벌을 가하기로 유대인들이 결의하였습니다.

"그러나 관리 중에도 그를 믿는 자가 많되 바리새인들 때문에 드러나게 말하지 못하니 이는 출교를 당할까 두려워함이라."(요 12:42)

맹인의 부모는 예수님이 자기 아들의 눈을 뜨게 한 것을 알았습니다. 그러나 그들은 예수님을 더 이상 알고 싶어 하지 않았습니다. 예수님이 아들의 눈을 뜨게 하셨다는 것을 지식으로는 알고 있었지만, 고백적으로 증거 하는 지식을 가지지는 못했습니다. 많은 사람들이 성경의 이적을 알고, 경건한 성도가 기도 응답을 받는 것을 보고 알지만, 예수님을 자기의 구주로 고백하지 않는 경우가 많습니다.

바리새인들의 지식

바리새인들은 예수님이 죄인인 줄로 알았습니다. 예수님이 어디로부터 오신지를 알지 못했고, 하나님이 모세와는 말씀한 줄 알지만 예수님과는 말씀하시지 않았다고 생각했습니다. 그래서 그들은 예수의 근원은 모르겠다고 합니다. 예수님의 기원을 알지 못하면서 '예수는 죄인이다,' '그렇지 않다'고 할 수 없는 것입니다. 그들은 예수님이 누구인가를 알고자 했으나 그들이 예수님에 대하여 이미 알고 있는 대로만 알려지기를 원했습니다. 예수님에 대한 자기들의 판단대로 알려지기를 원했습니다. 예수님에 대한 주관적 지식을 마치 객관적인 진리처럼 착각했습니다. 바리새인들의 지식의 방법은 '자기가 아는 대로 아는 것' 입니다. 즉 자기들이 아는 예수님이 '예수에 대한 지식의 전부' 라고 생각했습니다.

19세기 초에 슐라이어막허(F.Schleirmacher)나 알브레히트 릿츨(Albrecht

Ritschl)은 자기가 연구한 예수님만을 예수로 보는 한정적인 지식을 가진 학자들이었습니다. 이런 주장들은 편파적이고 편견적인 주장들입니다. 예수님에 대해서 '가난한 자를 돕고 고아와 과부를 불쌍히 여긴 분' 이라고만 생각하고 예수님은 가난한 자의 편이라고 주장하는 것은 잘못된 지식입니다. 예수님과 관계를 가졌던 니고데모나 아리마대 요셉은 부자 였습니다. 이 두 사람만 보고 예수님은 부자들의 편이라고 하는 것과 똑같은 주장입니다. 부분적 지식이나 주관적 지식은 모두 잘못된 지식입니다. 이런 지식은 마치 바리새인들의 지식과 똑같은 잘못된 것입니다.

맹인의 지식

바리새인들이 예수님을 죄인이라고 단정할 때, 맹인은 담대히 말했습니다. "나는 그가 죄인인지 알지 못하나, 한 가지 아는 것은 내가 맹인으로 있다가 지금 보는 것이다,"라 했습니다. 이것은 통쾌한 고백입니다. 그는 알지 못하는 것을 알지 못한다고 했고 아는 것은 안다고 말했습니다. 맹인은 무식한 자이고 천대 받던 자였습니다. 예수님이 죄인이라고 하는 유대인들의 말에 그는 신학문제는 알지 못하나 자기의 눈 뜬 사실은 분명히 안다고 말했습니다. 그가 눈을 뜨고는 자기가 보는 모든 것에 대해 황홀해 했고, 그의 가슴은 감격과 감사로 충만해 있었습니다. 여기서 우리는 부모와 자식 간의 신앙지식의 차이를 볼 수 있습니다. 부모는 두려워했지만, 그는 담대했습니다. 맹인의 지식은 예수님이 자기를 변화시켰다는 것입니다. 그를 보게 만들었다는 지식입니다. 이것은 확고 불변한 지식이고 절대로 흔들리지 않는 지식입니다. 이런 지식은 아무도 그것을 흔들거나 요동치게 만들 수 없습니다. 맹인이 왜 이런 지식과 확신을 소유하게 되었습니까? 그것은 그가 예수님을 인격적으로, 개별적으로 만났기 때문입니다. 그는 성경에 대해 많이 알지는 못했습니다. 그러나 한 가지 아는 것은 예수님께서 자기를 변화시켜 주었다는 사실입니다. 예수님을 만나 진흙을 눈에 바르게 되었고 실로암 못에서 씻었더니 보게 된 것은 완전한 사실이고 그를 변화시킨 완벽한 지식입니다. 예수님을 만남으로 얻은 지식이고 체험적인 지식입니다. 예수님을 아는 것은 마음으로 아는 것입니다. 예수님이 자기 계시를 해주심으로 아는 것입니다. 비록 그가 출교를 당했다고 해도 그는 '하나님께로부터 온 사람이 아니면 맹인을 눈뜨게 할 수 없다,' 라는 믿음의 지식을 굳게 소유했습니다. 하나님이 죄인의 기도를 듣지 않으시는데 어찌 죄인이 맹인을 고칠 수 있느냐는 것을 굳게 믿었습니다.

맹인의 말은 죄인의 기도는 주님이 듣지 않으신다는 것입니다.

"내가 나의 마음에 죄악을 품었더라면 주께서 듣지 아니하시리라."(시 66:18)

"너희가 손을 펼 때에 내가 내 눈을 너희에게서 가리고 너희가 많이 기도할지라도 내가 듣지 아니하리니 이는 너희의 손에 피가 가득함이라."(사 1:15)

그러나 의인의 기도는 들으신다고 믿었습니다. 그는 예수님이 죄인이라면 절대로 하나님이 그 역사를 이루지 않으셨을 거라는 것을 확실히 알았습니다. 그러므로 맹인이 눈을 뜬다는 것은 하나님의 역사이고 이적이라고 굳게 믿었습니다.

"여호와의 눈은 의인을 향하시고 그의 귀는 그들의 부르짖음에 기울이시는도다."(시 34:15)

"그는 자기를 경외하는 자들의 소원을 이루시며 또 그들의 부르짖음을 들으사 구원하시리로다."(시 145:19)

"여호와는 악인을 멀리 하시고 의인의 기도를 들으시느니라."(잠 15:29)

이것은 바리새인들이 절대로 할 수 없는 맹인의 반론이었습니다. 그는 그 반론과 변론으로 인해 출교를 당했지만 그의 지식은 절대로 변하지 않는 굳건한 믿음의 지식이었습니다. 예수님이 그를 만나 "인자를 믿고자 하느냐?" 하셨을 때, 그는 "주여 내가 믿나이다,"(요 9:38) 라고 하면서 자신의 믿음을 굳고 확실하게 고백하였습니다.

계시에 의한 지식이 바른 지식입니다. 베드로의 신앙고백은 그가 믿고 알았기 때문에 그런 지식을 갖게 된 것입니다. 부분적인 지식이나, 자기만의 연구로 아는 지식은 참된 지식이 아닙니다. 오직 예수님을 통한 지식만이 참된 지식이라는 것을 믿어야 합니다.

제26장

불회개자의 최후방책

(요 9:34)

요한복음 9:34 "그들이 대답하여 이르되
네가 온전히 죄 가운데서 나서
우리를 가르치느냐 하고 이에 쫓아내어 보내니라."

예수님에게 고침을 받은 맹인은 예수님을 시인하다 출교 당했습니다.

그는 출교를 당해도 두려워하지 않고 자신의 확신을 말했습니다.

여러분은 세상 사람들에게 미움 받을 지라도

주님을 증거 할 수 있습니까?

사람들은 서로 대화를 함으로 의사소통을 하고 지식전달을 하게 됩니다. 대화 가운데서 더 상세한 답을 얻으려고 질문을 하지만 가끔은 질문을 받는 사람을 딜레마에 빠뜨리기 위하여 질문하는 경우도 있습니다.

나면서부터 맹인 되었던 사람이 나음을 받았을 때 바리새인들은 여러 번 반복하여 질문을 하였습니다. 어떻게 해서 보게 되었느냐는 질문을 계속 던졌습니다. 처음에 눈 뜬 맹인은 왜 바리새인들이 질문을 하는지 잘 파악하지 못했으나 나중에는 그들의 질문하는 의도를 파악했습니다. 그것은 예수님을 모함하기 위함이요, 함정에 빠뜨리기 위해서 그랬다는 것을 알았습니다. 이 음모를 알고 난 후부터 눈 뜬 맹인은 그들을 공격하기 시작했습니다. "당신들은 예수님을 죄인이라고 단정하지만 나는 그가 죄인이 아니라고 생각한다. 하나님께서는 죄인의 기도를 들으시지 않는데, 예수님이 죄인이라면 어떻게 나면서부터 맹인이 되었던 사람을 고쳐줄 수 있단 말인가? 창세 이후로 죄인이 맹인을 고쳤다는 말은 들어보지 못했다. 나는 하나님께로부터 온 자라야 맹인을 고칠 수 있다고 믿는다. 하나님께로부터 오지 않았으면 아무 일도 할 수 없다고 믿는다,"고 했습니다.

"내가 한 가지 아는 사실은 내가 소경으로 있다가 지금 보는 것이다,"라고 하면서 그는 바리새인들의 이론보다도 실제적 사실에 근거해서 그들의 이론을 사정없이 꺾어 버렸습니다. 우리는 이론을 존중히 여겨야 합니다. 원칙상으로는 진정한 이론이라면 거기에 기준하여 사실이 결론지어 집니다. 그러나 어떤 때는 사람들이 참되지 않은 이론으로 사실을 매장하려는 일을 도모하기도 합니다. 그런 때는 이론보다도 사실을 일관적으로 주장해야 합니다. 맹인 되었던 사람은 여기서 그런 방법을 사용했습니다. 그는 사실을 고집했던 것입니다. 크로쉐데(F.W. Grosheid)는 "맹인 되었던 사람이 한 가지를 안다고 했는데 그것은 사실 그에게 있어서 한 가지이면서 모든 것을 의미하는 중대한 것이다,"라 하였습니다.

맹인 되었던 사람은 자기의 눈 뜬 사실을 사실대로 증거 함으로 출교를 당했습니다. 예수님이 하늘로부터 온 자임으로 이처럼 위대한 기적을 베풀었다고 증거 하였습니다. 그리고 유대사회에서 출교의 형벌을 당했습니다. 사실 출교는 바리새인들이 예수 그리스도의 초자연적인 기적을 부인하려는 마지막 방책이었습니다.

바리새인들은 예수님의 기적에 대해 듣는 것을 거부함

그들은 기적을 불신하려고 그 맹인이었던 자에게 "네가 어떻게 보게 되었느냐?"고 질문하였던 것입니다. 그리고 그 부모를 불러 "네 아들이 어떻게 보게 되었느냐?" 물은 것은 예수 그리스도의 행하신 기적을 믿으려고 한 것이 아니라 불신하기 위해서 물어본 것입니다. 나면서부터 맹인이 된 자가 고침을 받고 산 증인으로 나타났음에도 불구하고 그들은 그리스도의 기적의 사실을 믿으려고 하지 않았습니다.

이 같은 사실은 기독교 역사 속에 그대로 나타났습니다. 19세기 합리주의자들은 성경에서 초자연적인 이적 기록에 대하여 불신했습니다. 그러면서도 자기들은 크리스천이라고 불렀습니다. 그리고 성경에 대하여 올바른 사상을 가졌다고 자부하기도 했습니다. 여러 해 동안 성경의 이적에 대하여 어떻게 설명할까를 연구한 결과 인간적인 해석방법을 사용했습니다.

이들은 예수님께서 물위를 걸으신 이적을 "실제로 물위로 걸어가신 것이 아니다. 예수님이 호숫가 얕은 물가에 서 계시면서 자신이 바다 위를 걷는다고 생각했다."고 했습니다. 밤은 어둡고 구름이 끼었기 때문에 예수님이 호숫가를 거닐 때 그 그림자가 제자들이 배 젓는 곳까지 덮였다고 하는 것입니다. 오병이어의 이적에 대해서도 그들은 이렇게 말합니다. "제자들이 충분한 음식을 준비해 놓았다. 어린 아이의 헌납에 감동되어 가져 온 음식을 서로 나누어 먹었다,"고 했습니다. 합리주의자들은 출애굽 할 때 흑암재앙에 대해서도 애굽의 황사현상이라고 해석합니다. 이들은 성경의 초자연적인 요소를 제거하고 이성으로 납득할 수 있는 것만 믿어야 한다고 강조했습니다. 현대의 합리주의 신학자들은 "신자들은 죽은 자의 부활에 대하여 초자연적 요소를 제거해야 한다,"고 주장합니다.

그들은 예수 그리스도의 부활을 예수님이 기절해 있었거나 또는 여인들의 착각이라고 하는 학설을 주장합니다. 그러므로 예수 그리스도의 부활은 그 사건이 중요한 것이 아니라 부활의 의미를 찾는 것이 더 중요하다고 합니다. "예수의 부활사건이 있었는지 없었는지 거기에 관여하지 말자. 사람의 마음과 사회, 가정이 새로워지는 것, 교회가 새로워지는 것이 진정한 부활의 의미이다,"라 주장합니다.

기독교에서 초자연적 요소를 빼 버리면 기독교는 예수 그리스도 없는 껍데기 기독교일 뿐 아무런 의미가 없게 됩니다. 양파를 깔 때, 한 겹 한 겹 까다보면 남는 것은 아무 것도 없습니다. 바로 합리주의 신학자들의 주장이 이와 같습니다. 초자연적 그리스도와 함께 하는 초자연적 성경이 바로 참 기독교요, 초자연적 요소가 없는 기독교는 그리스도 없는 기독교이고, 그리스도 없는 성경이나 다름없습니다.

바리새인들은 그리스도로부터 이적을 분리하려 함

바리새인들은 이적을 믿었습니다. 그리고 그것을 열렬히 바랐습니다. 그러나 그들이 미워하는 예수 그리스도는 이적을 행한 자가 아니라고 했습니다. 바리새인들이 눈 뜬 맹인에게 "너는 하나님께 영광을 돌려라. 우리는 이 사람이 죄인인 줄 아노라," 하였습니다.

오늘 날에도 예수님이 실제로 말씀하신 것과 행하신 것은 중요하지 않고, 예수님이 말씀하신 것이 오늘 날에 우리 크리스천에게 어떤 중요한 의미가 있는지가 중요하다고 주장하는 사람들이 있습니다. 그들은 이렇게 주장합니다. '예수가 육체적 부활을 하지 않았다고 할지라도 우리 마음에 예수가 그대로 자리 잡고 있는 것이 아닌가? 그러므로 예수의 육체 부활이 중요한 것이 아니라, 그의 가르치신 교훈이 우리 마음에 계속되는 것이 중요하다,' 고 주장합니다. 그러나 예수님의 실제적 부활이 없었다면 예수님이 우리에게 계속 기억되고 남아 있을 수 있겠습니까? 완전히 잊히고 말 것입니다. 기독교는 망각되고 예수님과 함께 무덤에 장사되고 말 것입니다. 아무도 원인과 결과를 분리시킬 수 없습니다.

현대주의 신학은 크리스천의 체험을 그리스도에게서 분리시키려고 합니다. 크리스천의 체험이 있다면 반드시 그 앞에는 체험을 일으키는 그리스도가 계심에 틀림없습니다. 맹인이 예수님을 만났을 때, 그리고 눈 뜬 체험을 했을 때, 그는 예수님이 역사적, 객관적인 그리스도이심을 자기의 경험과 절대로 분리시킬 수 없다는 것을 알았습니다. 맹인의 체험은 예수님이 그의 눈을 뜨게 하신 것입니다. 맹인에게는 예수님이 중요하고 그의 체험이 중요한 것입니다. 예수님 없는 체험이 무슨 가치가 있겠습니까?

바리새인들이 율법으로 돌아감

유대인들은 맹인에게 예수님의 이적을 불신한다고 하면서 하나님이 모세와는 말씀한 것은 알지만 이 사람은 어디에서 왔는지 모른다고 했습니다. 사실 율법은 그리스도를 예언하고 증언하는 그리스도의 그림자입니다. 예수님께서는 "나는 율법을 폐하러 온 것이 아니라 다 이루러 왔다," 고 하셨습니다. 구약의 율법 속에 나타나신 예수 그리스도를 그들이 발견하지 못한 것입니다. 이 사실을 발견했다면 그들은 예수님을 인정했으며 영접했을 것입니다. 율법의 원리는 예수 그리스도를 믿게 하며, 예수님을 시인하게 하고 따르게 하고 구주로 믿게 합니다. 바리새인들은 율법의 진의를 모르고 하나의 전통으로 생각했습니다. 그들은 영적으로 무지하기 때문이었습니다.

전통은 인간이 만들어 낸 산물입니다. 좋은 전통도 있으나 나쁜 전통도 있습니다. 교회에도 사회에도 좋고 나쁜 전통이 있습니다. 로마 가톨릭 교회는 하나님의 말씀을 전통으로 봅니다. 그러나 좋은 전통일지라도 그 전통이 우상화 되어서는 안 됩니다.

바리새인은 맹인이 그리스도를 구주로 고백하자 출교시킴

그리스도를 구주로 고백할 때, 그리고 고백 후에 진실한 크리스천으로 살아가려고 하면 세상 집단으로부터 축출당하는 경우가 있습니다. 어떤 때는 '인연을 끊겠다,' 고도 합니다. 출교는 유대사회의 최고 형벌입니다. 출교를 당하면 유대사회에서 영원히, 완전히 추방되는 것입니다.

도널드 그레이 반하우스는 일차대전 중 어느 미국인 가정의 신앙생활을 지도하고 있었습니다. 그 가정의 젊은 아들이 예수 그리스도를 구주로 영접하고 간증을 했습니다. 이 청년이 전쟁에 참여했다가 종전이 되자 집으로 귀가했을 때였습니다. 그 청년은 한 가지 두려움을 반하우스에게 호소했습니다. 그가 집으로 돌아와서 큰 저택에서 살게 될 때에 전에 누리던 구습과 옛 친구들에게 돌아가게 될까봐 걱정이라고 상담했습니다. "이제는 불신 친구들이 당신을 포기할 것입니다. 그래도 당신은 그들을 포기해서는 안 됩니다." 반하우스는 그에게 당부했습니다. 집으로 돌아온 후 그 청년은 파티를 열어서 10여명의 친구를 만났습니다. 그들에게 자기가 예수 그리스도를 구주로 모셨다고 하자, 친구들이 그를 보며 야유를 하고 돌아갔습니다. 이렇게 그리스도를 구주로 고백했을 때 사회로부터 축출당하는 경우가 있습니다. 그래도 주님을 부인하거나 고백을 하지 않아서는 안 됩니다.

"모든 사람이 너희를 칭찬하면 화가 있도다 그들의 조상들이 거짓 선지자들에게 이와 같이 하였느니라."(눅 6:26)

그리스도를 구주로 고백했을 때 모든 사람이 그것을 칭찬하는 것은 아닙니다. 맹인이 출교 당했을 때 그는 버림받았기에 고독했고 외로웠고 좌절했을 것입니다. 그러나 주님이 찾아오셔서 그에게 자기를 계시 하셨습니다. 맹인의 출교는 형벌이 아니라 그에게 있어서 최고의 영광이고 영예였습니다.

마틴 루터는 로마 교회에서 추방당했습니다. 칼빈도 프랑스 제네바에서 추방당했습니다. 위그노(Huguenots)는 로마 교회에서 추방당하고 갖은 박해를 당했습니다. 많은 청교도들이 로만 가톨릭교회에서 추방당하고 미국으로 이주했습니다.

바리새인들은 맹인을 집어 던지고 출교시켰습니다. 그런 그를 예수님은 팔로 안아주셨습니다. 맹인이었던 사람은 가족과 친구와 이웃과 다른 모든 것으로부터 끊어졌으나 예수님의 팔에 안길 때 더할 나위 없는 행복과 기쁨을 얻었습니다. 주님의 팔은 사랑의 팔이며 위로의 팔이고 보호의 팔입니다.

"내 부모는 나를 버렸으나 여호와는 나를 영접하시리이다."(시 27:10)

"여인이 어찌 그 젖 먹는 자식을 잊겠으며 자기 태에서 난 아들을 긍휼히 여기지 않겠느냐 그들은 혹시 잊을지라도 나는 너를 잊지 아니할 것이라." (사 49:15)

이 세상 모두가 버릴지라도 예수님을 증언하는 것에 두려워하지 말아야만 합니다.

제27장

네가 인자를 믿느냐

(요 9:35~38)

요한복음 9:35~38 "예수께서 그들이 그 사람을 쫓아냈다 하는 말을 들으셨더니
그를 만나사 이르시되 네가 인자를 믿느냐. 대답하여 이르되 주여 그가 누구시오니이까
내가 믿고자 하나이다. 예수께서 이르시되 네가 그를 보았거니와 지금 너와 말하는 자가
그이니라. 이르되 주여 내가 믿나이다 하고 절하는지라."

영적 체험을 하셨습니까?

예배에 꼭 참석하고, 봉사하고, 교회에 헌신하십니까?

기독교 역사와 성경지식을 많이 알고 계십니까?

그러나 이런 것들이 구원을 주지 않습니다.

예수님은 오늘도 우리에게 도전하십니다.

"네가 인자를 믿느냐?"

바리새인들에게 버림받은 눈 뜬 맹인을 예수님은 직접 찾아가셨습니다. 예수님은 바리새인들에게 출교당한 그를 직접 영접하시고, "네가 인자를 믿느냐?"고 물으셨습니다. 예수님의 이 물음은 바리새인들의 물음과는 전적으로 다른 질문입니다. 바리새인들은 '네가 어떻게 해서 보게 되었느냐?'라는 불신의 질문이고 부정의 질문이며 예수님을 딜레마에 빠뜨리려는 목적으로 한 질문입니다. 그러나 예수님의 질문은 긍정적인 질문이고, 맹인의 신앙을 향상시켜 주시기 위한 질문입니다. 예수님에 대한 지식이 더 향상하도록 하신 질문입니다.

맹인은 이미 예수님에 대한 지식을 가지고 있었습니다. 그는 예수님이 사람으로(11절), 하나의 선지자로(17절), 그리고 하나님께로부터 온 분으로(33절) 알고 있었습니다. 그렇지만 맹인은 아직 예수님이 알기 원했던 것은 모르고 있었습니다. 그래서 예수님께서 "네가 인자를 믿느냐?"라고 질문하셨습니다.

인자는 메시야의 대명사입니다. 이 질문은 모든 사람에게 해당되는 질문이며 중요한 질문입니다.

구원에 관한 질문

사람에게 있어서 가장 중요한 것은 구원입니다. 죄에서 용서받고 해방되고 마귀의 속박에서 자유를 얻고, 영생을 얻는 것만큼 중요한 것은 없습니다.

"사람이 만일 온 천하를 얻고도 자기 목숨을 잃으면 무엇이 유익하리요. 사람이 무엇을 주고 자기 목숨과 바꾸겠느냐." (막 8:36~37)

사는 것, 그리고 영생을 얻는 것보다 중요한 것은 없습니다. 예수님은 그 맹인에게 눈을 뜨게 하는 육신적인 도움을 주셨습니다. 또한 그 맹인에게 지식적인 도움도 주셨습니다. 그의 눈을 뜨게 해서 그가 보게 하심으로 경험과 지식의 범위가 넓어졌습니다. 그러나 예수님께서 이 두 가지 도움만 주셨다면 그의 인생은 비참 했을 것입니다. 이 두 가지 도움은 아직 그가 죽고 마는 인생에서 얻은 것입니다. 그러나 죽음으로 끝나는 인생은 소망이 없습니다. 예수님은 그에게 "네가 인자를 믿느냐?" 라고 물으신 것은 구원을 주시려고 하신 질문입니다.

구원의 유일한 길을 밝히는 질문

종교인들은 구원의 다양한 방법과 여러 가지 종류의 길을 제시합니다. 기독교도 구원을 얻는 길 중의 하나라고 말합니다. 그러나 예수님은 구원을 얻는 길은 오직 하나 밖에 없다고 말씀하십니다.

"내가 곧 길이요 진리요 생명이니 나로 말미암지 않고는 아버지께로 올 자가 없느니라." (요 14:6)

"다른 이로써는 구원을 받을 수 없나니 천하사람 중에 구원을 받을 만한 다른 이름을 우리에게 주신 일이 없음이라." (행 4:12)

이 말씀들은 기독교의 유일성과 배타성을 말하고 있는 것입니다. 즉 예수님 외에 구원 얻을 길이 없고, 어떤 종교에도 구원이 없다는 말입니다. 구원의 길은 하나님이 마련하셨고 하나님께서 계시하시어 알게 하셨습니다. 세상의 종교는 사람들의 생각하고, 연구하고, 고안해서 만든 방법입니다. 그것은 하나님의 작품이 아니라 인간의 작품들입니다. 예수 그리스도는 인간인 동시에 하나님이심으로 죄인들을 능히 구원할 수 있습니다. 구원은 하나님의 단독 사역입니다.

경험으로 대답할 수 없는 질문

맹인은 예수님이 침을 뱉어 진흙을 이겨 그의 눈에 바르고 실로암 못에 가서 씻으라고 명령하실 때에 즉시 그 말씀에 순종하였습니다. 이 상황에서 맹인은 지체하지 않고 머뭇거리지 않고 주저 없이 바로 순종하였습니다. 그는 "그 못은 눈 먼 내가 가기에는 너무 멀고 씻어서 무슨 일이 일어날지 어떤 일이 올 것인지 어찌 알고 가겠느냐?"고 반문할 수도 있었습니다. 마치 나아만 장군이 했던 것처럼 말입니다. 열왕기하 5:12에서 문둥병 든 나아만 장군은 엘리사가 요단강물에 몸을 일곱 번 씻으라고 했을 때, "다메섹 강 아바나와 바르발은 이스라엘 모든 강물보다 낫지 아니하냐 내가 거기서 몸을 씻으면 깨끗하게 되지 아니하랴,"고 소리치면서 분노하여 몸을 돌려서 떠나려 했습니다. 그러나 맹인은 나아만처럼 이런 주저함이 없었습니다.

이렇게 순종한 맹인임에도 불구하고 예수님은 질문을 하셨습니다. "네가 인자를 믿느냐?" 맹인은 예수님의 말씀에 순종해서 눈을 뜨고 세상을 보는 경험을 했습니다. 그러나 눈 뜬 경험으로 다 된 것이 아닙니다. 이 예수라는 분이 과연 누구인가를 알고, 보고, 믿어야만 하는 것입니다. 맹인의 경험은 그에게 큰 변화를 주었습니다. 그러나 아직 그는 예수님의 질문, "네가 인자를 믿느냐?"에 진정한 대답을 해야 합니다.

성도들도 많은 영적 경험을 합니다. 감정에 호소하는 설교를 듣고 눈물을 흘리는 성도들도 많습니다. 기도 응답의 체험도 있습니다. 예전에 TV 설교를 해서 전 세계의 청취자와 많은 성도들이 지미 스웨거(Jimmy Swagart) 목사와 짐 베이커(Jim Baker) 목사의 설교에 감명을 받아 눈물을 흘렸고, 많은 사람들이 이들을 환호했습니다. 그러나 그들의 불륜과 타락상이 알려졌을 때, 전에 그들의 쇼를 보고 흘렸던 눈물은 과연 무엇이었냐고 의심을 합니다. 소위 성령의 세례를 받았고, 방언을 하고, 병 고침의 은사를 받았다고 하는 영적 체험들을 한 사람들이 있지만, 이런 영적 체험이 사람을 구원하지는 못한다는 사실을 기억하여야 합니다. 마치 오늘 본문말씀에 영적 체험을 했던 맹인에게 예수님께서 찾아와 "네가 인자를 믿느냐?"라고 하시는 것과 같습니다.

예수님께서는 믿는 신자의 마음속에 변화가 일어나고 신앙 체험이 일어나는 것을 아십니다. 뜨거운 체험이 있다는 것을 아십니다. 이것을 아시면서도 다시 예수님은 질문하시는 것입니다. "네가 인자를 믿느냐?" 맹인은 예수님을 선지자라고 했고, 또 하나님으로부터 온 자라고 증거 했습니다. 출교를 당하면서까지 강력하게 증언했고, 사실에 의해 증명한 자입니다. 그래도 예수님은 그에게 묻습니다. "네가 인자를 믿느냐?" 그리스도를 증거 하고, 전도를 하고, 설교를 할지라도 예수님은 그에게 질문하십니다. "네가 인자를 믿느냐?" 예수님을 찬양하고 찬양대에서 지휘하고 반주를 하면서 하나님께 영광을 돌릴지라도 여러분 각자에게 예수님은 질문하십니다.

예수님은 처음 믿는 자에게나, 신앙의 연륜이 있는 자에게나, 체험적 신앙이 있는 자나 가리지 않고 질문을 하십니다. "네가 인자를 믿느냐?" 주님은 예수에 대해서 아느냐? 성경에 대해서 알고 있느냐? 기독교가 교육, 철학, 역사에 미친 영향을 아느냐? 봉사의 경험이 있느냐? 예배를 인도한 경험이 있느냐? 교회 예배에 대해서 알고 있느냐? 이렇게 물으시는 것이 아닙니다. 예수님은 우리에게 이렇게 질문하십니다. "네가 인자를 믿느냐?" '네가 예수 그리스도를 믿느냐?' 오늘 이것에 대해 예냐 아니냐를 대답해야만 합니다.

맹인의 대답

"네가 인자를 믿느냐?"라고 예수님께서 묻자 맹인은 "주여, 그가 누구십니까? 내가 믿고자 합니다."라고 대답합니다. 웨스트코트(Westcott)는 "이것은 맹인의 열망적이고도 긴급하고 경이로운 질문이다."라고 했습니다. 맹인은 예수를 바로 보고 믿기 위한 마음의 태도를 갖춘 자입니다. 맹인은 간절하게 "주여, 믿고자 합니다."라고 말합니다.

맹인이 "그가 누구입니까?"라고 물을 때에 예수님께서 "네게 말하는 내가 그로라."고 대답하십니다. 요한복음 4:26절에서 수가성 여인과 생수에 대한 말씀을 나누다가 그 여인이 "메시야가 오시면 예배드릴 장소를 이야기 하리다."라고 하자 예수님께서는 "네게 말하는 내가 그로라."라고 하신 대답과 동일한 대답입니다. 예수님께서는 맹인에게 말씀하십니다. '내가 네 눈을 뜨게 한 사람이요, 너는 뜬 눈으로 나를 보고 있지 않느냐. 내가 바로 그다(I am He!),' 그러자 맹인이 "주여, 내가 믿나이다!" 하고는 절을 했습니다.

신앙이란 그리스도의 계시에 응답하는 것입니다. 영안이 열려 예수님을 바라보고 신앙을 고백하고, 예수님을 경배하는 것이 참 신자의 모습입니다. 우리는 성경에서 지적인 신앙 고백을 찾아볼 수 있습니다. 나다나엘이 요한복음 1:49에서 "당신은 하나님의 아들, 이스라엘의 왕,"이라고 했던 것과 베드로가 마태복음 16:16에서 "주는 그리시도시오, 살아계신 하나님의 아들이십니다."라고 한 것, 도마가 요한복음 20:28에서 "나의 주, 나의 하나님,"이라고 한 것이 바로 지적 신앙고백입니다. 여기 맹인의 신앙고백은 예배와 사도신경을 초래시킵니다. 맹인은 바로 주저 없이 주님에게 '내가 믿나이다!' 하고 절합니다. 베드로도 주님에게 사랑의 고백을 합니다. 그는 '주님을 사랑합니다,' 라고 했습니다.

체험만 갖고는 부족합니다. 누구든지 예수님이 "네가 나를 믿느냐?"라고 하시는 질문에 대답하여야 합니다. 체험은 누구나 가질 수 있습니다. 그러나 예수님의 질문에 대답할 수 있는 사람은 그리 많지 않습니다. 그리고 주저 없이 어떤 것을 희생하고라도 주님을 영접할 사람은 많지 않습니다. 주님이 여러분께 "네가 인자를 믿느냐?" 하고 질문하셨을 때 주저 없이 '예, 믿습니다,' 라고 대답할 수 있어야 합니다.

제28장

우리도 소경인가

(요 9:39~41)

요한복음 9:39~41 "예수께서 이르시되 내가 심판하러 이 세상에 왔으니
보지 못하는 자들은 보게 하고 보는 자들은 맹인이 되게 하려 함이라 하시니,
바리새인 중에 예수와 함께 있던 자들이 이 말씀을 듣고 이르되
우리도 맹인인가, 예수께서 이르시되 너희가 맹인이 되었더라면
죄가 없으려니와 본다고 하니 너희 죄가 그대로 있느니라."

우리는 맹인입니까?
예수님을 배척하고 불신하는 자는 영적 맹인입니다.
영적으로 교만하고 자의식이 강한 자,
탐심을 가진 자는 영적 맹인입니다.
믿음 없이 두려워하는 자, 말씀을 의심하는 자도 영적 맹인입니다.
예수님을 믿음으로 이런 영적 믿음의 눈을 뜰 수 있습니다.

하나님께서 우리 인간에게 3가지 종류의 눈을 주셨습니다. 만물을 보고 식별할 수 있는 육안과 지식과 지혜를 보는 혜안이 있습니다. 글을 알지 못하는 사람을 가리켜 '눈이 발바닥 같다,'고 합니다. 그리고 영안은 영적 사물과 사실을 깨닫고 식별할 수 있는 눈입니다. 세상 지식은 없으나 영안이 밝은 자들이 있습니다. 세상 지식의 눈은 밝으나 영안이 어두운 자도 있습니다.

예수님께서 나면서부터 맹인 된 자를 고쳐주시고 그에게 구원의 은총까지 주신 후에 이런 말씀을 하셨습니다. "내가 심판하러 이 세상에 왔으니 보지 못하는 자들은 보게 하고 보는 자들은 맹인이 되게 하려 함이라," 바리새인 중에 예수님과 함께 있던 자들이 이 말씀을 듣고 "우리도 맹인인가?"라고 물었습니다. 그들은 예수님을 야유하고 희롱하면서 오만불손하게 말을 내뱉은 것입니다. 왜 바리새인들을 맹인이라고 부르셨습니까? 그것은 그들이 영적 맹인이기 때문입니다.

자기 기준에 따라 사건과 사물을 판단함

예수님께서 나면서부터 맹인 된 자를 고쳐주셨을 때에 바리새인들은 이 이적을 비판하였습니다. 처음에는 예수님의 이적을 불신하려고 했습니다. 다음에는 이 사건을 비판하기 시작했습니다. 유대인들이 만든 안식일 규례에 위배된다고 비판했습니다. 안식일에 병 고치는 것은 그들이 만든 안식일 준수 규례에 어긋났기에 그들은 예수님을 안식일을 범한 자라고 비판했습니다. 예수님이 안식일의 주인이심을 모르고 주인을 비판하는 어리석은 자들이었으므로 영적 맹인일 수밖에 없는 것입니다.

바리새인들은 인간이 만든 기준에 따라 예수님의 놀라운 이적과 아름다운 기적을 판단하였습니다. 작은 사람만 보던 사람은 평균치의 키를 가진 사람을 볼 때 키가 크다고 말할 것입니다. 그러나 키가 큰 사람만 보던 사람이 그를 볼 때는 키가 작다고 말할 것입니다. 키가 크고 작음의 기준은 어디에 있습니까? 그것은 자기의 눈에 달려 있는 것입니다. 그것은 주관적인 판단이고 잘못된 판단입니다. 절대적 진리에 의한 평가가 아니라 자기 주관에 입각한 상대적 평가는 명백한 오판입니다. 이런 판단을 가진 그들은 바로 영적 맹인입니다.

바리새인들은 자기 기준에 따라서 사물과 사건을 비판하기 때문에 아름답고 귀한 맹인이 눈을 뜬 사건을 놓고 비난만 했습니다. 그리고 그 비난 속에는 예수님을 죽이려고 하는 못되고 악랄한 계획이 있었습니다. 우리는 내 자신이 기준이요, 표준이라고 착각해서는 안 됩니다. 내 생각, 내 주장, 내 의견이 최고요, 나 밖에는 없다고 고집할 때 그것은 벌써 영적 맹인이란 증거입니다. 그리스도가 중심이 되고, 기준이 되고, 표준이 되어야 합니다.

"너희 안에 이 마음을 품으라 곧 그리스도 예수의 마음이니." (빌 2:5)

예수님이 나와 같은 입장에 계시면 어떻게 생각하시고, 말씀하시고, 행동하실까 하는 것을 먼저 생각하는 것이 예수님의 마음을 품은 것입니다. 이런 사람을 보고 영안이 밝은 자라고 합니다.

사건보다 기분을 따른 자들

예수님께서 나면서부터 맹인 된 자를 고친 것은 사건입니다. 사건이 있을 때는 먼저 그 사건에 대해 생각해야 합니다. 맹인이 눈을 떴다면 감사하다는 생각이 먼저 들어야 합니다. 그 사건이 사실인가 아닌가를 먼저 파악하고 생각할 줄 알아야 합니다. 그런데 바리새인들은 그들이 기분이 좋은가 나쁜가

부터 생각했습니다. 예수님께서 행하신 이적이 아무리 훌륭하고 기상천외의 사건이라고 해도 그들의 기분이 좋지 않을 때는 그 사건이 아무런 가치가 없다고 평가해 버리는 것이 바리새인들의 사고방식입니다.

교회에 아름다운 행사가 있었습니다. 교회의 대들보, 기둥이 될 수 있는 일꾼들을 세우려고 교회잔치를 크게 열었습니다. 그러나 당회나 담임목사가 그 잔치를 진행해 가는 과정에서 기분을 언짢게 하고 또한 마음에 섭섭한 기분이 들 때 그 행사에 불참하거나 협력하지 않습니다. 이런 사람은 영적 맹인과 같은 존재이고, 맹인 신자입니다.

교회에 헌당 예배 준비를 위해 기도 준비를 할 때, 자기의 의견이나 주장대로 되면 기분이 좋아져서 협력하고 그 반대이면 방해 공작을 합니다. 비판을 하고 인신공격을 하고 못된 장난을 칩니다. 이것은 바로 영적 맹인의 상태입니다.

변화산에서 베드로가 '여기 있는 것이 좋사오니 초막 셋을 짓겠다.'고 했습니다. 그러나 예수님의 뜻은 하산하는 것입니다. 베드로가 신앙고백을 하면서 "주는 그리스도시요 살아 계신 하나님의 아들이시니이다."라고 하였을 때 예수님께서 "바요나 시몬아 네가 복이 있도다 이를 네게 알게 한 이는 혈육이 아니요 하늘에 계신 내 아버지시니라."하셨습니다. 이렇게 베드로는 예수님과 함께 있는 것을 좋아했지만, 예수님께서 십자가 죽음과 부활을 예언하시자, 베드로가 예수님을 붙들고 항변했습니다. "주여, 그리 마옵소서. 이 일이 결코 주께 미치지 아니하리이다."라고 했습니다. 이때 예수님께서 베드로를 꾸짖으셨습니다. "사탄아, 내 뒤로 물러가라. 너는 나를 넘어지게 하는 자로다. 네가 하나님의 일을 생각하지 아니하고 도리어 사람의 일을 생각하는도다."라고 하셨습니다. 베드로도 기분이 좋을 때에는 좋은 말을 했지만, 그 사건이 자기에 맞지 않는다고 생각했을 때 주님께 항변했습니다. 그러자 예수님은 베드로에게 사람의 일을 생각한다고 꾸짖었습니다. 하나님의 교회 일은 기분으로 하는 것이 아닙니다. 기분으로 하는 일은 영적 맹인의 일입니다. 바리새인들도 영적 맹인으로 기분에 따라 사건을 판단했습니다.

예수님을 거절한 자들

헬라인들에게 재미있는 설화가 있습니다. 캄캄한 밤에 맹인이 등불을 들고 걸어갑니다. 자기는 맹인이어서 앞을 보지 못하기에 캄캄한 밤에도 등불이 필요하지 않습니다. 그러나 그가 등불을 들고 가는 이유는 다른 사람이 자기를 보지 못해서 부딪히게 될까봐 그렇습니다. 그가 들고 가는 등불은 자기를 위한 것이 아니라 남을 위한 것입니다. 그런데 그가 얼마를 가다가 다른 사람과 그만 부딪히고 말았습니다. 맹인이 화가 나서 말했습니다. "아니 눈이 멀었나? 이 등불이 보이지 않아?" 소리쳤습니다. 그러자 부딪힌 사람이 말했습니다. '당신이 등은 가지고 있지만 등불은 꺼져 있소.' 맹인이 든 등불은 이미 꺼졌지만 그 맹인은 그것이 꺼진 것을 볼 수 없는 맹인이었습니다. 똑똑하다고 자부해도 모르는 것이 있습니다. 그래서 소크라테스는 인간은 자기가 모르고 있다는 것을 알아야 한다고 말했습니다.

우리는 최소한 내가 무엇을 모르고 있구나 하는 것을 알아야 합니다. 바리새인들은 자신들이 죄인이라는 사실을 모르고 있었습니다. 그들은 나면서부터 맹인 된 자와 자기들을 비교하면서 맹인을 죄인처럼 대했고 그들 자신은 의인으로 자처했습니다. 자신들은 율법을 지킴으로 의로운 사람이라고 과대평가 했습니다. 그러나 예수님께서는 바리새인들을 맹인으로 보았고 맹인이라고 단정하시고 단죄하셨습니다.

"눈 먼 바리새인이여 너는 먼저 안을 깨끗이 하라 그리하면 겉도 깨끗하리라."(마 23:16)

예수님은 맹인의 개념을 죄와 연관시키고 있습니다.

"너희가 맹인이 되었더라면 죄가 없으려니와 본다고 하니 너희 죄가 그대로 있느니라."(요 9:41)

자기가 죄인 된 것을 느껴 죄 사함을 구하면 그 죄는 사함을 받지만, 자기가 사실상 맹인이면서 영적 문제에 대하여 안다고 자만하니 그 죄는 사할 길이 없다고 하시는 말씀입니다. 바리새인들이 영적 맹인이 된 원인은 자만, 자의 때문입니다. 스스로 교만하고 스스로 의롭다고 하는 생각 때문에 영적 맹인이 된 것입니다. 영적 맹인은 예수 그리스도를 필요로 하지 않습니다. 하나님이신 예수님께서 그들을 보실 때 그들은 죄인이요, 죄 용서함을 받기 위해 메시야가 절대적으로 필요한 자들입니다. 그럼에도 불구하고 예수님을 배척하고 거절한 자들입니다. 차라리 그들이 맹인이었다면 눈 뜬 맹인처럼 겸손하게 믿음을 가지고, '주여, 보기를 원하나이다. 보게 해 주소서,' 라고 했을 텐데, 그들은 보는 것 때문에 정말 알아야 할 것을 몰랐고 믿어야 할 진리를 믿지 못하게 되었다는 의미입니다. 예수님께서는 말씀하십니다.

"너희가 본다고 하기 때문에 너희 죄가 그저 있느니라."(요 9:41)

영적 맹인은 얼마든지 있을 수 있습니다. 예수님을 배척하고 불신하는 자는 영적 맹인입니다. 영적으로 교만하고 자의식이 강한 자는 맹인입니다. 사도 바울이 바울되기 전 사울이었을 때 자기의 믿음이 최고라고 생각했고 자기의 판단이 최상이라고 생각하는 교만을 갖고 있었습니다. 죄를 그냥 보유하고 있는 자는 맹인입니다.

발람 선지자에게 모압 왕 발락이 예물을 많이 줄 테니 이스라엘을 저주하라고 부탁했습니다. 그때 발람이 이스라엘을 저주하려고 하자 하나님께서 세 번이나 막으셨습니다. 발람은 그래도 영리에 눈이 어두워서 모압 왕의 말에 따라서 갔지만, 가다가 타고 가던 나귀가 길에서 벗어나서 밭으로 들어가 버렸습니다. 나귀가 말을 듣지 않고 자꾸 다른 길로 가다가 막다른 벽에까지 다다랐습니다. 발람이 화가 나서 나귀를 세 번이나 때렸더니 나귀가 발람에게 말했습니다. "내가 지금까지 주인에게 이렇게 했던 적이 있습니까?" 그때 발람의 눈이 열리면서 하나님의 천사가 칼을 갖고 발람을 겨누고 있는 것이 보였습니다. 영적 눈이 열리지 않아 맹인이었던 발람이 영적인 눈이 떠지면서 천사가 보였던 것입니다. 탐심은 죄입니다. 탐심을 가진 자는 영적 맹인입니다.

믿음 없이 두려워하는 자도 영적 맹인입니다. 엘리사 선지자가 도단 성에서 아람군대에게 포위를 당했습니다. 시종 게하시가 새벽에 일어나 도단 성 주위를 포위한 아람의 대군에 놀라서 엘리사에게 달려가 고했습니다. 그러자 엘리사는 태연하게 '나를 보호하시는 하나님의 군대가 저들보다 많다,'고 했습니다. 그때 게하시의 눈이 열려서 천군천사들이 그들의 뒤를 에워싸고 보호하고 있는 것을 보게 되었습니다.

말씀을 의심하는 자도 영적 맹인입니다. 엠마오 도상의 2제자가 주님의 부활사건을 의심했습니다. 저희 눈이 가려져서 부활의 주를 알지 못했습니다. 예루살렘에서 엠마오로 가는 15리 길을 가면서 이야기를 주고받을 때 예수님께서 함께 동행 하셨으나 그들은 영적인 눈이 열리지 않아 예수님을 알아보지 못 했습니다. 예수께서는 가는 길에 말씀을 알아듣게 설명하시며 마을로 들어가서 함께 유하셨습니다. 예수님께서 식사 때 축사하고 떡을 떼어 그들에게 주실 때에야 그들의 눈이 밝아져서 예수님을 알아보게 되었습니다. 말씀공부를 하게 되면 확신이 오고 영안이 밝아집니다.

눈은 몸의 등불입니다. 등불이 어두우면 얼마나 답답하겠습니까? 활동하기에 얼마나 거북하겠습니까? 영안이 어두우면 얼마나 신앙생활이 답답하겠습니까? 기쁨, 만족, 행복, 찬송이 없게 됩니다. 불평과 짜증이 나고 보람이 없습니다. 그럴 때는 왜 내가 영적 안목이 흐려졌나를 생각해 봐야 합니다. 성경말씀으로 진찰을 받아 치료를 해야 합니다.

나는 바리새인들과 유사한 점이 있지 않는가를 생각해 보시기 바랍니다. 내가 세운 기준에 따라 사건이나 사물을 비판하는 버릇이 있나 없나 생각해 보시기 바랍니다. 위대하고 보편타당한 사건을 중요시 하는 것보다 내 기분을 더 중요시 한 것이 없나 생각해 보시기 바랍니다. 나의 의를 말하고 주장하다가 예수님을 배척한 일은 없는지 생각해 보시기 바랍니다. 영적 교만, 탐심, 연약한 상태에서 믿음 없이 두려워 함, 이런 것들이 우리를 영적 맹인으로 만듭니다. 말씀의 순종이 없을 때에도 맹인이 됩니다.

말씀을 통한 영적 개안 수술을 받고 다시 건강한 삶으로 돌아가야 합니다. 영적 광명을 되찾아 즐거운 은혜 생활과 만족한 축복의 삶을 누려야 하겠습니다.

제29장

선한 목자와 그의 양

(요 10:1~6)

요한복음 10:1~6 "내가 진실로 진실로 너희에게 이르노니 문을 통하여 양의 우리에 들어가지 아니하고 다른 데로 넘어가는 자는 절도며 강도요, 문으로 들어가는 이는 양의 목자라, 문지기는 그를 위하여 문을 열고 양은 그의 음성을 듣나니 그가 자기 양의 이름을 각각 불러 인도하여 내느니라. 자기 양을 다 내놓은 후에 앞서 가면 양들이 그의 음성을 아는 고로 따라오되 타인의 음성은 알지 못하는 고로 타인을 따르지 아니하고 도리어 도망하느니라. 예수께서 이 비유로 그들에게 말씀하셨으나 그들은 그가 하신 말씀이 무엇인지 알지 못하니라."

예수님은 선한 목자이십니다.

우리는 그의 양들입니다.

예수님은 우리를 알고 우리는 그 음성을 압니다.

예수님은 우리를 사랑하시고 은혜를 주십니다.

예수님은 우리의 길을 인도하십니다.

우리의 선한 목자는 오직 예수님 뿐 입니다.

구약성경에서 하나님은 목자로 비유되고 이스라엘 백성은 그의 양떼로 묘사되어 있습니다.

"여호와는 나의 목자시니 내게 부족함이 없으리로다."(시 23:1)

"주의 백성을 양 떼 같이 모세와 아론의 손으로 인도하셨나이다."(시 77:20)

"우리는 주의 백성이요 주의 목장의 양이니 우리는 영원히 주께 감사하며 주의 영예를 대대에 전하리이다."(시 79:13)

"그는 우리의 하나님이시요 우리는 그가 기르시는 백성이며 그의 손이 돌보시는 양이기 때문이라."(시 95:3)

"우리는 그의 것이니 그의 백성이요 그의 기르시는 양이로다."(시 100:3)

또 하나님께서 기름 부으신 자, 곧 메시야를 양의 목자라고 묘사합니다.

"그는 목자 같이 양 떼를 먹이시며 어린 양을 그 팔로 모아 품에 안으시며 젖먹이는 암컷들을 온순히 인도하시리로다."(사 40:11)

신약성경에서는 예수님을 목자로 비유하고 있습니다. 예수님을 묘사한 말 가운데 선한 목자라고 한 표현만큼 사랑스러운 것은 없습니다. 베드로는 예수님을 영혼의 목자(벧전 2:25)라고 하였고, 히브리서 저자는 양들의 큰 목자(히 13:20)라고 하였습니다. 예수님은 자신을 가리켜서 나는 선한 목자라고 하셨습니다.

예수님 당시 목자들은 연합해서 양의 우리를 공동으로 소유하고 있었습니다. 밤에도 양을 우리에 넣고 문지기 하나를 고용해서 우리를 지키게 했습니다. 문지기는 돈을 받고 일하는 삯군입니다. 밤새도록 양을 지키다가 목자가 오면 인계합니다. 양들은 빨리 들판에 나가서 물도 먹고 싶고 풀도 뜯고 싶은데 갇혀있으니 답답해서 목자를 초조하게 기다립니다. 목자는 우리에 들어서자마자 양들의 이름을 하나씩 불러 밤사이에 무사한가를 확인합니다. 그리고 앞장서서 양떼를 초장으로 인도합니다. 이것은 매우 아름다운 광경입니다. 이 목장의 모습을 연상시키면서 예수님은 자기가 선한 목자이며 반면에 선한 목자가 아닌 절도 하는 자, 강도 짓 하는 자가 있다고 가르치십니다.

선한 목자는 문으로 정당하게 들어감

담장이 둘려 쳐져있는 우리 안의 양을 보려고 목자가 들어가려면 반드시 문을 통해야 합니다. 합리적인 길을 통해서 목자는 양을 만납니다. 그러나 강도나 절도는 양을 늑탈하려고 담을 넘어서 들어갑니다. 들어가는 입구가 다르다는 것은 양과 목자의 사이는 서로 믿는 관계, 즉 순리의 관계이지만 강도나 절도는 그 반대인 것을 말합니다.

바리새인들과 유대인들은 강도와 절도 같은 존재였습니다. 맹인의 부모를 위협해서 그들이 출교당할 것을 염려하게 한 것처럼, 그들은 백성들을 위협한 강도요, 백성들에게 공갈치는 절도였습니다. 이것은 불법으로 자기 양들을 만들려는 것과 같습니다. 그러나 예수 그리스도께서는 하나님이 합법적으로 보내신 목자요, 선한 목자입니다.

본문말씀 중에 문으로 들어가는 이라는 뜻은 하나님이 합법적으로 보내신 대사란 뜻입니다. 그러나 예수님이 자기 자신을 비유적으로 설명하실 때에는 선한 목자라고 강조 하셨습니다. 많은 절도, 강도가 있으나 목자는 한 분 뿐이십니다. 선한 목자의 자격을 가진 분은 오직 예수 그리스도 한 분뿐이십니다.

선한 목자와 양은 서로의 음성을 알아들음

가정에서 키우는 대부분의 짐승들은 주인의 음성을 알아듣습니다. 음성을 알아듣는다는 것은 조건반사로써 어떤 음성이 들려온 다음에는 무슨 일이 일어날 것을 안다는 것입니다. 만일 손뼉 치는 소리가 난 다음에 개를 때렸다면 다음에 다시 손뼉 치는 소리가 나면 개는 또 맞을지도 모른다는 생각에 도망을 가게 됩니다. 이런 경험으로 양들은 목자의 음성을 알아듣고 반가와 합니다. 그런데 담을 뛰어넘는 소리가 난 다음에 강도가 들어왔다면, 그 다음에 양들은 그 소리만 들어도 벌벌 떨게 됩니다. 음성을 알아듣는다는 것은 지난 날의 경험을 말해주는 것입니다.

스카치라는 나그네가 예루살렘 근방을 유람하면서 시험해 보았습니다. 석양에 양떼를 몰고 돌아오는 어떤 목자를 만나 그와 옷을 바꿔 입고는 양을 불러보았지만 양들은 그를 따르지 않았습니다. 옷을 바꿔 입은 목자가 나와서 부르니 옷이 바뀌었음에도 불구하고 양떼들은 즉시 목자를 따랐습니다. 18세기 어떤 여행자가 "팔레스타인의 양들은 자기 목자가 부는 특별한 휘파람이나 피리의 음색에 따라 때로는 빨리 춤추기도 하고 때로는 천천히 춤을 출 수 있다,"고 하였습니다.

주님이 우리의 선한 목자라고 할 때에 우리는 그의 음성을 들을 수 있습니다. 주님의 음성의 음색을 알 수 있습니다. 그 음성을 들을 때에 우리는 편안하고 안심할 수 있습니다. 목자의 음성을 듣는 양들의 마음은 편안하고 안심하게 됩니다. 그러나 도적이나 강도의 말을 들을 때에는 불안해 집니다.

목자의 음성을 안다는 말은 대화가 된다는 말입니다. 사랑스런 주님의 음성이 들릴 때 우리는 우리의 생을 그에게 맡기고 따라갑니다. 그 음성을 알기 때문에 믿고 따라갑니다. 이것이 신앙입니다. 다윗은 목자와 양의 관계를 그의 경험에 의하여 실감나게 표현했습니다.

"여호와는 나의 목자시니 내게 부족함이 없으리로다. 그가 나를 푸른 풀 밭에 누이시며 쉴 만한 물 가로 인도하시는도다. 내가 사망의 음침한 골짜 기로 다닐지라도 해를 두려워하지 않을 것은 주께서 나와 함께 하심이라." (시 23편)

어떤 신앙 좋은 분이 간증하면서 자기가 기도한대로 이루어지면 불안하고 오히려 이루어지지 않을 때 더 평안하다고 했습니다. 왜냐하면 그 때가 하나 님의 뜻대로 인도하시는 때이기 때문이라는 것입니다.

목자가 양을 인도할 때 좋은 길로만 인도하는 것은 아닙니다. 경우에 따라 서 골짜기나 비탈길도 가고 가파른 길, 오르막길로도 인도합니다. 그러나 궁 극적으로는 좋은 길, 좋은 곳으로 인도합니다. 양은 목자의 인도를 믿고 어느 형편이나 처지에도 따라갑니다. 목자의 음성만 있으면 어디나 따릅니다. 이 처럼 우리도 주의 음성을 듣고 믿고 따라야 합니다.

자기 양의 이름을 각각 부름

영국에서는 양이 육용으로 사육됩니다. 그러나 팔레스타인에서는 양털 을 얻을 목적으로 사육되기 때문에 목자와 양은 몇 년씩이나 함께 지낸다 고 합니다. 목자는 양의 특성을 살려 이름을 붙여줍니다. 목자는 양 무리 전체를 상대하지만 동시에 한 마리 한 마리를 개별적으로 대합니다. 목자 와 양이 많다고 해서 양 한 마리쯤이야 하고 소홀히 대하거나 무시하지 않 습니다.

양 100마리 중에 한 마리를 잃었어도 목자는 그것을 찾습니다. 길 잃고 떨 어져 홀로 무서워하는 한 마리 양을 찾으러 가는 목자의 발걸음은 간절합니 다. 그리고 그 양을 찾았다면 어깨에 메고 소중하게 집으로 돌아와서 양 한 마리를 다시 찾은 것에 대한 잔치를 엽니다.

하나님과 성도의 관계에서 하나님은 성도 한 사람 한 사람을 개별적으로 부르십니다.

"너희는 눈을 높이 들어 누가 이 모든 것을 창조하였나 보라 주께서는 수효대로 만상을 이끌어 내시고 그들의 모든 이름을 부르시나니 그의 권세가 크고 그의 능력이 강하므로 하나도 빠짐이 없느니라."(사 40:26)

"야곱아 너를 창조하신 여호와께서 지금 말씀하시느니라 이스라엘아 너를 지으신 이가 말씀하시느니라 너는 두려워하지 말라 내가 너를 구속하였고 내가 너를 지명하여 불렀나니 너는 내 것이라."(사 43:1)

하나님은 인류 전체를 상대하시고 개인 한 사람 한 사람을 상대하십니다. 하나님은 각 사람의 이름을 부르십니다. "아담아, 네가 어디 있느냐?" "사무엘아, 사무엘아!" "모세야, 신을 벗으라 네가 선 곳은 거룩한 땅이다." 이렇게 각 사람의 이름을 부르십니다. 하나님은 우리 한 사람 한 사람을 부르시고 개별적으로 사랑하시며 은혜를 주십니다. 주님은 소외당한 삭개오 한 사람을 만나 주셨고 구원하셨습니다.

스펄젼 목사는 그의 말년에 미국에서 청빙 받은 일이 있습니다. 청빙하는 사람이 약속하기를 50일 동안 50번 강의해 주면 한 번에 천불씩 사례를 하겠다고 했습니다. 그러나 스펄젼 목사는 그것을 거절하면서 말했습니다. "나는 5만 불을 버는 것보다 런던에서 하루 한 명씩 회개시키는 전도를 하겠습니다." 그는 미국에 가서 대중 집회를 해서 인기획득을 하는 것 보다 런던에서 하루 한 생명에게 전도하는 것을 더 귀하게 여겼습니다. 예수님께서도 한 영혼이 천하보다 귀하다고 하셨습니다.

선한 목자는 양들 보다 앞서 감

양들을 개별적으로 불러낸 후 목자는 앞서 갑니다. 그 뒤를 양들이 줄을 지어 따라갑니다. 농촌에서 소를 몰고 갈 때는 뒤에서 소를 몹니다. 그것은 소의 뿔에 다칠까봐 그렇습니다. 말을 몰고 갈 때는 앞에서 몰고 갑니다. 그 것은 말의 뒷발질에 다칠까봐 그렇습니다. 목자가 양 무리 앞에 서서 가는 것 처럼, 주님은 우리 앞에 서서 가는 분이십니다. 먼저 원수를 사랑하시면서 기 도하시고, 먼저 제자들의 발을 씻어주시고, 먼저 십자가를 지셨습니다. 그리 고 "너희도 너희 십자가를 메고 나를 따르라,"고 하셨습니다. 목자가 앞서 가 는 것은 양을 보호하기 위해서입니다. 위험한 사태를 대비해서 방어를 하기 위해 앞서 가는 것입니다. 혹시나 맹수라도 나온다면 목자가 양떼를 보호하 면서 맹수와 싸우리라고 생각하면서 앞서 가는 것입니다.

어려운 일은 내가 먼저 맡겠다는 것입니다. 주님이 이렇게 우리의 위험을 먼저 담당하셨습니다. 지도자는 솔선수범을 하면서 앞장 서야 합니다. 교회 일에도 먼저 앞장서야 합니다. 무슨 일에나 먼저 나서서 모범을 보이고 먼저 위험을 감당해야 합니다.

목자가 앞장설 때에 양들은 그 음성을 알기 때문에 뒤따릅니다. 그러나 목 자가 아닌 사람은 따르지 않습니다. 맹인 된 자는 바리새인들을 따르지 않고 예수님을 따랐습니다. 강도, 절도인 바리새인들을 따르지 않고 선한 목자이 신 예수님을 따랐습니다. 바리새인들은 양들을 찢고 상처를 입히고 출교를 시키고 무거운 멍에를 지우는 강도 절도들입니다. 그러니 아무도 그들을 따 르지 아니했습니다.

선한 목자는 예수님뿐입니다. 하나님이 보내신 합법적인 목자이고 자격을 소유한 목자이십니다. 예수님은 우리를 알고 우리는 그 음성을 압니다. 예수 님은 우리 한 사람 한 사람을 개별적으로 알고 부르시고 사랑하시고 은혜를 주십니다. 예수님은 우리보다 앞서 가시면서 우리의 길을 인도하십니다. 예수님께서는 결코 우리를 몰고 가지 않습니다. 솔선수범하시고 감화를 주시고 본을 보이시고 앞서서 인도하십니다.

제30장

나는 양의 문이라

(요 10:7~10)

요한복음 10:7~10 "그러므로 예수께서 다시 이르시되
내가 진실로 진실로 너희에게 말하노니 나는 양의 문이라.
나보다 먼저 온 자는 다 절도요 강도니 양들이 듣지 아니하였느니라.
내가 문이니 누구든지 나로 말미암아 들어가면 구원을 받고
또는 들어가며 나오며 꼴을 얻으리라.
도둑이 오는 것은 도둑질하고 죽이고 멸망시키려는 것뿐이요
내가 온 것은 양으로 생명을 얻게 하고 더 풍성히 얻게 하려는 것이라."

예수님은 유일하신 양의 문이십니다.
양의 문으로 들어가면 구원, 안전과 평안, 만족을 얻습니다.
우리는 개인적으로 이 문으로 들어가야 합니다.

예수님께서 나는 선한 목자라고 하실 때에 유대인들은 그 뜻을 이해하지 못했습니다. 그래서 주님은 더 분명하게 숨김없이 표현하시기를 나는 양의 문이라고 하셨습니다. 예수님 당시 유대 나라에는 두 가지 종류의 우리가 있었습니다. 마을에 공동으로 사용하는 양 우리가 있었습니다. 이 우리에는 문지기가 있어 밤에는 문지기가 양 우리를 지킵니다. 물론 돈을 받고 이 일을 합니다. 그 마을 전체의 양들이 밤에 돌아오면 그 우리에 넣어둡니다. 이러한 양의 우리에는 그 자체의 방어를 위해서 든든한 문을 세워 두었는데 문지기만이 열쇠를 가지고 있었습니다. 예수님께서 요한복음 10:2~3에서 말씀하신 것이 바로 이러한 종류의 우리입니다.

그러나 따뜻한 계절에는 양을 고원에 방목하고 밤에 마을로 돌아올 필요가 없습니다. 그때에는 목자가 고원 중턱에 있는 양 우리에 양을 가두어둡니다. 이 우리는 허술한 담장만 있을 뿐이지 어떤 형태의 든든한 문은 없습니다. 다만 양이 출입할 수 있는 입구가 있을 뿐입니다. 밤이 되면 목자가 그 입구에 가로질러 누워서 잠을 잡니다. 그러면 목자의 몸을 뛰어넘지 않는 한 양은 출입을 할 수 없습니다. 그래서 전적으로 이 상태에서 목자란 바로 양의 문을 말합니다. 그를 통하지 않고는 양의 우리에 들어갈 수 없습니다. 예수님이 '나는 양의 문이다.' 라고 하실 때 그 말씀은 바로 이것을 염두에 두신 말씀이었습니다.

양의 문은 오직 하나

예수님께서 양의 문이라고 하실 때 그 문의 유일성을 강조하십니다. 곧 하나님의 자녀들은 예수님을 통해서만 하나님께 갈 수 있고 하나님을 만날 수 있다는 의미입니다.

요한복음 14:6에 "내가 곧 길이요 진리요 생명이니 나로 말미암지 않고는 아버지께로 올 자가 없느니라," 하셨습니다. 예수님은 자기를 길, 진리, 생명이라고 선언하셨습니다. 예수님은 진리를 배워서 전하는 자가 아니라, 진리 그 자체이십니다. 예수님은 단순히 길을 보여주는 자가 아니라, 길 그 자체이십니다. 예수님은 생명에 대해 이야기하는 자가 아니라, 생명 그 자체이십니다.

"그로 말미암아 우리 둘이 한 성령 안에서 아버지께 나아감을 얻게 하려 하심이라" (엡 2:18)

"그 길은 우리를 위하여 휘장 가운데로 열어 놓으신 새로운 살 길이요" (히 10:20)

십자가 사건은 성소의 휘장이 위에서 아래로 찢어지고 성소와 지성소로 들어가는 새로운 살 길이 열린 것입니다.

본문말씀에 "나보다 먼저 온 자는 다 절도요 강도니 양들이 듣지 아니하였느니라," 하였습니다. '먼저' 라는 말은 헬라어 '프로(πρὸ)' 인데 사도행전 12:6에서는 'πρὸ' 가 장소의 의미로 사용되었습니다. 즉 '파수꾼이 문 밖에서' 의 '밖에서' 의 뜻으로 사용되었습니다. 마태복음 8:29에서는 '때가 이르기 전에' 의 '전에' 라는 시간의 의미로 사용되었습니다. 베드로전서 4:8에서는 '무엇보다도 (먼저)' 라는 의미인 '모든 것의 전' 이라는 의미로 쓰였습니다.

본문말씀에서 '나보다 먼저 온 자' 는 시간의 의미로써의 모세, 다윗, 솔로몬, 선지자 등을 의미하는 것이 아니라, 장소를 나타낸 것으로 예수님의 앞에 있는 유대 종교 지도자들을 가리키고 있습니다. 즉 산헤드린, 사두개인, 바리새인을 가리키고, 특히 바리새인들을 지칭하고 있습니다. 바리새인들은 유대민중을 협박하고 공갈하며 예수님을 믿으면 출교시키는 그런 무리들이었습니다. 예수님은 당시 종교지도자들은 도적이요, 강도라고 하셨습니다. 도적은 헬라어 '클렙테스(κλέπτης)'로, 이것은 교활하게 훔치는 자를 뜻합니다. 사탄이 하와의 마음에 의혹을 불러일으킨 것도 바로 도적 행위입니다. 강도는 헬라어 '레스테스(ληστής)'로 이것은 폭력으로 탈취하는 것을 뜻합니다. 예수님께서 이렇게 말씀하신 이유는 바리새인들은 사람들의 마음에 의혹을 불러 일으켜 예수님을 의심하고 불신하게 하며, 출교시킨다고 위협하여 강도처럼 폭력을 행사하기 때문입니다. 예수님은 이들을 강도요 도적이라고 힐난하셨습니다.

오늘날 교회 안에서도 도적 행위가 일어날 수 있습니다. 진리에 대하여 의심을 불러일으키고 하나님의 일에 소극적인 마음을 가지게 만드는 것들은 모두 도적행위이고 사탄의 유혹행위입니다. 교회 안에서도 강도행위가 있을 수 있습니다. 그것은 예수님의 권위보다 자기의 권위를 높이고 앞세우는 것입니다. 이런 행위는 모두 강도행위입니다. 예수님을 따르도록 인도하지 않고 자기의 말을 믿도록 하고 자기의 명령을 따르도록 하는 것은 파벌행위이고 작당행위이며 이것은 강도행위입니다. 요한계시록 2:15에서 예수님께서는 이것을 니골라당의 행위요, 교회적인 폭군행위이며, 하나님이 미워하시는 것이라고 가르치십니다.

개인적으로 이 문으로 들어가야 함

예수님께서는 자기를 가리켜 양의 문이라고 말씀하셨습니다. 이 말을 좀 더 정확하게 해석하자면 '양을 위한 문'이라는 의미입니다. 양들이 양의 문으로 들어갈 때에는 단체로 들어가지 않고 개별적으로 들어갑니다. 곧 개인적으로 예수 그리스도를 믿고 의지하며, 개인적으로 예수님을 구주로 영접하는 것이 믿음입니다. 문으로 들어간다는 것은 이처럼 양들이 개별적으로 취하는 행동입니다. 마찬가지로 양의 문인 예수 그리스도를 통하여 하나님 나라에 들어가는 것은 추상적인 것이 아니라 실제적인 믿음의 행동입니다. 곧 예수님을 인격적으로 신뢰하는 행동입니다.

예수님께서 우리 죄를 대신해서 죽으셨습니다. 그 자신을 우리에게 주신 것입니다. 그는 우리의 것이 되고 우리는 예수님의 것이 된 것입니다. 예수님께서 "너희가 내 안에 내가 너희 안에 있으리라,"고 말씀하십니다.

이것이 아름다운 목자와 양의 관계이고, 인격적인 관계입니다. 만일 예수님께서 자신을 우리가 올라가야 할 벽이나 가파른 산에 비교했더라면 그것은 우리 인간에게는 정말 어려운 일이 될 것입니다. 만일 예수님께서 자신을 길고도 어두컴컴한 통로에 비교했다면 그 길을 들어서려고 하는 사람들이 두려워할 것입니다. 그러나 예수님은 문이라고 했으니 누구든지 쉽게 즉시 들어갈 수 있습니다.

반하우스 목사가 어떤 불신자 부인이 교회에 온 것을 보았습니다. 그래서 그 부인에게 확신을 심어주기 위해 말했습니다. "십자가가 당신이 들어가야 할 문이라고 생각해 보십시오. 저기 보이는 저 글을 보세요." 반하우스 목사가 가리키는 곳에는 이렇게 쓰여 있었습니다. "누구든지 오십시오." 반하우스 목사는 다시 말했습니다. "당신은 지금 당신의 죄 짐을 지고 십자가 문에 들어가야 할지 말아야 할지 망설이다가 마침내 십자가 문으로 들어왔습니다. 그리고 당신은 당신의 죄 짐을 내려놓았습니다. 당신은 편안을 얻고 자유하게 되었습니다. 이제 당신은 기쁨으로 십자가 뒤에 기록된 것을 읽어볼 수 있습니다." 그러자 그 부인이 십자가를 돌려 그 뒤에 쓰인 글을 읽었습니다. '창세전에 주안에 선택을 받은 자' 라는 글귀가 있었습니다. 그 부인은 그 순간 믿음을 가졌고 큰 변화가 그 마음에 일어났습니다. 예수님은 말씀하십니다. "나를 통해 문으로 들어오는 누구든지 구원을 얻을 것이로다."

양의 문으로 들어갈 때 얻는 3가지 유익

구원을 얻습니다.

양의 문이신 예수 그리스도 안에 들어갈 때, 곧 예수 그리스도를 믿을 때에 우리는 즉시 죄의 형벌로부터 해방됩니다. 더 이상 죄를 두려워할 필요가 없습니다. 믿음과 동시에 칭의(稱義: 의롭다고 일컬음 받음)의 은혜를 받게 됩니다. 칭의란 주님의 의로 우리를 막아주어서 의롭다는 말을 듣는 것을 말합니다. 즉 주님의 의가 우리에게 전가되었다는 법정적 선언인 것입니다. 우리는 예수 그리스도를 믿음과 동시에 죄의 세력과 싸워나갈 힘을 얻게 됩니다. 이것을 성화(聖化, Sanctification)라고 합니다. 그리스도를 믿음과 동시에 우리는 죽음의 문을 관통할 수 있습니다. 이것을 영화(榮化, Glorification)라고 합니다. 구원은 순전히 미래적인 것이 아닙니다. 구원은 과거, 현재, 미래를 모두 포함하고 있습니다. 그리스도를 믿는 신자는 이미 받은 구원인 칭의와 지금 받고 있는 성화와 앞으로 받을 구원인 영화를 모두 가진 것입니다.

안전과 평안을 얻습니다.

본문말씀 9절에서 '들어가며 나오며' 라고 하였습니다. 히브리나 아람 나라에서 사용되는 이 말의 뜻은 안전이 보장되어 있다는 것을 의미합니다. 두려움 없이 출입할 수 있는 경우라는 것은 국가가 평화스러우며, 법과 질서가 준수되어 전적으로 안전한 생활을 할 수 있다는 뜻입니다.

"네가 들어와도 복을 받고 나가도 복을 받을 것이니라." (신 28:6)

이 말씀은 평안을 의미합니다.

"나의 하나님 여호와여 주께서 종으로 종의 아버지 다윗을 대신하여 왕이 되게 하셨사오나 종은 작은 아이라 출입할 줄을 알지 못하고." (왕상 3:7)

이 말은 나라를 편하게 다스릴 줄 모른다는 의미입니다. 전쟁 때 포로가 되면 출입이 불가능합니다. 특히 예루살렘 성이 적군들에게 포위되었을 때 출입이 결코 자유롭지 못했습니다. 나라 안에 평안이나 평화가 없었습니다.

"여호와께서 너의 출입을 지금부터 영원까지 지키시리로다."(시 121:8)

안전과 평안을 하나님께서 책임지신다는 의미입니다.

팔레스타인 지방의 목자들은 동물 가죽으로 만든 주머니 속에 물매 돌을 가지고 다닙니다. 물매 돌은 공격이나 방어용으로 사용합니다. 양을 지키는 개가 없을 때에는 맹수들을 물리치기 위해 물매 돌을 사용하고 이탈한 양에게는 물매 돌을 바로 양의 코앞에 던져서 돌아오라고 경고를 하기도 합니다. 목자들은 또 허리에 장대를 매고 있습니다. 이것은 들짐승이나 도적의 습격에 대항하는 무기입니다. 또 목자들은 막대기를 들고 다닙니다. 이 막대기는 무리를 떠나려는 양들을 붙들어주고 끌어줍니다. 해가 저물어 양들이 우리로 돌아올 즈음에 목자는 그 막대기를 입구에 가로질러 놓습니다. 양이 한 마리씩 그 아래로 지나가게 하는 것입니다. 양이 막대기 아래로 지나갈 때 목자는 양이 하루 종일 어떤 상처를 입지나 않았나를 재빨리 살펴봅니다.

"내가 너희를 막대기 아래로 지나가게 하며 언약의 줄로 매려니와."(겔 20:37)

"모든 소나 양의 십일조는 목자의 지팡이 아래로 통과하는 것의 열 번째의 것마다 여호와의 성물이 되리라."(레 27:32)

하나님의 보살핌은 예민하고 안전합니다. 예수 그리스도 안에 있다는 확신과 하나님의 장중에 붙들려 있다는 확신만큼 안전이 보장되는 것은 없습니다.

만족을 얻습니다.

본문말씀 9절에 "들어가며 나오며 꼴을 얻으리라," 하였습니다. 팔레스타인 광야는 대부분이 황량한 사막이라 좋은 꼴을 얻기가 쉽지 않습니다.

그러므로 좋은 꼴을 얻는다는 확신은 성도의 번영, 만족, 건강, 행복을 의미합니다.

"여호와는 나의 목자시니 내게 부족함이 없으리로다. 그가 나를 푸른 풀밭에 누이시며 쉴 만한 물 가로 인도하시는도다."(시 23:1~2)

모세는 이스라엘을 위해 기도할 때 후계자를 위해 기도했습니다.

"원하건대 한 사람을 이 회중 위에 세워서, 그로 그들 앞에 출입하며 그들을 인도하여 출입하게 하사 여호와의 회중이 목자 없는 양과 같이 되지 않게 하옵소서."(민 27:16~17)

예수 그리스도를 믿을 때 우리들은 구원과 안전과 만족을 얻게 된다는 것을 믿으시고, 양의 문이신 예수 그리스도의 문으로 들어가서 칭의와 성화와 영화를 얻으시기를 진심으로 원합니다.

제31장

선한 목자와 삯꾼

(요 10:10~15)

요한복음 10:10~15 "도둑이 오는 것은 도둑질하고 죽이고 멸망시키려는 것뿐이요 내가 온 것은 양으로 생명을 얻게 하고 더 풍성히 얻게 하려는 것이라. 나는 선한 목자라 선한 목자는 양들을 위하여 목숨을 버리거니와, 삯꾼은 목자가 아니요 양도 제 양이 아니라 이리가 오는 것을 보면 양을 버리고 달아나나니 이리가 양을 물어 가고 또 헤치느니라. 달아나는 것은 그가 삯꾼인 까닭에 양을 돌보지 아니함이나, 나는 선한 목자라 나는 내 양을 알고 양도 나를 아는 것이, 아버지께서 나를 아시고 내가 아버지를 아는 것 같으니 나는 양을 위하여 목숨을 버리노라."

예수님은 선한 목자라고 하십니다.
선한 목자는 우리를 아시고, 우리에게 풍성한 생명을 얻게 하시고,
우리를 위해 목숨을 버리십니다.
선한 목자이신 주님을 따르고, 순종하고 복종해야 합니다.

예수님은 자기를 가리켜 선한 목자라고 하십니다. 여기서 선하다라는 말은 착하다는 도덕적 의미 이상의 뜻을 포함하고 있습니다. 헬라어에는 선하다라는 뜻으로 '아가도스(ἀγαθός)'와 '칼로스(καλός)' 두 개의 단어가 있습니다.

'아가도스(ἀγαθός)'는 순전히 도덕적으로 선하다는 의미입니다. '칼로스(καλός)'는 '아름답다, 매력 있다, 사랑스럽다, 진실하다, 특유하다,'는 의미입니다. 선한 목자에서는 칼로스를 썼고, 그 의미는 '예수님은 아름답고, 매력 있고, 사랑스럽고, 진실하고, 특유한 목자'라는 뜻입니다. 성경학자 헨드릭슨은 여기 칼로스라는 말을 탁월(excellent)하다고 해석했습니다. '주님은 탁월하신 목자'라는 것입니다.

"나는 선한 목자다,"라고 주님이 말씀하실 때에 주어와 보어를 바꾸어 '그 선한 목자는 나다,'라고 할 수 있습니다. 곧 이 말은 선한 목자는 예수 그리스도 뿐이라는 것을 말해줍니다. 선한 목자의 특성은 무엇입니까?

양으로 하여금 풍성한 생명을 얻게 함

도적이 양의 무리에게 접근하는 것은 양을 도적질하고 양을 죽이고 멸망시키기 위해서입니다. 곧 양의 생명에 위협을 주고 양의 생명을 해치기 위해 도적들은 접근하는 것입니다. 도적은 양의 생명을 해치고 양을 도적질하는 반면, 삯꾼은 양의 생명에 대한 책임을 지지 않습니다. 삯꾼은 양이 병들든지, 불행을 당하든지, 풀을 먹는지 안 먹는지, 여위든지 말든지 상관하지 않습니다. 다만 양을 지켜줄 뿐입니다. 시간이 지나면 삯을 받는 것이 삯꾼의 목적입니다.

그러나 선한 목자는 양의 생명이 풍성해지기를 소원합니다. 목자 되시는 예수님의 위임과 생명을 받고 교회를 섬기는 진정한 사역자들은 성도들의 신앙생활에 변화가 와서 윤택해지고 부요해지고 풍성하기를 원합니다.

양을 위해 목숨을 버림

본문말씀 11절에 위하여 라는 말은 헬라어 '후페르(ὑπέρ)'로 그 의미는 양들의 '유익과 이익을 위하여', 또는 양을 '대신해서' 라는 의미입니다. 선한 목자는 양들의 유익과 이익을 위하여 목숨을 버립니다. 양이 죽어야 할 것을 대신해서 목자가 죽는다는 뜻입니다.

오토만 시리아(오스만제국 하의 시리아)에서 선교했던 톰슨 박사(William McClure Thomson 1806~1894)는 그의 저서 성지와 성서(The Land and The Book)에서 "목자는 맹수와 사투한다. 특히 강도들이 침입했을 때는 목숨을 걸고 싸운다. 한 목자는 양들을 구하기 위해 베두윈(Bedouin)족 삼인조 강도와 사투를 벌이다가 강도들의 도끼로 갈기갈기 난도질당하여 양들 사이에서 죽었다,"라고 보고했습니다.

다윗은 사울 왕에게 이렇게 보고했습니다.

"아버지의 양을 지킬 때에 사자나 곰이 와서 양 떼에서 새끼를 물어 가면, 내가 따라가서 그것을 치고 그 입에서 새끼를 건져내었고 그것이 일어나 나를 해하고자 하면 내가 그 수염을 잡고 그것을 쳐 죽였나이다." (삼상 17:34~36)

팔레스타인의 목자들은 자기 양떼를 위해 목숨을 걸고 싸웠습니다. 목자의 죽음은 양들의 생명을 위한 죽음입니다. 목자는 자기 자신을 양을 위해서 줍니다. 이것은 목자가 자기의 생명을 단순히 준다는 의미가 아닙니다. 양들을 사랑해서 자기 전부를 준다는 뜻입니다. 여기서 생명(프수케이, ψυχή)이란 근원적인 의미는 자기 자신, 개인을 의미합니다.

본문말씀에 도적이란 예수님이 암시하는 대로 거짓 종교 지도자들이요, 당시 바리새인들이었습니다. 그들은 하나님의 양인 이스라엘 백성들에게 군림했고 예수님을 그리스도라고 믿는 자는 즉시 출교하라는 법령을 만들어 백성들을 협박했습니다. 이것은 하나님의 양을 도적질하는 폭력행위입니다.

맹인으로 태어난 사람이 자기를 고쳐준 예수 그리스도를 구주로 믿을 때 바리새인들은 즉시 그를 출교시켜 버렸습니다. 이때 선한 목자이신 예수님은 그를 찾아 만나주셨고 생명을 주셨으며 풍성한 생명, 곧 영생의 복을 주셨습니다. 예수님은 말씀하십니다. "내가 온 것은 양으로 생명을 얻게 하고 더 풍성히 얻게 하려는 것이라." 여기 풍성한 생명이란 그저 오래 지속되는 생명이 아닙니다. 아름답고 보배롭고 귀한 생명을 가리킵니다. 예수님은 선한 목자로서 우리에게 풍성한 생명을 주시어 만족한 삶을 누리게 하십니다.

만족은 선한 목자의 손 안에 있는 자신을 발견하는 것입니다. 만족을 영어로는 'abundant' 라고 하고 이것은 'ab' 과 'undare' 의 합성어입니다. 이 의미는 파도가 계속 일어나는 것과 홍수처럼 넘치는 것을 뜻하고 있습니다. 주님이 주시는 은혜는 우리의 요구를 충족시키고 능가합니다. 우리를 위한 주님의 은혜는 한이 없습니다.

풍성하다는 헬라어 '페리소스(περισσός)' 로 이것은 수학적의 의미를 가지고 있습니다. 그 뜻은 초과액이라는 의미입니다. 오병이어의 기적에서도 12바구니 남았을 때 이 단어를 썼습니다.(막 12:33, 마 11:9)

"양을 위하여 목숨을 버리노라," 에서 '목숨을 버린다,' 라는 뜻은 예수 그리스도 자신 전체를 주신다는 말씀입니다. 제 2위 하나님 자신을 주신다는 뜻입니다. 예수 그리스도께서 "나는 선한 목자라, 선한 목자는 양을 위하여 목숨을 버린다,"고 말씀하실 때 이사야 53:6의 말씀을 염두에 두신 것이 확실합니다.

"우리는 다 양 같아서 그릇 행하여 각기 제 길로 갔거늘 여호와께서는 우리 모두의 죄악을 그에게 담당시키셨도다." (사 53:6)

예수님은 선한 목자로서 자기 생명을 양들을 위해 주시는 분이십니다. 여기서 주님의 죽음에 대한 성격을 살펴볼 수 있습니다.

예수님의 죽음은 자원하여 죽은 죽음입니다.

"나는 선한 목자라 선한 목자는 양들을 위하여 목숨을 버리거니와." (요 10:11)

"내가 내 목숨을 버리는 것은 그것을 내가 다시 얻기 위함이니 이로 말미암아 아버지께서 나를 사랑하시느니라. 이를 내게서 빼앗는 자가 있는 것이 아니라 내가 스스로 버리노라 나는 버릴 권세도 있고 다시 얻을 권세도 있으니." (요 10:17~18)

예수님의 죽음은 자발적입니다. 비극이 아니요, 사고의 죽음이나 더 나쁜 죽음도 아닙니다. 예수님께서 33세에 죽었으니 무슨 사고의 죽음이나 혁명운동, 해방운동을 하다가 비극적으로 죽은 것이 아닙니다. 예수님의 죽음은 하나님의 택한 백성들을 위하여 자진해서 죽은 죽음입니다.(마 1:21) 성부가 성자에게 주신 자들을 위한 죽음이고, 하나님의 자녀들을 위한 죽음이며, 진실한 신자들을 위한 죽음입니다.

예수님의 죽음은 대신해서 죽은 죽음입니다.

예수님 자신의 죄 때문이 아니라 무리의 죄를 대신한 죽음입니다. '양을 위하여'에서 위하여는 헬라어 전치사 '후페르(ὑπέρ)'를 썼습니다. 이것의 의미는 대신해서(instead of)란 뜻입니다.

"우리가 아직 연약할 때에 기약대로 그리스도께서 경건하지 않은 자를 위하여 죽으셨도다." (롬 5:6)

"우리가 아직 죄인 되었을 때에 그리스도께서 우리를 위하여 죽으심으로 하나님께서 우리에 대한 자기의 사랑을 확증하셨느니라."(롬 5:8)

이 두 말씀에서 쓰인 '위하여'가 바로 '대신하여'라는 의미입니다.

예수님의 죽음은 죄와 죽음을 승리한 죽음입니다.

"죄의 삯은 죽음이다."(고전 15:55~57)

주님은 십자가에서 죽으시고 3일만에 부활하심으로 죄와 죽음을 완전히 정복하셨습니다.

예수님의 죽음은 특정인을 위한 죽음입니다.

예수님은 선한 목자로서 자기 양을 위해 죽으셨습니다. 예수 그리스도의 피는 자기 교회를 샀고, 자기 백성을 구원하셨고, 하나님의 예정된 자를 구원하십니다. 우리는 누가 하나님의 양인 줄 모릅니다. 그러나 예수 그리스도 자신은 누구를 위해 죽으시는지 개별적인 인물을 아십니다. 곧 그가 선택한 자를 아십니다.

예수 그리스도는 선한 목자로서 이처럼 자기 양을 사랑하시고 돌보아 주시기 위해 자기 생명까지 희생하셨습니다. 선한 목자이신 예수님의 이 희생은 그의 양을 위한 책임을 보여줍니다. 자기 양을 위해 책임을 다하시는 예수님이십니다. 예수님은 자기 양을 위하여 목숨까지 버리면서 책임을 다하신 선한 목자이지만 삯꾼은 양도 제 양이 아니기 때문에 이리가 오는 것을 보면 양을 버리고 도망칩니다. 삯꾼은 양의 생명과 건강과 행복에 아무런 관심을 두지 않습니다. 다만 삯에만 관심을 둡니다. 삯꾼은 양을 진정으로 사랑하지 않습니다. 돌보아 주지도 않습니다. 주님은 당시 종교지도자들, 특히 바리새인들을 도적과 강도와 삯꾼에 비유했습니다. 그들은 과부의 재산을 삼킨 자들입니다. 나면서 맹인 된 사람을 출교시켜 버린 몰인정한 인물들이요, 속물근성을 버리지 못한 추잡한 인간들이었습니다.

삯꾼은 맹수가 나타나면 도망칩니다. 자기생명, 자기 유익, 지기의 안일만을 추구합니다. 양을 버리고 도망가면 이리가 양을 늑탈하고 해치고 잡아먹습니다. 삯꾼은 책임의식이 없습니다. 주인의식이 없습니다. 삯꾼은 돈 받고 일하기 때문에 조금 위험한 일이 생기면 자기가 손해 볼 일이 없다고 생각하고는 도망가 버립니다. 한 마리 양을 잃었다 해도 삯꾼은 그 양을 찾아 헤매는 안타까움이 없습니다.

1967년에 발표된 흥미로운 논문이 있었습니다. 소련에서 일어난 일입니다. 공산 국가에서는 개인 각자가 열심히 일하겠다는 마음이 없습니다. 집단 농장에서 일하면서 열심히 일해서 풍년이 들어도 내 몫으로 배급받는 것은 다른 사람과 똑같으니 정성들여 일하지 않습니다. 그런 식으로 일을 하니 농작물이 잘될 리가 없지요. 그 당시엔 정치범들을 박토로 보내어 농사를 짓게 했습니다. 감옥에 가두어두면 양식만 축내니까 박토로 유배를 보내서 그곳에서 일하게 한 것입니다. 그러면서 거두어들이는 농산물의 1/10을 개인 소유로 주겠다고 약속하고는 일을 시켰습니다. 10년 후에 어마어마한 결과가 나타났습니다. 개인 소유로 준 1/10의 농작물이 전체 식량의 40%에 달하는 수확을 가져온 것입니다. 이것으로 소련의 공산주의자들은 결론을 얻었습니다. 소득 증대는 이데올로기를 자극하는 것보다 임금에 의해서 자극하는 것이 훨씬 더 생산적이라는 결론입니다. 자기가 일하는 것만큼은 자기가 소유할 수 있어야 일하는 재미가 있습니다. 이것이 소유권(ownership)이라는 것입니다. 필요에 의해서 분배해 주는 공산주의가 능력에 의해서 분배하는 자본주의를 이길 수가 없습니다.

이런 뜻에서 삯꾼과 목자의 차이가 있습니다. 삯꾼은 내 양이 아니므로 목숨을 내놓고 일할 이유가 없습니다. 그러나 예수님은 "나는 선한 목자라," 고 선언하십니다.

누가복음 15장 탕자의 비유에서 나오는 탕자의 형의 반응을 우리는 잘 알고 있습니다. 그 형은 '내가 그렇게 열심히 일했는데도 아버지는 내게 염소 새끼 한 마리 주지 않았습니다,' 라고 섭섭함을 표현합니다. 그러나 아버지는 그에게 '내 것이 다 네 것이 아니냐?' 라고 하십니다. 아버지는 그에게 왜 주인의식이 없느냐고 하십니다. 아들은 보수를 위해 일하는 품꾼이 아닙니다. 보수를 위해 하나님의 일을 하는 사람은 목자가 아닙니다. 신분을 파악해야 합니다. 사명감으로 일하는 교역자에게 보수를 가지고 농락하는 저열한 일을 해서는 안 됩니다. 교회나 가정이나 직장이나, 어디든지 책임지는 주인 의식이 있는 자가 주인입니다. 교회의 직분자는 책임의식이 강해야 합니다.

만일 회사가 파산을 하고, 회장, 사장이 다 도망갔는데 끝까지 회사를 지킨 자가 수위였다면, 그 회사의 주인은 수위입니다. 이 수위는 회사를 사랑하기 때문에 파산된 회사지만 끝까지 지킵니다. 사랑을 재는 척도는 인내와 물질 희생입니다. 얼마나 기다리고 참아주느냐 하는 인내는 사랑의 척도입니다. 야곱은 14년을 인내해서 라헬을 얻었습니다. 기다려 주고 그 기다림이 쉬워야 하는 것이 바로 인내입니다. 누구를 사랑하는데 물질적인 희생을 아까워한다면 그것은 진정으로 사랑하는 것이 아니지요. 사랑한다면 목숨까지도 버릴 수 있는데 그까짓 돈 몇 푼, 물질적 희생이 무슨 문제가 되겠습니까? 교회 사랑도 이렇게 인내와 물질적 희생이 있을 때 진정한 사랑이 이루어지는 것입니다.

선한 목자는 양을 앎

'안다,' 는 것은 심오한 뜻을 가지고 있습니다. '안다,' 는 것은 위로와 평안의 뜻이고, 이 단어는 친구 개념의 하나로써 안다는 것과 부모와 자식과의 관계로써 안다는 것과 부부간에 안다는 의미를 모두 포함하고 있습니다.

예수 그리스도가 선한 목자로서 우리를 안다는 것은 위로와 평안의 의미가 있습니다. 이 위로와 평안은 영원한 위로와 평안입니다. 어거스틴은 "내가 당신(예수 그리스도) 안에서 쉼을 발견하기까지 내게 참된 안식은 없었습니다,"라고 고백했습니다. 목자와 양의 관계는 생명의 관계요, 영원한 관계입니다. 나는 그의 영원한 양이요, 그는 나의 영원한 목자입니다.

예수님께서는 선한 목자로서 양의 생태와 상황을 알고 계십니다. 예수님은 양의 모든 것을 아십니다. 양이 무력하다는 것을 아십니다. 양이 진퇴유곡에 빠져서 움직일 수 없고 따가운 살인적 햇볕 아래서 죽을 운명에 놓여있다는 것도 아십니다. 양이 먹이를 분별하지 못하는 것을 아십니다. 어떤 것이 독초인지 어떤 것이 가라지인지 알지 못한다는 것을 아십니다. 양이 맹수 앞에 공격당할 것도 아십니다. 그대로 서 있다가 죽임을 당할지 아십니다. 양이 고집이 센 것도 아십니다. 목장의 담장에 구멍 난 곳이 있으면 빠져 나가 방황하고, 더운 날씨에도 몸과 몸을 같이 맞대고 뭉쳐 있어서 더위를 먹게 되는 것을 아시고는 각자를 떼어놓으십니다. 양이 어리석고 추한 것도 아십니다. 코가 더러워서 쉬파리가 앉아 알을 코 위에 낳으면 즉사한다는 것을 아시고 약을 발라주십니다. 양에게서 유용한 것이 무엇인지 아십니다. 젖과 양털이 유용하다는 것을 아십니다.

선한 목자이신 예수님은 양 된 우리 성도의 생태와 상황을 너무나 잘 파악하고 계십니다. 주님께 유익하고 타인에게 유익을 주는 성도가 되기를 주님은 요구하십니다. 하나님은 부족을 느끼시는 분이 아니요, 완전하고 부요한 분이십니다. 하나님은 우리가 하나님에게 무엇인가 해드리는 것이 필요한 분이 아니십니다. 하나님은 아무 것도 필요하시지 않으신 분이십니다.

예수님은 우리가 회개하지 않아도 답답하신 것이 없고, 우리가 찬양하지 않더라도 섭섭하지 않으십니다. 예수님은 천사들의 찬양을 언제나 영원히 받고 계십니다. 그럼에도 불구하고 하나님은 우리를 그의 양으로 불러주셨고, 우리가 하나님을 위해 할 수 있는 일을 주셨습니다. 하나님 일을 어떻게 해야 합니까? 유익하게 아니면 소용없게? 부지런하게 아니면 게으르게? 감사하게 아니면 불평하며? 어떻게 해야 한다는 것은 성도들이 더 잘 알고 있습니다.

　선한 목자이신 예수 그리스도는 우리의 생명을 풍성하게 하고, 나를 대신해서 죽으시고, 나를 알아주십니다.

한 무리 한 목자

(요 10:16~21)

요한복음 10:16~21 "또 이 우리에 들지 아니한 다른 양들이 내게 있어 내가 인도하여야 할 터이니 그들도 내 음성을 듣고 한 무리가 되어 한 목자에게 있으리라. 내가 내 목숨을 버리는 것은 그것을 내가 다시 얻기 위함이니 이로 말미암아 아버지께서 나를 사랑하시느니라. 이를 내게서 빼앗는 자가 있는 것이 아니라 내가 스스로 버리노라 나는 버릴 권세도 있고 다시 얻을 권세도 있으니 이 계명은 내 아버지에게서 받았노라 하시니라. 이 말씀으로 말미암아 유대인 중에 다시 분쟁이 일어나니, 그 중에 많은 사람이 말하되 그가 귀신 들려 미쳤거늘 어찌하여 그 말을 듣느냐 하며, 어떤 사람은 말하되 이 말은 귀신 들린 자의 말이 아니라 귀신이 맹인의 눈을 뜨게 할 수 있느냐 하더라."

예수님은 이 세상 모든 민족 모든 나라에
자기 양을 가지고 계시는 큰 목자이십니다.
예수님께서 그 양들을 인도하십니다.
예수 그리스도를 구주로 고백하고 목자로 따르는
세계 교회 신자들은 예수님 아래서 하나가 되는 것입니다.

유대인들에게는 잘못된 강한 배타성이 있습니다. 그것은 유대민족만이 하나님의 선민이라는 특수 선민사상입니다. 하나님은 다른 민족을 필요로 하시지 않는다고 믿으며 다른 민족은 기껏해야 그들의 노예가 되도록 정해져 있다고 믿었습니다. 보다 더 나쁘게 말하자면 다른 민족은 하나님의 계획에 따라 말살당할 운명, 즉 유대민족만이 구원을 얻고 이방인들에게는 구원이 없다는 잘못된 배타성을 지니고 있었습니다. 이러한 유대인들의 잘못된 사상에 대하여 예수님은 공격하십니다. "너희들만이 구원을 얻는 것이 아니라 이방인도 구원을 얻게 하시려는 하나님의 계획과 예정이 있다,"고 가르치십니다. 이런 가르치심이 바로 본문말씀 16절에 나타나있습니다.

"또 이 우리에 들지 아니한 다른 양들이 내게 있어 내가 인도하여야 할 터이니 그들도 내 음성을 듣고 한 무리가 되어 한 목자에게 있으리라."(요 10:16)

예수님이 가지고 계시는 다른 양들

본문말씀에 다른 양들이란 유대인 크리스천 외에 이방인 크리스천을 말합니다. 예수님의 양, 곧 하나님의 선택을 받고 믿는 신자는 유대인 중에도 있고, 이방인 중에도 있다는 뜻입니다. 예수님 당시에도 유대인 전부가 예수님을 믿고 따른 것은 아닙니다.

예수님은 공생애 동안 유대민족, 유대 사회 속에서 자기 양을 부르시는 일을 하셨습니다. 요한복음 9장에서 살펴본 대로 나면서부터 맹인 된 사람은 예수님의 양이었고, 요한복음 11장에 나오는 나사로, 마르다, 마리아도 예수님의 양이었고, 예수님의 11제자도 그의 양이었습니다. 예수님 당시 예수님을 구주로 믿고 따른 자들은 모두 예수님의 양이었습니다.

주님이 오신 것은 유대인 가운데 있는 자기 양, 곧 하나님의 택함 받은 자만 부르러 오신 것이 아니요, 이방인 중에서도 하나님이 택한 자, 곧 예수님의 양이 있기 때문에 그들도 부르신다는 것입니다. 예수님이 '다른 양들이 내게 있다,' 고 하신 말씀은 하나님의 선택의 범위를 말해줍니다. 하나님의 선택이 유대인에 한정된 것이 아니고, 온 세계 민족 가운데 선택된 양이 있습니다. 각 나라 각 민족 가운데 하나님의 택함 받은 예수님의 양이 있다는 말입니다.

이 말씀은 또한 하나님의 구원 계획을 말해주고 있습니다. 하나님은 유대인만 구원하시려는 계획을 세우신 것이 아니고 이방인 구원도 계획하셨다는 것을 가르쳐 줍니다. 이것은 이미 구약에 예언되었습니다.

"너를 축복하는 자에게는 내가 복을 내리고 너를 저주하는 자에게는 내가 저주하리니 땅의 모든 족속이 너로 말미암아 복을 얻을 것이라."(창 12:3)

"여호와께서 민족들을 등록하실 때에."(시 87:6)

"만군의 여호와가 이르노라 해 뜨는 곳에서부터 해 지는 곳까지의 이방 민족 중에서 내 이름이 크게 될 것이라 각처에서 내 이름을 위하여 분향하며 깨끗한 제물을 드리리니 이는 내 이름이 이방 민족 중에서 크게 될 것임이니라."(말 1:11)

신약에서도 예수님의 사역은 이방인 구원 계획을 명백히 가르쳐 주고 있습니다.

"사마리아인들이 예수께 와서 자기들과 함께 유하시기를 청하니 거기서 이틀을 유하시매."(요 4:40) 사마리아에 머물면서 그들을 전도하셨습니다.

"예수께서 이르시되 너희가 아브라함의 자손이면 아브라함이 행한 일들을 할 것이거늘."(요 8:39) 유대인들이 혈통적으로 아브라함의 자손임을 자랑하였지만 예수께서는 아브라함의 자손이라고 해도 천국에 들어가지 못한다고 했습니다.

"동 서로부터 많은 사람이 이르러 아브라함과 이삭과 야곱과 함께 천국에 앉으려니와." (마 8:11)

"사람들이 동서남북으로부터 와서 하나님의 나라 잔치에 참여하리니." (눅 13:29)

"너희는 가서 모든 민족을 제자로 삼아 아버지와 아들과 성령의 이름으로 세례를 베풀고." (마 28:19)

"나는 세상의 빛이니." (요 8:12) '유대인의 빛' 이라고 하시지 않으시고 '세상의 빛' 이라고 하셨습니다.

이렇게 예수님은 유대인을 위한 목자만이 아니요, 모든 민족 모든 나라에 자기 양을 가지고 계시는 큰 목자이십니다. 히브리서 13:20에서는 예수님을 가리켜 양의 큰 목자라고 하였습니다. 예수님께서 '내게는 다른 양들이 있다,' 고 하셨을 때, 모든 양이 이스라엘이라는 우리에 속하는 것이 아닙니다. 세계 모든 하나님의 택함 받은 예수님의 양들이 유대인이라는 한 우리에 속하는 것이 아닙니다. 곧 하나님의 택한 백성들이 유대인화 할 필요가 없습니다. 예수님의 택함 받은 예수님의 양들이 모이는 우리는 다양합니다. 로마인, 헬라인, 야만인들의 우리가 있습니다. 중국, 필리핀, 인도, 한국의 성도들이 모이는 우리는 다릅니다. 미국, 브라질, 멕시코 성도들이 모이는 우리도 다릅니다. 그러나 그리스도를 따르고 믿는 무리는 하나입니다.

하나님께서는 유대민족을 먼저 선택하시고 구원을 얻게 하신 것은 그들로 하여금 하나님을 만민에게 알려주게 함이었습니다. 이 사실을 성경은 이렇게 표현합니다.

"이스라엘을 세워 이방의 빛이 되게 하셨다." (사 42:6, 49:6, 56:8)

이스라엘의 사명은 하나님을 만민에게 알리고 보여주는 것입니다. 이 의미는 하나님이 다른 민족의 하나님이 될 수 없다는 뜻이 아닙니다.

본문말씀 '다른 양들이 내게 있다' 고 하신 말씀은 전도와 선교의 의욕을 촉구합니다. 예수님께서 자기 양들을 벌써 가지고 계신다면 전도할 필요가 무엇입니까? 곧 하나님께서 택한 사람은 언젠가는 하나님을 믿을 터인데 왜 전도할 필요가 있겠습니까? 이런 질문에 다른 질문을 던져볼 수 있습니다. "만일 예수님의 양이 없다면 전도할 필요성이 있겠는가? 전도의 효과가 있을까?" 하나님의 선택한 백성들이 없다면 전도의 유용성이 있을까요? 하나님이 구원의 문제를 장악하고 계시는데 하나님의 택한 백성들이 없다면 전도하고 선교할 의욕이 있습니까? 하나님의 예정된 자가 없다면 우리의 전도는 헛수고일 뿐입니다.

사도 바울이 아덴(아테네, Athens)에서 전도했을 때 많은 사람들을 인도하지 못했습니다. 아덴을 떠나 고린도에 도착해서 전도하려고 할 때도 동족 유대인들의 거센 반응이 일어났습니다. 그래서 전도의 의욕을 상실했습니다. 그때 주님께서 환상 중에 나타나셔서 말씀하셨습니다.

"두려워하지 말고, 잠잠하지 말고 말하라. 내가 너와 함께 있으며, 아무 사람도 너를 대적하여 해롭게 할 자가 없으리라. 이는 이 성중에 내 백성이 많음이라." (행 18:9~10)

"하나님께서 전도의 미련한 것으로 믿는 자들을 구원하시기를 기뻐하셨도다." (고전 1:21)

주님은 사도 바울이 의욕을 상실했을 때에 선교와 전도에 대한 격려를 하셨습니다. 이것이 선택의 교리, 택함의 교리입니다. 하나님의 백성이 있기에 전도를 해야 하는 것입니다. 하나님은 지금도 말씀하십니다.

"내 백성이 여기에 많다."

예수님께서 인도하심

본문말씀에 "내가 인도하여야 할 터이니," 라고 예수님께서 말씀하십니다. 이 '유대인의 우리' 밖에도 예수님의 양이 있다고 하시면서 그 양들을 예수님께서 인도하신다고 하십니다. 이 말씀은 우리가 복음 전하기에 충분한 말씀입니다. 이 말씀은 우리에게 실제로 전도할 수 있는 용기와 격려를 주시는 것입니다. 예수님께서 "나의 양들을 반드시 인도하시리라," 하신 것은 바로 세계 방방곡곡에 흩어져 있는 하나님의 백성들을 부르시는 원리입니다. 예수님은 그의 양들을 부르실 때에 전도의 방법을 통하여 부르십니다. 우리가 복음을 전하여 그들로 하여금 듣게 하십니다.

하나님은 사람을 기계로 보시지 않으시기에, 선택받은 자를 부르실 때에 강제로 하시지 않으십니다. 사람을 인격자로, 영적 실존으로, 도덕적 실존으로 보시고 말씀을 통하여 감동 감화 받아 돌아오게 하십니다. 설복하여 믿게 하십니다. "복음으로 부르십니다." (살후 2:14)

'내가 인도하여야 할 터이니,' 라는 예수님의 말씀은 예정의 내적 강제성을 나타내고 있습니다. 즉 주님께서 택하신 자를 부르시고야 마신다는 의미입니다. 효과적으로 부르시고 불가항적 은혜를 나타내십니다.

한 무리 한 목자에게 있게 하심

예수님께서는 본문말씀에서 "그들도 내 음성을 듣고 한 무리가 되어 한 목자에게 있으리라," 하셨습니다.

제롬(Saint Jerome 주후 347~420)은 벌게이트 성경(The Vulgate)에서 우리(fold)와 무리(flock)를 구별하지 않고 똑같은 의미로 번역했습니다. 그러나 영어성경인 RSV, NASB, NEB에서는 이것을 정정하였습니다. '우리' 와 '무리' 는 분명하게 구별되는 단어입니다.

'한 무리와 한 목자가 있으리라,' 는 말씀은 '한 무리가 되어 한 목자에게 있으리라,' 는 의미입니다. 그런데 제롬의 번역에 의하면 예수님이 마치 '한 우리' 나 '한 조직(one organization)' 에 있는 것처럼 가르치는 것 같습니다. 이 번역 성경에 근거하여 로마 가톨릭 교회는 로마 가톨릭 교회의 공식적 조직(formal organization) 밖에서는 구원이 없다고 추론합니다. 천주교회 교인이 되기 전에는 구원이 없다고 가르칠 수 있는 근거가 바로 제롬의 벌게이트 번역본입니다. 이것은 틀린 번역 성경에 근거한 것입니다. 예수님께서는 하나의 교회 조직을 말씀하신 것이 아닙니다. 예수 그리스도를 목자로 모시는 전체 모임(entire company)을 가리키는 말씀이십니다. '한 무리' 라고 하는 것은 하나의 교회, 하나의 예배의식, 한 가지 교회 행정 밖에 있을 수 없다고 하는 뜻이 아니라 그것은 각기 다른 모든 교회가 예수 그리스도에 대하여 공통된 신앙고백과 충성심을 가지고 하나가 되는 것을 의미합니다.

로마 교회는 성경의 정경인 66권 이외의 외경도 믿고 있습니다. 로마 가톨릭 교회의 큰 과오는 성령의 역사가 로마 가톨릭 교회의 노선을 따라서만 역사한다고 믿는 것입니다. 즉 이 말은 교회의 권위가 성경의 권위 이상이라고 하는 말과 똑같습니다. 또한 교회가 성경을 해석할 권위를 가지고 있다는 말도 됩니다. 그래서 일률적인 해석을 합니다. 교회가 교권을 가질 뿐만 아니라 정치적 권위도 같이 가진다고 합니다. 이것은 절대로 맞지 않는 것입니다. 성경 아래 교회가 위치해야만 합니다. 하나님의 말씀의 해석 권위가 성경자체의 권위를 초월할 수는 없습니다. 교회조직이나 교회정치는 다양할 수 있습니다. 예배순서나 교회 행정 등은 여러 교회에서 다양합니다. 침례교, 구세군, 감리교, 성결교, 장로교 모두 고유의 특성을 지니고 있고 이들 모두가 그리스도의 양이고 하나님의 양입니다. 이들은 모두 하나님의 백성이고 '한 무리' 에 속하는 사람들입니다.

'한 무리' 라고 하신 예수 그리스도의 말씀은 하나의 조직을 이야기하신 것이 아니라 예수 그리스도를 구주로 고백하는 세계적 교회를 말합니다. 즉 그리스도의 모든 양을 통칭하는 것입니다.

캐나다의 인디언 부족인 레드 서스캐처원(Red Saskatchewan)족에게 최초로 전도한 선교사가 있었습니다. 이 선교사는 인디언들에게 하나님 아버지의 사랑을 전달하였습니다. 이 말씀은 인디언들에게는 새로운 계시와도 같았습니다. 선교사가 인디언 추장에게 하나님 아버지의 말씀을 전할 때에 인디언 추장은 놀라워하면서 "당신은 지금 큰 영을 우리 아버지라고 말했지요?"라고 물었습니다. 선교사가 그렇다고 대답했을 때 추장은 "새롭고 듣기 좋은 일입니다, 우리는 그 크신 영을 아버지라고 생각하지 않습니다. 우리는 우레 속에서, 번개 속에서, 폭풍우 속에서 그 큰 영을 보고 두려워합니다. 그런데 그 큰 영을 우리들의 아버지라고 말씀하신다면 그것은 우리들에게 있어서 매우 놀라운 일입니다,"라고 했습니다. 추장은 얼굴에 영광스러운 빛을 띠우며 말을 이었습니다. "선교사님이 그 크신 영은 당신의 아버지라고 말씀하셨지요?' 선교사가 그렇다고 대답하자, 추장은 다시 말하기를 "그 분이 우리 인디언의 아버지이기도 하다고 말씀하셨지요?"라고 물었습니다. 추장의 얼굴은 기쁨에 넘쳐있었습니다. 선교사가 단호하게 그렇다고 대답하자, 추장이 "당신과 나는 형제로군요, "라고 말했습니다.

예수 그리스도를 구주로 고백하고 목자로 따르는 세계 교회 신자들은 하나님의 아들 아래서 하나가 되는 것입니다. 하나님은 유대인의 하나님만이 아니고 만민의 하나님이십니다. 예수 그리스도는 유대인들의 구세주만이 아니고 만민의 구세주이십니다. 이 우리에 들지 아니한 다른 양들이 있습니다. 이들의 전도와 선교에 주력해야만 합니다. 그래서 세계적인 교회 우주적인 교회를 이루어야 하겠습니다.

제33장

사랑의 선택

(요 10:17~18)

요한복음 10:17~18 "내가 내 목숨을 버리는 것은
그것을 내가 다시 얻기 위함이니 이로 말미암아
아버지께서 나를 사랑하시느니라.
이를 내게서 빼앗는 자가 있는 것이 아니라
내가 스스로 버리노라 나는 버릴 권세도 있고
다시 얻을 권세도 있으니 이 계명은
내 아버지에게서 받았노라 하시니라."

예수님은 자발적으로 죽음을 선택하셨습니다.
예수님의 죽음은 하나님이 주신 대속 사명입니다.
예수님의 죽음은 우리들을 구원하는 능력입니다.

요한복음 10장 16절과 17절 사이에 '그러므로'라는 접속사가 우리 말 성경에는 빠져있습니다. 헬라어 성경에는 그러므로(디아, διά)라는 접속사가 들어 있습니다. 이것을 넣어 16절과 17절을 다시 쓰면, "또 이 우리에 들지 아니한 다른 양들이 내게 있어 내가 인도하여야 할 터이니 그들도 내 음성을 듣고 한 무리가 되어 한 목자에게 있으리라. 그러므로 내가 내 목숨을 버리는 것은 그것을 내가 다시 얻기 위함이니 이로 말미암아 아버지께서 나를 사랑하시느니라,"가 됩니다.

예수님은 자기가 아는 양들을 소유하고 있습니다. 유대 민족 외에 다른 모든 민족 가운데도 예수님이 아시는 양들이 있습니다. 곧 선택된 사람들입니다. 예수님은 이미 알고 있는 양들을 소유하고 계십니다.(요 10:4) 곧 예수님을 따르고 있는 양들을 소유하고 계십니다. 그러므로 예수님의 양 무리는 방대하고 큰 무리입니다. 그래서 예수님을 양의 큰 목자라고 했습니다. 예수님은 유대인이라는 우리(fold) 밖에도 자기 양들이 있다고 말씀하셨습니다. 예수님은 전 세계의 자기 양들, 과거 현재 미래의 자기 양들을 모으시기 위해서 큰 희생을 지불하셨습니다.

전 세계, 전 민족 가운데 있는 자기 양을 모으는 일과 예수 그리스도의 희생은 밀접한 관계가 있습니다. 성자 예수님께서 이처럼 막대한 희생을 지불하시면서 하나님의 택한 백성인 자기 양을 모으셨기 때문에 성부 하나님이 성자 예수님을 사랑하셨습니다.

예수님의 죽음은 자발적

본문말씀 17절에서 "내가 내 목숨을 버리는 것은 그것을 내가 다시 얻기 위함이니,"라 하셨습니다. 여기에서 나(ἐγώ)가 강조되었습니다. 이것은 행동이 자발적이라는 것을 의미합니다. 즉 '내가 내 자신의 생명을 버린다,' 는 의미입니다.

예수님은 세계에 있는 자기의 전 양 무리를 찾기 위해 자기를 희생하셨는데 그 희생은 자발적이었습니다. 예수님이 자기 생명을 버린다고 하는 것은 '자기 생명을 몰수당한다,' 는 뜻이 아니라 자기의 자유로운 의지, 자유로운 뜻을 가지고 버린다, 즉 준다는 뜻입니다.

예수님은 더 세밀하게 설명하시기를 "내게서 빼앗은 자가 있는 것이 아니라, 내가 스스로 버리노라. 나는 버릴 권세(자유)도 있고 다시 얻을 권세(자유)도 있다,"고 하셨습니다. 이 말씀은 하나님이신 예수님만이 할 수 있는 말씀입니다. 즉 버림이 곧 얻음이라는 의미입니다. 죽음과 부활은 예수님 스스로가 하신다는 말씀이십니다.

권세는 헬라어 '엑수시아(ἐξουσία)' 로 이 단어는 자유와 통합니다. 즉 예수님 자신 속에 본래 있는 자유입니다. 예수님께서 "목숨을 버릴 권세도 있고 다시 얻을 권세도 있다,"고 하심은 우리를 위한 그의 사랑을 표현한 말씀입니다. 세상 사람을 구원하려는 그의 욕망을 표현한 말씀입니다.

예수님의 십자가 죽음의 성격은 예수님의 자발성에 있습니다. 예수님은 예루살렘으로 올라가시면서 자기가 당할 일을 다 아셨습니다. 요한복음 18:4~11에서 예수님은 그 당할 일을 다 아시고 상경하셨습니다.

"이에 예수께서 이르시되 네 칼을 도로 칼집에 꽂으라 칼을 가지는 자는 다 칼로 망하느니라. 너는 내가 내 아버지께 구하여 지금 열두 군단 더 되는 천사를 보내시게 할 수 없는 줄로 아느냐." (마 26:52~54)

열두 군단이면 한 군단을 7천명으로 쳐도 8만4천명의 천사로 이루어진 군대입니다. 이런 군대를 불러서 그들을 진멸할 수 있지만, 그렇게 되면 이런 일이 있으리라 예언한 성경이 어떻게 이루어지겠느냐고 하십니다.

예수님은 흠 없는 자기를 하나님께 드렸습니다. "영원하신 성령으로 말미암아 흠 없는 자기를 하나님께 드린 그리스도의 피가……." (히 9:14) 예수님의 죽음은 가룟 유다의 반역이나 제사장들의 음모나 빌라도의 정죄 선고 때문이 아니라, 스스로 생명을 버리신 것입니다.

1차 세계대전 때에 한 프랑스 병사가 한쪽 팔에 심한 부상을 입어서 절단하게 되었습니다. 집도 의사가 보니 그 청년은 아주 수려한 용모의 아름다운 청년이었습니다. 의사는 그런 그가 평생 한쪽 팔만 가진 불구의 몸으로 살아갈 것을 생각하고는 마음이 슬퍼졌으나 한쪽 팔이 너무 상해서 구할 수는 없었습니다. 팔을 잘라낸 후에 정신이 든 청년에게 의사는 슬픈 소식을 전했습니다. "매우 유감스러운 일이지만 자네는 팔을 잃었네." 의사의 슬픈 표정을 본 청년이 말했습니다. "의사선생님, 저는 팔을 잃은 것이 아닙니다. 저는 그 팔을 바친 것입니다. 우리 조국 프랑스를 위해 바친 것입니다."라고 했습니다.

예수님은 무력해서 체포되고 재판 받고 십자가에 처형되신 것이 아닙니다. 예수님은 어쩔 수 없는 환경의 그물에 할 수 없이 붙잡혀 자기 목숨을 잃은 것이 아닙니다. 자기 목숨을 우리에게 주신 것입니다. 예수님은 죽임을 당하신 것이 아닙니다. 피살을 당하신 것이 아닙니다. 예수님은 죽음을 택하신 것입니다. 죄인들을 구원하시기 위해서 죽음을 선택하신 것입니다. 십자가가 예수님을 꿰찌른 것이 아니라 예수님이 스스로 십자가를 지신 것입니다. 예수님은 이 사실을 강조하십니다. 유대인들에게, 믿는 자들에게, 그를 죽이려고 음모를 획책하는 자들에게 십자가의 죽음의 의미를 강조하십니다.

예수님의 죽음은 실제로 자기 양들을 구원하는 능력

구약에서의 희생제물인 짐승들의 희생은 죄인들을 구원하는 효력을 나타내지 못했습니다.

"그러나 이 제사들에는 해마다 죄를 기억하게 하는 것이 있나니." (히 10:3)

구약의 제사들은 해마다 죄를 다시 생각나게 하는 것입니다. 해마다 드리는 황소와 염소의 피가 능히 죄를 없애지는 못합니다.

"율법은 장차 올 좋은 일의 그림자일 뿐이요 참 형상이 아니므로 해마다 늘 드리는 같은 제사로는 나아오는 자들을 언제나 온전하게 할 수 없느니라." (히 10:1)

그러나 예수님의 희생은 실제로 구속의 효과를 나타냅니다. 죄인을 의인으로 바뀌게 하고, 죽은 자를 영생의 세계로 인도하고, 삶과 인생관, 세계관, 경제관의 변화를 일으킵니다. 예수님의 죽음과 부활은 실제로 나타난 사건이요 행위입니다. 이것은 개념이나 이념이 아닙니다. 예수님의 피는 속죄의 효과를 나타내며 그의 죽음은 죄인을 대신한 죽음으로 죄인을 살리는 효과를 나타냅니다.

예수님의 죽음은 성부 하나님의 사랑을 받게 했음

예수님이 십자가를 지고 죽는 죽음은 성자 예수님이 성부 하나님을 기쁘시게 하려는 욕망 때문에 자발적으로 그렇게 결정하신 것입니다. 성자와 성부 하나님은 세상 죄인을 구원하시려는 의지와 목적에 있어서 동일합니다. 세상의 모든 피택자를 모으고 구원하시는 것이 성부 하나님 뜻입니다. 이것을 상세히 말하면 성부 하나님이 성자 하나님과 구속계약을 맺으셔서 성자 하나님이 기쁜 뜻을 가지고 이 계약을 지키셨다는 의미입니다. 이것은 억지가 아니고 자원입니다.

"여호와께서 그에게 상함을 받게 하시기를 원하사 질고를 당하게 하셨은

즉 그의 영혼을 속건제물로 드리기에 이르면 그가 씨를 보게 되며 그의 날은
길 것이요 또 그의 손으로 여호와께서 기뻐하시는 뜻을 성취하리로다."(사
53:10)

이것은 아버지와 아들의 관계를 나타냅니다.

"우리가 아직 죄인 되었을 때에 그리스도께서 우리를 위하여 죽으심으로
하나님께서 우리에 대한 자기의 사랑을 확증하셨느니라."(롬 5:10)

"내가 내 목숨을 버리는 것은 그것을 내가 다시 얻기 위함이니 이로 말미
암아 아버지께서 나를 사랑하시느니라."(요 10:17)

성자 예수님은 성부 하나님과 반대 입장에 있는 것은 아무 것도 하시지
않으십니다. 항상 아버지 하나님의 뜻을 따라 말씀하시고 행동하셨습니다.
또한 아버지 하나님께서 성자 예수님께 대속 사명을 위하여 세상에 보내실
때, 성자 예수님이 자기 의지대로 할 수 있는 권위와 권세와 힘을 주셨습니
다. 그래서 예수님이 이런 말씀을 하십니다. "나는 버릴 권세도 있고 다시 얻
을 권세도 있으니 이 계명은 내 아버지에게서 받았노라,"고 하십니다. 여기
서 계명은 헬라어 '엔톨레이(ἐντολή)' 로 이것은 강제적인 뜻이 아닙니다.
사람들이 십계명을 지켜야 하듯이 예수님이 반드시 지켜야할 무슨 도덕적
의무가 있다는 뜻이 아닙니다. 성부 하나님과 성자 예수님이 세상 죄인들을
구원하려는 공동적인 욕망이 있는데, 이 욕망을 실현하도록 성부 하나님이
성자 하나님께 요구하셨다는 뜻입니다. 이런 요구를 성부가 성자에게 하실
때 아버지는 아들을 사랑하심으로 요구하신 것입니다. 이처럼 아버지와 아
들은 긴밀한 사랑의 관계 속에서 요구하시고 그 요구를 수락하신 것입니다.
그렇기에 아버지와 아들 사이에 사랑의 수수(授受)는 가장 고등한 수준에 속
합니다.

성부 하나님이 성자 하나님에게 공동적인 욕망인 세상 죄인을 구원 하려
고 요구하실 때에 아버지 하나님은 아들 하나님이 선한 목자가 되시고 양의

큰 목자가 되실 것을 아시고 요구하신 것입니다. 그리고 성자 하나님은 성부 하나님에게 순종하신 것입니다. 하나님의 아들이라고 하는 것은 위대한 특권인 동시에 크나큰 책임이기도 합니다. 우리는 여기에서 성부의 마음과 성자의 마음을 살펴볼 수 있습니다.

예수님은 우리 같은 죄인을 구원하시기 위해서 자발적으로 십자가를 지셨습니다. 우리도 주님을 섬길 때 자원해야 하고, 십자가를 질 때에 자원해서 져야만 합니다. 자원하는 것은 너무나 가치가 큰 것입니다. 주님이 십자가를 자원하셔서 우리 죄인을 구원하신 것은 최고의 가치가 있습니다. 세계 만민이, 만국이 십자가의 영광을 찬양할 것입니다.

우리가 교회에 봉사 할 때도 그것이 물질이건 시간이건 정성이건 간에 억지로 하지 말고 자원해서 해야만 합니다. 성자 하나님이 성부 하나님께 순종한 것은 공동의 목적 때문입니다. 죄인을 구원하고자 하는 동일한 목적을 이루시기 위해서 십자가를 지신 것입니다. 우리도 주님께 순종하고 말씀에 복종해야만 합니다. 노예적 복종이 아니라 사랑의 복종과 사랑의 순종을 해야만 하겠습니다.

제34장

귀신 들린 자냐, 하나님의 아들이냐

(요 10:19~21)

요한복음 10:19~21 "이 말씀으로 말미암아 유대인 중에
다시 분쟁이 일어나니, 그 중에 많은 사람이 말하되
그가 귀신 들려 미쳤거늘 어찌하여 그 말을 듣느냐 하며,
어떤 사람은 말하되 이 말은 귀신 들린 자의 말이 아니라
귀신이 맹인의 눈을 뜨게 할 수 있느냐 하더라."

예수님의 말씀은 하나님의 말씀이고,
생명을 주는 말씀이며, 용기와 소망을 주는 말씀입니다.
예수님의 행위는 하나님의 행위이고,
예수님의 영향력은 하나님의 영향력입니다.

몇년 전에 멕시코 국경지대에서 끔찍한 사건이 발견되었습니다. 어느 목장 근처에서 12구의 시체가 발견되었는데 모두 토막 난 시체였습니다. 큰 솥이 부근에서 발견되었는데 그 안에는 피와 뼈와 거북이가 담겨 있었다고 합니다. 경찰의 조사에 의하면 마귀를 숭배하는 마약 밀수업자들이 사람을 제물로 삼아 마귀에게 제사를 드렸다는 것입니다. 마약 밀수업자의 두목으로 밝혀진 콘스탄조라는 인간은 마귀로부터 계시를 받았는데 하루는 백인을 제물로 드리라고 한다면서 부하들에게 백인을 잡아오라고 명령했다고 합니다. 텍사스 대학생 마크 킬로라는 학생이 봄방학을 맞아 멕시코로 여행하던 중에 실종되었습니다. 이번에 발견된 시체 중의 하나가 그의 것으로 확인되었습니다. 콘스탄조는 다시 경찰을 제물로 드리라는 계시를 받았다고 하면서 경찰을 잡아오라는 명령을 내렸습니다. 텍사스 대학생 마크 킬로의 실종사건을 조사하러 나간 멕시코 경찰이 또 실종되었다고 합니다. 마약 밀수업자들은 마귀에게 사람을 제물로 잡아 바치면서 돈을 많이 벌도록 기원을 하고 추격을 당해도 총에 맞지 않도록 기도를 드린다고 합니다. 사탄, 마귀는 이와 같이 사람을 죽이는 데 앞장 서는 행동을 서슴없이 취합니다.

예수님은 선한 목자라고 자신을 이야기하면서 "나는 선한 목자로서 양들을 위하여 목숨을 버리노라,"고 말씀하셨습니다. 예수님이 자기 목숨을 버린다고 하실 때에 그것은 다른 누가 예수님의 목숨을 탈취한다는 뜻이 아닙니다. 예수님이 자원하여 자발적으로 자기의 양들의 생명을 구하기 위해서 목숨을 버린다고 하신 것입니다. "나는 내 목숨을 버릴 권세도 있고, 다시 취할 권세도 있다,"고 말씀하셨습니다.

이 말씀을 들은 유대인들은 두 부류로 갈라졌습니다. 첫 번째 부류는 예수님을 가리켜 귀신들려 미쳤다고 판단하면서 더 이상 예수님의 이야기를 들을 필요가 없다는 부류였습니다. 대다수의 유대인들이 이 부류에 속했습니다. 두 번째 부류는 예수님이 귀신 들린 자가 아니라고 하면서 귀신 들린 자가 어떻게 나면서 맹인이 된 자를 고칠 수 있느냐고 했습니다. 이 부류는 소수에 불과했습니다.

귀신이 들렸다고 하는 말은 정신이상자란 뜻이 아니고 완전히 마귀의 지배를 받는 자란 뜻입니다. 많은 대다수의 유대인들은 예수님을 마귀에게 사로잡힌 자, 마귀의 지배 아래 있는 자라고 판단했습니다. 하나님의 아들이요 하나님 자신인 예수님을 향한 망령된 판단이요 저주 받을 망언을 그들은 가차 없이 내뱉었습니다. 사실 예수님에게 도전한 유대인들이야 말로 마귀의 자식들이었습니다.

요한복음 8:44에서 예수님은 유대인들에게 이렇게 도전하십니다.

"너희는 너희 아비 마귀에게서 왔다. 너희 아비 마귀의 욕심을 너희도 가지고 있다. 처음부터 마귀는 살인자다. 진리가 그 속에 없으므로 진리에 서지 못하고 거짓말을 말할 때 제 것으로 한다. 거짓말쟁이요 거짓의 아비다."

예수님을 귀신 들린 자라고 판단한 유대인들이 바로 귀신 들린 자요 사탄의 하수인들입니다. 사도 요한은 요한복음 처음부터 예수님은 하나님의 아들이시요, 하나님 자신임을 증거하고 있습니다.

예수님의 말씀은 하나님의 말씀

예수님께서 "나는 나의 생명을 버릴 권세도 있고 다시 얻을 권세도 있다. 나는 내 양들을 위해 스스로 생명을 버리노라. 누가 나의 생명을 빼앗을 수 없고 다만 나는 나의 택한 양들을 위하여 목숨을 버릴 뿐이다,"라고 하셨을 때 유대인들과 바리새인들의 반응은 귀신 들려 미쳤거늘 어찌하여 그 말을 듣느냐는 것이었습니다. 예수님의 말씀을 미치광이나 귀신 들린 자의 말로 취급했으니 얼마나 부당한 태도이며 심판 받을 일이겠습니까?

예수님은 당신의 말씀이 하나님의 말씀이라고 증거하십니다.

"나를 사랑하지 아니하는 자는 내 말을 지키지 아니하나니 너희가 듣는 말은 내 말이 아니요 나를 보내신 아버지의 말씀이니라."(요 14:24)

"예수께서 대답하여 이르시되 사람이 나를 사랑하면 내 말을 지키리니 내 아버지께서 그를 사랑하실 것이요 우리가 그에게 가서 거처를 그와 함께 하리라."(요 14:23)

라이오넬 커티스(Lionel Curtis)는 "인류의 목적은 하나님의 공화국이라 부를 수 있는 세상을 만드는 것이다. 그와 같은 공화국은 바로 산상보훈을 정치 이념으로 환원하는 것이다,"라 하였습니다. 대만 정부를 수립한 장개석 총통의 부인인 송미령 여사는 백성들로부터 질문을 받았습니다. "보다 더 도덕적인 세계를 건설하기 위해서는 어떠한 도덕을 따르는 것이 좋겠습니까?"라는 질문에 송미령 여사는 "산상보훈입니다. 나로서는 그 대답이 전부입니다,"라고 대답했답니다.

예수님이 유대인들의 정체를 바르게 판단하고 파헤치면서 회개를 촉구했으니 그들은 예수님의 말씀을 듣지 않았습니다. 요한복음 7:20, 8:48, 8:52에서 보면 유대인들은 도리어 예수가 귀신 들렸다고 하면서 예수님을 죽이려는 계획을 세웠습니다. 죽이는 것은 사탄의 앞잡이 노릇을 하는 것입니다. 사탄이 유대인들의 마음에 들어와서 예수님을 죽이도록 강요하고 행동하게 하였습니다. 사탄, 마귀는 공상적이나 개념적인 존재가 아니라 실제로 인격을 가진 놈입니다. 선한 천사가 타락하여 하나님과 같이 되려고 한 놈입니다. 에덴에서 아담과 하와를 유혹할 때에 한 말을 기억하시기 바랍니다. "하나님이 금하신 선악과를 따먹으면 네 눈이 밝아지고 하나님 같이 된다,"고 유혹했습니다. 이 말은 사탄의 본심을 드러내는 말이요, 아담을 속이는 말입니다. 그리고 아담을 죽이는 유혹입니다.

사탄의 정체는 이 같이 뚜렷이 나타납니다. 사탄은 사람을 죽이는 살인자이고, 사람을 속이는 놈이고, 교만한 놈이며, 더러운 놈입니다. 인생의 윤리 생활을 파괴시키고, 도덕을 무시하고, 도덕질서를 혼란시킵니다. 십계명을 헌신짝처럼 여기게 합니다. 특히 성적으로 더러운 생활을 하게 합니다. 간음을 하게 만들고, 혼음과 부당한 이혼과 가정파괴와 문란한 가정을 형성하게 합니다. 이것이 바로 사탄의 장난입니다. 사람에게 정과 사를 분간하는 판단을 흐리게 하는 것이 사탄의 장난입니다.

베드로가 십자가 사건을 만류했을 때에 예수님께서는 "사탄아, 내 뒤로 물러가라. 너는 하나님의 일을 생각하지 않고 사람의 일만 생각하는도다,"라고 하셨습니다. 이렇듯이 잘 믿는 사람이라도 사탄의 하수인 노릇을 할 수 있는 가능성이 있습니다. 말이나 행동, 사상이나 저서를 통해서 이런 일들을 할 수 있는 것입니다.

예수님의 말씀은 생명을 주는 말씀이요, 용기와 소망을 주는 말씀입니다. 좌우의 날선 검과 같아서 우리의 혼, 육과 골수를 찔러 회개하게 하실 산 말씀(living words)입니다. 예수님의 말씀은 죄로 이지러지고 기울어져 가버리는 오늘의 교육, 문화, 경제, 정치를 치료할 수 있는 말씀입니다. 유대인들은 예수님의 말씀을 사람의 말로도 생각하지 않았고, 사탄의 말로 간주하고 무리들에게 듣지 말라고 고함을 질렀습니다. 사도 바울은 말했습니다.

"하나님의 말씀을 받을 때에 사람의 말로 받지 아니하고 하나님의 말씀으로 받음이니 진실로 그러하도다."(살전 2:13)

예수님의 행위는 바로 하나님의 행위

예수님은 굶주린 자들을 먹이셨고, 슬픈 자를 위로하셨고, 병든 자를 고쳐 주셨고, 타인을 도와주고 이끌어 주셨고, 돌에 맞아 죽을 수밖에 없는 간음한 여인을 살려주셨고, 죄인으로 낙인찍힌 삭개오의 집을 찾아가 하룻밤을 그와 함께 유하시면서 구원을 주시고 축복해 주셨습니다. 각색 병 든 자를 고쳐 주셨으며 죽은 나사로를 나흘 만에 다시 살려주셨고, 나면서부터 맹인 된 자를 고쳐주셨습니다. 예수님의 이 행위가 귀신 들린 자의 행동입니까? 예수님의 이런 행위가 미친 사람의 행동입니까? 절대로 그렇지 않습니다.

과대망상중 환자는 이기주의가 그 특색입니다. 자기의 영예와 명성 외에는 아무 것도 찾지 않습니다. 정신질환자가 남을 위해 살지 않습니다. 마귀의 지배하에 있는 귀신 들린 자는 남을 위해 절대로 봉사하지 않습니다. 그러나 예수님의 전 생애는 남들을 위한 봉사에 전부를 소모했습니다.

예수님을 미쳤고 귀신 들린 자라고 말하는 대다수의 유대인들에 대하여 유대인들 소수가 반대의견을 제시했습니다. 그들은 만일 예수가 귀신 들려 미친 자라면, 어떻게 나면서부터 맹인 된 사람을 고칠 것인가? 결코 예수는 그런 사람이 아니라고 발언했습니다. 그러나 이 같은 유대인 소수는 예수님이 귀신 들린 자가 아니라는 소극적 반응만 보였고, 예수님이 참으로 누구인가를 말하지는 못했던 것이 안타깝습니다. 그들은 부정적인 사람들에 속해 있었습니다. 우리는 확실히 예수님이 누구신가를 말하고 주장하고 고백할 수 있어야만 합니다. 그는 하나님의 아들이시고, 하나님이시고, 우리의 구세주라고 주장하고 고백해야만 합니다.

예수님의 영향력은 곧 하나님의 영향력

예수님의 능력으로 말미암아 헤아릴 수 없을 만큼 많은 사람들의 삶이 변화되었습니다. 이 사실을 우리는 부인할 수 없습니다. 예수님 때문에 우선 여러분 자신이 변화된 것을 인식하고 감지해야 합니다. 죄를 알지 못한 자가 죄의 내용을 알게 되었고, 예수님의 피로 속죄함을 입었다는 것을 알아야 합니다. 연약한 자가 강하게 되었고, 실망과 절망과 좌절 가운데 있던 자가 산 소망을 가지게 되었으며, 패배자는 승리자가 되었고, 이기적인 생활을 하던 자가 사심을 버리고 공리주의자가 되었으며, 번민하는 자가 평온함을 회복하였고, 악한 자가 선한 자로 변화되었습니다.

나폴레옹이 세인트 헬레나 섬에 유배되었을 때에 이런 말을 했습니다. "나는 무력으로 세계를 제패하려다가 실패한 자이지만, 예수 당신은 총 한 자루 무기 하나도 없이 세계를 장악한 최고의 승리자요."

예수님의 말씀은 곧 하나님의 말씀입니다. 예수님의 행위는 곧 보이지 않는 하나님의 보이는 행동입니다. 역사 속에 오신 하나님의 행위이십니다. 우리는 예수님의 말씀에 경청하고 복종하며 순종해야만 합니다. 예수님의 말씀을 사람의 말로 받지 말고 순수한 하나님의 말씀으로 받는 사람들이 복됩니다. 예수님의 영향력은 바로 하나님의 영향력입니다. 우리는 주님의 영향력 아래로 들어가야만 합니다. 그래야만 예수님의 마음을 품을 수 있고 예수님을 닮아갈 수 있습니다.

아프리카 콩고에서 전도하던 스티븐스(Stevens)의 수기를 보면 이런 이야기가 있습니다. 스티븐스 선교사는 콩고의 정글 한 복판에 조그마한 오두막을 지어놓고 살면서 지나가는 사람들에게 전도했습니다. 어느 날 천둥과 번개가 치고 비바람을 동반한 폭풍우가 몰아치던 밤에 백인 청년 두 명이 선교사의 오두막을 찾아 들었습니다. 길을 잃고 미로를 헤매다가 지친 몸과 두려운 마음으로 선교사의 오두막을 찾은 것입니다. 그들은 선교사를 보자 "진스강을 찾아가야 하는데 그 길을 모르니 가르쳐 주십시오,"라고 부탁했습니다. 그러나 선교사는 이렇게 말합니다. "정글에는 길이 없습니다." 난감해 하는 두 청년은 다시 부탁을 합니다. "그렇다면 방향이라도 가르쳐 주십시오." 그러자 선교사는 다시 말합니다. "방향도 가리켜 줄 수 없습니다." 난감한 두 청년이 다시 물었습니다. "그러면 어떻게 거기에 가야 합니까?" 선교사는 그 말을 듣고 웃으며 대답했습니다. "방법은 단 한 가지입니다. 내가 당신들을 데리고 그곳까지 가는 겁니다." 이렇게 말하며 선교사는 두 청년을 데리고 각종 열대식물로 우거진 밀림을 뚫고 갔습니다. 가면서 선교사는 그 청년들에게 인생을 설명합니다. "주님이 당신들을 붙들고 가시는 것을 믿으십시오." 청년들은 폭풍우 속에서 방향을 잃고 공포와 불안 속에서 정글을 헤맸었습니다. 절망의 정글에서, 고통과 고민의 정글에서 길을 잃고 두려움에 떨었습니다. 그러나 선교사의 말을 듣고 그를 따라갈 때에 안도와 평안을 얻었습니다.

주님과 동행할 때, 말씀을 순종하고 따를 때, '내가 곧 길이요, 진리요, 생명이다,' 라고 하시는 주님의 영향 하에 있을 때, 우리는 안도와 평안과 생명을 얻는 것입니다. 하나님의 말씀에 순종하고 주님의 품에 안겨 있을 때 우리는 영원한 평안과 생명을 얻는다는 것을 꼭 기억하시기 바랍니다.

제35장

그리스도의 자기주장

(요 10:22~27)

요한복음 10:22~27 "예루살렘에 수전절이 이르니 때는 겨울이라, 예수께서 성전 안 솔로몬 행각에서 거니시니, 유대인들이 에워싸고 이르되 당신이 언제까지나 우리 마음을 의혹하게 하려 하나이까 그리스도이면 밝히 말씀하소서 하니, 예수께서 대답하시되 내가 너희에게 말하였으되 믿지 아니하는도다 내가 내 아버지의 이름으로 행하는 일들이 나를 증거하는 것이거늘, 너희가 내 양이 아니므로 믿지 아니하는도다. 내 양은 내 음성을 들으며 나는 그들을 알며 그들은 나를 따르느니라."

예수님이 보여주신 이적은 예수님이 하나님이심을
나타내는 계시입니다.
예수님의 말씀은 예수님이 하나님이심을
나타내는 계시입니다.
이 사실을 믿는 사람은 하나님의 선택을 받은 자입니다.

구약의 말라기 선지자가 죽은 후부터 세례 요한이 일어나 일할 때까지의 400년을 중간시대라고 부릅니다. 구약과 신약의 중간시대라는 뜻입니다. 암흑시기라고도 합니다. 하나님께서 이 400년 동안은 이스라엘 백성들에게 선지자도 보내지 않았으며, 꿈이나 환상이나 어떤 다른 방법으로 자기를 전혀 계시하시지 않으셨습니다. 그러므로 이스라엘 백성들은 매우 답답했고 영적으로 암흑시대에 처해 있었습니다.

이 중간시대에 이스라엘 민족들은 이방나라로부터 침략을 당하고 말할 수 없는 고난을 겪었습니다. 주전 170년경에 수리아 왕 안티오코스 에피파네스(Antiochus IV Epiphanes, 주전 215~주전 164)라는 악한 왕이 예루살렘을 공격하고 침략했습니다. 이 왕은 유대인 8만 명을 학살했습니다. 인구도 많지 않은 시대였기에 8만 명의 학살은 대학살이었습니다. 그리고 재산 탈취뿐만 아니라 이스라엘의 종교를 말살하려고 했습니다. 율법을 복사하지도 못하게 했습니다. 당시 서기관들이 율법을 손으로 필사했는데 그것을 기록하지 못하도록 율법 책을 불살랐습니다. 할례를 받지도 못하게 했습니다. 할례는 하나님의 약속으로 하나님의 자녀가 되는 계약 행위인데 할례를 받지 못하게 한 것입니다. 이스라엘인들은 할례를 받음으로 이스라엘인이 되는 것입니다. 이 할례를 받지 못하게 하면서 할례를 받게 한 어머니는 사형에 처하고 할례 받은 젖먹이 아이들은 목매달아 죽였습니다. 예루살렘 성전에 제우스의 신상을 가져다 놓고, 돼지를 잡아 제사를 지내는 우상숭배를 했습니다. 이것은 이스라엘인에 대한 최고의 모독이었습니다.

주전 164년 유다 마카비(Judah Maccabee)와 그의 형제들이 더 이상 참을 수 없어서 전쟁을 일으켰습니다. 이스라엘 청년들의 도움을 얻어 그 혁명전쟁은 승리했습니다. 승리한 후에 그들은 제일 먼저 하나님의 성전을 깨끗이 청소했습니다. 청소한 날을 기념하여 수전절(The Day of Purification)을 지켰습니다. 유대 월력으로는 기슬레월 25일입니다. 우리가 지키는 월력으로는 12월에 해당합니다. 이 수전절을 히브리말로 '카누카 또는 하누카(חנוכה)' 라고 부릅니다. 또 일명 빛의 절기라고 합니다. 왜냐하면 그 어려운 학정과 핍박에서 벗어나 성전을 되찾은 것이 너무나 감사해서 창문에 등을 다는 예식이 있었기 때문입니다. 등을 단 의미는 '이스라엘이 속박에서 자유 했다.' 는 의미와 성전을 깨끗이 했다는 정결의 의미로 등불을 달았습니다. 본문말씀 22절에 나오는 수전절은 이런 역사적 배경을 지니고 있는 유대인의 절기입니다. 곧 신약과 구약 중간기에 생긴 절기입니다.

이 수전절에 예수님께서 솔로몬 행각을 거닐게 되셨습니다. 행각이란 현관이란 뜻입니다. 예루살렘 성전과 이방인의 뜰 동쪽에 위치합니다. 예루살렘 성전을 바빌론 왕 느부갓네살이 파괴시킬 때에 솔로몬 행각은 그대로 보존시켰다고 합니다. 철학자 제노(Zeno of Elea 주전 490~주전 430)가 행각에서 제자들을 가르쳤기에 그 학파를 스토아학파(Stoicism)이라고 부릅니다. 그 이유는 행각을 헬라어로 '스토아(στοά)'라고 하기 때문입니다.

솔로몬 행각은 지붕이 있는 현관으로 수전절에는 이 행각에 사람들이 붐볐습니다. 그리고 유대 월력으로 기슬레월 수전절이 있는 달은 비가 오는 우기였음으로 지붕이 있는 솔로몬 행각에 유대인들이 모였습니다. 이곳에서 예수님은 유대인들에게 에워싸여 질문을 받았습니다. "언제까지나 우리 마음을 의혹케 하겠느냐? 당신이 그리스도이면 밝히 말하시오,"라는 질문을 받으셨습니다.

'당신이 언제까지 우리를 자극시키려 하느냐?'라는 유대인들의 물음은 예수님을 믿기 위한 진지한 질문이 아니라 책잡으려는 음모의 질문입니다. 그들이 기다리고 바라던 메시야는 정치적 메시야였습니다. 유대인들의 이 질문은 '당신이 유대인들을 위하는 정치적 메시야냐?'라는 질문입니다. 로마 정권에서 이스라엘을 해방시키고 자유를 줄 수 있는 메시야, 온 세계를 유대인들이 다스릴 수 있도록 유대왕국을 건설할 수 있는 메시야냐고 하는 질문입니다. 유대인들의 메시야 관이 잘못되었습니다. 예수님은 사람들을 죄에서 구원하시는 영적 메시야이신데 그들은 정치적 메시야를 대망하였습니다.

그들의 질문에 예수님은 직접적인 대답을 회피하셨습니다. '당신이 그리스도이면 밝히 말하시오,' 라는 질문에 '그렇다,' 라고 하면 그들이 원하고 기대한 정치적인 메시야라는 대답이었고, '아니다,' 라고 하면 예수님은 메시야가 아니라는 말입니다. 사실 예수님은 그리스도 메시야이시기 때문에 이런 유대인의 질문에 직접적인 대답을 회피하셨습니다. 예수님께서는 벌써 "나는 빛이요, 진리요, 생명이며, 선한 목자이다," 라고 비유적으로 자기가 메시야이심을 증거 하셨습니다. 이런 질문에 예수님께서는 "내가 너희에게 말하였으되 믿지 아니하는도다," (25절)라고 대답하셨습니다.

유대인들이 예수님을 그리스도라고 믿지 못한 이유가 무엇입니까? 그들은 자기들의 불신의 이유가 예수님께 있다는 것입니다. 예수님의 3년 간 가르치심과 이적이 있었음에도 불구하고 그들이 믿지 못하는 이유는 예수님에게 있다고 하였습니다.

이것은 아담의 책임전가와 같은 것입니다. 아담이 선악과를 따먹은 후에 하나님에게 책임 추궁을 받을 때, 아담은 "하나님이 만들어 내게 주신 하와가 나에게 선악과를 주었기 때문에 내가 먹었습니다," 라는 대답을 하였습니다. 이것은 하나님께서 하와를 만들었기 때문에 이런 죄를 범한 것이라는 책임전가입니다. 유대인들이 예수님을 믿지 못하는 것은 자기들의 악함과 불의함에 있지 않고 예수님에게 그 이유가 있다고 책임을 전가하는 것입니다. 이것에 대해 예수님은 반증 하십니다.

나의 말이 내가 그리스도임을 증거 하지 않느냐

"예수께서 성전에서 가르치시며 외쳐 이르시되 너희가 나를 알고 내가 어디서 온 것도 알거니와 내가 스스로 온 것이 아니니라. 나를 보내신 이는 참되시니 너희는 그를 알지 못하나, 나는 아노니 이는 내가 그에게서 났고 그가 나를 보내셨음이라."(요 7:28~29)

"예수께서 또 말씀하여 이르시되 나는 세상의 빛이니 나를 따르는 자는 어둠에 다니지 아니하고 생명의 빛을 얻으리라."(요 8:12)

"나는 선한 목자라 나는 내 양을 알고 양도 나를 아는 것이."(요 10:14)

하나님의 육성이 그들에게 임해도 그들은 믿지 않았습니다.

아인슈타인이 처음으로 상대성 원리를 발견하고 나서 세계적인 물리학자 11명을 모아놓고 2시간에 걸쳐 그 이론을 설명했지만, 그 중에 2명만 그것을 알아듣고 나머지는 그것을 믿지 않았습니다. 같은 분야의 물리학자도 이토록 이해하는 것이 다릅니다.

나의 행한 일이 메시야임을 증거 한다

예수님께서는 당신이 행한 일, 즉 이적이 메시야임을 증거 한다고 하셨습니다. 특히 여기 예수님이 행하시는 일을 하나님의 이름으로 한다고 밝힙니다. 예수님이 언급하신 일이란 이적을 가리킵니다. 곧 예수님의 이적 역사가 그리스도임을 증거 합니다. 가나에서 물로 포도주를 만들었습니다. 제자들이 예수님을 믿었습니다. 가버나움의 왕의 신하의 아들을 고치셨습니다. 죄와 병을 지배하는 하나님의 권세를 보여 주었습니다. 베데스다 못가에서 38년 된 병자를 고쳐주셨습니다. 예수님이 먼저 그 병자에게 관심을 가지시고 그를 고치셨습니다. 영적으로 무능한 자들은 그들이 스스로 하나님께로 올 수 없기에 하나님이 먼저 영적 무능자, 즉 죄인에게로 찾아가신다는 의미입니다. 오병이어의 기적을 일으키셨습니다. 물위를 걸으시며 자연을 정복하셨다는 것도 보여주셨습니다.

예수님의 이적은 기이한 일을 행함으로 사람들의 마음을 끌려고 하는 목적이 아니었습니다. 예수님의 이적은 진실과 사랑을 가지고 인간을 구원하는 것을 목적으로 합니다. 이적의 능력은 구원의 능력이고, 하나님의 능력이며, 왕국 출현의 일면입니다. 이적은 구원사적인 진리운동입니다.(마 11:3~5)

세례 요한이 옥에서 예수 그리스도의 하신 일을 듣고 사람을 보내어 예수님께 물었습니다. "오실 그 이가 당신입니까? 아니면 다른 이를 기다려야만 합니까?" 예수님께서는 세례 요한이 보낸 사람에게 "맹인이 보며 못 걷는 사람이 걸으며 나병환자가 깨끗함을 받으며 못 듣는 자가 들으며 죽은 자가 살아나며 가난한 자에게 복음이 전파된다,"고 전하라고 하십니다. 이것은 이사야 29:18과 35:5~6의 성취입니다.

"그 날에 못 듣는 사람이 책의 말을 들을 것이며 어둡고 캄캄한 데에서 맹인의 눈이 볼 것이며."(사 29:18)

"그 때에 맹인의 눈이 밝을 것이며 못 듣는 사람의 귀가 열릴 것이며, 그 때에 저는 자는 사슴 같이 뛸 것이며 말 못하는 자의 혀는 노래하리니 이는 광야에서 물이 솟겠고 사막에서 시내가 흐를 것임이라."(사 35:5~6)

예수님의 이적은 사도시대 이후 교회시대 이적보다 탁월

메시야의 이적은 예수님이 하나님이심을 나타내는 계시의 방편입니다. 하나님 자신을 계시로 나타내십니다.

헤르만 바빙크는 말했습니다. "예수님의 성육신과 죽으심과 그의 부활과 승천은 하나님의 위대한 구속행위이다. 이런 구속행위는 원리에 있어서 영광 나라의 회복을 의미하는 운동이다. 이런 구속행위는 무엇을 계시하기 위한 방편만이 아니고 하나님 자신의 계현(啓現: 계시하시고 나타내심) 자체이다. 이 점에서 이적이 바로 역사요, 역사가 바로 이적화한 것이다."

예수님은 말씀과 이적으로 이미 당신이 그리스도이심을 밝히 보여주셨습니다. 예수님은 유대인들이 자기를 믿지 않는 이유를 설명하셨습니다. 본문 말씀 27절에서 "너희가 내 양이 아님으로 믿지 아니한다,"라고 하셨습니다. 이것은 하나님의 예정, 하나님의 선택을 가리킵니다. 누가 예수님을 믿을 수 있습니까? 바로 하나님의 선택을 받은 자입니다.

칼빈은 말합니다. "구원 받을 자가 있고, 구원 받지 못할 자가 있다. 예정된 자가 있고 예정되지 못한 자가 있다. 왜냐하면 똑같은 말을 들었는데 믿는 자는 믿고 믿지 않는 자는 믿지 않기 때문이다." 그래서 칼빈은 전도하는 이유를 믿을 사람에게 전도하는 것이라고 했습니다. 다시 말하면 구원 받을 사람을 모으기 위해 전도한다는 말입니다. 실제적으로 우리가 전도해 보아도 이 사실을 이해할 수 있습니다. 믿을 수밖에 없도록 구비조건이 되어 있는 데도 불구하고 믿지 않는 사람은 믿지 않습니다. 내가 하나님의 예정과 선택에 들었다는 것을 어떻게 알 수 있습니까?

"그러므로 내가 너희에게 알리노니 하나님의 영으로 말하는 자는 누구든지 예수를 저주할 자라 하지 아니하고 또 성령으로 아니하고는 누구든지 예수를 주시라 할 수 없느니라."(고전 12:3)고 바울 사도는 명확한 대답을 주고 있습니다. 이것이 주님의 요구입니다. "예수님은 하나님이시다. 예수님의 말씀이 진리이고 성경이 하나님의 말씀임을 내가 믿는다."라고 고백하시기 바랍니다. 그리고 주님을 따르시기 바랍니다. 우리 신앙의 현주소를 깨닫기 바랍니다.

제36장

구원의 안전보장

(요 10:27~29)

요한복음 10:27~29 "내 양은 내 음성을 들으며 나는 그들을 알며
그들은 나를 따르느니라. 내가 그들에게 영생을 주노니
영원히 멸망하지 아니할 것이요 또 그들을 내 손에서 빼앗을 자가 없느니라.
그들을 주신 내 아버지는 만물보다 크시매
아무도 아버지 손에서 빼앗을 수 없느니라."

예수님은 우리에게 생명을 주시는 목자이십니다.
영생을 얻는 자는 영원히 멸망치 않습니다.
예수 그리스도께서 우리의 구원을 보장해 주십니다.
하나님이 우리의 구원을 책임져 주시고,
그 구원은 확실합니다.

믿음을 크게 나누면 두 가지가 있습니다. 하나님이 나의 손을 붙들고 계시다는 것을 믿는 칼빈주의 신앙과 내가 하나님의 손을 붙들고 있다는 것을 믿는 알미니안주의 신앙입니다. 전자는 우리의 구원을 안전보장 하는 믿음이지만 후자는 그렇지 못한 믿음입니다. 칼빈주의 신앙은 하나님이 한번 택하여 구원을 주시기로 한 자는 끝까지 구원을 얻게 하신다는 믿음입니다. 그러나 알마니안주의 신앙은 사람이 구원을 받았을지라도 타락하면 받은 구원을 상실할 수도 있다는 인본주의 믿음이고 불완전한 믿음입니다. 오늘 본문말씀 28~29절에서 예수님께서는 우리가 받은 구원이 안전하고 확실하다는 사실을 친히 증거 해 주십니다.

구원의 약속

28절에 "내가 그들에게 영생을 주노니 영원히 멸망하지 아니할 것이요," 라고 하였습니다. 예수님은 선한 목자요, 크신 목자이실 뿐만 아니라 양들에게 생명을 주시는 목자이십니다. 곧 하나님의 선택한 백성들에게 영생을 주시는 목자이십니다. 지상에 있는 어떤 목자도 양들을 치고 인도하고 우리에 넣을 수는 있지만 죽은 양을 살릴 수는 없습니다. 곧 양에게 생명을 줄 수는 없습니다. 그러나 예수님은 선한 목자로서 자기가 택한 백성들에게 영생을 주십니다. 생명을 넣어주십니다. 여기 예수님이 택하신 영생은 하나님께로부터 흘러나오는 생명의 원리(the principle of life)입니다. 이 영생은 하나님 안에 기초한 생명이요, 하나님과 연합한 생명이며, 하나님께로 인도하는 생명의 원리입니다.

영생이란 본래 하나님께 적용되는 말이지 인간에게 사용되는 말은 아닙니다. 영원하다는 어휘는 하나님께 적용됩니다. 이 영생은 예수님께서 자기를 믿는 사람들에게 주시는 은혜로운 선물이요, 무상의 선물입니다. 사람의 공로가 전혀 없어도 하나님을 믿는 자, 예수 그리스도를 믿는 자에게 거저 주시는 풍성한 선물입니다. 특별히 여기에 주께서 영생을 주신다고 했는데 주신다(디도미, δίδωμι)는 말씀은 선한 목자이신 예수 그리스도의 부요함, 위대함, 매력을 내포하고 있습니다. 곧 부요하신 예수 그리스도께서 영생을 주신다, 위대하신 예수 그리스도께서 영생을 주신다는 뜻입니다. 그리고 예수 그리스도께서 주신 영생을 얻는 자는 영원히 멸망치 않는다고 하셨습니다. 결코, 영원히 멸망하지 않는다고 하십니다.

멸망하지 않는다는 것은 하나님으로부터 분리되지 않는다, 하나님의 생명으로부터, 하나님의 축복으로부터 분리되지 않는다는 의미입니다. 하나님과 연합하고 하나님의 생명을 받고 하나님의 축복을 받음을 말합니다. 예수 그리스도께서 주시는 영생을 받고, 구원을 받은 자는 영원히 멸망치 않는다고 하신 주님의 약속은 신자가 죽은 후에 가지는 시간에 대해 언급하신 것이 아닙니다. 멸망하지 않는다고 하시는 것은 존재하는 것을 쉬는 절멸이 아닙니다. 멸망하지 않는다고 하는 것은 영원한 안전을 의미합니다.

구원의 확실성

또 28절 하반과 29절에 "그들을 내 손에서 빼앗을 자가 없느니라. 그들을 주신 내 아버지는 만물보다 크시매 아무도 아버지 손에서 빼앗을 수 없느니라," 하신 말씀에서 예수님은 목자로서의 절대적인 권능을 가진 목자인 것을 보여줍니다. "너희가 내 양인 이상 내 손에서 아무도 빼앗아 낼 수 없다,"고 선언하시는 겁니다. 유한한 무엇이 무한하신 하나님의 손에 붙잡혀 있는 하나님의 양들을 결코 빼앗아 낼 수가 없습니다. 그 어떤 피조물이라도 창조

주인 하나님의 손에 붙잡혀 있는 하나님의 택한 백성들을 빼앗아 낼 수 없습니다.

맹수가 나타나 양들을 해치고 늑탈해 가는 것을 보고 목자가 울고만 있다면 무슨 선한 목자이겠습니까? 사자나 곰 같은 사나운 짐승들이 양들을 잡아가려고 할 때 양을 보호할 수 없는 목자라면 무슨 선한 목자겠습니까? 선한 목자는 능력과 지혜가 있어서 양들을 보호할 수 있어야만 합니다. 우리 주님은 선한 목자로서 자기의 양을 한 마리라도 잃어버리지 않고 보호해 주십니다.

"아버지께서 내게 주시는 자는 다 내게로 올 것이요 내게 오는 자는 내가 결코 내쫓지 아니하리라."(요 6:37)

하나님의 택함을 받은 자는 결코 주님의 수중에서 빠져 나갈 수 없고 반드시 구원을 받고야 맙니다. 성경에 보면 택한 자라도 할 수만 있으면 사탄은 유혹하여 넘어지게 한다고 했는데 유혹을 할 수 있을지 모르나 택한 자를 빼앗아 지옥으로 보낼 수는 없습니다. 우리가 믿어야 할 것은 하나님이 자기 손으로 택한 자를 붙들고 계신다는 것입니다. 하나님에게는 능치 못하심이 없으십니다. 하나님은 변하시지 않는 불변성을 지니고 계십니다. 하나님이 자기 양들을 붙들고 계신다는 것은 우리에게 구원의 확실성을 가르쳐주시는 것입니다. 우리가 받은 구원이 안전하다는 것이요, 결코 변동되지 않는다는 것입니다.

우리가 받은 구원의 확실성, 안전성이란 우리 성도들 자신이 스스로 이 구원을 사수하고 지켜야 한다는 노력에 의하여 생성되는 것이 아닙니다. 인간의 주관적인 노력과 집념으로 구원의 확신을 가진다는 것이 아닙니다. 예수 그리스도께서, 성령께서, 성부 하나님께서 객관적으로 구원을 보장해 주시기 때문에 이 구원이 확실하다는 것입니다.

"내가 저희에게 영생을 주노니 영원히 멸망치 아니할 것이요, 또 저희를 내 손에서 빼앗을 자가 없느니라,"는 말씀은 하나님 예수 그리스도께서 우리를 붙들고 있다는 객관적 사실이 우리의 구원을 보장한다는 의미입니다.

구원 확신으로 얻어지는 축복

29절의 "그들을 주신 내 아버지는 만물보다 크시매,"라는 말씀을 많은 정통주의 학자들이 "나의 아버지가 내게 주신 그것은 만물보다 더 위대하다,"로 번역합니다. 그러면 성부 하나님께서 성자 하나님에게 주신 것은 무엇입니까? 선택된 자들이요, 양들입니다. 구원의 확신을 가지므로 받은 축복은 나 자신이 하나님의 존귀한 대상임을 인식하는 것입니다. 성부 하나님이 성자 하나님께 주신 양들은 세상의 그 무엇보다 더 존귀하다는 것입니다. 하나님이 보시기에 가장 가치 있는 존재입니다.

"땅에 있는 성도들은 존귀한 자들이니 나의 모든 즐거움이 그들에게 있도다."(시 16:3)

구원확신을 가지므로 받은 축복은 하나님의 특별 보호를 받는 것입니다. 하나님의 손에서 하나님의 양들을 아무도 빼앗아 갈 수 없다고 함은 하나님이 택한 백성들을 특별히 보호하신다는 뜻입니다. 하나님은 우리 이름을 그의 손바닥에 새기어서 기억하고 보호하십니다. 하나님은 눈동자같이 보호하시며 호위하여 주십니다. 하나님은 우리를 환난 중에서도 보호하시고, 우리의 우편에서 보호하시고, 영혼을 보호하시고, 출입을 보호하시고, 졸지도 주무시지도 아니하시면서 보호하십니다.

다윗의 아들인 압살롬이 반란을 일으키고 다윗을 죽이려고 할 때에 두 모사 아히도벨과 후새의 이야기가 사무엘하 15, 16, 17장에 걸쳐 나옵니다. 아히도벨과 후새는 다윗의 충성스런 모사였지만 아히도벨은 변절하여 압살롬을 따릅니다. 다윗의 충성스런 모사이고 친구인 후새는 끝까지 다윗에게 충성합니다. 아히도벨이 압살롬에게 요청하기를 군사 12,000명을 주면 다윗을 당장 추격해서 그를 죽이겠다고 했습니다. 그때 압살롬이 후새의 의견을 물었습니다. 후새는 다윗은 지금 새끼 빼앗긴 곰과 같은 입장으로 격분해 있고, 병법에 능하니 승리할 수 없다고 하면서 이스라엘의 모든 군사를 이끌고 압살롬이 직접 군대를 지휘하라고 했습니다. 이로 인해 다윗은 도망갈 시간을 벌어 승리했습니다. 압살롬이 후새의 계획을 택하자 아히도벨은 자신의 계획이 택해지지 않아 이미 패할 줄 알았음으로 집으로 돌아가서 자살하였습니다. 하나님은 다윗을 보호하실 때 이렇게 묘하게 보호해 주셨습니다. 하나님은 불효자식 압살롬으로 하여금 아히도벨의 모략을 거절하게 하고 후새의 모략을 택하게 하셨습니다. 하나님은 압살롬의 마음을 움직여서 다윗을 보호하셨습니다. 후새라는 사람을 보내어 다윗에게 속히 피신하게 하셨습니다.

구원확신을 가지므로 받는 축복에는 위로와 행복과 기쁨이 있습니다. 지상의 목자들은 자기 양들의 행복을 책임질 수 없습니다. 질병과 맹수의 공격으로 고통당할 때 해결할 수 없으나 선한 목자 예수 그리스도는 하나님의 택한 백성, 곧 자기 양들의 행복을 책임지십니다. 여기 위로와 행복과 기쁨이란 물질적인 것만이 아닙니다. 영적인 것과 신앙적인 것을 같이 포함하고 있습니다. 그리고 위험도 포함한 행복입니다.

쯔윙글리(Huldrych Zwingli, 1484~1531)는 하나님의 선택을 받았다는 확신을 가졌을 때, "원수의 창을 받으면서도 나는 괜찮다. 그들이 내 몸은 죽이나 내 영혼은 죽이지 못한다,"고 했습니다. 슈타르크(Stark)는 "가장 미미한 신자라도 전 세계를 두려워하지 않고 도리어 그것을 업신여길 수 있다,"고 했습니다. 마틴 루터는 "비록 마귀가 나를 침노하고 왕들과 천지가 나를 거스른다고 하여도 나는 견디리라,"고 했습니다. 사도 바울은 "누가 우리를 그리스도의 사랑에서 끊으리요. 환난이나 곤고나 핍박이나 기근이나 적신이나 위험이나 칼이랴?"고 했습니다.

"여호와는 내 편이시라 내가 두려워하지 아니하리니 사람이 내게 어찌할까?"(시 118:6)

구원의 확신을 지닌 사람이 신앙생활을 할 때에 핍박과 위험과 환난과 고난을 당할 수 있습니다. 그리하여 자기의 직장이나 친구를 잃을 수 있고 좋은 명예도 상실할 수 있습니다. 그러나 자기 자신을 잃지는 않습니다. 자기의 신앙과 절개와 정절을 잃지 않습니다.

구원의 확신을 지닌 사람을 이렇게 비유할 수 있습니다. 배가 풍랑을 만날지라도 침몰되는 것이 아니라 도리어 항구에 도달하는 것과 같습니다. 집이 불타 버릴지라도 사람의 생명은 안전하게 구출 받는 것과 같습니다. 등산을 하는 사람이 미끄러져 물러설지라도 다시 일어나 산을 오르는 것과 같으며 마침내 산 정상을 정복하는 것과 같습니다. 선원이 갑판위에서 넘어질지라도 바다에 빠지지 않고 다시 일어나는 것과 같습니다. 우리에게 모진 시험의 풍파가 불어 닥쳐 위협할지라도 선택받은 하나님의 양들은 예수 그리스도의 손안에서 안전할 수 있습니다.

사도 바울은 말합니다. "주께서 나를 모든 악한 일에서 건져내시고 또 그의 천국에 들어가도록 구원하시리니 그에게 영광이 세세무궁토록 있을지어다 아멘."(딤후 4:18)

"내가 확신하노니 사망이나 생명이나 천사들이나 권세자들이나 현재 일이나 장래 일이나 능력이나, 높음이나 깊음이나 다른 어떤 피조물이라도 우리를 우리 주 그리스도 예수 안에 있는 하나님의 사랑에서 끊을 수 없으리라."(롬 8:38~39)

하나님이 우리의 구원을 책임져 주시니 우리의 구원은 안전보장을 얻었다는 이 진리를 인식하시고, 이 진리를 사랑하여야 합니다. 그리고 이 진리를 확신하여야 합니다.

청교도 목사들은 이런 설교를 했습니다. "목자들이 자기의·양을 표시하기 위하여 양의 귀를 조금씩 벤다. 자기 소떼를 구별하기 위하여 소의 발에 화인을 찍는다. 예수 그리스도의 양들, 크리스천은 2개의 마크를 가져야 하는데, 귀에 마크를 가지고 주의 음성을 잘 들어야 한다. 그리고 크리스천들은 그의 발에 마크를 가지고 주님과 동행하여야 한다."

　선한목자 주님은 지금 우리에게 말씀하십니다. "내가 너희에게 영생을 주노니 영원히 멸망치 아니할 터이요, 저희를 내 손에서 빼앗을 자가 없느니라." 우리의 구원의 확실성을 알려주시는 복음이요, 우리의 구원의 안전보장을 확인하여 주시는 주님의 명료한 음성입니다. 이 음성을 듣고 확신을 가지며 주님과 항상 동행하여야 합니다.

제37장

하나님의 손

(요 10:28~29)

요한복음 10:28~29 "내가 그들에게 영생을 주노니 영원히 멸망하지 아니할 것이요
또 그들을 내 손에서 빼앗을 자가 없느니라. 그들을 주신 내 아버지는 만물보다 크시매
아무도 아버지 손에서 빼앗을 수 없느니라."

하나님의 손은 창조, 권능, 섭리, 치료의 손입니다.

하나님 손은 상하고, 못 받히고 피 묻은 손입니다.

그 손은 우리를 구원하시는 손이면서, 징계의 손이기도 합니다.

하나님의 손은 우리들을 사랑하시고, 인도하시고,

보호하시고, 축복하시고, 거느리시는 손입니다.

하나님은 영이신데, 하나님 손을 이야기함은 문자적 의미로 손을 가졌다는 것이 아닙니다. 우리가 하나님의 형상대로 창조되었다고 하는 것이 하나님도 우리와 같이 물질로 된 손과, 눈, 발이 있다는 뜻은 아닙니다. 왜 그러면 성경은 하나님의 손이라는 말을 사용했을까요? 하나님은 우리 사람들이 하나님을 인격자로 알기를 원하시기 때문에 성경은 하나님의 손이라는 말을 사용하고 있습니다.

사람들에게 있어서 손은 무엇을 의미합니까? 손은 행동을 의미합니다. 손은 인간의 한 지체로써 어떤 물건을 만들어 냅니다. 타이피스트의 손은 타자기 위에 얹힐 때 글자를 만들게 됩니다. 시인이 시를 쓰겠다고 하면 손은 펜을 움직입니다. 전쟁 시에 손은 무기를 쥡니다. 정원에 우물을 파려고 하면 손은 삽을 쥐게 됩니다. 인간은 자기 의지, 감정, 사상 등을 자기의 지체, 특히 손을 통하여 나타냅니다.

하나님은 시공(時空)의 역사에서 행동하시는 인격적인 하나님이심을 인간에게 전달하기 위하여 하나님의 손이란 개념을 사용하셨습니다. 이 말은 이해되기 쉬운 편리한 용어입니다. 육체의 손이 없는 하나님은 육체의 손을 가진 인간이 할 수 있는 모든 것을 시공세계에서 동등하게 하시며, 그 이상으로 하실 수 있는 전능의 하나님이십니다. 인간을 창조하신 하나님은 인간과 동등하게 일하실 수 있으며 그 이상의 일을 하실 수 있습니다. 성경은 하나님의 손을 여러 가지 면에서 설명하고 있습니다.

창조의 손

"야곱아 내가 부른 이스라엘아 내게 들으라 나는 그니 나는 처음이요 또 나는 마지막이라, 과연 내 손이 땅의 기초를 정하였고 내 오른손이 하늘을 폈

나니 내가 그들을 부르면 그것들이 일제히 서느니라."(사 48:12~13)

이 말씀에서 우리는 창조에 나타난 하나님의 위대한 손을 볼 수 있습니다. 하나님은 인간과 만물을 창조하신 하나님으로서 만물을 초월해 계시는 초월자이십니다. 이 초월은 비인격적 의미나 철학적 의미에서 초월한 분이라는 뜻이 아닙니다. 인격을 가진 분으로서 초월해 계신 분입니다. 하나님은 인간과 만물을 창조하신 분으로서 또한 피조물 세계 내에도 존재하십니다. 곧 하나님은 이 세계 안에 내재하십니다. 하나님의 초월성, 내재성을 함께 믿어야만 합니다. 기계를 만든 공인이 그 기계와 함께 일할 수 있습니다.

하나님이 인간과 만물을 창조하신 분이라고 할 때에 하나님은 만물과 우리를 잘 알고 계신다는 뜻입니다.

"하나님이 흙으로 인간을 창조하시고 그 코에 생기를 불어 넣으시니 그가 생령이 되니라."(창 2:7)

어떤 물건을 만든 공인이 그 물건을 너무나 잘 알고 있는 것은 그 공인의 머리에서 설계하고, 그 공인의 손에서 만들어졌기 때문입니다. 인간을 창조하신 분은 하나님이심으로 인간을 가장 잘 아시는 분은 하나님이십니다. 다윗은 이렇게 고백했습니다.

"이는 그가 우리의 체질을 아시며 우리가 단지 먼지뿐임을 기억하심이로다."(시 103:14)

하나님은 우리의 육신, 마음, 계획, 생각, 행동까지 알고 계십니다.

하나님이 창조주라고 하실 때에 그는 피조물로부터 경배와 예배를 받으시기에 합당한 분이시라는 것입니다. 인간은 마땅히 하나님을 인정하고 그에게 감사함으로 예배해야 합니다.

다윗은 이렇게 말했습니다.

"오라 우리가 굽혀 경배하며 우리를 지으신 여호와 앞에 무릎을 꿇자. 그는 우리의 하나님이시요 우리는 그가 기르시는 백성이며 그의 손이 돌보시

는 양이기 때문이라 너희가 오늘 그의 음성을 듣거든." (시 95:6~7)

섭리의 손

섭리라고 함은 하나님이 그 모든 피조물을 다스리시고 보호하시며 보존하시고 돌보시는 것을 말합니다. 하나님은 만물과 인간을 창조하시고 제멋대로 살라고 방치하지 않으셨습니다. 세밀하게 보존하시고 돌보십니다. 하나님께서는 피조물을 떠나 계시지 않으시고 피조물과 가까이 계시고 함께 지나시면서 섭리하십니다.

"주께서 주신즉 그들이 받으며 주께서 손을 펴신 즉 그들이 좋은 것으로 만족하다가." (시 104:28)

"모든 사람의 눈이 주를 앙망하오니 주는 때를 따라 그들에게 먹을 것을 주시며, 손을 펴사 모든 생물의 소원을 만족하게 하시나이다." (시 145:15~16)

모든 피조물은 각자의 영역에서 하나님에 의해 보존됩니다. 동물, 식물, 인간, 천사 등 모든 피조물이 매순간 하나님으로부터 보호를 받고 있습니다. 하나님의 통치 아래 있습니다.

시편 136편에는 하나님이 이스라엘 백성 가운데서 활동하시고 일하신 사실을 또렷하게 설명하고 있습니다. 특히 시편 136:11~12에 "이스라엘을 그들 중에서 인도하여 내신 이에게 감사하라 그 인자하심이 영원함이로다. 강한 손과 펴신 팔로 인도하여 내신 이에게 감사하라,"고 하였습니다. 곧 하나님이 그들을 다스리시고 보호하시고 구원하시는 일에 대하여 감사하고 찬양하라고 하였습니다.

출애굽기 7~8장에서는 하나님이 모세에게 이르셔서 아론을 통해 애굽에 피와 개구리와 이의 재앙을 내렸습니다. 피의 재앙이 내렸을 때 애굽의 요술사들도 술법을 부려 나일강을 피로 변하게 했습니다. 개구리 재앙이 내렸을 때, 애굽의 요술사들도 개구리를 땅으로 올라오게 하였습니다. 그러나 개구리를 없애지는 못했습니다. 아론이 지팡이로 땅의 티끌을 쳐서 이가 발생하여 이의 재앙이 내렸습니다. 그러나 애굽의 요술사들은 그것을 만들어 내지 못했습니다. 요술사들은 바로에게 고합니다. 출애굽기 8:19에 "이는 하나님의 권능이니이다,"라고 하면서 하나님의 손가락이라고 고백합니다. 바로가 이스라엘 민족을 다스리는 것이 아니요, 애굽을 통치하는 자가 아닙니다. 하나님이 그 통치자이십니다.

하나님은 이스라엘이 애굽 생활 할 때에도 눈동자같이 지키시고 보호하셨습니다. 예수님은 친히 그의 보호의 완벽성을 이렇게 말씀하셨습니다.

"내 양은 내 음성을 들으며 나는 그들을 알며 그들은 나를 따르느니라. 내가 그들에게 영생을 주노니 영원히 멸망하지 아니할 것이요 또 그들을 내 손에서 빼앗을 자가 없느니라." (요 10:27~28)

예수님의 이 말씀을 요약하면 '너는 내 양이니 내가 너를 내 손에서 지키겠다,' 는 것입니다. 자비와 능력이 충만하신 예수님의 손은 우리를 안전히 지킬 수 있습니다. 예수님은 계속하여 말씀하십니다.

"그들을 주신 내 아버지는 만물보다 크시매 아무도 아버지 손에서 빼앗을 수 없느니라." (요 10:29)

이 두 구절에서 예수님이 강조하시고 확신시키는 말씀은 '하나님의 자녀들은 성부 하나님의 손에 붙들려 있고, 성자 예수님의 손에 붙잡혀 있기 때문에 그 어느 누구도 우리를 제거할 수 없다,' 는 것입니다. 시편 기자는 말했습니다.

"그는 넘어지나 아주 엎드러지지 아니함은 여호와께서 그의 손으로 붙드심이로다." (시 37:24)

"내가 이같이 우매 무지함으로 주 앞에 짐승이오나, 내가 항상 주와 함께

하니 주께서 내 오른손을 붙드셨나이다."(시 73:22~23)

이 말씀은 시인의 시적 표현이나 심리적으로 느끼는 추상적인 것만이 아니라 하나님이 성도 개인 개인을 실제로 붙들고 계시며 보호하신다는 것입니다.

치료의 손

예수님은 이 세상에 수많은 환자를 고치실 때 말씀으로 고치셨습니다. 그러나 어떤 때는 친히 주님의 부드러운 능력과 애정의 손을 얹으셔서 고치신 일이 성경에 기록되어 있습니다.

"예수께서 손을 내밀어 그에게 대시며 이르시되 내가 원하노니 깨끗함을 받으라 하시니 즉시 그의 나병이 깨끗하여진지라."(마 8:3)

"그의 손을 만지시니 열병이 떠나가고 여인이 일어나서 예수께 수종들더라."(마 8:15)

마태복음 9:18~26에서 한 관원의 딸이 죽었을 때 그 딸의 손을 잡으시매 즉시 살아났습니다. 누가복음 7:11~18에서 나인성 과부의 아들이 죽어 상여에 얹힌 채 운반되어 갈 때 예수님은 그 상여에 손을 대시며 '청년아 일어나라,'고 할 때 과부의 아들이 살아났습니다. 요한복음 9:6~7에서는 나면서부터 맹인 된 자에게 침을 뱉어 진흙을 이겨 그의 눈에 바르시면서 실로암에 가서 씻으라고 하시며 맹인의 눈을 뜨게 하셨습니다. 예수님은 육신의 질병을 치료하시기 위하여 그의 손을 내밀어주십니다. 뿐만 아니라 믿음이 약한 자, 영적 질병을 앓는 자를 치료하기 위하여 손을 내밀어 주십니다.

예수님께서 갈릴리 바다를 밤 4경에 걸어가셨습니다. 베드로가 유령인가 하여 무서워하자 "나니 무서워하지 말라"고 예수님이 말씀하셨습니다. 베드로가 "주님이시오면 나로 물위를 걷게 하소서" 했을 때 주님은 걷게 하셨고 그가 풍랑 앞에서 무서워 물에 빠지며 다시 구원을 요청할 때 주님은 구원의 손을 내밀어 주셨습니다.

우리가 곤경에 처하거나 영적 생활의 실패에 빠졌을 때에도 주님은 구원과 치료의 손을 펴십니다. 예수 그리스도의 손은 치료의 손으로 인력이나 의술로 치료할 수 없는 질병까지 치료하실 수 있습니다. 주님이 원하시면 치료하실 수 있습니다. 우리의 믿음이 강렬하고 뜨거울 때에 주님의 치료의 손은 우리에게 찾아오십니다.

상하신 손

상한 손에 대한 구약의 예언이 있습니다. 이것은 예수님께서 십자가에 못 박히실 것을 예언한 것입니다.

"개들이 나를 에워쌌으며 악한 무리가 나를 둘러 내 수족을 찔렀나이다." (시 22:17)

"그가 찔림은 우리의 허물 때문이요 그가 상함은 우리의 죄악 때문이라 그가 징계를 받으므로 우리는 평화를 누리고 그가 채찍에 맞으므로 우리는 나음을 받았도다." (사 53:5)

스가랴 13:6에는 "어떤 사람이 그에게 묻기를 네 두 팔 사이에 있는 상처는 어찌 됨이냐 하면 대답하기를 이는 나의 친구의 집에서 받은 상처라 하리라."고 기록함으로 예수님 손의 상흔을 예언하고 있습니다.

신약에서는 도마의 고백에서 '상하신 손' 에 대해 기록하고 있습니다. 열제자가 부활의 주님을 보았다고 하자, 도마는 그것을 믿지 못하고 "내가 그의 손의 못 자국을 보아야 믿으리라,"고 했습니다. 또 "내 손가락으로 그 못

자국에 넣어보고 내 손을 그의 상처 당한 옆구리에 넣어보지 않고는 안 믿겠다,"고 했습니다. 그러자 예수님께서 나타나셔서 "믿음이 없는 자가 되지 말고 믿는 자가 되라,"고 하셨습니다. 도마가 그제야 예수님의 부활을 믿고 "나의 주님이시요 나의 하나님이시니이다,"라고 고백했습니다.

십자가에서 상하신 그 손은 우리를 구원하였고, 그 손으로 우리에게 영생을 선물로 주셨습니다. 상하신 그 손은 우리를 대신하여 형벌 받으신 못 박힌 손입니다.

주 예수 대문밖에 기다려 섰으나 단단히 잠가두니 못 들어오시네,
나 주를 믿노라고 그 이름 부르나 문밖에 세워두니 참 나의 수치라.
문 두드리는 손은 못박힌 손이요 또 가시면류관은 그 이마 둘렀네,
이처럼 기다리심 참 사랑이도다 문 굳게 닫아두니 한없는 내 죄라.
주 예수 간곡하게 권하는 말씀이 네 죄로 죽은 나를 너 박대할소냐,
나 죄를 회개하고 곧 문을 엽니다 오셔서 좌정하사 떠나지 마소서

징계의 손

하나님이 자기 자녀들을 돌보시는 부성적 사랑의 표현은 징계로도 나타납니다. 부모는 사랑하는 자녀들이 잘못할 때 때리면서 바로 가르치려고 합니다. 칠 때에 매를 사용하기도 하고 손도 사용합니다. 같은 원리로 하나님의 자녀들에게도 징계가 필요할 때 하나님은 손을 쓰십니다. 다윗은 범죄 함으로 하나님의 징계의 손이 임한 것을 체험하였습니다.

"주의 손이 주야로 나를 누르시오니 내 진액이 빠져서 여름 가뭄에 마름 같이 되었나이다." (시 32:4)

"주의 징벌을 나에게서 옮기소서 주의 손이 치심으로 내가 쇠망하였나이

다.”(시 39:10)

다윗이 우리아의 아내인 밧세바에게 죄를 범함으로 당한 징계는 단순한 심리적 문제만은 아니었습니다. 외적 상황을 통하여서도 다윗을 징계하였습니다. 그의 아들이 죽은 것이나 압살롬이 다윗의 후궁과 동침을 하는 사건 등이 그것입니다.

사람은 일하기 위하여 손을 사용하지만 인격적이며 보이지 않는 하나님은 손을 사용하지 않고 일을 완성하십니다. 이러한 하나님의 일을 징계라고 합니다. 다윗 왕국이 강해질 때 다윗은 교만해졌습니다. 다윗은 요압을 시켜 이스라엘의 인구조사를 시켰습니다. 이 때 신하 요압은 “여호와께서 그 백성을 지금보다 백배나 더하게 하시기를 원하나이다. 내 주여, 이 백성이 다 주의 종이 아닙니까? 주께서 어찌하여 이 일을 명령하십니까? 어찌하여 이스라엘로 죄 있게 하시려 합니까?”라고 간곡히 만류 했습니다. 하나님을 의지함보다 국력을 믿고 국방력을 과시하려는 다윗을 하나님은 못 마땅하게 생각하셔서 그를 징계하셨습니다. 하나님의 진노로 전염병이 창궐하였을 때 하나님은 갓 선지자를 보내셨습니다. 삼년 동안 기근에 고생할지 석 달을 대적의 칼에서 쫓겨 다닐지, 아니면 온역이 삼일 동안 이 땅에 만연할지 셋 중에 하나를 선택하라고 했습니다. 이 때 다윗은 회개하면서 “내가 곤경에 있도다. 여호와께서는 긍휼이 심히 크시니 내가 그의 손에 빠지고 사람의 손에 빠지지 않기를 원하나이다,” 했습니다. 그는 회개함으로 사죄의 은총을 받고 긍휼히 여김을 입어 축복을 받았습니다.

하나님의 징계를 받을 때 왜 내가 징계를 받게 되었나에 대한 이유를 규명하고, 하나님의 징계의 손에서 구원받을 길이 무엇인가를 생각하며 회개해야 합니다. 회개할 때 하나님의 은총과 사랑을 받습니다. 회개를 하지 않을 때는 고통의 시간이 연장됩니다. 인구조사를 통해 다윗이 하나님께 죄를 범했을 때에 그는 즉시 회개하고 아라우나의 타작마당에서 값있는 제사를 드렸습니다. 또한 다윗은 우리아의 아내 밧세바를 취해서 하나님께 죄를 범했을 때 나단 선지자가 와서 그의 죄를 지적하자 즉시 무릎을 꿇고 자기 죄를 회개했습니다.

하나님의 손은 창조의 손, 권능의 손입니다. 세상 모든 것을 창조하신 하나님께 경배해야 합니다. 하나님의 손은 섭리의 손입니다. 우리를 보호하시고 보존하시고 돌보십니다. 어떠한 역경이나 고난 중에서도 우리를 보호하십니다. 하나님의 손은 치료의 손입니다. 육신의 질병과 영적인 연약함을 치료 하십니다. 하나님의 손은 상하신 손, 못 박히신 손, 피 묻은 손입니다. 곧 우리를 구원하시는 손입니다. 우리는 주님의 그 손을 바라보아야 합니다. 도마의 고백과도 같이 "나의 주요, 나의 하나님이라," 고 고백해야 합니다. 하나님의 손은 징계의 손입니다. 우리를 하나님의 자녀다운 자녀, 신자다운 신자, 직분자 다운 직분자로 만들기 위해 징계하시는 손입니다. 그 손 아래서 회개하고 겸손하고, 징계의 채찍을 달게 받아야 합니다.

하나님의 손, 그리스도의 손은 전적으로 우리 죄인들을 사랑하시고, 인도하시고, 보호하시고, 축복하시고, 거느리시는 손입니다. 그렇다면 우리도 우리의 손으로 주님을 위해 수고해야 마땅합니다.

제38장

믿음으로 얻는 지식

(요 10:30~39)

요한복음 10:30~39 "나와 아버지는 하나이니라 하신대, 유대인들이 다시 돌을 들어 치려 하거늘, 예수께서 대답하시되 내가 아버지로 말미암아 여러 가지 선한 일로 너희에게 보였거늘 그 중에 어떤 일로 나를 돌로 치려 하느냐, 유대인들이 대답하되 선한 일로 말미암아 우리가 너를 돌로 치려는 것이 아니라 신성모독으로 인함이니 네가 사람이 되어 자칭 하나님이라 함이로라, 예수께서 이르시되 너희 율법에 기록된 바 내가 너희를 신이라 하였노라 하지 아니하였느냐, 성경은 폐하지 못하나니 하나님의 말씀을 받은 사람들을 신이라 하셨거든, 하물며 아버지께서 거룩하게 하사 세상에 보내신 자가 나는 하나님의 아들이라 하는 것으로 너희가 어찌 신성모독이라 하느냐. 만일 내가 내 아버지의 일을 행하지 아니하거든 나를 믿지 말려니와 내가 행하거든 나를 믿지 아니할지라도 그 일은 믿으라 그러면 너희가 아버지께서 내 안에 계시고 내가 아버지 안에 있음을 깨달아 알리라 하시니, 그들이 다시 예수를 잡고자 하였으나 그 손에서 벗어나 나가시니라."

예수님과 하나님은 하나이십니다.

우리를 보호하는 데 있어서 하나이십니다.

그 본질도 하나이십니다.

예수님을 아는 바른 방법과 길은 예수님을 믿는 것입니다.

예수님이 하나님이심을 아는 길은 믿음에 있습니다.

우리가 음식을 먹을 때, 부드러운 음식을 먹으면 먹기 쉽고 유쾌하지만, 단단한 음식이라도 치아가 튼튼한 사람들은 꼭꼭 씹어 먹을 때에 또 다른 짙은맛을 느끼게 됩니다.

"이는 젖을 먹는 자마다 어린 아이니 의의 말씀을 경험하지 못한 자요, 단단한 음식은 장성한 자의 것이니 그들은 지각을 사용함으로 연단을 받아 선악을 분별하는 자들이니라."(히 5:13~14)

본문의 의미는 예수님은 쉽게 먹을 수 있는 음식보다 단단한 곡물과 같은 것에 대해 말씀하신 것입니다. 요한복음 10장에서 예수께서 말씀하신 주제는 예수님 자신이 선한 목자라는 사실입니다. 선한 목자는 양들을 먹이고 인도하는 일 뿐만 아니라, 양들의 생명을 보호합니다. 맹수가 나타나 양들을 해치려고 할 때에 선한 목자는 자기 목숨을 내걸고 양들의 생명을 지키며 보호합니다. 예수님은 우리의 선한 목자로서, 우리를 죄에서 구원하실 뿐만 아니라, 천국에 들어갈 때까지 우리를 보호하신다는 것입니다. 곧 믿는 자들의 구원을 보장해 주신다고 말씀하십니다.

"내가 그들에게 영생을 주노니 영원히 멸망하지 아니할 것이요 또 그들을 내 손에서 빼앗을 자가 없느니라."(요 10:28)

예수님 자신이 자기 양들의 생명을 이처럼 보호하시고 영생을 완전 보장해 주실 뿐만 아니라, 성부 하나님도 예수님의 양들을 안전하게 지켜주신다고 말씀하고 계십니다.

"그들을 주신 내 아버지는 만물보다 크시매 아무도 아버지 손에서 빼앗을 수 없느니라."(요 10:29)

이 말씀을 하신 후에 예수님은 "나와 아버지는 하나이니라,"고 하셨습니다. 곧 성자 예수님과 성부 하나님은 하나라는 뜻입니다. 어떤 의미에서 하나라는 의미입니까?

첫째, 양을 보호하는 데 있어서 예수님과 성부는 하나입니다. 요한복음

10:28과 10:29에서 예수님의 양을 예수님 손에서 아무도 빼앗아 낼 자가 없고, 예수님의 양을 또한 하나님 손에서 빼앗아 낼 자가 없다고 밝혔습니다. 그러므로 양을 보호하는데 성자 하나님과 성부 하나님은 하나이십니다.

둘째, 성부 하나님과 성자 하나님은 그 본질에 있어서 하나입니다. 예수님은 분명히 30절에서 "나와 아버지는 하나이니라,"고 말씀하셨습니다. 두 사람은 결코 한 사람이 될 수 없습니다. 이 말은 그 본질을 뜻합니다. 즉 성자 예수님과 성부 하나님은 그 본질이 하나라는 의미입니다. 부부일신이라는 말을 들어본 적이 있을 겁니다. 남편의 인격과 아내의 인격은 다릅니다. 그러나 부부를 한 몸(oneness)이라고 합니다. 부부는 두 인격이 합하여 한 몸을 이룹니다.

"남자가 부모를 떠나 그의 아내와 합하여 둘이 한 몸을 이룰지로다,"(창 2:24)

남편과 아내는 합하여 한 몸이 되는 것입니다. 하나님은 세위가 일체를 이룹니다. 성부 하나님, 성자 하나님, 성령 하나님의 삼위가 일체를 이룹니다. 성부의 인격과 성자의 인격, 그리고 성령의 인격이 각기 다르지만 본질은 하나입니다.

예수님이 "나와 아버지는 하나이니라,"고 하셨을 때, 유대인들은 다시 돌을 들어 예수님을 치려고 했습니다. 이 말씀은 요한복음 8:58~59를 상기시킵니다. "예수께서 이르시되 진실로 진실로 너희에게 이르노니 아브라함이 나기 전부터 내가 있느니라 하시니, 그들이 돌을 들어 치려하거늘 예수께서 숨어 성전에서 나가시니라."

나는 존재한다, 즉 '나는 ...이다' 는 하나님의 이름입니다. 헬라어로 '에고 에이미(ἐγώ εἰμί)' 로 영어로는 "I am," 입니다. 모세가 호렙산에서 하나님의 이름을 알려달라고 할 때, 하나님은 "I am that I am," 이라고 하셨습니다. 이것이 하나님의 이름, 곧 여호와란 뜻입니다.

예수님은 유대인들에게 "아브라함이 나기 전부터 내가 있느니라,"고 말씀하셨고, 이 말을 들은 유대인들이 돌을 들어 예수님을 치려고 했습니다. 이것이 유대인들이 예수님을 돌로 치려는 첫 번째 행동이었습니다. 두 번째로 요한복음 10:30에서 예수님께서 "나와 아버지는 하나이니라,"고 하자 유대인들이 또 돌로 예수님을 치려고 했습니다. 예루살렘 성전, 솔로몬 행각에는 사실 돌들이 없었습니다. 그러니 '그들이 돌을 들어 치려고 하였다,'라는 헬라어의 뜻은 유대인들이 가서 실제로 예수님에게 던질 돌을 가져왔다는 뜻입니다.

예수님이 "나와 아버지는 하나이니라,"고 말씀하신 장소는 솔로몬 행각이었을 것입니다. 이 말을 하신 예수님을 돌로 치려고 유대군중들이 돌을 운반해 오고 있었습니다. 이것은 예수님이 당하는 위기이며 핍박이었습니다. 유대군중들은 분노해 있었고, 금방이라도 돌이 날아올 순간이었습니다. 그러나 예수님은 전혀 당황하시지 않고 그들 앞에서 논리 정연한 반문을 했습니다. 이것은 예수님의 조용한 용기를 보여주고 있습니다.

내가 아버지께로 말미암아 여러 가지 선한 일을 너희에게 보였거늘 그 중에 어떤 일로 나를 돌로 치려 하느냐?

예수님의 생애는 선을 베푼 삶이었습니다. 병든 자를 고쳐주시고, 굶주린 자를 먹여주시고, 슬픈 자를 위로해 주시고, 죄인과 멸시받는 자들의 친구가 되어주셨습니다. 그럼에도 불구하고 유대인들은 예수님을 돌로 쳐 죽이려고 했습니다.

선한 일이란 때로는 묘한 반사 반응을 일으킵니다. 악한 자들을 더욱 악하게 하는 것이 선한 일입니다. 선한 일을 비방하는 악까지 행하니 말입니다.

그러므로 선을 선으로 보는 자는 선에 속한 자이고, 악한 자는 반드시 선을 시기하므로 선을 볼 때 더욱 악해지는 것입니다.

너희 재판장들을 신들이라고 했는데, 내가 하나님의 아들이라고 하는 것이 잘못되었느냐?

유대인들이 돌을 들어 예수님을 치려 한 것은 예수님이 행하신 선한 일 때문이 아니라, 그의 주장 때문이라고 했습니다. 곧 "나와 하나님은 하나이니라,"고 한 예수님의 주장 때문이라는 것입니다. 말하자면 '당신이 사람인데 자칭 하나님이라고 주장하기 때문에 돌로 치려 한다,' 고 이유를 밝힙니다. 그러나 예수님은 자기가 하나님이 아닌데 하나님이라고 선전하거나 설득하는 것이 아니라 본래 하나님이심을 나타내신 것뿐입니다. 유대인들의 이런 주장은 레위기 24:16에 그 근거를 두고 있습니다.

"여호와의 이름을 모독하면 그를 반드시 죽일지니 온 회중이 돌로 그를 칠 것이니라 거류민이든지 본토인이든지 여호와의 이름을 모독하면 그를 죽일지니라."(레 24:16)

그러나 예수님도 성경을 근거로 그 주장에 반론을 제기하셨습니다. "예수께서 이르시되 너희 율법에 기록된 바 내가 너희를 신이라 하였노라 하지 아니하였느냐. 성경은 폐하지 못하나니 하나님의 말씀을 받은 사람들을 신이라 하셨거든, 하물며 아버지께서 거룩하게 하사 세상에 보내신 자가 나는 하나님의 아들이라 하는 것으로 너희가 어찌 신성모독이라 하느냐,"라고 반론하셨습니다. 이 반론은 시편 82:6을 인용한 것입니다.

"내가 말하기를 너희는 신들이며 다 지존자의 아들들이라 하였으나."(시 82:6)

여기서 말하는 신들이란 이스라엘의 재판장들을 가리킵니다. 이스라엘의 재판장들은 하나님의 지혜를 받아 공정하게 재판해야할 의무를 갖고 있었습니다. 그리고 재판장으로서 부정한 재판을 하지 않고 공정한 재판을 하도록 하나님으로부터 파견된 사람들입니다. 그러므로 재판장들은 일반인들에 대하여는 신들이라는 것입니다. 즉 하나님의 일을 수행하는 자라는 의미입니다. 출애굽기 21:1~6에는 하나님이 이스라엘 백성들에게 주신 법이 있습니다. 히브리 종은 6년간 주인을 섬기고 7년째는 무조건 자유하게 해야 합니다. 이 때 주인은 종을 데리고 재판장에게 가야 합니다. 6절에서 재판장을 엘로힘이라고 해서 '신들'이라고 했습니다. 출애굽기 22:9과 22:28에서도 재판장들을 엘로힘이라고 했습니다.

성경 자체가 하나님으로부터 특정한 사명을 위임받은 사람을 신들이라고 불렀습니다. 이것을 근거로 예수님은 그들의 주장에 똑같이 율법을 사용해서 "그렇다면 내가 내 자신에 대하여 하나님의 아들이라 또는 하나님이라고 불러서 안 된다는 말이냐?"라고 논박하셨습니다. 예수님은 자기 자신에 대하여 두 가지를 주장하셨습니다.

첫째, 예수님은 하나님이 자기를 거룩하게 하셨다고 가르칩니다. 하나님은 예수님에게 특별한 임무를 부여하셨기 때문에 거룩하십니다. 예수님은 요한복음 10:36에서 하나님께서 자기를 거룩하게 하셨다고 합니다. 거룩하다는 말은 헬라어 '하기아조(ἁγιάζω)'로 사람이나 장소, 그리고 어떠한 사물이 특정한 목적이나 임무를 위하여 다른 것들과 구별된다는 개념을 가지고 있습니다. 즉 성별된다는 말입니다. 출애굽기 20;11에서 "나 여호와가 안식일을 복되게 하여 그 날을 거룩하게 하였느니라," 하였습니다. 안식일은 특별한 목적을 위해서 구별했기 때문에 다른 날들과 다르고 거룩하다 했습니다. 레위기 8:11에서 "그 제단과 그 모든 기구와 물두멍과 그 받침에 발라 거룩하게 하라"고 했습니다. 제단은 단순한 돌덩어리나 단순한 구조물이 아니라, 특별한 임무를 위해 세워지고 성별되었기 때문입니다. 민수기 3:3에서 제사장은 다른 사람들과는 구별된 자들이기에 거룩하다고 했습니다. "그들은 기름 부음을 받고 거룩하게 구별되어 제사장 직분을 위임 받은 제사장들이라." 이는 특별한 일과 사역을 위해 구별되고 선별되었기 때문입니다. 예레미야 1:5에서는 예언자는 거룩하다고 했습니다. 그들에게 특별한 임무가 부여되어 있음으로 거룩하다고 하는 것입니다.

둘째, 예수님은 하나님이 자기를 세상에 보내셨다고 하십니다. 여기서 '보낸다,' 라는 말은 사자나 공사 또는 특수부대를 파견할 때에 사용되는 말입니다. 예수님은 자기가 세상에 오신 것으로 말씀하시지 않았으며, 하나님이 보내신 자라고 주장하십니다. 예수님의 강림은 하나님의 행위였습니다. 곧 예수님은 하나님의 대리로 이 세상에 오신 것입니다. 예수님은 하나님이 주신 사명을 다하기 위해 오신 것입니다.

구약에서 재판장들을 '신들' 이라고 불렀습니다. 그들은 이 세상에 하나님의 진리와 공의를 나타내기 위하여 하나님으로부터 위임받은 사람들이기 때문입니다. 이와 같이 예수님도 특별한 사명을 위하여 성별된 자입니다. 예수님은 하나님이 이 세상에 파견하셨다고 했습니다. 예수님을 하나님이 보내셨기에 이렇게 말씀하신 것입니다.

"나 자신을 하나님의 아들이라고 부른다 해서 너희가 반대할 수 있느냐? 나는 성경에 있는 대로 행하고 있을 따름이다. 나의 주장과 이론은 성경에 기초한 것이다. 너희는 하나님으로부터 이 성경을 받았으므로 이것을 들어야 할 의무와 순종하고 복종해야 할 의무가 있지 않느냐?"

하나님의 말씀은 사람을 심판하십니다. 예수님이 바로 하나님이시고, 말씀이 육신이 되신 하나님이십니다. 심판자 예수님이 하나님으로부터 이 세상에 보내심을 받았습니다. 그 심판자는 바로 하나님의 아들이라는 말입니다.

예수님의 이런 이론은 유대 랍비들을 압도하는 설득력을 지닌 주장이었습니다. 그들은 예수님이 하신 성경에 근거한 이론을 반대할 능력이 없어졌습니다. 돌을 들고 예수님을 칠 수 있는 용기가 없어지고 만 것입니다. 더 이상 예수님을 신성모독이라고 비난할 수 없게 되었습니다.

나의 하는 일을 믿으라

예수님은 유대인들에게 "나는 너희들에게 내 말을 받아들이라고 하지 않는다. 그러나 나의 하는 일을 믿으라,"(요 10:37~38)고 하십니다. 예수님의 일은 곧 하나님의 일입니다. 예수님이 하신 일은 이적입니다. 예수님은 유대 불신자들에게 도전적인 선언을 하신 것입니다.

"나와 하나님은 하나라고 하는 이 진리의 말씀을 믿지 못하겠거든, 나의 행하는 일을 믿으라!"는 것입니다. 예수님의 이적은 역사성을 지닙니다. 진실성을 지니고 있습니다. 천하가 공인하는 사실입니다. 만인의 눈이 예수님의 이적 역사를 살핀 것입니다. 예수님의 이적은 공석에서 이루어졌고, 바리새인, 서기관들 같은 강퍅한 교권자들의 눈앞에서 성립된 사실입니다. 그래서 예수님이 이렇게 밝히십니다.

"만일 내가 내 아버지의 일을 행치 아니하거든 나를 믿지 말려니와, 내가 행하거든 나를 믿지 아니할지라도 그 일은 믿으라. 그러면 너희가 아버지께서 내 안에 계시고 내가 아버지 안에 있음을 깨달아 알리라!"

예수님을 아는 바른 방법과 길은 예수님을 믿는 것입니다. 기독교의 지식 방법은 믿음입니다. 예수님이 하나님이심을 아는 길은 믿음에 있습니다. 인간이 예수님을 연구하고 탐구하여 아는 것이 아닙니다. 예수님을 믿고 난 후에 예수님을 알게 되는 것입니다. 그래서 예수님은 '너희가 나를 믿을 때에 너희가 나를 깨달아 알리라,' 고 하십니다. 예수님이 하시는 일을 믿을 때에 예수님을 깨달아 알게 된다는 것입니다.

오병이어의 이적 후에 예수님이 신령한 양식을 말씀하시며 이 양식을 추구하라고 하셨지만, 그 말씀을 들은 무리들은 다 떠나버렸고, 남은 제자들에게 예수님이 묻습니다. "너희도 가려느냐?" 그러자 시몬 베드로가 대답했습니다.

"주여 영생의 말씀이 주께 있사오니 우리가 누구에게로 가오리이까. 우리가 주는 하나님의 거룩하신 자이신 줄 믿고 알았사옵나이다." (요 6:68~69)

베드로는 예수님을 믿고 깨달아 알았으므로 절대로 예수님을 떠나지 않았습니다.

유대인들이 예수님의 선한 일들에 대하여 긍정적인 반응을 보였습니다. 그러나 예수님이 누구인가에 대하여는 전혀 관심이 없었습니다. 다만 저들과 동일한 인간이라고 생각했습니다. 그래서 예수님을 하나님의 아들로 믿지 않았습니다.

지금도 마찬가지입니다. 현대인들은 현대주의 신앙, 현대 신학에 관심이 있고, 예수님의 선한 일에는 관심을 보이지만 예수님이 하나님이라고 믿지는 않습니다. 우리의 신앙생활을 다시 한 번 돌이켜 살펴보아야만 합니다. 우리는 예수님이 하나님의 아들이라고 믿고 있습니까? 예수님이 하나님이시라는 것을 믿습니까? 이 믿음을 확실히 소유할 때에 우리는 예수님이 행하신 이적을 믿을 수 있습니다. 우리가 크리스천이라고 해서 많은 사람들을 돕는 선량한 일이나 구제 사업을 합니다. 그러나 예수님을 하나님의 아들로 믿지 않는 자들의 구제 사업을 하나님께서 인정하시겠습니까?

믿음이 없이는 하나님을 기쁘게 할 수 없습니다. 믿음 없는 구제, 선행, 인간의 모든 활동은 하나님께 인정받지 못합니다.

제39장

성경의 권위

(요 10:35~36)

요한복음 10:35~36 "성경은 폐하지 못하나니
하나님의 말씀을 받은 사람들을 신이라 하셨거든,
하물며 아버지께서 거룩하게 하사 세상에 보내신 자가 나는
하나님의 아들이라 하는 것으로 너희가 어찌 신성모독이라 하느냐."

성경은 하나님의 말씀입니다.
성경은 폐할 수 없습니다.
성경의 권위는 하나님의 권위이고,
하나님의 권위는 성경의 권위입니다.
성경은 하나님의 말씀이기 때문에 권위가 있습니다.

오늘날의 시대를 가리켜 권위상실의 시대라고 합니다. 부모의 권위가 떨어지고, 성직자의 권위가 추락되고, 선생과 교수의 권위가 여지없이 짓밟히는 시대입니다. 한국의 모 대학에서는 학생들이 자기들을 가르치는 교수를 어용교수로 낙인을 찍어놓고, 납치하여 머리카락을 다 잘라버리는 무도한 일을 감행하기도 했습니다. 오늘날은 하나님의 권위에까지 도전하는 사회가 되어 버렸습니다. 사회의 권위가 떨어진다고 하는 것은 질서가 무너진다는 의미요, 질서가 무너진다는 것은 인격과 사회가 무너진다는 뜻입니다. 정말로 지금 사회는 바벨탑 문화가 판을 치는 시대가 되었습니다.

세상 권위는 상대적이기 때문에 무너질 수 있고, 시간과 공간에 따라 그 권위는 가변성을 지니고 있습니다. 그런데 시간과 공간, 역사의 변천이 아무리 심해도 변하지 않는 권위가 있는데 그것은 성경의 권위입니다.

성경의 권위는 곧 하나님의 권위요, 하나님의 권위는 곧 성경의 권위입니다. 성경의 권위 안에 복종하고 순종하기 위하여 종교개혁이 일어났고, 수많은 순교자들이 성경말씀을 순종하고 따르며 성경의 권위를 높이다가 피를 흘렸습니다. 그들은 수족이 잘렸고, 맹수의 밥이 되었으며, 풀무불 속에 던져지기도 했고, 사자굴 속에 던져졌으며, 톱으로 온몸이 잘려지고, 가죽이 벗기어졌습니다.

성경의 권위를 위해 오늘의 우리 교회가 존재합니다. 성경은 우리의 신앙생활과 인생의 삶에 가장 소중한 하나님의 말씀이요, 항상 배우고 실천해야 할 인생의 교과서입니다.

왜 성경이 권위 있는 책인가

성경은 논리성과 합리성이 있으며, 조직적이고 도덕적이어서 권위가 있다고 생각하는 사람들이 있습니다. 그러나 그것은 대단히 잘못된 판단입니다. 성경은 역설적인 내용과 비합리적이고 비과학적이며 비조직적인 내용도 많은 것을 볼 수 있습니다. 어떤 사람들은 성경은 진리에 대하여 말하고, 진리를 포함하고 있기 때문에 권위가 있다고 말하기도 합니다. 그러나 다른 책들도 진리를 언급하고 진리에 대하여 설명하는 것을 많이 찾아볼 수 있습니다.

왜 성경이 권위가 있다고 합니까? 그 대답은 단순합니다. 성경은 곧 하나님의 말씀이기 때문에 권위가 있습니다. 성경이 하나님의 말씀이라고 하는 것은 기독교의 핵심입니다. 그것은 기독교 신앙의 뿌리입니다. 성경이 하나님의 말씀이라고 하는 것은 기독교 신앙의 생명입니다.

마틴 루터는 "성경은 예수님이 누우신 요람이다(The Bible is the cradle wherein Christ is laid)"라고 했습니다. 독일의 자유신학은 성경 안에 있는 계시를 믿으며, 성경이 하나님의 말씀이라는 것을 확실히 했습니다. 존 칼빈도 "성경이 하나님의 말씀이라고 하는 것을 믿지 않는 사람들에게 증명하려고 시도하는 것은 어리석은 일이다. 왜냐하면 이것은 오직 믿음으로 알 수 있기 때문이다. It is foolish to attempt to prove to infidels that the Scripture is the Word of God, since this can only be known by faith)."라고 하여 성경이 하나님의 말씀이라고 하는 것을 확실히 주장했습니다.

그런데 성경은 사람이 사람의 언어로 기록했습니다. 어떻게 사람의 말로 사람이 기록하였다면, 그것이 하나님 말씀이겠습니까? 성경이 하늘에서 뚝 떨어졌거나, 예수님이 기록했다면 그것을 의심하지 않고 성경이 하나님의 말씀으로 쉽게 믿어지겠는데, 그렇지 않고 1500년간 35명이 기록했으니 어떻게 하나님의 말씀이 되겠는가? 사람이 기록했다면 반드시 오류가 있을 것이니, 성경을 하나님의 말씀으로 믿기에는 곤란하다는 고민을 하는 학자들이 있었습니다. 그러나 사람이 사람의 언어로 기록했어도, 성경은 하나님의 말씀이라는 것입니다. 그 이유는 세 가지가 있습니다.

첫째, 신학적인 이유입니다. 하나님의 계시의 방법은 일반계시와 특별계시의 두 가지가 있는데 일반계시는 자연과 역사에 하나님이 자기를 보여주시고 나타내시는 것입니다. 특별계시는 하나님이 구원을 위하여 자기를 특별히 나타내시는 것 입니다. 예수님은 자신을 특별 계시하셨습니다. 예수님은 활동 계시를 통해 예수님의 움직임의 모든 전체를 통해서 보이지 않는 하나님을 보여주신 것입니다. 구원의 십자가를 통해서 이 계시를 우리에게 보여주셨습니다.

"말씀이 육신이 되어 우리 가운데 거하시매 우리가 그의 영광을 보니 아버지의 독생자의 영광이요 은혜와 진리가 충만하더라."(요 1:14)

예수님은 완전하신 하나님이시요, 완전하신 인간입니다.

둘째, 성경적인 이유가 있습니다. 디모데후서 3:16절에 "모든 성경은 하나님의 감동으로 된 것,"이라고 했습니다. 성경이 하나님의 감동으로 되었기에 하나님의 말씀인 것입니다. 여기서 감동이라는 단어는 아주 중요한 뜻을 보여줍니다. 감동은 헬라어 '데오프뉴스토스(θεόπνευστος)'로 하나님께서 기운을 불어넣어 이루신 산물(product of breathing)이라는 뜻입니다. 모든 성경은 하나님의 감동으로 되었습니다. "파사 그라페 데오프뉴스토스(πᾶσα γραφὴ θεόπνευστος)"는 "모든 성경은 하나님의 기운 부신 것이라,"고 직역됩니다.

신학자 루이스 벌콥(Louis Berkhof, 1873~1957)은 성경이 하나님의 감동으로 기록된 것을 다음과 같이 선명하게 설명해 줍니다.

'하나님께서는 성경저자들을 사용하시되, 있는 그대로의 성격과 기질, 은사와 재능, 교육과 교양, 그리고 용어, 말씨, 문체를 사용하셨다. 그는 그들의 마음을 조명하여 기록하도록 촉구하였으며, 그들의 문필(literary)에 대해 죄가 영향력을 미치지 못하도록 억제시키시고, 또한 그들이 단어들을 선택하고 자신의 사상을 표현하는 데 있어서 유기적인 방법으로 그들을 지도하

셨다.'

말씀의 주요한 히브리어 "다발(רָבָר)"은 명령(삿 3:20)이나 행동을 의미하며, 이 말이 70인 성경에서 로고스(λόγος)나 레마(ρῆμα)로 번역되었습니다. 성경에서는 이 말이 네가지 의미로 사용되었습니다.

첫째, 동적인 말씀(The active Word)으로 사용되었습니다. 하나님의 말씀은 천지창조의 방편이 되었고(창 1:3, 히 11:3), 예수님의 이적적 탄생을 확실케 하였습니다(눅 1:37). 둘째, 계시로써의 말씀으로 사용되었습니다. 그리스도께서 구약 전체를 하나님의 말씀으로 묘사하였습니다(마 15:6). 셋째, 복음으로써의 말씀으로 사용되었습니다. 영존하는 하나님의 말씀(사 40:8)이 복음으로 칭호 되었습니다(벧전 1:28). 넷째, 성경으로써의 말씀으로 사용되었습니다. 시편 119편에서 성문계시(成文啓示: 문자화하여 계시하는 것)를 가리켜 율법, 법도, 판단, 율례, 하나님의 말씀(시 119:105), 하나님의 말씀들(시 119:130)로 묘사했습니다. 사도 바울은 구약의 교훈을 하나님의 말씀이라고 했고(롬 9:6), 한 개체적 구절을 말씀으로 언급했습니다(롬 13:9). 성경은 하나님의 입에서 나오는 말씀입니다.

"사람이 떡으로만 살 것이 아니요 하나님의 입으로부터 나오는 모든 말씀으로 살 것이라."(마 4:4)

성경은 사람들이 하나님께 받아 기록한 것입니다. 하나님은 주셨고, 사람들은 받은 것입니다. 사람들의 언어로 기록되었지만 그것은 하나님으로부터 받은 것이기에 하나님의 말씀입니다.

"먼저 알 것은 성경의 모든 예언은 사사로이 풀 것이 아니니, 예언은 언제든지 사람의 뜻으로 낸 것이 아니요 오직 성령의 감동하심을 받은 사람들이 하나님께 받아 말한 것임이라."(벧후 1:20~21)

이 같이 성경은 하나님의 창조적 호흡의 산물이요, 신적인 기원을 가집니다. 그러므로 성경은 신적권위를 가지고 있습니다. 신적권위는 절대적 권위를 가집니다.

셋째, 예수님께서 증거 한 이유가 있습니다. 예수님이 성경을 하나님의 말씀이라고 인정하였으므로, 성경은 하나님의 말씀이고, 성경은 절대 권위를 가집니다.

"내가 율법이나 선지자를 폐하러 온 줄로 생각하지 말라 폐하러 온 것이 아니요 완전하게 하려 함이라. 진실로 너희에게 이르노니 천지가 없어지기 전에는 율법의 일점일획도 결코 없어지지 아니하고 다 이루리라." (마 5:17~18)

예수님은 '율법이나 선지자' 라고 말씀하시면서 구약을 말씀하셨습니다. 즉 예수님은 구약을 완전히 하나님의 말씀으로 인정하였으니, 성경이 하나님의 말씀입니다. 예수님이 인정하신 것을 우리가 인정하지 않을 수 없습니다. 그러면 예수님이 신약도 하나님의 말씀으로 인정하셨습니까? 그렇습니다. 신약을 기록할 것을 예견하시고 사도들을 임명하여 신약을 기록하도록 준비시키신 것입니다. 십자가 사건 후 40년경에 공관복음이 기록되었습니다.

"보혜사 곧 아버지께서 내 이름으로 보내실 성령 그가 너희에게 모든 것을 가르치고 내가 너희에게 말한 모든 것을 생각나게 하리라." (요 14:26)

성경저자들이 성경을 기록하게 될 때에, 성령의 도우심으로 예수님이 하신 말씀을 기억할 수 있었다는 것입니다. 아무리 머리가 좋은 천재라도 예수님이 하신 말씀을 단어 하나하나 암기할 수 없습니다. 그러나 성령이 그것을 생각나게 하신다는 것입니다. 마태가 마태복음을 기록할 때 성령님이 그 말씀을 기억나게 하신다는 의미입니다. 이 얼마나 성경이 하나님의 말씀임을 철저하게 예수님이 증거 하시고 인정하시는 것입니까?

성경은 사람에게 큰 유익을 주기 때문에 권위가 있다

아무리 객관적인 권위가 있더라도 내게 유익하지 못하면 그 권위는 나와 아무런 상관이 없는 것입니다. 영국여왕이 아무리 권위가 있다고 하더라도 나와는 아무런 상관이 없지요. 내가 영국의 시민이 아니기에 영국여왕의 권위를 무시하고 살 수 있는 것입니다. 상대적 권위는 무시하고 살 수 있습니다. 그러나 절대적인 권위를 지닌 성경의 권위는 무시될 수 없습니다. 성경은 나의 생명과 직결되어 있기 때문입니다.

디모데후서 3:15에 "성경은 능히 너로 하여금 그리스도 예수 안에 있는 믿음으로 말미암아 구원에 이르는 지혜가 있게 하느니라,"고 성경이 구원에 이르는 지혜를 준다고 했습니다. 십자가 사건이 성경에 기록되었음으로 우리에게 구원을 주는 것이지, 성경에 기록되지 않았다면 세계 역사에 짤막한 기사로만 남았을 것입니다. 십자가 사건이 성경에 기록되었으므로 구원을 얻는 세밀한 지식과 확실한 지식을 우리에게 줍니다.

디모데후서 3:16에 "모든 성경은 하나님의 감동으로 된 것으로 교훈과 책망과 바르게 함과 의로 교육하기에 유익하니," 라고 하였습니다. 성경은 교육의 방법과 방향과 내용을 제시해 줍니다. 성경은 인간이 왜 살아야 하며 무엇을 위해 살아야 하는 것을 가르쳐줍니다. 어떻게 살아야 하며, 누구를 위해 살아야 하는가를 분명하게 가르쳐주는 인생의 안내서입니다.

몇 년 전에 노르웨이 오슬로에서 세계 젊은이들이 모여 세계 청년대회를 가졌습니다. 이 대회에서 오늘의 청년들이 가장 고민하고 있는 문제가 논의되었습니다. 그 고민은 이렇게 집약되었습니다. '오늘의 청년들은 젊음을 바칠 수 있는 대상을 발견하지 못했다. 그들의 삶을 활활 불살라 버릴 수 있는 대상을 못 찾았다. 그들이 삶을 바쳐서 투쟁할 수 있는 그런 대상이 없다,' 는 고민이었습니다. 그런데 그 당시 공산주의 세계의 청년들은 그 대상이 있다고 했습니다. 그것은 세계 공산화를 위해 생명까지 바쳐 투쟁한다는 것이었습니다.

성경은 우리가 왜, 누구를 위해, 어떻게 살아야 할 것인지 가르쳐줍니다. 먹든지 마시든지 하나님의 영광을 위해 살아야 합니다. 이것이 인생을 보람되게 하고 최고의 가치 있는 삶을 살게 하는 것이라고 선언합니다.

디모데후서 3:16은 "모든 성경은 하나님의 감동으로 된 것으로 교훈한다,"고 했습니다. 즉 우리에게 어떻게 무엇을 위해 사는가에 대한 지혜를 주고 그 방향을 제시합니다. 또 "성경은 책망한다,"고 했습니다. 우리의 과오에 대한 반성을 하게 합니다. "성경은 바르게 한다,"고 했습니다. 우리의 허물을 고쳐줍니다. "성경은 의로 교육하기에 유익하다"고 합니다. 우리를 의롭게 되도록 훈련시킵니다.

"이는 하나님의 사람으로 온전하게 하며 모든 선한 일을 행할 능력을 갖추게 하려 함이라."(딤후 3:17)

하나님이 인정하시고 가치 있다고 평가하시는 선행을 할 수 있게 합니다. 하나님이 인정하시고 가치 있다고 평가하시는 것만이 선행입니다. 이런 점에서 볼 때 슈바이처 박사의 신앙은 성경에 적합하지 않았습니다. 노벨상을 받은 위대한 의사이면서 목사이며 신학자인 슈바이처는 그의 신학저서에서 이렇게 말했습니다. "예수는 멀지 않은 장래에 천국이 올 줄 알고 자기는 그때에 메시야가 될 줄 생각했는데, 천국이 그가 기대하는 대로 오지 않았다. 그러므로 그는 잘못알고 스스로를 속였다. 그래서 그 사건을 만들기 위해 십자가에서 죽었다,"라고 했습니다. 훌륭한 도덕성을 가지고 아프리카에서 그렇게 희생적인 삶을 살았다고 할지라도 그의 삶과 신학과 신앙은 성경에 절대로 부합하지 않습니다.

권위의 성경에 대한 우리의 태도

성경은 권위 있는 책이니 소중하게 간직하고 보관해야 하느냐 하는 문제가 있습니다. 권위의 책이라고 말하고 선전만 할 것이냐 하는 문제입니다.

"그러나 너는 배우고 확신한 일에 거하라 너는 네가 누구에게서 배운 것을 알며."(딤후 3:14)

이 말씀은 우리에게 '배우라,' '확신하라,' '거하라,' 고 하십니다. 배워서 알아야 하고, 확신해서 믿어야 하고, 거해서 실천하라 하는 의미입니다. 배워야 성경이 최고 권위의 책이라는 것을 알 수 있습니다. 성경은 기록될 때 하나님이 영감 하신 것이지만 그것을 읽을 때에도 영감을 주는 책입니다.

요한복음 10:35에 "성경은 폐하지 못하나니," 라 하였습니다. 예수님이 증거 하시고 선언하시기를 "성경은 폐할 수 없다,"고 하셨습니다. 그 '폐한다'는 의미는 '성경에 틀린 곳이 있거나 틀린 곳이 보여서 성경의 능력이 공허하게 된다,' 는 뜻이 아닙니다. 성경은 정확하고 틀림이 없는, 곧 정확무오한 하나님의 말씀이요, 신앙과 본분에 대하여 정확무오한 유일의 법칙이라는 뜻입니다. "성경을 폐할 수 없다,"는 말씀은 성경을 항거할 수 없다는 불가항성(不可抗性)을 의미합니다. 성경에 대한 여러 가지 실물적인 표현들이 있습니다. 등불, 거울, 검(칼), 씨 등의 표현들이 있습니다. 예레미야는 성경을 가리켜 불, 방망이로 표현했습니다.

"여호와의 말씀이니라 내 말이 불 같지 아니하냐 바위를 쳐서 부스러뜨리는 방망이 같지 아니하냐."(렘 23:29)

성경의 말씀은 불이요, 반석을 부스러뜨리는 방망이와 같으니 어느 누가 감히 하나님 말씀의 권위에 도전하겠습니까. 어거스틴이 범죄하고 방탕했을 때 로마서 말씀에 부서졌습니다.

"밤이 깊고 낮이 가까웠으니 그러므로 우리가 어둠의 일을 벗고 빛의 갑옷을 입자. 낮에와 같이 단정히 행하고 방탕하거나 술 취하지 말며 음란하거나 호색하지 말며 다투거나 시기하지 말고, 오직 주 예수 그리스도로 옷 입고 정욕을 위하여 육신의 일을 도모하지 말라."(롬 13:12~14)

성경의 절대적 권위에 도전하는 어떤 정치가나 폭군이나 국가만큼 어리석은 것이 없습니다. 우리는 성경이 하나님 말씀이기 때문에 절대적 권위가 있음을 인식해야 합니다. 그리고 성경의 절대적인 권위를 인정하고 인식할 때, 성경 앞에서 절대적으로 순종하고 복종해야 합니다. 성경 앞에서 부들부들 떨면서 순종하고 복종할 수 있어야 합니다. 성경이 서라고 하면 서고, 전진하라고 하면 해야 합니다. 성경이 하지 말라고 하면 하지 말아야 하고, 하라고 하면 꼭 해야만 합니다. 성경에 어리석게 항거하다가 징계를 당하고 슬픔과 아픔의 먹구름 아래로 들어가지 말아야 합니다.

성경은 폐할 수 없는 절대 권위를 지니고 있습니다.

처음 세례를 주던 곳

(요 10:40~42)

요한복음 10:40~42 "다시 요단 강 저편 요한이 처음으로
세례 베풀던 곳에 가사 거기 거하시니,
많은 사람이 왔다가 말하되 요한은 아무 표적도 행하지 아니하였으나
요한이 이 사람을 가리켜 말한 것은 다 참이라 하더라"

예수님이 거하신 곳에서 많은 이들이 와서
세례 요한의 증거를 참이라 하였습니다.
세례 요한은 예수님이 "하나님의 아들"이라고 증거 합니다.
예수님에 대한 증거는 바르고 참된 것만이 중요합니다.

성경은 하나님의 말씀으로서 절대 권위를 가지고 있습니다. 예수님은 절대 권위를 가지고 있는 성경말씀으로 유대지도자들의 비난과 공격을 물리쳤습니다. 예수께서 자신이 하나님이라고 말씀할 때에 유대지도자들은 예수님이 신성모독의 말을 한다고 하면서 돌을 들어 치려고 했습니다. 이때 예수님은 시편 82:6의 말씀을 가지고 자기주장의 정당성과 유대지도자들의 과오를 밝혀주고 있습니다.

하나님으로부터 받은 법을 가지고 백성들을 재판하는 이스라엘의 재판장들을 가리켜서 신들이라고 하였다면 하나님께로부터 보내심을 받은 예수 그리스도 자신이 자기를 가리켜 하나님이라고 할 때에 무슨 잘못이 있느냐고 반론하셨습니다. 무슨 잘못이 있다면 너희들이 성경을 가지고 지적해 보라고 할 때에, 그들은 더 이상 돌을 들어 예수님을 칠 수 없었습니다. 이처럼 예수님의 강한 성경적 논증은 유대지도자들에게 설득력이 있었고, 그들을 압도하는 능력 있는 논증이었습니다. 그러나 그들은 끝까지 예수님을 싫어하였고 미워하였으므로 예수님을 체포하여 산헤드린에 넘기려고 하였습니다. 예수님에게 신성모독죄를 범했다고 하면서 돌로 치려고 했지만 돌로 칠 수 없었다는 것은 신성모독죄가 아니라고 그들이 인정하는 것입니다.

"그들이 다시 예수를 잡고자 하였으나 그 손에서 벗어나 나가시니라."(요 10:39)

예수님을 돌로 쳐 죽이려는 그들의 만행은 예수님의 강한 성경적 논증에 저지를 당하였고, 이제는 예수님을 체포하려는 음모를 세울 때에 예수님은 그들의 손을 벗어났습니다.

예수님은 이제 잠시 동안 예루살렘을 떠나서 요단강 건너편으로 가셨습니다. 요단강 건너편의 장소는 베다니였습니다(요 1:28).

베다니는 매우 중요한 곳

베다니란 지명의 뜻은 통과의 땅(place of passage) 또는 배집(船家)이라는 뜻입니다. 이곳을 베다바라(도선장)라 부르기도 하였습니다. 예루살렘에서 오리길 되는 나사로의 동네인 베다니와 구별되는 장소입니다. 이곳은 예수님이 처음 세례를 받으신 곳입니다. 세례 요한이 설교한 곳이요, 예수님이 처음으로 제자들을 부르신 곳입니다. 이곳은 예루살렘과는 대조적인 장소입니다.

예수님은 지금까지 복잡하고 큰 도시 예루살렘에서 유대지도자들과 투쟁하시면서, 자신이 하나님께로부터 왔다는 것을 증거 했습니다. 나면서부터 맹인 된 자를 고쳐주시고, 많은 이적을 행하시면서 예루살렘에서 지내셨습니다. 그리고 많은 사람들과 접촉하시고 많은 활동을 하시며 많은 교훈과 설교를 하시면서 분망하게 지내셨습니다. 예루살렘에서 예수님은 군중과 더불어 계시다가 베다니로 내려가셨습니다. 예루살렘을 떠나 베다니로 가신 것은 예수님이 유대인들을 무서워하여 도망하신 것이 결코 아닙니다. 예수님은 비겁하게 위험을 피하고 목숨을 지키기에 급급하지 않았습니다.

예수님은 최후의 결전을 목전에 두고 조용한 곳으로 잠시 동안 물러가시고 싶었습니다. 이곳 베다니는 세례 요한으로부터 세례를 받은 곳으로 하나님의 음성이 들린 곳입니다.

"그 때에 예수께서 갈릴리 나사렛으로부터 와서 요단강에서 요한에게 세례를 받으시고, 곧 물에서 올라오실새 하늘이 갈라짐과 성령이 비둘기 같이 자기에게 내려오심을 보시더니, 하늘로부터 소리가 나기를 너는 내 사랑하는 아들이라 내가 너를 기뻐하노라 하시니라."(막 1:9~11)

예수님이 공생애를 시작한 요단강 저편인 베다니로 가신 이유는 성부 하나님과 교통하시기 위함이었습니다. 즉 조용한 장소를 찾아 가신 것입니다.

예수님이 핍박과 환난의 소용돌이 속에서 벗어나 조용한 곳 베다니로 가신 것은 십자가 죽음의 사건을 앞두고 재정비하기 위한 준비의 시간을 갖기 위함이었습니다. 베다니란 이름처럼 예수님은 하나님의 백성들로 하여금 죽음에서 생명으로 들어가게 하기 위하여 십자가를 겨야만 했습니다. 이 십자가를 질 준비를 하기 위해서 베다니에 가신 것입니다.

신앙생활을 하는 우리에게는 나만이 가지는 조용한 시간과 장소가 필요합니다. 하나님께서는 야곱에게 신앙생활을 재정비시키기 위해서 베델로 올라가라고 명령하셨습니다.

베다니는 큰 무리가 모인 곳

요한복음 10:41에는 많은 사람이 왔다고 했습니다. 장소적으로 볼 때에 이곳에 많은 무리가 모이기에 매우 불편한 곳입니다. 예루살렘 수도에 비하면 너무나 초라한 곳이요, 형편없는 지역인데 어떻게 큰 무리가 모였을까요? 세례 요한이 나타나 "회개하라, 천국이 가까워 왔다,"고 외칠 때에도 수많은 무리들이 모여들었습니다. 그러면 어찌하여 수많은 무리가 이 작고 초라한 베다니에 모여들었을까요? 그 이유는 하나님의 말씀이 있었고, 예수님이 그곳에 계셨기 때문입니다. 하나님의 말씀은 향기와 같기 때문에 유대 온 천지에서 사람들이 그 향기를 맡고 그곳으로 모여들 수 있었습니다. 하나님의 말씀은 영혼의 양식이기에 영적으로 기갈을 만나고 굶주린 자들이 예수님에게 모여들어 영적 배부름을 얻고자 한 것입니다.

하나님의 말씀의 맛이 송이 꿀보다 더 달다는 것을 체험한 성도들은, 그 맛을 찾아서 장소와 시간을 개의치 않고 찾아갑니다. 좁고 좁은 베다니에 큰 무리가 모인 것은 하나님의 말씀 자체인 예수님이 그곳에 계셨기 때문입니다.

교회의 위치가 나쁘면 양적 부흥에 있어서 지장이 있다고 말하는 사람들이 있습니다. 그러나 정말로 장소가 교회의 양적 부흥에 지장이 되는 원인입니까? 진정한 부흥의 저해요인은 장소가 아니라, 그 내용입니다. 교회에 예수가 없고 나만 있기 때문에 진정한 부흥이 일어나지 않는 것입니다. 예수의 향기가 없고 인간의 악취만 나기 때문에 부흥이 없는 것입니다. 오늘의 교회는 나아만 장군처럼 자만심과 교만심이 많은 사람들이 많기 때문에 이런 문제가 생기는 것입니다.

요단강 저편에 있는 작은 장소인 베다니 빈들일지라도 예수님이 계시니 은혜로운 장소요, 축복의 장소가 되었습니다. 예루살렘의 아름다운 성전도 예수님을 돌로 치려하고 축출했을 때에, 그곳은 돌 하나도 돌 위에 포개있지 않을 정도로 철저히 파괴되어 버리고 말았습니다. 주후 70년에 디도 장군에 의해 그 아름답다던 성전은 완전히 파괴되어 버린 것입니다.

여러분의 마음에 예수님이 살아계십니까? 그것은 은총과 축복을 받은 마음입니다. 여러분의 가정에 예수님이 살아계십니까? 그 가정은 은총과 축복을 받은 가정입니다. 우리 교회에 예수님이 살아계십니까? 그러면 그 교회는 은총과 축복을 받은 교회입니다. 행여 나아만 장군이 교회에 많아질까 두렵습니다. 예수 그리스도의 향기가 넘쳐 나서 교회가 은총과 축복을 받은 장소로 되어야지, 나아만 장군과 같이 교만에 찬 사람들이 넘쳐나서 인간의 악취가 풍기는 곳이 되지 않아야 합니다.

베다니는 세례 요한의 신실한 증거가 있던 곳

세례 요한은 유대인들의 도덕적 문란에 대하여도 책망했습니다. 서기관,

바리새인들과 사두개인, 유대지도자들이 전혀 회개하는 마음이 없이 세례를 받으러 나올 때에, 세례 요한은 그들을 독사의 자식들이라고 신랄하게 책망했습니다. 헤롯왕이 자기 동생의 아내를 취하여 당당하게 살 때에, 유대 종교 지도자들 중에 아무도 왕에게 도덕적 타락을 책망하거나 충고하는 자가 없었습니다. 그러나 세례 요한은 헤롯왕의 도덕적 타락을 여지없이 꾸짖고 나무랐습니다. 당신이 동생의 아내를 취하여 사는 것이 합당하지 않다. 하나님의 법에 위반되었고, 무서운 간음죄를 범하고 있다고 질타했습니다.

세례 요한은 유대사회의 사회악을 지적했고, 도덕적 타락을 언급했으며, 바른 신앙 윤리에 따라 살아야 한다고 주장했습니다. 그러면 세례 요한의 주된 사역과 증거가 이런 분야, 즉 도덕적 타락과 사회악을 취급한 것입니까? 아닙니다. 그의 주된 사역과 증거는 그리스도를 말하고 증거 하고 전파하는 데 있었습니다.

세례 요한은 요한복음 1:29에서 "세상 죄를 지고 가는 하나님의 어린 양을 보라"고 했습니다. 이 말은 이스라엘의 구원을 위한 희생양을 말해주고 있습니다. 이스라엘 백성들의 마음에는 항상 희생제물을 생각하고 있었습니다. 자신과 자기 백성의 죄를 대신 지고 죽는 어린 양을 생각했습니다. 곧 구약의 제물인 대속물을 뜻합니다. 세례 요한의 외침은 바로 예수님이 인간의 죄를 대속하는 하나님의 어린 양이라는 것입니다.

예수님이 베다니에 도착하였을 때, 세례 요한은 이미 순교 당한 후였습니다. 그러나 세례 요한이 예수님에 대하여 외친 '세상 죄를 지고 가는 하나님의 어린 양' 이라는 말씀은 예수님을 찾아온 무리들의 마음 곳에 그대로 아로새겨져 있었습니다. 세례 요한은 예수님이 하나님의 아들이라고 증거 합니다.

"내가 보고 그가 하나님의 아들이심을 증언하였노라 하니라."(요 1:34)

예수님은 하나님이신 동시에 인간이심을 증거 하였습니다. 세례 요한은 예수님의 신성과 인성을 발견하고 그것을 증거 했습니다. 이곳 베다니는 세례 요한이 예수님에 대하여 증거 한 곳입니다. 유대인들은 "세례 요한이 예수님에 대하여 증거 한 것은 다 참이라(요 10:41)," 고 하였습니다. 즉 세례 요한이 예수님에 대하여 말한 것 중에서 어떤 것은 진실하고 어떤 것은 진실이 아니라고 하는 것이 아니라, 모두가 진실하다는 것입니다.

10:41에서 세례 요한이 "아무 표적도 행치 아니하였으나," 예수를 전하는데, 그가 전한 것은 모두 참이었다고 유대인들이 인정했습니다. 이 말씀을 보면 전도자에게 필요한 것은 예수님을 진실히 증거 하는 것뿐입니다. 이적을 행하느냐, 행하지 못하느냐가 문제가 아닙니다. 예수님에 대한 증거가 바르고 참된 것만이 중요합니다. 예수님에 대하여 바르게 증거 하면 그 증거 한 말씀이 헛되지 않고, 반드시 참된 것이 드러날 때가 옵니다. 이것이 바로 권능이고 증거입니다.

"그 날에 많은 사람이 나더러 이르되 주여, 주여 우리가 주의 이름으로 선지자 노릇 하며 주의 이름으로 귀신을 쫓아내며 주의 이름으로 많은 권능을 행하지 아니하였나이까." (마 7:22)

이런 자들에게 예수님은 "그 때에 내가 그들에게 밝히 말하되 내가 너희를 도무지 알지 못하니 불법을 행하는 자들아 내게서 떠나가라 하리라," 고 말씀 하십니다. 예수님에 대한 증거가 참되지 않았기 때문에 예수님으로부터 거절을 당하는 것입니다.

오늘날 예수님에 대하여 증거 할 때에 너무나 제한된 것만을 말하는 자들이 많이 있습니다. 예수님은 가난한 자들의 구제문제, 도덕과 정치의 문제만 취급했다고 이야기하고, 예수님은 사람이지 하나님은 아니라고 하며, 예수님은 죽음은 이야기 하나 부활은 증거 하지 않는다고 하고, 예수님의 초림은 증거 하나 재림은 부정하고, 예수님의 사랑은 강조하나, 예수님의 공의와 심판은 생략하는 자들이 많습니다. 우리는 예수님의 신격과 인격, 십자가의 부활, 초림과 재림, 그리고 그의 사랑과 공의를 함께 증거 해야만 합니다. 예수님을 그대로 증거 할 것이지 제한해서는 안 됩니다. 여러분이 방언이나 치유나 예언이나 은사를 못 받고, 이적을 행하지 못해도 괜찮습니다. 다만 예수님을 바로 증거 해야만 합니다. 세례 요한처럼 예수님을 참되게 증거 해야만 합니다.

예수님이 함께 계신 곳이 축복의 장소이며, 예수님이 함께 하시는 시간이 축복의 시간입니다. 예수님이 처음 세례를 받은 곳인 베다니에 가셨습니다. 그리고 그곳에 많은 사람들이 예수님께 왔습니다. 예수님이 계시는 곳은 유명한 장소가 아니요, 외진 곳이었고, 보잘 것 없는 촌락이었습니다. 그러나 예수님은 그 자신과 그의 메시지로 사람들을 끌었습니다. 예수님께 왔던 많은 사람들이 예수님을 생각했습니다. "예수 그리스도는 바로 세례 요한이 증거 한 분으로 세례 요한이 증거 한 것이 다 참이라,"고 고백했습니다. 예수님이 세례 요한이 증거 한 바로 그 사람이라고 말하면서 예수님을 영접하고 믿었습니다.

예수님이 세례 받으신 곳에 가신 목적이 있습니다. 그것은 세례 요한이 예수님을 증거 한 것이 모두 다 참인 것을 증거 하기 위함이었습니다. 예수님은 참과 거짓을 분별하고 심판하신다는 것을 보여주십니다. 예수님의 일거일동 전부가 목적이 있었습니다. 우리는 이렇게 기도해야 합니다.

"주님이 처음 세례 받으신 곳, 베다니에 가셨던 것처럼 주의 피로 사신 교회에 오시고 임재해 주소서. 주님이 계시는 교회, 주님이 계시는 가정, 주님이 함께 하시는 나 자신이 되게 하소서."

주님이 나와 함께 하시는 시간이 축복의 시간이요, 나와 함께 하시는 처소가 축복의 장소입니다. 날마다 주님을 영접하는 삶을 사십시오.

제41장

주님을 사랑한 사람들

(요 11:1~2)

요한복음 11:1~2 "어떤 병자가 있으니 이는
마리아와 그 자매 마르다의 마을 베다니에 사는 나사로라.
이 마리아는 향유를 주께 붓고 머리털로 주의 발을 닦던 자요
병든 나사로는 그의 오라버니더라."

마르다는 그리스도 중심의 봉사 원리를 배웠고 실천했습니다.

나사로는 침묵으로 그리스도를 증거 했습니다.

마리아는 자기의 생명의 향기를 주님께 부어드렸습니다.

이들은 모두 주님을 사랑한 사람들입니다.

여러분은 어떻습니까?

언제든지 출입할 수 있고, 안식과 이해와 평화와 사랑을 찾아볼 수 있는 가정을 가진다는 것은 이 세상에서 매우 귀한 일입니다. 예수님은 자기 자신의 가정을 가지지 않았음으로 육신적으로 쉴만한 처소를 소유하지 못했습니다. "여우도 굴이 있고, 공중의 새도 집이 있으되, 인자는 머리 둘 곳이 없도다," 라고 하신 예수님의 말씀은 바로 이 땅에서 휴식할 만한 곳이 없으셨다는 뜻입니다. 마르다와 나사로와 마리아가 살던 가정은 예수님께 조금이나마 안식과 휴식을 제공하였습니다. 얼마 전까지 예수님은 유대인들과 논쟁을 하시고 자신이 하나님이심을 증거 하시며 주장할 때에 돌로 침을 당할 수밖에 없는 위기를 당했습니다.

한적한 베다니에 있는 마르다의 가정에 오신 예수님은 잠시나마 정신적으로 긴장되었던 생활에서 휴식을 취하셨습니다. 우리가 다른 사람에게 줄 수 있는 가장 귀한 선물은 이해와 평화와 안식일 것입니다. 상대방으로 하여금 부담감을 갖지 않게 하고 긴장감을 풀고 지낼 수 있도록 하는 것은 대단히 귀한 일입니다. 어떤 가정을 방문해 보면 포근한 안정감을 느끼게 하는 가정이 있는가 하면 어떤 가정은 긴장감과 불안을 느끼게 합니다.

마르다의 가정은 언제나 예수님이 안식할 수 있도록, 그리고 평안하게 해드린 가정이라고 할 수 있습니다. 그래서 주님은 이 가정을 가끔 방문하셨고, 휴식을 취하시며 하늘의 신비로운 말씀을 들려주셨습니다. 마르다의 가정은 다른 어느 가정보다도 주님을 사랑한 가정임에 틀림없습니다. 그들은 예수님을 진심으로 사랑하였습니다. 그리고 주님을 극진히 대접하면서 사랑한 사람들입니다. 이 가정의 삼남매는 주님을 어떻게 사랑했습니까?

마르다의 영접

마르다는 예수님을 대접하면서 사랑한 믿음의 가장이었습니다. 요한복음 11장에 보면 마르다가 맏이고, 나사로가 둘째이며, 마리아가 막내로 연령순을 이야기합니다. 마르다는 이 가정의 가장이었습니다. 요한복음 11장에서 예수님이 마르다의 가정을 방문한 목적은 음식 한 그릇을 대접받기 위한 것이 아니요, 단순히 휴식을 취하기 위해서도 아니었습니다. 그 가정에 죽은 나사로를 살려주기 위해서 주님은 친히 찾아가신 것입니다. 죽은 나사로를 살려주어야 할 이유는 무엇이었을까요? 단순히 마르다와 마리아의 슬픔을 위로하고 기쁨을 주시기 위해서였습니까? 그것은 제 2차적인 목적이었습니다. 죽은 나사로를 살려주신 근본 목적은 주님 자신이 하나님의 아들이요, 하나님 자신임을 보여주고 증거 하기 위해서였습니다.

예수님이 예루살렘에서 자기 자신을 하나님의 아들이라고 주장하고 증거하실 때에, 유대인들은 예수님이 신성모독의 말을 한다고 돌로 치려했습니다. 이때 주님은 저들의 행위의 부당성을 성경으로 증명했습니다. 시편 82:6을 인용하여, 이스라엘 백성은 재판장들을 신들이라고 했는데, 하나님으로부터 친히 보냄을 받은 자인 내가 하나님의 아들이라고 할 때에 무슨 잘못이 있느냐고 반론했습니다. 자신이 하나님의 아들, 곧 하나님 자신이라는 것을 성경으로 증명할 때에 당시 서기관들과 유대인들은 할 말이 없어서 입을 다물었습니다.

이제 예수님은 자신이 하나님이라는 것을 이적을 통해서 보여주시기 위해 마르다의 가정에 오셨습니다. 곧 죽은 나사로를 살려주심으로 자신이 하나님이심을 실제로 보여주시려는 것입니다. 주님은 하나님 자신으로서 죽음까지도 좌우하며 죽음을 향하여 호령할 수 있는 하나님의 권능을 소유했다는 것을 보여주시려고 하였습니다.

마르다에게 있어서 나사로의 부활사건은 그의 신앙과 삶의 놀라운 전환점이 되었습니다. 누가복음 10:38~42에서는 마르다가 불평을 늘어놓는 것을 볼 수 있습니다.

"그들이 길 갈 때에 예수께서 한 마을에 들어가시매 마르다라 이름 하는 한 여자가 자기 집으로 영접하더라. 그에게 마리아라 하는 동생이 있어 주의 발치에 앉아 그의 말씀을 듣더니, 마르다는 준비하는 일이 많아 마음이 분주한지라 예수께 나아가 이르되 주여 내 동생이 나 혼자 일하게 두는 것을 생각하지 아니하시나이까 그를 명하사 나를 도와주라 하소서. 주께서 대답하여 이르시되 마르다야 마르다야 네가 많은 일로 염려하고 근심하나, 몇 가지만 하든지 혹은 한 가지만이라도 족하니라 마리아는 이 좋은 편을 택하였으니 빼앗기지 아니하리라 하시니라."

이 불평의 말을 들어보면 마르다의 봉사는 어디까지나 자기감정을 기쁘게 하고 자기 위주로 봉사한 것이지, 그 가정에 주인이신 예수님을 위한 섬김과 대접은 아니었습니다. 마르다는 세 번이나 '나'라는 것을 강조했습니다. '내 동생,' '나 혼자,' '나를 위해'라는 말을 거듭했습니다. 그러므로 마르다는 예수님을 대접하면서도 기쁨의 봉사가 없었습니다.

나는 시간을 내서 열심히 봉사하고, 힘을 쏟아 교회 일에 힘쓰고 봉사하는데, 어쩐지 감사가 없고, 불평이 가득할 때가 있습니다. 나의 형제와 이웃들이 나의 봉사를 인정하지 않고 고개를 돌릴 때 섭섭하기도 합니다. 이런 사실은 나의 봉사가 잘못되었다는 신호입니다. 주님 중심의 봉사가 아니고 교회 중심의 봉사가 아니라는 명백한 힌트입니다. 나의 봉사 원리가 잘못되었다는 신호요, 경고입니다.

그런데 나사로가 부활 한 후에 마르다의 봉사는 바뀌었습니다. 12장에서 마르다 가정은 예수님과 제자들과 많은 사람들을 청하여 잔치를 베풀었습니다. 이때 마르다의 봉사를 이렇게 기록하고 있습니다.

"거기서 예수를 위하여 잔치 할새 마르다는 일을 하고 나사로는 예수와 함께 앉은 자 중에 있더라."(요 12:2)

당시 마르다는 많은 손님을 접대하는 일을 하였습니다. 여기 '일을 한다,'라는 말은 손님을 접대한다는 뜻입니다. 예수님과 많은 손님들을 기쁨과 감사로 대접했습니다. 이 당시에 마르다가 가진 예수님에 대한 신앙은 확실했습니다. 자기의 오라버니 나사로를 살리신 예수님은 바로 하나님의 아들이요 하나님이라는 분명한 신앙 지식을 가졌던 것입니다.

바른 그리스도 관을 가지게 될 때, 그의 봉사는 예수님께 초점을 두었고 주님을 기쁘시게 하는 봉사로 전환된 것입니다. 마르다는 지금까지 자기중심으로 삶의 원을 그렸지만, 예수님을 재발견한 후로는 예수님 중심으로 하는 삶의 철학과 봉사의 원리를 수립했습니다. 자기 가정에 모신 예수님은 인간이신 예수만이 아니라 하나님이신 예수님임을 발견하고, 하나님을 섬기는 그 봉사가 얼마나 기쁘고 감사하고 영광스러운 것인지 인식하게 되었습니다.

나사로의 침묵

나사로란 이름은 히브리말 엘르아살의 음역입니다. 그 뜻은 '하나님이 도우시는 자' 란 의미입니다. 마르다와 마리아가 한 말은 성경에 기록되어 있으나, 나사로가 말했다는 기록은 성경에 전혀 없습니다. 나사로는 침묵의 증인이라고 할 수 있습니다. 예수님의 권능으로 그가 부활했을 때 많은 유대인 무리들이 살아난 나사로를 보려고 찾아왔습니다. 나사로를 보았던 많은 사람들이 예수님을 믿게 되었습니다.

나사로는 예수님의 권능으로 말미암아 부활하였기 때문에 그는 웅변이나 변증 없이 그 자체가 그리스도의 증인이 된 것입니다. 유대인의 장례는 공적인 일이었습니다. 나사로가 죽은 사실은 유대 민중이 이미 다 알고 있었고, 무덤에 장사된 것도 베다니 동네 사람들에게는 주지의 사실이었습니다. 예수님은 당시에 죽어 장사 지낸 바 된 다른 누구를 살려주시지 않고 죽은 나사로를 살려주셨습니다. 이 나사로를 주님은 지극히 사랑했습니다. 마르다가 예수님께 사람을 보내어 나사로의 병든 사실을 알려줄 때에 '주님, 나사로가 병들었나이다,' 라고 하지 않고 "주의 사랑하는 자가 병들었다,"고 보고했습니다.

나사로는 예수님과 함께 앉아 있기만 해도 예수님을 증거 할 수 있었던 경건한 성도였습니다. 나사로의 부활사건은 예수님이 바로 하나님 자신인 것을, 그 하나님의 권능을 나타냅니다. 주님은 경건하고 의로운 나사로의 죽음까지도 이용하여 그리스도 자신이 누구인가를 가르쳐주고 있습니다.

나사로의 부활사건을 우리 자신들에게 적용시켜 봅시다. 에베소서 2:1에 의하면 우리는 우리의 허물과 죄로 죽은 자인데, 주께서 우리를 살려주셨습니다. 이 사실은 바로 영적 부활 사건입니다. 주님을 믿기 전의 모든 사람은 죽은 자입니다. 그러나 주님을 믿은 후에 우리는 영적으로 부활한 자임에 틀림없습니다. 예수님은 성령을 통하여 우리 안에 부활사건을 일으켰습니다. 우리의 거듭남은 바로 영적 부활 사건입니다.

이 귀한 사실을 여러분은 확실히 입으로 유창하게 증거 할 수 있습니까? 내가 새 생명을 가졌고, 내가 다시 살았다고 입으로 논리정연하게 증거 하기는 쉽지 않습니다. 우리는 훌륭한 부흥사처럼 우리의 영적 부활 사건을 증거하는 것이 쉽지 않습니다. 웨슬리나 조지 휫필드나 찰스 피니나 조나단 에드워즈처럼 내가 새 생명을 얻었다고 전하는 것은 어렵습니다. 그러나 나의 삶 그 자체로 그리스도의 위대한 은혜와 능력을 증거 할 수 있습니다. 나의 변화된 모습과 경건한 신앙의 생활을 타인이 보고 그들이 예수님을 인정하고 믿게 할 수 있습니다.

사도 바울은 이러한 신자들을 가리켜 그리스도의 향기요, 편지라고 불렀습니다. 향기는 말도, 손짓도, 몸짓도, 선전도 없지만, 그 향기의 실재를 나타내어 보여줍니다. 그리스도인들은 앉아 있을 때나, 서 있을 때나, 걸어갈 때나, 타인을 상대할 때나, 예수님의 모습을 나타내야만 합니다.

어느 날 한 선교사가 산적들에게 포위당해서 죽음의 위기에 놓였습니다. 그런데 갑자기 이상한 사건이 일어났습니다. 처음에 그 산적들은 선교사를 죽이려고 용기 있게 달려들었지만, 잠시 후에 그 용기는 모두 사라졌고 모두 사색이 되어 슬금슬금 뒷걸음질을 치고 있었습니다. 이때 선교사는 물러서는 산적들에게 왜 뒷걸음치냐고 물었습니다. 그러자 산적들은 "당신을 둘러싸고 있는 빛나는 사람들 때문이요," 라고 대답했습니다. 경건하고 의로운 선교사를 하나님은 천사를 보내어 지켜주신 것입니다. 모세가 하나님의 산에 올라가 40일 금식기도를 하고 산에서 내려왔을 때, 그의 얼굴에는 광채가 났기 때문에 이스라엘 백성들은 두려워했습니다. 모세의 얼굴에도 하나님의 빛이 그대로 남아있었기 때문입니다.

마리아의 향유 부음

마리아는 예수님의 발아래 앉아 말씀을 듣고 배웠기 때문에 '발아래 여인' 이라는 별명이 붙여졌습니다.(눅 10:39, 요 11:32) 말씀을 배운 마리아는 주님을 지극히 사랑하는 자가 되었고, 주님께 자기의 최선을 다하여 봉사한 봉사의 모델이 되었습니다. 마르다의 가정에서 나사로의 부활사건을 감사하면서 주님을 모시고 잔치를 할 때, 마리아는 비싼 나드 향유를 예수님의 머리에 붓고 발에 부어드렸습니다. 그리고 자기의 귀중한 머리카락으로 예수님의 발을 씻어 드렸습니다.

예수님의 제자들은 마리아의 봉사를 쓸데없는 낭비라고 비난했습니다. 이 비싼 향유를 팔아 가난한 자를 구제하는 구제금으로 사용하면 얼마나 좋았을 것이냐고 마리아를 꾸짖고 힐책하였습니다. 그 중에 가룟 유다는 앞장서서 마리아를 비난했습니다. 그러나 주님께서는 저들의 비난을 저지시키면서 마리아의 봉사의 위대성을 이렇게 말씀하셨습니다.

"그를 가만 두어 나의 장례할 날을 위하여 그것을 간직하게 하라. 가난한 자들은 항상 너희와 함께 있거니와 나는 항상 있지 아니하리라 하시니라." (요 12:7~8)

즉 "마리아가 나에게 가장 가치 있는 일을 했다. 마리아는 향유를 나에게 부어 나의 장례를 준비했다. 가난한 자들은 항상 너희와 함께 있으니 너희가 구제할 기회가 많이 있으리라. 그러나 나는 너희와 항상 있지 아니할 것이다,"라는 의미입니다.

마리아는 예수님의 발아래서 하나님의 말씀을 배웠기 때문에 예수님이 자기의 죄를 위하여 죽으실 것을 알았습니다. 그래서 마리아는 주님께 값비싼 최고의 향유 나드를 부어드렸습니다. 옥합을 깨뜨려 조금도 남김없이 전부를 드렸습니다. 마리아는 주님을 지극히 사랑한 여인입니다.

우리도 마리아처럼 주님을 제일 사랑하고 최고로 사랑할 때는 우리의 마음과 뜻, 정성과 물질을 주님께 드릴 수 있습니다. 우리도 마리아처럼 주님이 나의 죄를 위하여 십자가에서 자기 목숨을 희생한 사실을 인식하면 아낌없이 모든 것을 주님께 드릴 수 있습니다.

제자들은 마리아의 값진 봉사를 하나의 낭비요, 허비라고 인간적인 판단을 내렸으나, 주님은 그것이 결코 낭비가 아니라고 하셨습니다. 이 판단은 나사로를 살리신 하나님의 판단입니다. 하나님이신 예수님은 마리아의 봉사가 낭비가 아니라 투자라고 가르쳐 주십니다. 마리아가 나의 장례를 준비하였다고 밝히 말씀하셨습니다. 항상 살아계신 예수 그리스도는 가장 부요한 은행장이십니다. 가장 부요한 은행장이신 예수 그리스도는 가장 큰 이익을 우리에게 제공해 주십니다. 교회와 예수님은 같은 공동체입니다. 교회를 위한 일은 바로 주님을 위한 일이요, 교회를 위한 봉사는 바로 주님을 위한 봉사입니다. 그리므로 교회를 위한 투자는 결코 헛된 낭비가 아니요. 하늘에 상급을 쌓는 고귀한 투자입니다.

마리아가 예수님의 발에 향유를 부어 드리니 향유 냄새가 집에 가득했습니다. 그냥 두어도 향유 냄새는 전해지기 마련입니다. 그런데 향유 냄새가 집에 가득 했던 이유는 마리아가 자기 머리카락으로 예수님의 발을 씻어드렸기 때문입니다. 마리아는 향유를 예수님께 부어드렸을 뿐만 아니라 자기의 머리카락으로 씻어 드리는 행동의 수고까지 했습니다. 마리아의 이 같은 행위는 자기를 예수님과 일치시키는 것입니다. 하나님이신 예수님께서 마리아 자신 안에 계시고 자신이 예수님 안에 있다는 것을 보여주는 행동입니다. 이것이 바로 마리아에게 한없는 축복이었습니다.

우리 기독교인들도 복음을 전하는 수고를 통하여 주님과 우리 자신의 일치를 체험할 수 있습니다. 주님이 내 안에, 내가 주 안에 있다는 신비로운 연합을 체험하게 됩니다.

같은 3남매이나 그들의 봉사의 기능과 분야는 달랐습니다. 이것은 성도들의 봉사의 다양성을 가르쳐줍니다. 마르다는 예수님을 대접함으로 사랑한 성도입니다. 나사로 부활사건 이후에야 마르다는 그리스도 중심의 봉사 원리를 배웠고 실천했습니다. 나사로는 그가 앉아있는 곳이나 서 있는 곳이 그리스도를 증거 하는 자리였습니다. 웅변과 외침이 없었으나, 그의 존재 자체가 바로 예수님을 증거 하였습니다. 그는 침묵의 증인이었습니다. 마리아는 자기의 생명의 향기를 주님께 부어드렸습니다. 그것은 바로 주님의 장례준비를 위한 가장 고귀한 투자였습니다. 현재 우리도 주님께 이처럼 귀한 향유를 드릴 수 있습니다. 우리가 주님께 드릴 값비싼 향유는 바로 주님께 복종하는 삶입니다. 주님의 말씀에 절대 복종하는 것은 주님께 드릴 향유와도 같습니다.

마리아의 아름답고 향기로운 이 봉사는 복음전파와 함께 천추만대에 길이 기억될 일입니다. 사람들은 역사에 오래 기억될 만한 일을 하려고 애씁니다. 특수한 건축물을 세운다든지 기념비를 세우기도 하고 책을 저술하기도 하며 묘비를 세우고, 기념식수도 합니다. 그러나 이런 것보다도 가장 위대한 기억, 가장 오래 지속되는 이름은 그리스도에게 모든 것을 헌신했던 사람의 이야기입니다.

마리아처럼 주님을 위해 전부를 바칠 헌신의 사람은 천추만대에 기억될 사람입니다. 왜 그렇습니까? 하나님이 그 사람을 기억하시고 하나님이 모든 사람으로 하여금 헌신의 사람을 기억하게 하시기 때문입니다.

제42장

죽음에 이르지 않는 병

(요 11:3~4)

요한복음 11:3~4 "이에 그 누이들이 예수께 사람을 보내어 이르되
주여 보시옵소서 사랑하시는 자가 병들었나이다 하니,
예수께서 들으시고 이르시되 이 병은 죽을병이 아니라
하나님의 영광을 위함이요 하나님의 아들이 이로 말미암아
영광을 받게 하려 함이라 하시더라."

예수님은 전지하시고 전능하십니다.
절망은 죽음에 이르는 병입니다.
그러나 믿음은 하나님의 영광을 드러내는
죽음에 이르지 않는 병입니다.
예수님은 절망적인 죽음을 통해
하나님의 영광을 밝히 드러내셨습니다.

일생 동안 한 번도 아프지 않고 살아가는 사람은 거의 없겠지요. 인생은 그 체질이 질그릇과 같기 때문에 병에 약합니다. 하나님은 인생이 진토임을 아십니다. 병에 걸리면 고통과 아픔이 있습니다. 자기가 괴로울 뿐만 아니라 남도 괴롭게 합니다. 병에 걸리면 누추하게 되며 사람과 격리됩니다. 병이 심하면 의식을 상실합니다. 밤과 낮을 분간 못하며 가정과 식구와 타인을 알아볼 수 없습니다. 정신병에 걸리면 자기 자신을 잃어버리고 수치스러운 말과 행동을 하면서도 수치감을 느끼지도 못하지요. 병은 마지막으로 죽음에 이르게 합니다.

질병과 죄는 비슷한 점이 많습니다. 죄를 범하면 괴롭고 아픕니다. 기쁨이 없어지고 불평이 증가하며 감사가 없어지고 불만으로 가득 차게 됩니다. 그뿐만 아니라 타인에게도 불행을 가져다줍니다. 이렇게 병과 죄는 타인에게 전염되는 성격이 있습니다. 범죄 하면 마음도 아프고 육신도 괴롭습니다. 그러다가 죄를 계속 범하면 양심이 마비되고 얼굴도 두꺼워져서 이만한 죄쯤이야 하고 자기를 자위하고 마음이 차츰 마비되어 갑니다. 병이 심해지면 의식을 잃고 말듯이 서슴없이 죄를 범하는 단계에 들어가면 양심은 파선당한 것처럼 되고 옳고 그름을 분간할 수 없는 지경으로 돌입합니다. 죄를 상습적으로 범하는 사람들은 중병에 걸려 의식을 잃은 사람과 같습니다. 이런 사람은 자기의 모습이 더러운 것도 모릅니다. 실수를 하고 실족을 해놓고도 자기변명에 급급합니다. 누추하고 더러운 모습을 드러내고 마지막으로 사람으로부터 격리되고 끊어지는 것입니다. 이런 사람은 아무도 신용하지 않습니다. 이런 사람의 인격은 인정하지 않으며 이런 사람의 말과 주장은 받아들여지지 않고 비웃음거리가 됩니다. 하나님으로부터 인정받지 못하고 하나님이 쓰지 않는 그릇으로 제쳐두고 맙니다. 이것이 바로 비참한 죽음입니다.

베다니에 살던 나사로가 질병에 걸렸습니다. 마르다와 마리아가 사람을 보내어 예수님께 전하라고 했습니다. "주여, 보시옵소서. 사랑하시는 자가 병들었나이다." 이때 예수님은 대답하셨습니다. "이 병은 죽을병이 아니라 하나님의 영광을 위함이요, 이로 인하여 하나님의 아들이 영광을 얻게 하려 함이라." 나사로의 병은 특수한 병이라고 하십니다. 수치에 이르는 병이 아니라 영광에 이르는 병이라고 하십니다. 죽음에 이르는 병이 아니라 부활과 소망을 가르치는 병이라고 하십니다. 예수님의 이 대답은 나사로가 죽지 않는다는 말씀이 아닙니다. 나사로의 병을 통해서 하나님이 영광을 받고 예수 그리스도 자신이 영광을 받으신다는 뜻입니다.

나면서부터 맹인 된 자의 경우도 같습니다. 제자들이 나면서부터 맹인 된 자를 보고 예수님께 질문했지요. "그가 맹인이 된 것이 그의 죄입니까, 아니면 그 부모의 죄입니까?" 그러자 예수님이 대답하셨습니다. "그의 죄도, 그의 부모의 죄도 아니다. 이 사람에게서 하나님이 하시는 일을 나타내게 하려 하심이다." 병이나 죽음의 치유는 예수님이 그리스도이심을 나타내시는 것입니다.

예수님의 전지성(全知性)

예수님은 나사로의 운명을 아셨고, 죽음 후에 어떤 사건이 일어 날 것도 아셨습니다. 나사로의 병은 인간이 당하는 단순한 죽음을 초래할 병이 아니요, 하나님의 영광을 위한 병임을 아셨습니다. 마르다가 보낸 사람이 예수님께 급히 오시라는 말을 전했을 때에, 예수님은 당장 달려가시지 않았습니다. 백부장의 하인이나, 야이로의 딸의 경우에는 당장 고치셨지만, 나사로의 경우에는 급히 달려가시지 않으셨습니다. 예수님은 나사로가 병들었다는 소식을 듣고서도 이틀이나 지체했습니다. 마르다와 마리아는 마음이 다급해서 죽을 지경인데 예수님이 시간을 지체하시는 것을 마르다는 이해할 수 없었습니다.

기도로 구하기 전에 하나님께서 우리의 필요를 다 아십니다. 하나님은 과거, 현재, 미래를 모두 다 알고 계십니다. 내가 모르는 사실까지도 다 알고 계십니다. 나의 고통과 질병, 지쳐서 쓰러질 것 같은 피로함도 모두 알고 계십니다. 나사로가 병이 들어서 죽는다는 사실을 예수님께서 이미 알고 계셨듯이 말입니다. 사람은 미래를 알 수 없고 가까운 장래 일을 알 수가 없습니다. 성경은 말합니다.

"너는 내일 일을 자랑하지 말라 하루 동안에 무슨 일이 일어날는지 네가 알 수 없음이니라."(잠 27:1)

영산강 유역에 땅을 사놓고 그 땅값이 올라서 부자가 될 것을 생각하는 어떤 사람이 있었습니다. 분명히 땅값은 금세 오를 것이었고, 그가 부자가 되는 것은 당연한 사실이었습니다. 어느 비가 오는 날에 그는 차를 몰고 그 땅을 보러 갔습니다. 아내가 비가 오니 다음에 가라고 만류를 해도 듣지 않고 갔습니다. 그러다가 억수같이 퍼붓는 비에 영산강 강둑이 무너져서 그와 그의 차는 모두 급류에 휩쓸렸고, 다시는 살아오지 못했습니다. 인생은 한 시간 후의 일도 알지 못하나 하나님은 과거, 현재, 미래, 영원한 미래의 일까지 다 알고 꿰뚫어 보시고 계십니다.

이사야 41장에서 우상을 따르는 이스라엘에게 하나님께서 경고를 하십니다.

"나 여호와가 말하노니 너희 우상들은 소송하라 야곱의 왕이 말하노니 너희는 확실한 증거를 보이라. 장차 당할 일을 우리에게 진술하라 또 이전 일이 어떠한 것도 알게 하라 우리가 마음에 두고 그 결말을 알아보리라 혹 앞으로 올 일을 듣게 하며, 뒤에 올 일을 알게 하라 그리하면 너희가 신들인 줄 우리가 알리라 또 복을 내리든지 재난을 내리든지 하라 우리가 함께 보고 놀라리라. 보라 너희는 아무것도 아니며 너희 일은 허망하며 너희를 택한 자는 가증

하나라."(사 41:21~24)

하나님은 사람의 중심사상이나 계획, 인간 역사의 진행, 미래에 대한 것들을 모두 아십니다. 예수님도 예루살렘에서 유대인들의 모략과 책략을 다 아셨습니다. 그들이 예수님을 체포해서 죽이려 한다는 것을 아시고는 베다니로 가셔서 그 손에서 벗어나셨습니다. 우리는 전지하신 주님 앞에 어떤 것도 숨길 수 없습니다. 우리의 모든 죄를 다 내어놓고 솔직하게 회개해야 합니다.

예수님의 전능

하나님은 현재 일을 통제하실 뿐만 아니라 미래 일도 통제하십니다. 성자 예수님은 하나님이십니다. 예수님께서 이 병은 죽을병이 아니라 하나님의 영광을 위한 병이라고 하실 때, 나사로가 죽고 무덤에 장사되어도 살리신다는 예수님의 전능을 말씀하시는 것입니다. 나사로의 무덤 앞에서 "나사로야 나오너라!" 하시면서 죽음을 향하여 호령하시는 전능의 예수님이십니다. 아브라함에게도 하나님은 전능의 하나님으로 계시하셨습니다. 전능의 하나님은 엘 샤다이라고 합니다. 하나님은 아브라함에게 후사를 약속하면서 아들을 약속하셨지만 75세가 되어도 아들이 없었습니다. 그래서 아브라함은 첩인 하갈에게서 이스마엘을 얻었습니다. 그러나 하나님은 아브라함에게 했던 약속대로 99세에 아들 이삭을 주셨습니다. 하나님은 전능의 하나님이십니다.

하나님의 힘을 제한하지 말아야 합니다. 믿음 없는 자들은 하나님의 힘을 제한합니다. 우리는 하나님의 전능을 신뢰해야만 합니다. 하나님이 우리와 함께 하신다는 임마누엘을 굳게 믿어야 합니다. 가나안을 정복하기 위해 12명의 정탐꾼을 보냈을 때, 10명의 정탐꾼들은 하나같이 이스라엘은 메뚜기 같다고 과소평가하면서 불가능을 이야기했지만, 여호수아와 갈렙은 하나님의 전능을 신뢰했기에 당당하게 '저들은 우리의 밥'이라고 주장했습니다.

전능하신 하나님은 오늘도 우리에게 당신의 전능을 믿으라고 하십니다. 하나님의 전능은 믿지 않는 불신자에게는 경고와 심판이지만, 믿는 자들에게는 한없는 용기가 됩니다.

나사로의 죽음과 부활은 나사로 자신에게 영향을 주었고, 그의 누이 마르다에게 영향을 주었습니다. 나사로는 병들어서 죽었지만 장사 지낸 후에 무덤에서 부활했습니다. 이런 변화에서 그는 자기 자신의 변화를 발견했고, 그리스도의 침묵의 증인이 되었습니다.

마르다가 나사로의 병들었다는 것을 예수님께 알렸는데도 예수님은 이틀후, 나사로를 장사 지낸 후에야 오셨습니다. 마르다는 나사로가 죽은 것에 대해 절망하면서 예수님께 이렇게 원망을 합니다. "주께서 여기 계셨다면 내 오라버니가 죽지 아니하였겠나이다." 그러나 예수님은 말씀하십니다.

"예수께서 이르시되 나는 부활이요 생명이니 나를 믿는 자는 죽어도 살겠고, 무릇 살아서 나를 믿는 자는 영원히 죽지 아니하리니 이것을 네가 믿느냐."(요 11:25~26)

예수님은 나사로의 무덤으로 가셨습니다. 무덤의 돌문을 옮기니 나사로가 죽은 지 나흘이 되었기에 시체에서 냄새가 났습니다. 마르다가 말하기를 "죽은 지 나흘이 되어 냄새가 납니다,"고 하자 예수님께서 말씀하셨습니다. "네가 믿으면 하나님의 영광을 보리라."(요 11:40) 그리고 예수님이 "나사로야, 나오너라," 하실 때에 나사로가 죽음에서 부활해서 걸어 나왔습니다.

나사로의 죽음과 부활은 마리아에게 큰 영향을 주었습니다. 예수님은 참생명을 주시는 분이시고, 이 생명을 주시기를 원하시는 분이십니다. 나사로의 죽음과 부활은 또한 예수님의 제자들에게 영향을 주었습니다. 예수님이 나사로가 죽었다는 것을 먼 곳에서 듣고는 제자들에게 "나사로가 잠들었다,"고 하셨습니다. 제자들은 그 말을 잘 못 알아듣고는 "잠들었으니 나을 것 (깰 것)입니다,"라고 대답하자, 예수님께서는 그들에게 "나사로가 죽었다,"라고 분명하게 말씀하셨습니다. "내가 거기 있지 아니한 것을 너희를 위하여 기뻐하노니 이는 너희로 믿게 하려 함이라." (요 11:15)

예수님은 나사로의 죽음을 기뻐하셨습니다. 그의 누이들과 유대인들은 슬퍼하고 있었지만 예수님은 기뻐하셨습니다. 이것은 하나님의 영광을 위한 죽음이기 때문입니다. 로마서 14:7~8에는 "우리 중에 누구든지 자기를 위하여 사는 자가 없고 자기를 위하여 죽는 자도 없도다. 우리가 살아도 주를 위하여 살고 죽어도 주를 위하여 죽나니 그러므로 사나 죽으나 우리가 주의 것이로다,"라 하였습니다. 나사로가 이렇게 죽고 다시 산 것은 바로 하나님의 영광을 위해서입니다.

나사로의 죽음과 부활은 많은 유대인 조문객들에게 영향을 주었습니다. 이 유대인 조문객들은 그 사회에 중요 멤버들이었습니다. 요한복음 11:19에 "많은 유대인이 마르다와 마리아에게 그 오라비의 일로 위문하러 왔더니,"라 하여 거기에는 많은 유대인들이 모여 있다는 것을 말해 줍니다. 경조사는 우리 인간들의 일상적인 삶의 한 부분입니다. 그들은 조문하러 왔다가 예수님이 나사로를 부활시키는 것을 보고는 믿게 되고, 조문이 신앙으로 비약했습니다. 예수님은 무덤 앞에서 기도하셨습니다.

"이 말씀하옵는 것은 둘러선 무리를 위함이니 곧 아버지께서 나를 보내신 것을 그들로 믿게 하려 함이니이다." (요 11:42)

예수님이 행하신 이적을 보고 믿는 사람들이 많았습니다. 그러나 그들 중 어떤 사람들이 바리새인들에게 이 소식을 전달했고, 불신자들은 부활이 저주로 여겨졌습니다.

나사로의 죽음과 부활로 인해 하나님이 영광을 받으시고, 예수 그리스도가 영광을 받으십니다. 하나님의 영광과 인자의 영광은 동격입니다.

"예수께서 들으시고 가라사대 이 병은 죽을병이 아니라 하나님의 영광을 위함이요 하나님의 아들로 이를 인하여 영광을 얻게 하려 함이라 하시더라" (요 11:4)

하나님의 영광과 그 아들 예수 그리스도의 영광은 하나요, 같은 것입니다. 예수님께서 물로 포도주를 만들던 첫 번째 이적에서 "그의 영광을 나타내시매 제자들이 그를 믿으니라(요 2:11)," 고 했습니다. 베데스다에서 38년 된 병자를 고쳐주신 후에, 하나님의 영광과 예수 그리스도의 영광이 하나라는 것을 분명히 밝히셨습니다.

"이는 모든 사람으로 아버지를 공경하는 것 같이 아들을 공경하게 하려 하심이라 아들을 공경하지 아니하는 자는 그를 보내신 아버지도 공경하지 아니하느니라." (요 5:23)

인간들은 죽음을 인생의 마지막이라고 생각합니다. 죽음처럼 절망적인 곤경은 없습니다. 그래서 실존주의 철학자 키에르키고르는 요한복음 11:4에 근거하여 '죽음에 이르는 병' 이라는 책을 저술했습니다. 그 병은 절망입니다. 예수님은 당신을 믿게 하시려고 간혹 우리를 절망적인 곤경에 집어넣습니다. 더 큰 믿음을 갖게 하려고 불가능의 장소로 들어가게 하시는 것입니다. 우리의 곤경은 하나님의 기회가 됩니다. 죽음은 절망적인 곤경입니다. 한계 상황이고 극한상황의 곤경입니다. 예수님은 인생의 죽음의 곤경을 이용하여 하나님의 영광을 드러내십니다. 우리의 곤경은 불치의 병이나 가정의 파탄이나, 사업 실패, 억울함을 당하는 것 등입니다. 주님은 이런 것들을 이용하여 하나님의 영광을 드러내시려고 하십니다.

우리는 이렇게 기도해야 합니다. "주님, 우리의 이 곤경이 하나님의 영광을 드러내는 데 사용해 주소서." 그러면 범사에 감사할 수 있습니다.

제43장

사랑의 연기(延期)

(요 11:5~10)

요한복음 11:5~10 "예수께서 본래 마르다와 그 동생과 나사로를 사랑하시더니,
나사로가 병들었다 함을 들으시고 그 계시던 곳에 이틀을 더 유하시고, 그 후에
제자들에게 이르시되 유대로 다시 가자하시니, 제자들이 말하되 랍비여 방금도
유대인들이 돌로 치려하였는데 또 그리로 가시려 하나이까, 예수께서 대답하시되 낮이
열두 시간이 아니냐 사람이 낮에 다니면 이 세상의 빛을 보므로 실족하지 아니하고,
밤에 다니면 빛이 그 사람 안에 없는 고로 실족하느니라."

하나님은 때로 우리의 기도의 응답을 연기하실 때가 있습니다.
우리를 사랑하기에, 우리의 믿음을 단련시키고 강화시키기 위해,
하나님의 영광을 드러내기 위해 응답을 연기하십니다.
모든 일은 하나님의 시간과 계획 아래 놓여있습니다.

인간 지식으로는 주님이 하신 말씀을 쉽게 이해하기 어려울 수 있고 다 이해할 수 없을 수도 있습니다. 나사로가 병들어 죽음을 헤매고 있다는 위급한 소식을 들었음에도 불구하고 예수님은 자기가 머무시던 장소에서 이틀을 더 머무셨습니다. 나사로가 죽어서 무덤에 장사된 지 4일 만에 비로소 예수님은 마르다와 마리아를 만나러 베다니로 가셨습니다. 그처럼 능력이 많으신 예수님이 빨리 오셔서 나사로의 위독한 병을 고쳐주시도록 황급히 사람을 보냈지만, 예수님은 이틀을 지연하신 후에 나사로가 죽어서 무덤에 장사된 후에야 방문하신 이유가 무엇입니까? 왜 예수님은 베다니로 가시는 것을 연기하였습니까?

사랑의 연기

"예수께서 본래 마르다와 그 동생과 나사로를 사랑하시더니, 나사로가 병들었다 함을 들으시고 그 계시던 곳에 이틀을 더 유하시고."(요 11:5)

나사로를 사랑하셨기 때문에 예수님이 나사로를 만나는 것을 연기했다는 것은 대단히 모순된 것 같습니다. 그를 사랑하였다면 빨리 찾아가서 그의 병을 치료해주고 건강하도록 이적을 베푸시는 것이 합당하지 않겠습니까? 예수님의 이 연기는 사랑의 연기가 아니라 잔인한 연기인 것처럼 보입니다. 사랑하는 나사로가 죽기까지 내버려 두었으니 이 얼마나 냉정한 연기입니까? 나사로의 위급한 사정을 듣지 못해서 그랬다면 이해가 가지만, 심부름꾼의 전갈을 받고도 일부러 이틀을 지연했다가 가셨으니 너무나 잔인한 처사가 아닙니까? 주님은 인정을 무시하시지 않습니다. 인정을 초월하십니다. 주께서 나사로에 대하여 무관심했기 때문에 연기한 것이 아닙니다. 그를 돌보고 보호하지 않으려는 무관심 때문에 연기한 것이 결코 아님니다.

누가복음 18:1~8에는 불의한 재판관의 비유가 나옵니다. 어느 도시에 하나님을 두려워하지 아니하고 사람도 무시하는 재판관이 있었습니다. 그 도시에 억울한 사정을 갖고 있는 한 과부가 그 재판관을 찾아가서 자기의 딱한 입장을 설명하면서 해결해 달라고 애원했습니다. 예수님 당시의 재판관들은 무엇이라도 받아야 사건을 처리해주는 불의한 자들이었습니다. 그런데 가난했던 이 과부는 바칠 뇌물이 없어 문제를 해결하기 위해 재판관에게 졸라대었습니다. 한 번 가고, 두 번 가고, 또 여러 번 찾아가서 번거롭게 했더니 재판관이 귀찮아서 그 문제를 해결해 주었습니다.

이 비유는 결코 하나님이 불의한 재판관과 같다는 뜻이 아닙니다. 하나님은 가끔 우리의 특별한 요청과 기도에 대하여 응답하시는 일을 연기하실 때가 있음을 교훈해 줍니다. 결코 하나님은 무관심한 분이 아니십니다. 무관심은 하나님의 속성이 아닙니다. 하나님은 또한 우리의 문제를 해결하기에는 너무 분주하기 때문에 우리의 문제해결을 연기시키는 것도 아닙니다.

하늘에서 불을 내려 제물을 살라버리는 신이 참신이라고 믿어야 한다는 엘리야의 주장이 있었습니다. 바알 선지자들이 제단을 쌓고 아침부터 낮까지 바알 신에게 불을 내려달라고 부르짖었습니다. 그러나 불이 내려오지 않았습니다. 선지자 엘리야는 그런 그들을 조롱했습니다. 바알 신이 묵상하고 있는지, 잠깐 외출 중인지, 잠이 들어서 깨워야 할 것인가라고 조롱했습니다. 너희들이 섬기는 바알 신은 너무나 분주해서 너희의 부르짖음을 들어 줄 수 없다고 하는 조롱의 말이었습니다. 그리고 엘리야가 그들을 물리치고 제단을 쌓고 간절히 기도할 때에 하늘에서 즉시 불이 내려와서 제물을 다 태워버렸습니다.

하나님은 자신의 일이 너무 분주해서 우리의 기도를 연기시키는 것이 아니요, 너무나 바빠서 우리를 돌볼 겨를이 없는 것이 아닙니다. 우리의 기도와 요구를 연기시키는 것은 우리를 사랑하시기 때문입니다. 하나님이 이스라엘 백성들을 애굽에서 해방시키신 후에 즉시 가나안 땅으로 인도하지 않으시고 40년을 연기하셨는데 그 이유는 무엇입니까? 그들에게 복종을 배우게 하고 난 후 가나안을 정복하게 하기 위함이었습니다.

주께서 우리의 청원을 연기하실 때에 우리는 신앙적인 반성을 해야 합니다. 내가 하려는 것이 옳은가? 나는 현재 주님의 뜻을 따르고 있는가? 이런 문제를 깊이 생각할 수 있는 계기가 됩니다. 하나님은 우리에게 무관심하거나, 분주하셔서 우리의 청원과 문제의 해결을 연기하지 않으십니다. 다만 우리를 사랑하시기 때문에 연기하는 것을 알아야만 합니다.

"이는 내 생각이 너희의 생각과 다르며 내 길은 너희의 길과 다름 이니라 여호와의 말씀이니라. 이는 하늘이 땅보다 높음 같이 내 길은 너희의 길보다 높으며 내 생각은 너희의 생각보다 높음이니라."(사 55:8~9)

우리의 신앙을 강화시키고 단련시키기 위한 연기

예수님과 제자들은 나사로가 병들어 다 죽어가고 있다는 소식을 함께 들었습니다. 그런데 예수님은 그런 위급한 소식을 듣고도 전혀 급히 서둘지 않으시고 태연한 모습으로 이틀을 더 계시다가 말씀하십니다. "우리 친구 나사로가 잠들었으니 내가 깨우러 가야겠다." 제자들은 예수님이 하신 말씀을 이해하지 못한 채 물었습니다. "주님, 그가 잠들었으면 깰 때가 있지 않겠습니까?" 제자들은 나사로가 피곤해서 잠들어 쉬는 것이라고 생각했습니다. 그러자 예수님은 다시 밝히 말씀하십니다. "나사로가 죽었다." 그리고 제자들에게 이르십니다. "내가 거기 있지 아니한 것을 너희를 위하여 기뻐하노니, 이는 너희로 믿게 하려 함이니라."(요 11:15)

예수님은 나사로가 병들어 죽어가는 베다니 그의 집에 함께 있지 아니함을 기뻐한다고 하셨습니다. 곧 이틀을 일부러 연기하시고 나사로가 죽어 장사된 후까지 그곳에 있지 않은 것을 기뻐하신다고 했습니다. 왜 그랬습니까? 제자들로 하여금 예수님을 믿게 하고, 예수님의 전지하심과 전능하심을 믿게 하려하고, 예수님이 생사의 대권을 쥐고 있다는 것을 믿게 하려고 연기하신 것입니다. 즉 제자들로 하여금 예수님 자신이 하나님의 아들이심을 확실히 믿게 하시려고 연기하신 것입니다.

나사로를 장사지낸 지 4일 만에 예수님은 마르다의 가정에 도착하셨습니다. 마르다는 낙심과 절망의 모습으로 "주께서 여기 계셨더라면 내 오라비가 죽지 아니 하였겠나이다,"라 말했습니다. 이 말은 이제는 장사를 지낸 지도 4일째 되었고, 모든 사건은 다 끝났다고 포기하는 말입니다. 마르다는 내가 사람을 보내어 내 오라버니가 위독하다고 했을 때 예수님이 즉시 오셨으면 그는 살아있을 것이라는 말과 함께, 나사로는 이제 죽어서 무덤에 들어갔으니 모든 것은 끝났다고, 예수님이 지각하셨다고 하는 원망의 말을 했습니다. 이때 예수님은 "네 오라비가 다시 살리라,"고 하였습니다. 마르다는 그 말이 마지막 부활 때에 다시 살아난다는 의미로 생각하고 "마지막 날 부활에는 다시 살줄을 내가 아나이다,"라고 했습니다. 예수님께서 다시 이르셨습니다. "나는 부활이요 생명이니 나를 믿는 자는 죽어도 살겠고, 무릇 살아서 나를 믿는 자는 영원히 죽지 아니하리니 이것을 네가 믿느냐."

인간은 죽음 앞에서 속수무책입니다. 죽음을 연기시킬 수 없고 그 앞에 무릎을 꿇을 수밖에 없습니다. 마르다도 죽음 앞에서는 손을 들 수밖에 없는 미약한 존재라는 사실을 잘 알고 있었습니다. 그리고 예수님도 죽음 앞에서는 어떤 능력도 나타낼 수 없는 유한한 존재라고 생각했습니다. 그래서 그녀가 애달프게 했던 말이 "내 오라비가 살아있을 때 주님이 오셨으면 내 오라비를 낫게 하실 수 있었는데, 이제는 장사한 지 나흘이나 지났으니," 주님이 지금 무슨 능력을 나타내시겠습니까? 이런 의문과 원망이 마음속에 가득했던 것입니다. 죽음 앞에서는 예수님도 어쩔 수 없는 무능한 존재가 아니냐는 마르다의 질문이요, 연약한 믿음의 표현입니다.

드디어 마르다와 마리아와 유대인 조문객들과 함께 나사로의 무덤 앞에 예수님께서 서셨습니다. "나사로야, 나오너라!" 무덤을 향하여 예수님은 이렇게 호령하시고, 죽음을 향하여 명령하실 때에 죽었던 나사로가 수족을 헝겊에 동인 채로 걸어 나왔습니다. 그제야 마르다와 마리아는 왜 예수님이 이틀을 연기했나를 알았습니다. 그들 자신의 믿음을 단련시키고 강화시키기 위해서 기일을 연기했다는 사실을 깨달은 겁니다.

하나님이 아브라함에게 큰 민족을 이루게 하시겠다고 약속하실 때가 아브라함이 75세 되던 때였습니다. 그러나 하나님은 즉시 아들을 허락하지 아니하셨고, 100세 때에 이르러 이삭을 얻게 하셨습니다. 무려 25년을 기다리게 하신 것입니다. 왜 하나님이 이렇게 연기하셨을까요? 하나님은 아브라함의 신앙을 단련하고 강화시키기 위해서 그랬습니다. 아브라함은 자기에게 후손이 생기지 않자 여종 하갈에게서 이스마엘을 낳아 그의 상속자로 삼으려 했지만 하나님은 "이스마엘은 네 상속자가 될 수 없고, 네 몸에서 날 자라야 네 상속자가 되리라."고 하셨습니다. 하갈과 이스마엘은 추방당했습니다. 그래도 후사가 없자 자기의 모든 상속을 충직한 종 엘리에셀에게 넘기려 했습니다. 이런 것들은 하나님의 약속을 인간의 뜻대로 이루려고 한 시도였습니다. 25년이나 미루어 진 상태에서 아브라함의 신앙은 인본주의에서 신본주의로 전환되었습니다. 모든 일이 인간의 계획대로 되지 않고 반드시 하나님의 뜻대로 이루어진다는 확고한 신앙을 가지게 되었습니다. 하나님의 약속은 언젠가는 성취된다는 신앙입니다.

하나님의 영광을 나타내시기 위한 연기

나사로가 병들었다는 소식을 듣고 예수님은 이 병은 죽을병이 아니라 하나님의 영광을 나타낼 병이라고 하셨습니다. 그러면서 이틀을 더 계시다가 마르다의 집을 방문했습니다. 주님은 누구보다도 나사로를 위하여 기도하시고 사랑하셨습니다. 사랑에는 목적이 있습니다. 예수님이 나사로를 사랑한 목적은 그에게서 하나님의 영광을 드러내기 위함이었습니다. 그리고 예수 그리스도 자신의 영광을 드러내기 위함이었습니다. 그런데 그 영광을 나타내는 시간은 하나님이 정하신 시간이지 사람들이 만드는 시간이 아닙니다.

예수님은 하나님의 영광과 자기의 영광을 자신이 정한 시간에 나타내셨습니다. 하나님의 시간과 우리의 시간은 다릅니다. 하늘의 시계와 땅위의 시계가 다른 것을 알아야만 합니다. 베드로 사도 당시에 주님의 재림 시기가 너무 늦어진다고 불평하고, 재림이 없을 것이라고 부정하는 사람들이 있었습니다. 그때 베드로는 "사랑하는 자들아, 주께는 하루가 천 년 같고 천 년이 하루 같은 이 한 가지를 잊지 말라,"고 했습니다. 하나님은 시간의 중심이십니다. 역사의 중심이십니다. 인간의 시간은 과거, 현재, 미래로 되어 있지만, 하나님의 시간은 언제나 영원한 현재 뿐입니다. 우리에게 오랜 시간이 하나님에게는 잠깐일 뿐입니다. 그러므로 우리는 우리의 시간 개념으로 하나님의 행동을 판단하지 말아야만 합니다. 하나님은 자기의 때가 이르면 즉시 결정적으로 행동하신다는 것을 알아야 합니다.

초대교회 때 베드로가 투옥되었습니다. 주의 제자 야고보는 헤롯의 칼에 목 베어 순교 당했습니다. 베드로까지 죽이려고 투옥시켜놓고 유월절이 지나면 사형 집행을 하려고 날짜까지 정해 놓았습니다. 초대교회가 이 사실을 알았습니다. 그 시간이 딱 7일 남았습니다. 이 기간 동안 예루살렘 교회는 통렬하게 기도를 했습니다. 그러나 베드로는 구할 수 없었고, 시간은 하루 이틀

사흘이 지나 갔습니다. 베드로가 죽을 날짜가 점점 다가왔습니다. 7일! 이 날짜는 바로 하나님의 시간이고 하나님이 연기한 시간입니다. 이제 하룻밤만 지나면 베드로는 사형을 당하게 됩니다. 마침내 마지막 날 밤에 하나님은 천사를 보내서 너무 빠르지도, 너무 늦지도 않은 정확한 시간에 베드로를 감옥에서 구출하셨습니다.

맥클라렌(Alexander Maclaren, 1826~1910)은 이렇게 말했습니다. "하나님은 결코 서둘지 않으신다. 하나님은 너무 늦지도 너무 이르지도 않는 적합한 시기에 우리를 도와주신다."

하나님은 우리가 요구하는 것 가운데 가정적인 문제나, 질병, 환경의 변화, 어떤 일의 선택, 갈 길의 인도 등은 즉시 응답해 주실 때도 있지만, 그 응답 기간을 연기시킬 때도 많습니다. 즉시 응답하시지 않는 것이 응답일 때가 있습니다. 그러나 영적인 성장이나, 구원, 전도, 영적 축복을 구할 때는 결코 연기시키지 않으시고, 즉시 도와주시고 응답해 주십니다.

마태복음 14장에서 베드로가 예수님을 의지해서 바다 위를 걷다가 풍랑을 보고 두려워서 물에 빠졌을 때를 생각해 봅니다. 즉 믿음을 잃었기에 물에 빠진 것입니다. 베드로가 소리칩니다. "주여, 나를 구원하소서!" 그러자 예수님께서 즉시 손을 내밀어 저를 붙잡아 구원해 주십니다. 그러면서 말씀하십니다. "믿음이 적은 자여, 왜 의심하였느냐?" 이렇게 믿음이 약화되어 주님에게 '도와주소서!' 라고 외치면 주님은 즉시 우리를 잡아 구원해 주십니다.

"그들이 부르기 전에 내가 응답하겠고 그들이 말을 마치기 전에 내가 들을 것이며."(사 65:24)

그러므로 우리는 예수님의 가르침을 기억해야 합니다. "너희는 먼저 그의 나라와 그의 의를 구하라." 영적 성장, 영적 발전을 위하여 하나님의 도움과 은혜를 구해야 합니다. 그러면 그 응답은 즉시 옵니다. 아울러 이 모든 것을 하나님은 우리에게 더하십니다.

하나님은 우리에게 무관심해서 우리의 요청과 기도를 연기하시지 않습니다. 하나님은 우리의 일을 돌보아 주실 시간적 여유가 없어서 우리의 요구를 연기하시지 않습니다. 우리를 사랑하시기 때문에 연기하시는 것입니다. 내가 내 자신을 아는 것보다도 하나님이 나를 더 잘 아시고 내가 내 자신을 사랑하는 것보다도 하나님이 나를 더 사랑하시기 때문에 하나님의 연기는 사랑의 연기입니다.

하나님은 우리의 믿음을 강화시키고 단련시키기 위하여 우리의 어려운 문제 해결을 연기시키기도 하십니다. 하나님은 당신이 정한 시간에 당신의 영광을 드러내시려고 우리의 청원과 기도를 연기시키기도 하십니다. 그러므로 우리는 먼저 하나님의 시간을 생각하고, 하나님의 뜻을 생각하며, 먼저 하나님의 영광을 생각할 줄 알아야 합니다.

제44장

단념과 용기

(요 11:16)

요한복음 11:16 "디두모라 하는 도마가 다른 제자들에게 말하되 우리도 주와 함께 죽으러 가자 하니라."

도마는 의심의 사람이었습니다.
그러나 도마는 주님 앞에 솔직하고, 충성하고,
다른 사람에게 신앙의 용기를 줄 수 있는 말을 하며,
자기 부정의 사람이었습니다.
우리는 어떠합니까?

예수님이 제자들에게 유대로 다시 가자고 했을 때, 제자들은 매우 주저하였고 두려워하였습니다. 그 이유는 유대인들이 예수님을 죽이려고 하는 사실을 분명히 알았고, 제자들까지 살해하려 한다는 것을 알고 있었기 때문입니다. 그래서 예수님이 잠자는 나사로를 깨우러 가신다고 할 때에 그것을 잘못 해석하여, '잠들었으면 깰 때가 있을 텐데 구태여 깨우러 갈 필요가 있습니까?'라고 한 것입니다. 웬만한 병도 휴식을 취하고 푹 자고 나면 나을 것이라는 의미로 해석한 것입니다. 그러나 예수님은 나사로의 잠을 죽음이라고 분명히 가르치시면서 제자들에게 죽은 나사로에게 가자고 강권하셨습니다. 나사로가 있던 곳은 베다니 동네로 유대지방에 속하였기 때문에 유대인들이 그곳에도 모여 예수님을 살해할 수 있는 적합한 장소였고, 제자들 자신들의 목숨까지도 위험한 장소였습니다. 그래서 제자들 대부분이 예수님과 함께 유대로 가기를 꺼려하고 주저하고 있을 때에, 도마가 일어나 다른 제자들에게 말하기를 "우리도 주와 함께 죽으러 가자,"고 하였습니다.

도마는 예수님이 유대로 가서서 죽으실 결심이 확고한 것을 보고 우리도 주님과 함께 죽으러 가자고 주장했습니다. 도마가 이렇게 말한 것은 믿음이 확고했기 때문이 아니었습니다. 그래서 도마의 이 말은 '믿음이 없는 말'이라고 신랄하게 비평하는 성경학자들도 있습니다.(렌스키 Richard C. H. Lenski, 1864~1936)

도마가 "주와 함께 죽으러 가자,"고 한 말을 분석해 보면, 도마가 기쁨으로 이 말을 한 것은 아니었습니다. 예수님과 제자들이 당하는 최악의 경우를 생각하고 한 말입니다. 이것은 우울한 상태에서 걱정스런 마음으로 한 말입니다. 클라크(Samuel Clarke, 1675~1729)는 도마의 이 말을 '우울한 단념과 용기'라고 해석했습니다.

다른 제자들이 유대로 가기를 꺼려하고 주저하고 있을 때, 도마는 예수님의 확고한 결심을 파악했습니다. 예수님이 기어코 유대로 가려는 의지를 알고는, 도마는 예수님을 따라가기로 결심했습니다. 그래서 다른 제자들이 침묵을 지키고 있을 때 도마가 일어나 우리도 주와 함께 죽으러 가자고 했습니다.

솔직하고 정직한 도마

도마의 이 말은 확신 없는 말이라고 비난을 받을 수 있겠으나, 그의 말 자체는 솔직한 말입니다. 사실 유대로 가는 길은 죽음의 길이요, 죽음을 자처하는 것입니다. 그의 말은 예수님이 십자가에 죽으시고 사흘 만에 다시 살아나야 하신다는 예수님의 가르침을 확신하지 못하고 한 말이지만 유대로 가는 길은 바로 죽음의 길이라는 것을 말해줍니다.

다른 제자들은 유대로 가는 것은 죽음을 자처하는 위험을 알았지만, 말로 표현하지는 않았습니다. 그러나 도마는 자기가 느끼고 마음에 품은 것을 그대로 말했던 솔직한 사람입니다. "우리도 주님과 함께 죽으러 가자,"고 한 것은 그의 모습을 있는 그대로 보여주는 것입니다.

솔직하다는 개념은, 안과 밖이 동일한 것입니다. 겉은 흰데 속은 검은 것, 말은 그럴 듯한데 행동은 거짓된 것, 부자인 척 하는데 실상은 가난한 것, 사랑이 있는 척하지만 실상은 미움으로 가득 찬 것, 배운 것이 많고 실력이 있는 척 하는데 실제로는 배운 것이 없이 무식한 것, 남을 위하는 척 하는데 돌아서서는 배척하는 것, 그 사람 앞에서는 혀가 닳도록 칭찬하는데 돌아서서는 욕하는 것, 믿음이 있는 척 하는데 행동은 세상 불신자보다도 더 악한 것, 기도 많이 하는 척 하는데 경건하지 않은 것, 성경을 많이 아는 척 하는데 무식해서 이단에 끌려가는 것, 하나님의 뜻을 따라 산다고 주장하면서 자기 뜻대로 행하는 고집과 아집 등이 모두 안과 밖이 다른 것입니다.

또 솔직하다는 것은 내용과 형식이 같은 것을 의미합니다. 솔직하다는 개념은 처음과 나중이 동일하다는 것을 가리킵니다. 곧 불변한 것을 의미합니다. 결혼한 신랑신부가 결혼 첫날부터 죽을 때까지 한결같이 사랑하는 것을 의미합니다. 신앙생활에 있어 처음 믿을 때부터 죽을 때까지 변함없는 것을 가리킵니다. 고난, 모욕, 협박, 고통이 있어도 불변하는 것을 말합니다.

윌리엄 틴들(William Tyndale, 1494~1536)은 1535년 영국법정에서 사형언도를 받고 불 속에 던져져서 순교했습니다. 그의 죄목은 라틴어 성경을 영어로 번역했다는 것이었습니다. 그의 높은 학문을 아까워하는 영국법정은 사형 언도를 받기 전에 고위 관리를 그에게 보내어 회유하려고 했습니다. "지금이라도 성경번역을 중단하라. 지난 행위가 잘못 되었다고 인정하라. 그러면 사형이 취소될 것이다." 그러나 틴들은 이렇게 말했습니다. "내가 살고 죽는 것이 역사상 문제가 아니다. 오늘 저 밭에서 소를 몰고 있는 소년이 당신보다 성경을 더 많이 아는 날이 올 것이다. 그것이 하나님의 뜻이라고 나는 믿는다."

어려운 라틴어 성경을 신부나 학자들만이 읽는 것이 하나님의 뜻이 아니요, 영어를 아는 모든 사람들이 성경을 직접 읽는 것이 하나님의 뜻이라는 그의 대답이었습니다. 그는 처음부터 끝까지 불변의 신앙을 가지고 주님을 섬겼습니다.

예수님께 충성을 기울이겠다는 말

"우리가 주와 함께 죽으러 가자,"라는 도마의 말에서 도마는 '함께'를 강조합니다. 즉 무슨 일이 일어나도 예수님과 함께 하리라는 말입니다. 도마의 이 말은 예수님을 사랑하기 때문에 한 말입니다. 예수님이 유대로 죽으러 가는데 제자들만 살겠다고 떨어져 있을 수 없다는 것이 도마의 주장이었습니다. 다른 아무 제자도 이런 말을 하지 않았고 도마만 이 같은 주장을 했습니다. 물론 도마가 순교할 수 있는 확신까지 있어서 이런 말을 했다고는 할 수 없습니다. 다만 주님을 사랑하고 그에게 충성하기 위해서 이런 말을 한 것임에 틀림없습니다.

도마의 이 말은 비록 믿음이 있는 말은 아니지만, 그래도 주님을 사랑하는 그의 마음을 나타낸 것입니다. 죽어도 주님과 함께 하겠다는 그의 충절로 보아야 합니다. 예수님과 함께 있는 곳이 천국이고 낙원입니다. 예수님 없는 천당은 원하지 않습니다. 예수님 계시면 지옥이라도 내가 싫어하지 않겠습니다. 예수님, 내 주여! 내 마음에 오세요. 예수님 한 분으로 만족하겠습니다. 이런 극한적인 표현입니다.

다른 제자들에게 용기를 준 도마의 말

죽음의 공포에 싸여있는 제자들은 어떻게 하든지 유대로 가는 것을 회피하고 예수님을 설득시키려고 유대로 가는 것을 만류했습니다. 그러나 유대로 가려는 예수님의 의지는 확고하였습니다.

죽음을 각오하고 유대로 가시는 예수님의 태도와 뒷걸음치는 제자들의 모습을 비교해 보시기 바랍니다. 이때 도마가 자리에서 일어나서 "우리도 주님과 함께 죽으러 가자,"고 했습니다. 도마의 이 말은 확신에 찬 말은 아니었지만 다른 제자들에게 용기를 주었습니다. 어떻게 행동을 해야 하는지 몰라서 머뭇거리는 제자들에게 예수님을 따르는 것이 합당하다는 것을 결정짓게 만들었습니다.

도마는 경우에 합당한 말을 한 사람입니다. 예수님을 설득시켜 유대로 올라가지 말자고 하는 대다수의 제자들과는 달리 "우리도 주님과 함께 죽으러 가자,"라는 도마의 말은 얼마나 경우에 합당합니까?

"경우에 합당한 말은 아로새긴 은 쟁반에 금 사과니라."(잠 25:11)

선동의 말은 어떤 경우에는 격려가 됩니다. 예수님이 부활하신 후에 베드로가 도마와 나다나엘과 세베대의 아들들과 또 다른 제자 둘에게 말했습니다. "나는 물고기 잡으러 가노라." 그러자 "그들이 우리도 함께 가겠다,"(요 21:2~3)고 했습니다. 믿음의 선동은 격려가 됩니다. 도마의 말에 제자들이 함께 행동을 취했습니다. 경우에 합당한 말은 모두에게 공감대를 형성케 합니다. 우리는 도마처럼 신앙의 격려를 주고 경우에 합당한 말을 할 줄 알아야 합니다. 짖지도 못하는 벙어리 개가 되어서는 안 됩니다.

우리에게 자기 결정을 교훈하는 도마의 말

바울은 신자를 가리켜 '그리스도와 함께 죽은 자,' 라고 하였습니다.

"우리가 그의 죽으심과 합하여 세례를 받음으로 그와 함께 장사되었나니."(롬 6:4)

"우리가 그의 죽으심과 같은 모양으로 연합한 자가 되었으면."(롬 6:5)

"내가 그리스도와 함께 십자가에 못 박혔나니."(갈 2:20)

"그리스도 예수의 사람들은 육체와 함께 그 정욕과 탐심을 십자가에 못 박았느니라."(갈 5:24)

"내게는 우리 주 예수 그리스도의 십자가 외에 결코 자랑할 것이 없으니 그리스도로 말미암아 세상이 나를 대하여 십자가에 못 박히고 내가 또한 세상을 대하여 그러하니라."(갈 6:14)

죽기를 원하는 사람이 누가 있으며, 자기를 부정할 사람이 누가 있습니까?

그것은 아주 어려운 일입니다. 그러면 누가 자기를 십자가에 못 박으며, 누가 자기를 부정할 수 있는 사람입니까?

하나님의 뜻이 아닐 때에 '아니요' 라고 할 수 있는 사람입니다. 모세는 바로 공주의 아들 될 것을 거절했습니다. 하나님의 백성과 함께 고난 받는 것을 잠시 죄악의 낙을 누리는 것보다 더 좋아했습니다. 그리스도를 위해서 받은 능욕을 애굽의 모든 보화보다 더 큰 재물로 여기는 사람이었습니다. 엘리사는 나환자 나아만이 사례하는 선물을 거절했습니다. 그것은 엘리사의 능력이 아니라 하나님의 능력으로 병 고침 받은 것이기 때문입니다. 하나님께 감사하고 하나님께 영광 돌리는 것으로 기뻐했습니다. 나아만이 고국으로 돌아갈 때 엘리사의 종 게하시가 달려가 "내 주인이 선물을 요구하니 선물을 달라," 고 했습니다. 나아만이 은 2 달란트와 옷 2 벌을 주니 게하시는 그것을 감추었습니다. 엘리야가 게하시가 오는 것을 보고 '네가 어디서 오느냐?' 고 묻자 "종이 아무 데도 가지 않았습니다," 라고 게하시는 거짓말을 했습니다. 그 때문에 게하시는 나아만의 나병을 옮겨 받았습니다. 믿음으로 행하지 않고, 하나님의 뜻에 순종하지 않으며, 교회에 덕을 끼치지 않을 때에 '아니요,' 라고 할 수 있어야 합니다.

예수님은 자기 부정에 있어서 우리 크리스천에게 최고의 본보기입니다. 예수님은 하나님이십니다. 그는 영광, 권세에 있어서 하나님과 동등하십니다. 그러나 그 동등하심을 버리고 인간의 몸을 입고 인간 세상에 오셨습니다. 바울은 빌립보서 2:6 이하에서 예수님과 자기 부정을 이렇게 기록합니다.

"그는 근본 하나님의 본체시나 하나님과 동등됨을 취할 것으로 여기지 아니하시고, 오히려 자기를 비워 종의 형체를 가지사 사람들과 같이 되셨고, 사람의 모양으로 나타나사 자기를 낮추시고 죽기까지 복종하셨으니 곧 십자가에 죽으심이라." (빌 2:6~8)

자기 부정은 옛사람의 억제요, 죽음입니다. 도마처럼 "우리도 주님과 함께 죽으러 가자,"고 해야 합니다. 사도 바울은 "내가 날마다 죽노라,"고 했습니다. 도마처럼 주님 앞에, 솔직하고, 충성하기로 맹약하고, 다른 사람에게 신앙의 용기를 줄 수 있는 말을 하며, 자기 부정의 사람이 되어야 합니다.

그러나 도마는 의심의 사람이었습니다. 예수님의 부활 때에 자기 손으로 그것을 확인하고야 믿는 의심의 사람이었습니다. 셰익스피어는 "사람이 행한 악은 그 사람이 죽은 후에 따라다니고, 사람이 행한 선은 그의 뼈와 함께 매장된다,"고 했습니다.

의심의 사람 도마도 용기 있는 그리스도의 제자였습니다. 그는 주후 3세기경에 발견된 도마의 행전에 의하면 인도에서 선교하다가 순교했습니다. "주님과 함께 죽으러 가자,"고 했던 도마는 인도에서 주님을 위해 고귀한 생명을 바쳤습니다. 그의 한 말이 그 자신의 생애에서 이루어졌습니다.

제45장

시험받은 제자들

(요 11:7~10)

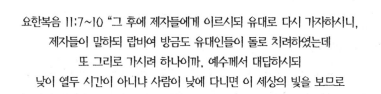

요한복음 11:7~10 "그 후에 제자들에게 이르시되 유대로 다시 가자하시니,
제자들이 말하되 랍비여 방금도 유대인들이 돌로 치려하였는데
또 그리로 가시려 하나이까. 예수께서 대답하시되
낮이 열두 시간이 아니냐 사람이 낮에 다니면 이 세상의 빛을 보므로
실족하지 아니하고, 밤에 다니면 빛이 그 사람 안에 없는 고로 실족하느니라."

제자들은 죽을 때가 왔을까 두려워했습니다.
시간을 지배하시는 분은 하나님이십니다.
내게 주어진 시간은 하나님의 은총의 기회입니다.
내게 주어진 시간은 내 시간이 아니라 하나님이 주신 시간이고,
하나님의 소유입니다.

요한복음의 특징 가운데 하나는 예수님의 말씀과 함께 사역의 때를 분명하게 기록해 놓은 것입니다.

"유대인의 유월절이 가까운지라 예수께서 예루살렘으로 올라가셨더니." (요 2:13)

"그 후에 유대인의 명절이 되어 예수께서 예루살렘에 올라가시니라."(요 5:1)

"마침 유대인의 명절인 유월절이 가까운지라,"(요 6:4) 이때에 예수님께서 오병이어의 이적을 베풀어 5천 명을 먹이셨습니다.

"유대인의 명절인 초막절이 가까운지라."(요 7:2) 이때에 예수님의 육신의 동생들이 예수님께 자신을 나타내려면 유대로 올라가 군중들이 모인 가운데 들어가라고 하였습니다.

"예루살렘에 수전절이 이르니 때는 겨울이라."(요 10:22) 이때 예수님은 예루살렘에서 말씀하셨습니다.

"유월절 엿새 전에 예수께서 베다니에 이르시니 이곳은 예수께서 죽은 자 가운데서 살리신 나사로가 있는 곳이라."(요 12:1) 이때는 수난 주간을 앞둔 때였습니다.

특히 사도 요한은 예수님의 죽음과 부활의 때에 대하여 예수님 자신이 하신 말씀을 그대로 기록하였습니다.

"예수께서 이르시되 여자여 나와 무슨 상관이 있나이까 내 때가 아직 이르지 아니하였나이다."(요 2:4)

"그들이 예수를 잡고자 하나 손을 대는 자가 없으니 이는 그의 때가 아직 이르지 아니하였음이러라."(요 7:30)

헬라인들이 빌립에게 "우리가 예수님을 뵙고자 하나이다,"라고 요청할 때, "예수께서 대답하여 이르시되 인자가 영광을 얻을 때가 왔도다."(요 12:23)

"유월절 전에 예수께서 자기가 세상을 떠나 아버지께로 돌아가실 때가 이른 줄 아시고."(요 13:1)

"보라 너희가 다 각각 제 곳으로 흩어지고 나를 혼자 둘 때가 오나니 벌써 왔도다."(요 16:32)

예수님께서 대제사장적 기도를 올립니다.

"예수께서 이 말씀을 하시고 눈을 들어 하늘을 우러러 이르시되 아버지여 때가 이르렀사오니 아들을 영화롭게 하사 아들로 아버지를 영화롭게 하게 하옵소서."(요 17:1)

본문 말씀에도 예수님은 제자들에게 "낮이 열두시가 아니냐,"고 시간문제를 언급하셨습니다. 유대인의 시간 계산은 해 뜰 때부터 해질 때까지 12시간으로 계산합니다. 낮 시간이 길든지 짧든지 하루는 12시간으로 되어 있습니다. 예수님이 낮이 12시가 아니냐고 하신 말씀은 "하루 낮 시간이 12시간으로 되어 있지 않느냐?"라는 말씀입니다.

예수님은 나사로가 병들어 사경을 헤맨다는 소식을 듣고도 자기가 머무시던 곳에서 이틀을 더 유하신 후에 제자들을 보시고 유대로 다시 가자고 하였습니다. 나사로의 병을 고치러 가야 하시겠다고 하지 않고 유대 땅으로 다시 가자고 했을 때, 제자들은 무서워했습니다. 그들은 "선생님, 방금도 유대인들이 돌로 쳐서 예수님을 죽이려고 했는데, 다시 유대로 가자는 말씀입니까?"라 반문한 것입니다.

유대인들은 예수님을 죽이려고 혈안이 되어 있는데 다시 유대로 가자는 것이 현명한 일입니까? 예수님만 죽이려고 하는 것이 아니요, 예수님을 따르는 우리까지 죽이려고 하는데 다시 유대로 가야 합니까? 우리가 그들 앞에 다시 나타나야 한다구요? 이런 공포에 질린 질문이었습니다.

예수께서 제자들에게 "유대로 다시 가자,"라고 하신 것은 제자들을 시험하신 말씀입니다. 예수님은 제자들의 신앙을 키우고 양성시키신 후에는 가끔씩 그들을 시험하셨습니다. 가이사랴 빌립보 지방에서도 제자들에게 물으시면서 시험하셨습니다. "세상 사람들은 나를 누구라 하느냐? 너희는 나를 누구라 하느냐?" 물으셨습니다.

예수님은 제자들이 참으로 자기를 신뢰하는지 그렇지 않은지 시험한 것이고, 그들에게 주어진 시간을 그리스도를 위해 기꺼이 봉사할 것인지 아닌지를 시험하신 말씀입니다. 제자들의 대답을 들어볼 때, 기꺼이 주님을 따름 보다는 먼저 두려워하고 무서워하는 모습이었습니다.

"랍비여 방금도 유대인들이 돌로 치려하였는데 또 그리로 가시려 하나이까."(요 11:8)

두렵고 무서울 때에는 바로 하나님을 의지해야 했는데 제자들은 그렇지 못했습니다. 예수님은 다시 말씀하시기를 "낮이 열두 시간이 아니냐 사람이 낮에 다니면 이 세상의 빛을 보므로 실족하지 아니하고, 밤에 다니면 빛이 그 사람 안에 없는 고로 실족하느니라."고 하셨습니다. 예수님은 제자들에게 시간문제에 대하여 여기서 분명히 가르쳐 주십니다. 낮이 12시가 아니냐는 말씀은 제자들에게 시간에 대한 개념을 정리시키는 말씀입니다. 그리고 이 말씀은 오늘 우리의 생각을 정리시키는 말씀이기도 합니다.

시간의 지배자

누가 시간을 지배합니까? 시간이 시간을 지배하는 것이 아니고 공중의 태양이나 어떤 위대한 피조물이 시간을 지배하는 것이 아닙니다. 시간을 지배하시는 분은 창조주 하나님이십니다. 예수님은 자기를 하나님이라고 자중하셨고 강조했습니다. 시간을 창조하신 하나님이 시간을 지배하시는 것은 하나님이신 예수님 자신이 시간을 지배하시는 것입니다. 인간이 나고, 죽고, 사는 시간을 하나님이 지배하십니다. 따라서 시간과 공간의 창조자 예수님도 이 세상 모든 것을 지배하십니다.

제자들이 유대로 가서 돌에 맞아 죽을까 봐 두려워하고 있을 때, 예수님은 너희들의 죽음의 시간은 누가 지배하고 누가 정하느냐는 문제를 분명하게 설명하셨습니다. 제자들은 죽음의 사건을 생각하고 두려워했지만 예수님은 죽음의 시간을 누가 장악하느냐 하는 문제를 말씀하셨습니다. 어리석은 부자는 시간에 대한 착각으로 인해서 자기 영혼이 오랫동안 먹고 즐길 것이라고 생각하였지만, 하나님은 그의 생명을 오늘 밤에 거두어 가실 수 있다고 하셨습니다.

각 개인에게 삶의 시간을 주신 하나님

사람은 아무도 삶의 시간을 단축시키거나 연장시킬 수 없습니다. 우리는 하나님이 주신 시간 속에서 살 뿐입니다. 이 사실은 육신을 입고 오신 예수님께도 적용됩니다.

헤롯왕은 예수님을 죽이겠다는 계획을 세웠고, 바리새인들이 예수님께 그 사실을 알렸습니다. "그 때에 어떤 바리새인들이 나아와서 이르되 나가서 여기를 떠나소서 헤롯이 당신을 죽이고자 하나이다. 이르시되 너희는 가서 저 여우에게 이르되 오늘과 내일은 내가 귀신을 쫓아내며 병을 고치다가 제 삼일에는 완전하여지리라 하라." (눅 13:31~32)

예수님의 생애는 단 일 분도 그의 원수들이나 핍박자들이나 헤롯왕에 의하여 단축되지 않았습니다.

내게 주어진 시간은 하나님의 은총의 기회입니다. 우리는 시간의 청지기입니다. 그러므로 하나님의 목적을 위해 시간을 잘 이용해야만 합니다. 내게 주어진 시간은 내 시간이 아니라 하나님이 주신 시간이요, 하나님의 소유입니다.

사람이 하나님의 시간을 통제할 수 없습니다. 유대인, 바리새인, 서기관들이 예수님의 시간을 좌우하지 못했습니다. 그들은 예수님을 죽이려 하고 핍박했지만 예수님은 자신의 일을 다하기 까지 조금도 그들을 두려워하지 않았습니다. 예수님은 도리어 담대하게 하나님의 일을 했습니다. 우리도 예수님처럼 담대하게 일 할 수 있습니다.

루터는 하나님이 자기에게 맡기신 일이 있다는 것을 알고 사람들을 두려워하지 않았습니다. 그리고 그 일을 성취할 때까지 자기가 죽지 않는다는 믿음을 가졌습니다.

낮이 12시가 아니냐는 질문

예수님의 생애 기간은 겨우 33년이었으나, 하나님이 맡기신 구속의 대업을 완성하셨습니다. 하나님이 사람에게 주신 시간은 무엇을 성취할 수 있는 충분한 시간입니다. 하나님이 우리에게 주신 시간이 짧아서 무엇을 성취할 수 없다고 변명을 할 수 없습니다. 하나님의 자녀들이 10시간 내에 무슨 일을 완성할 수 있는 것을 16시간이나 걸려서 했다면, 6시간은 하나님이 주신 시간을 잘못 사용한 것입니다. 하나님이 우리에게 충분한 시간을 주셨다고 할 때 우리는 먼저 일의 우선순위를 정해야만 합니다.

하루 8시간 일하여 살 수 있도록 하나님이 충분한 시간을 주셨다면 나머지 16시간을 어떻게 사용할 줄 아는 지혜가 필요합니다. 하나님이 하루 24시간을 우리에게 주시고 살게 하실 때에 24시간 전부를 나의 육신과 생명을 위해서만 쓰라고 하셨을까요? 우리는 교회생활에서, "성경공부 합시다, 기도시간을 가지십시오, 전도합시다. 교회 봉사 좀 해주세요."등 하나님의 일을 하자고 하면 시간이 없다고 핑계를 댑니다. 왜냐하면 교회에 많은 시간을 할애하면 내 생활이 엉망이 된다고 생각하기 때문입니다. 그런데 사실 그렇습니까? 하나님의 일에 왜 시간을 내지 못합니까? 그것은 인간의 욕심 때문에 그렇습니다.

하나님이 우리의 삶에 충분한 시간을 주셨음에도 불구하고 시간 사용의 우선순위를 잘못 정함으로 인간적인 욕심에 싸여 하나님의 일을 등한시하기 쉽습니다. 하나님이 주신 시간을 잘 사용할 줄 아는 지혜가 필요합니다. 시간 사용의 우선순위를 정하는 지혜를 얻어야만 합니다.

시간을 낭비하지 말라

우리에게 주어진 시간은 하루 23시간도 25시간도 아닌 24시간입니다. 우리는 이 시간에서 1분이라도 낭비할 수 없습니다. 우리가 갖고 있는 시간을 최대한 유효하게 사용해야 합니다.

괴테가 〈파우스트〉를 쓰기 훨씬 전, 16세기 초에 영국의 극작가 크리스토퍼 말로(Christopher Marlowe, 1564~1593)는 〈파우스터스 박사(Dr. Faustus)〉라는 희곡을 썼습니다. 파우스트 전설에 본격적으로 문학의 옷을 입혀 쓴 그 내용은 이렇습니다.

파우스터스는 마귀와 계약을 맺었다. 24년 간 마귀는 파우스터스의 종이 되어 그가 원하는 것은 무엇이나 다 이루어주게 된다. 그러나 계약기간이 끝나면 마귀는 파우스터스의 영혼을 갖게 되어 있었다. 주어진 24년이 다 지나가고 이제 마지막 시간이 다가왔다. 마지막 1시간이 남았을 때 파우스터스는 자기가 얼마나 가공스러운 계약을 했던가를 깨닫게 된다. "오, 파우스터스여! 그대의 삶은 오직 한 시간 뿐! 그것이 지나면 영원히 지옥으로 떨어지나니, 시간이 멈추고 다시금 밤이 오지 않기 위해, 아름다운 해여 오르라! 다시금 떠올라서 영원한 낮을 비추어라! 그렇잖으면 이 시간을 한 해, 한 달, 한 주, 또는 단 하루로 해라!" 파우스터스는 회개하고 그 영혼을 구하기 위해, 움직이며 쉴 새 없이 외쳤습니다. "천체여 멈추어라! 아, 밤의 발이여 늦게 늦게 달려라! 별은 움직이고 쉬지 않고 시간은 흘러 괘종이 울린다. 아, 마귀가 온다." 그리고 파우스터스는 지옥으로 떨어진다.

세상에 있는 그 어느 것도 파우스터스에게 그 이상의 시간을 줄 수 없습니다. 이 사실은 우리 인생 전부에게 위협적인 사실의 하나입니다. 하루는 24시간이지만, 달리 말하면 하루가 24시간 밖에 없다는 것을 알아야 합니다. 우리가 급히 서두르면서 인생을 살 필요는 없습니다. 그렇다고 시간을 낭비할 여지도 없습니다. 인생에게는 시간이 있습니다. 그러나 낭비할 시간은 전혀 없습니다.

사람이 낮이 아니면 실족하지 아니하거니와 밤에 다니면 빛이 없음으로 실족한다고 했습니다. 문자적으로 해석한다면 낮에는 밝은 태양이 있어 실족하지 않습니다. 그러나 예수님 당시에는 밤에는 어떤 빛도 없었습니다. 그러므로 밤에는 실족하게 됩니다. 이것의 영적 의미는 세상의 빛이신 예수님과 함께 다니면 안전하다는 의미입니다. 예수님과 함께 다니면 평안하고, 두려움이 없다는 말입니다. 그러나 그 마음에 예수님의 빛이 없는 인간은 불안한 공포의 삶을 살 뿐입니다. 그리스도의 빛에 비추어진 삶은 기쁨이요, 소망입니다.

"의인의 길은 돋는 햇살 같아서 크게 빛나 한낮의 광명에 이르거니와, 악인의 길은 어둠 같아서 그가 걸려 넘어져도 그것이 무엇인지 깨닫지 못하느니라."(잠 4:18~19)

내가 어둠 속을 걷고 있는가 아니면 생명의 빛이신 그리스도와 함께 살고 있는가를 생각해 보십시오. 생명의 빛인 그리스도와 함께 걷고 있다면 실족하지 않고 넘어지지 않습니다.

제46장

예수 그리스도의 사망관

(요 11: 11~16)

요한복음 11:11~16 "이 말씀을 하신 후에 또 이르시되 우리 친구 나사로가 잠들었도다 그러나 내가 깨우러 가노라. 제자들이 이르되 주여 잠들었으면 낫겠나이다 하더라. 예수는 그의 죽음을 가리켜 말씀하신 것이나 그들은 잠들어 쉬는 것을 가리켜 말씀하심인 줄 생각하는지라 이에 예수께서 밝히 이르시되 나사로가 죽었느니라. 내가 거기 있지 아니한 것을 너희를 위하여 기뻐하노니 이는 너희로 믿게 하려 함이라 그러나 그에게로 가자하시니, 디두모라고도 하는 도마가 다른 제자들에게 말하되 우리도 주와 함께 죽으러 가자 하니라."

예수님은 죽음을 잠자는 것이라고 하셨습니다.

죽음은 일시적이고 휴식을 주는 것입니다.

시간이 오면 잠에서 깨어나는 것처럼

우리들은 시간이 오면 죽음에서 깨어납니다.

예수께서 우리를 대신하여 죽으셨기 때문에

죽음이 결코 성도들을 해할 수 없습니다.

나사로가 병들어 사경을 헤맨다는 소식을 예수님이 들으시고도 자기가 머물던 곳에 이틀을 더 유하시다가, 나사로가 죽은 다음에 베다니로 가셨습니다. 오늘 본문은 예수께서 나사로가 죽은 다음에 그의 집을 향해 가는 장면입니다.

"우리 친구 나사로가 잠들었도다. 그러나 내가 깨우러 가노라." 이 말씀은 보통 자는 잠을 말하는 것이 아니라 죽음을 뜻하는 것임을 우리는 잘 알고 있습니다. 그러나 제자들은 알아듣지 못했습니다. 그래서 제자들은 '주여, 잠들었으면 낫겠나이다,' 라고 말하였습니다. 제자들의 이 대답에는 이런 뜻이 담겨 있습니다.

그냥 잠을 자고 있는 것이라면 구태여 깨우러 갈 필요가 없다는 의미입니다. 사실 제자들은 나사로가 살고 있는 베다니로 가는 것을 원치 않았습니다. 이곳은 유대지방의 땅으로 유대인들이 며칠 전만 하더라도 돌을 들어 예수님을 쳐 죽이려고 했던 곳이기에, 그들은 베다니로 가지 않으려고 하는 마음이 크게 작용하고 있습니다. 그래서 예수님께 나사로를 구태여 깨우러 갈 필요가 있겠냐고 반문하는 것입니다. 삼년 동안이나 예수님을 따라 다녔던 제자들이지만 예수님의 말씀을 이해하지 못했습니다. 예수님과 함께 먹고 자고 하면서 가르침을 받았으나, 예수님의 하신 말씀을 전혀 깨닫지 못했습니다. 예수님은 제자들과 대화가 통하지 않았습니다.

흔히 현대를 가리켜 단절의 시대라고 합니다. 언어의 단절이 매우 심각합니다. 부모와 자식들, 스승과 제자들 간에 서로 대화가 안 된다고 말합니다. 이 뿐 아니라 학문의 단절도 심각합니다. 전문화 시대가 되어서 공학하는 사람들은 의학을 모르고, 법학을 하는 사람들은 문학을 모릅니다. 내 것 밖에 모르는 것이 현대인의 양상입니다. 전문 분야가 깊어지면 깊어질수록 단절은 더욱 심화됩니다.

미국의 어느 의과 대학 교수가 의학의 전문화로 인해서 오는 문제를 이렇게 이야기 했습니다. "같은 내과라 하더라도 다시 여러 가지로 세분화됨으로 비록 박사일지라도 자기 전공이 아닌 분야는 정확한 진찰을 못한다. 이제 환자들이 알아서 의사를 선택해야 하고, 일반 의학은 좀 더 많이 가르쳐야 하겠다는 과제가 나온다." 학문이 얼마나 세분화되었는가를 단적으로 표현하는 이야기입니다. 이렇게 점점 학문을 깊이 연구함으로 자기 세계 외에는 전혀 문외한이 되어 단절의 벽은 높아만 가고 있습니다. 그 결과로 말이 통하지 않고 마음이 통하지 않으며 심지어 도덕의 단절까지 오고 있습니다. 곧 가치관의 변화가 심각해지고 있습니다. 노인들에게는 선한 것이 청소년들에게는 거추장스러운 골동품 윤리라고 생각되는 것입니다.

본문에서도 예수님과 제자들 사이에 언의의 단절을 볼 수 있습니다. 왜 이런 단절이 생겼습니까? 관심이 서로 다르기 때문입니다. 제자들은 예수님이 행하시는 이적과 능력으로 어서 유대 왕이 되어 주었으면 좋겠다는 생각을 했고, 예수님은 십자가를 지고 죄인들의 죄를 용서해주시기 위해 죽으셔야 한다는 마음으로 가득 차 있었습니다. 이렇게 관심이 다를 때 서로 통할 리가 있었겠습니까?

단절이 생기는 또 하나의 이유는 자기 경험에만 집착하고 있기 때문입니다. 내가 경험한 것만이 사실이요, 내가 경험하지 못한 세계에 대해서는 무조건 부인하며 믿지 않으려는 사람과는 대화가 되지 않습니다. 물론 나의 경험 밖의 세계를 알기가 어렵습니다만 그래도 상대방이 경험했다 하면 믿어야 합니다. 언제 내가 다 가보고 경험해 볼 수 있겠습니까? 달나라에 갔다 온 우주인이 달이 어떠하더라고 하면 그대로 믿어야만 합니다. 우리는 어리석게도 나의 경험이라고 하는 감옥 속에 갇혀서 대화를 단절시키고 있습니다.

단절이 생기는 다른 이유는 상대방의 언어를 알려고 하는 마음이 없기 때문입니다. 다시 말하면 사랑이 없기 때문입니다. 저 사람의 생각이 무엇이며, 저 사람은 무엇을 말하고자 하는가를 알려고 하는 마음이 있어야만 합니다.

그러나 관심 없이 듣기에 단절이 생깁니다. 열린 마음과 잘 들으려는 마음이 있어야만 대화가 돼는 것입니다.

예수님께서 "우리 친구가 잠들었다. 내가 깨우러 가겠다."라고 말씀하실 때, 제자들이 "주여, 잠들었으면 낫겠나이다."라고 대답한 것은 상당히 일리가 있는 이야기입니다. 그러나 예수님이 나사로가 잠들었다고 하는 것은 그가 죽었다는 사실을 의미합니다. 성경은 성도의 죽음을 잠자는 것에 비유합니다.

야곱이 애굽 땅에서 임종 시에 요셉에게 이렇게 말하였습니다.

"내가 조상들과 함께 눕거든 너는 나를 애굽에서 메어다가 조상의 묘지에 장사하라.(창 47:30)

나단 선지자는 다윗이 하나님의 성전을 지으려고 할 때에 하나님의 뜻을 이렇게 전했습니다.

"네 수한이 차서 네 조상들과 함께 누울 때에 내가 네 몸에서 날 네 씨를 네 뒤에 세워 그의 나라를 견고하게 하리라." (삼하 7:12)

스데반 집사의 순교의 장면을 누가는 이렇게 기록하고 있습니다.

"스데반이 무릎을 꿇고 크게 불러 가로되 이 죄를 저들에게 돌리지 마옵소서 하고 자니라." (행 7:60)

사도 바울도 이렇게 말했습니다.

"형제들아 자는 자들에 관하여는 너희가 알지 못함을 우리가 원하지 아니하노니." (살전 4:13)

예수님은 야곱이나 스데반, 바울 사도보다 먼저 계신 분으로서 인간의 죽음을 '잔다.'고 표현하셨습니다. 나사로의 죽음을 왜 잔다고 표현했을까요?

사람을 해치지 않는 잠

잠이 사람을 해치지 않는 것처럼 죽음은 사람을 해칠 수 없기 때문에 이런 표현을 쓰셨습니다. 다윗은 이 사실을 알고 이렇게 증거 했습니다.

"내가 사망의 음침한 골짜기로 다닐지라도 해를 두려워하지 않을 것은 주께서 나와 함께 하심이라 주의 지팡이와 막대기가 나를 안위하시나이다."(시 23:4)

사도 바울도 고린도전서 15:55~57에서 이렇게 말했습니다.

"사망아 너의 승리가 어디 있느냐 사망아 네가 쏘는 것이 어디 있느냐. 사망이 쏘는 것은 죄요 죄의 권능은 율법이라, 우리 주 예수 그리스도로 말미암아 우리에게 승리를 주시는 하나님께 감사하노니."

어느 목사님의 사모님이 어린 삼남매를 두고 먼저 세상을 떠났습니다. 슬픔에 싸여있는 자식들과 함께 장의차를 타고 교회공원 묘지로 가면서 목사님은 아버지로서 자식들에게 어떤 위로를 줄까 생각에 잠겼습니다. 그때 장의차 옆에 큰 트레일러 차가 지나가면서 큰 그림자를 드리웠습니다. 그 순간 목사님은 아이들을 위로할 생각이 번뜩 떠올랐습니다. "너희들은 우리가 타고 있는 이 장의차가 저 큰 트레일러 그늘 속에 있는 것이 좋으냐, 아니면 저 큰 트레일러 아래 깔리는 것이 좋으냐?" 물론 아이들은 그 대답을 알고 있었습니다. 트레일러 아래에 깔리면 바로 죽는다는 것을. "아버지, 저 트레일러 아래 깔리는 것보다 그늘 속에 있는 것이 더 좋지요." 그러자 목사님이 말했습니다. "그렇다. 네 어머니는 죽음에 깔려서 그 아래에 있는 것이 아니라, 죽음의 그늘에 들어가 있을 뿐이란다." 이렇게 그는 죽음이 그들의 어머니를 해하지 못한다는 사실을 분명히 가르쳐 주었습니다.

신자의 죽음은 결코 해로운 것이 아니요, 죽음 그 자체가 신자들을 해롭게 할 수 없습니다. 예수 그리스도는 우리 죄인들을 대신하여 자기를 믿는 자들의 위치에서 완전히 죽음을 맛보았습니다. 그러므로 죽음이 결코 성도들을 해할 수 없습니다. 이미 예수 그리스도께서 우리를 대신하여 죽음을 당해주셨기 때문입니다. 성도가 죽음의 그늘에 들어가기는 해도 죽음이 성도를 정복할 수는 없습니다.

성도에게 휴식인 죽음

잠이 인간에게 휴식을 주는 것처럼 죽음은 성도에게 휴식을 주기 때문에 예수님은 사람의 죽음을 잠자는 것에 비유하셨습니다.

노동자는 먹는 것이 많든지 적든지 잠을 달게 잡니다. 원래 잔다는 말은 쉰다는 뜻으로 인간은 낮에 일하고 밤에 쉽니다. 이와 같이 죽음이란 고달픈 세상에서 열심히 일하다가 긴 잠에 들어가는 것입니다.

"노동자는 먹는 것이 많든지 적든지 잠을 달게 자거니와." (전 5:12)

죽음은 잠자는 것과 같습니다. 가끔 죽음에 대하여 어리석은 염려를 하는 사람들이 있습니다. 잠깐 숨을 쉬지 않아도 답답한데 땅속에 들어가서 어떻게 숨을 쉬지 않고 있을까 하는 걱정들을 합니다. 죽었다는 것은 벌써 의식이 떠났고, 영이 떠난 상태로써 고기 덩어리인 육체만 남아 있는 것이므로 전혀 걱정할 필요가 없습니다. 긴 잠에 들어가서 쉬는 것이라고 생각하면 됩니다. 성경은 죽음을 안식이라고 표현합니다.

"주 안에서 죽는 자들은 복이 있도다 하시매 성령이 이르시되 그러하다 그들이 수고를 그치고 쉬리니." (계 14:13)

편히 쉬는 것이 죽음이라고 볼 때, '죽는다,' 는 것을 '잔다,' 라고 표현하는 것은 합당한 표현입니다. 사람은 반드시 잠을 자야 하듯이 죽음도 인생의 과정으로 꼭 필요한 것입니다. 예수님은 야이로의 딸이 죽었을 때에도 "이

소녀가 죽은 것이 아니라 잔다,"고 말씀하셨습니다. 불과 몇 시간 전에 죽은 것을 확인한 사람들은 예수님의 말씀을 비웃었습니다. 그들은 숨이 끊어지고 심장이 멈추었으니 죽었다고 생각했지만 예수님께서 보실 때에는 이제 곧 일어날 것이니 잔다는 것입니다.

이것이 우리 그리스도인의 신앙입니다. 그리스도인은 죽음을 볼 때 잠깐 잠드는 것처럼 편안한 믿음으로 생각해야 합니다. 저녁 잠자리에 들면서 벌벌 떠는 사람이 누가 있겠습니까? 죽음에 대한 자세도 잠자리에 드는 것처럼 편히 쉬러가는 마음으로 눈 감을 수 있도록 기도해야 합니다.

어떤 분은 자기의 죽을 시간을 대략 짐작하고 침착하게 목욕하고 몸을 단정히 한 후에 신변 정리를 하고 잠자리에 누워서 자는 모습으로 세상을 떠나는 분도 있습니다. 아름다운 죽음의 모델입니다.

내가 개인적으로 아는 고 이성모 전도사는 황해도에서 부유하게 살면서 장로 생활을 했고, 독신으로 월남하여 신학교를 다녔습니다. 사직동에서 방한 칸을 얻어 살았습니다. 상도동 총신대까지 걸어서 학교를 다녔습니다. 하루는 목욕을 하고 찬송을 한 후에 잠자리에 들었고, 잠자는 모습으로 운명했습니다.

믿는 사람들은 죽음이 필연적이지만 또 깨어날 것을 믿어야 합니다. 그 기간이 100년이든 천년이든 상관없습니다. 주님이 재림하실 때에 다시 깨어날 것이니 죽음을 자는 것으로 받아들이고 그렇게 믿는 것이 바로 우리의 믿음입니다. 다시 말하면 죽음이란 부활 바로 직전에 있는 하나의 과정으로써 금생과 내세 사이에 있는 터널 같은 것으로 이 과정을 지나가는 것뿐입니다.

이처럼 내세관이 분명한 사람은 사는 것이 아름답고 용기 있고 초연할 수밖에 없습니다. 이것이 그리스도인의 삶의 자세입니다. 예수님과 3년간이나 함께 지내온 제자들이 '잔다,'는 말조차 알아듣지 못했지만, 예수님은 그들을 조금도 꾸짖지 않으시고 다시 설명하셨습니다.

"이에 예수께서 밝히 이르시되 나사로가 죽었느니라."(요 11:14)
잔다는 것이 죽었음을 뜻한다고 친절하게 가르쳐 주셨습니다.

죽음은 일시적인 것

잠이 일시적인 것처럼 죽음도 일시적이기 때문에 죽음을 잠자는 것에 비유하셨습니다. 잠자는 사람은 곧 깨게 됩니다. 마찬가지로 죽은 사람도 하나님이 정해놓은 기간만 지나면 다시 깨어 영광스런 부활체를 가지고 천국에서 영원히 하나님과 함께 살며 일하게 됩니다. 그리스도의 재림 때 우리는 다시 깨게 됩니다.

'여호와의 증인' 파들은 죽음을 무의식 상태에 그대로 들어간다고 주장합니다. 그러나 나사로와 부자의 비유에 따르면 죽은 자들이 항상 자는 것이 아닙니다. 안식교에서는 사람의 빛, 곧 생명은 죽을 때에 나가버리고 만다고 주장합니다. 말하자면 불이 들어오는 전구에 전류를 끊으면 빛이 나가는 것과도 같이 그 영혼이 다시 돌아오지 못한다고 주장합니다. 그러나 죽었던 성도가 부활할 때 그 영혼은 자신에서 하나님을 믿던 영혼과 동질의 영혼입니다. 천국에서 상 받을 영혼은 지상에서 육체와 함께 살던 바로 그 영혼입니다. 그러므로 영혼이 영원토록 잠잔다는 영원 수면설은 성경적이 아닙니다. 이단입니다.

예수님 앞에서 죽음은 더 이상 존재할 수 없습니다. 나인성 과부의 아들이 죽어 상여에 운반되어 나갈 때, 예수님은 저를 살려주셨고 야이로의 딸이 죽었을 때에도 저를 살려주셨습니다. 나사로가 죽어 장사된 지 나흘째 되던 날, 곧 썩어 냄새가 나는 저를 살려주셨습니다.

사람이 병들었을 때에 의사의 진찰과 치료가 유효합니다. 약이 필요합니다. 그러나 죽음 앞에서는 의사의 치료와 백약이 소용이 없기에 손을 들 수밖에 없습니다. 죽음 앞에서 인술과 약은 전혀 소용이 없습니다. 다만 하나님이신 예수 그리스도의 음성만이 죽은 자를 살릴 수 있습니다.

기독교가 지니는 능력의 최종 증거는 예수 그리스도께서 무엇을 하실 수 있는가를 현실적으로 보는 것입니다. 말이라고 하는 것은 확신시키기에는 부족한 것인지도 모릅니다. 설득력은 사람에 따라 제한성을 띱니다. 그러나 행동하시는 하나님의 능력 앞에서는 이론(異論)의 여지가 없습니다. 하늘나라는 말에 있지 아니하고 하나님의 능력에 있습니다. 죽은 자를 살리시는 예수 그리스도의 신적 능력은 사람으로 하여금 확신을 얻게 합니다.

예수 그리스도의 이 같은 능력이 비겁한 자를 영웅으로 만들고 회의적인 인간을 확신 있는 자로, 이기적인 인간을 만인의 종으로 만듭니다. 죽음이 하나님의 자녀를 결코 해칠 수 없습니다. 죽음은 성도의 안식입니다. 죽음은 잠깐이요, 일시적이므로 잠자는 것과 같습니다. 주께서 재림하시는 그 날에 성도는 죽음의 잠에서 깨어나 영광스런 부활의 몸을 입고 주님을 찬송하게 됩니다.

죽음을 무서워하지 마십시오. 죽음의 권세를 이기시고 승리하신 부활의 주, 생명의 주를 의지함으로 강하고 굳센 신앙의 대장부가 되십시오. 죽음은 인생이 반드시 한 번 당하고 통과해야 할 과정입니다. 한 번 죽는 것은 정해진 것이요, 그 후에는 심판이 있습니다.(히 9:27) 주님 앞에 나의 삶을 보고해야 할 날이 옵니다. '세상에서 무엇을 하다가 어떻게 살다가 왔습니다,' 라는 보고를 해야 합니다. 지금 이 시간 하나님께로 부름 받는다면 여러분은 어떤 보고를 주님께 하겠습니까?

뜻있게 살다가 하나님 앞에 가십시다. 값진 인생을 살다가 하나님 앞에 섭시다. 하나님의 일에 충성하고 천국의 보화를 쌓으면서 살다가 하나님 앞에 가야 합니다. 시간과 물질과 정성을 기울여 전도하다가 하나님 앞에 섭시다.

거룩하고 경건하게 살다가, 그리고 주님을 가장 기쁘시게 하는 삶을 살다가 주님을 만나야 하겠습니다.

일생 동안 복음을 전하면서 부흥사로 지냈던 드와이트 무디(Dwight L. Moody)가 임종을 맞아 이런 말을 남겼습니다. "땅이 물러가고 내 앞에 하늘 문이 열리는구나. 만일 이것이 죽음이라면 내 어찌 이것을 싫어할까? 저 나라에는 음침한 골짜기가 없도다. 하나님이 나를 부르고 계신다. 어서 가 보아야 하겠다. 오늘은 내가 면류관을 쓸 날이다."

"그의 경건한 자들의 죽음은 여호와께서 보시기에 귀중한 것이로다."(시 116:15)

제47장

나는 부활이요 생명이라

(요 11:17~25)

요한복음 11:17~25 "예수께서 와서 보시니 나사로가 무덤에 있은 지 이미 나흘이라. 베다니는 예루살렘에서 가깝기가 한 오 리쯤 되매, 많은 유대인이 마르다와 마리아에게 그 오라비의 일로 위문하러 왔더니, 마르다는 예수께서 오신다는 말을 듣고 곧 나가 맞이하되 마리아는 집에 앉았더라. 마르다가 예수께 여짜오되 주께서 여기 계셨더라면 내 오라버니가 죽지 아니 하였겠나이다. 그러나 나는 이제라도 주께서 무엇이든지 하나님께 구하시는 것을 하나님이 주실 줄을 아나이다. 예수께서 이르시되 네 오라비가 다시 살아나리라. 마르다가 이르되 마지막 날 부활 때에는 다시 살아날 줄을 내가 아나이다. 예수께서 이르시되 나는 부활이요 생명이니 나를 믿는 자는 죽어도 살겠고."

예수님은 부활이요, 생명이십니다.
생명을 가진 분만이 생명을 부여할 수 있습니다.
예수님이 계시는 곳에 항상 생명이 있습니다.
믿는 자에게 생명을 주시고,
부활을 주십니다.

인생의 큰일을 세 가지로 크게 생각한다면, 출생, 결혼, 사망일 것입니다. 예수님 당시 유대사회에서는 사람이 죽으면 기후관계로 될 수 있으면 빨리 장례를 치렀습니다.

유대사회의 장례

1세기 중반까지 유대사회에서는 장례식에 막대한 비용을 지출했습니다. 시체에 고급 향료를 사용했고, 고급 수의를 입히며 모든 종류의 보물과 소지품을 시체와 함께 묻었습니다. 이처럼 막중한 부담을 주는 장례비용을 개선한 사람은 랍비인 가마리엘 2세입니다. 그는 유대사회의 지도자로서 큰 영향력을 갖고 있었습니다. 그가 말하기를 자기가 죽은 후에 가능한 한 간단한 세마포를 수의로 사용하라고 유언 했습니다. 그 후로 장례식 비용을 격감하고 유대인들은 수의를 간단한 세마포로 사용했습니다. 유대인들은 이 세마포 수의를 '여행용 복장'이라고 불렀습니다. 지금도 유대인들은 장례식을 위한 낭비와 허영으로부터 해방시켜준 가마리엘을 기념하는 건배를 듭니다.

유대사회에서는 장례식에 많은 사람들이 참석합니다. 나사로가 죽었을 때 많은 유대인들이 조문했습니다. 병든 자나 슬픈 자를 위문하는 것을 유대인들은 귀중하게 여겼습니다. 탈무드에서 병자 방문은 자기 영혼을 게헨나(헬라어 'γέεννα' 지옥)에서 구하는 것이라고 합니다. 구약에서는 잔칫집에 가는 것보다 초상집에 가는 것이 유익하다고 했습니다.

장례행렬에서는 여인들이 앞서서 걸었습니다. 최초로 여자가 범죄 해서 이 세상에 죽음을 가져왔기 때문입니다. 그래서 여인들이 장례행렬을 묘지까지 인도해 가야 했습니다. 상가에서는 엄격한 규율이 있습니다. 고기, 술, 공부를 금했습니다. 식사준비도 금했고, 시신 앞에서는 절대로 음식을 먹지 않았습니다. 시신이 밖으로 운구 되면 즉시 모든 가구를 뒤집어 놓았습니다. 상주들은 땅에 앉거나 낮은 의자에 앉아야 했습니다.

예수님이 나사로의 집에 방문했을 때, "마르다는 예수님 앞으로 나아왔지만, 마리아는 집에 앉았더라(11:20),"라고 한 것은 낮은 의자나 땅에 앉아있는 것을 뜻합니다. 묘지에서 돌아온 후에는 빵이나 삶은 계란 또는 렌즈 콩(렌틸 콩, lentil bean, 학명이 Lens Culinaris이기에 렌즈 콩이라고 불림)을 먹습니다. 이것은 죽음으로 굴러 떨어지는 생명을 말합니다. 본상 기간은 7일이고 3일 동안은 우는 날입니다. 반상 기간은 30일입니다. 마르다 마리아가 나사로를 장사지내고 집으로 돌아왔을 때 예수님께서 도착하신 것입니다.

마르다의 신앙

마르다가 예수님께 말합니다. "주께서 여기 계셨더라면 내 오라버니가 죽지 아니하였겠나이다. 그러나 나는 이제라도 주께서 무엇이든지 하나님께 구하시는 것을 하나님이 주실 줄을 아나이다." (요 11:21~22)

이 두 구절은 마르다의 믿음이 어떤 믿음인지 보여줍니다. 마르다는 주님을 제한하는 나약한 믿음을 가졌습니다. 예수님이 시간과 장소에 제한을 받는 분이라고 알았습니다. "여기 계셨더라면,"이라고 하는 말은 예수님이 그곳에 계시지 않았어도 나사로를 고치고 살릴 수 있는 예수님을 믿지 못했다는 말입니다. 가버나움 백부장의 믿음이 이보다는 큽니다. 가버나움 백부장은 자기 하인이 병에 걸렸을 때, 예수님께서 말씀만 하시면 낫겠다는 믿음을 보였습니다. 그리고 가버나움 왕의 신하의 아들이 병에 걸렸을 때도, 가시지 않고 말씀으로 그 병을 고치셨습니다. 우리의 믿음은 어떻습니까? 마르다와 같은 신앙을 가지고 있지 않습니까? 주께서 원하시는 것을 다 하실 수 있다고 믿지만, 그러나 '지금, 여기서'라는 시간과 장소에 제한을 두고 있습니다. 시간을 창조하신 분은 하나님이십니다. 예수님은 하나님으로서 시간과 공간의 제한을 받지 않으시고 역사하십니다. 그런데 마르다의 믿음은 예수님의 전능을 믿지 못한 유치한 신앙입니다.

마르다는 주님을 선지자 이상으로 보지 못한 신앙을 가졌습니다. "주께서 하나님께 구하시는 것,"이라고 말한 마르다의 말은 예수님을 선지자 이상으로 보지 못한 것입니다. 여기서 사용된 '구한다,'는 단어는 아이테오(αἰτέω)로 '낮은 자가 높은 자에게 구하는 것'을 의미합니다. 즉 사람이 하나님께 구하는 것을 말합니다.(요 14:13, 15:16, 16:23) 또 동등한 위치에서 구하는 것은 에로타오(ἐρωτάω)로 씁니다. 요한복음 16:26에서 "그 날에 너희가 내 이름으로 구할(αἰτέω) 것이요 내가 너희를 위하여 아버지께 구하겠다(ἐρωτάω)하는 말이 아니니,"라고 사람이 하나님께 구하는 것과 예수님이 하나님께 구하겠다는 단어를 구별해서 씁니다. 즉 마르다가 이 구절에서 사람이 하나님에게 구하는 단어인 아이테오를 쓴 것은, 예수님을 선지자 이상으로 보지 않았다는 의미입니다.

마르다는 주님의 말씀을 비개인적으로 취급하는 신앙을 가졌습니다. 예수님께서 마르다에게 "네 오라비가 다시 살리라,"고 하셨을 때, "마지막 부활에는 다시 살 것입니다,"라고 마르다는 대답했습니다. 유대인들은 모두 역사의 종말에 죽은 자들의 부활이 있을 것이라고 믿었습니다. 문상하러 온 유대인들이 이런 부활의 교리와 말로 상주들을 위로하고 격려했을 것입니다.(시 16:9~11, 17:15, 49:16, 73:24, 26) 이 때 마르다는 예수님이 친히 교훈하신 말씀을 기억하고 있었을 것입니다.

"이를 놀랍게 여기지 말라 무덤 속에 있는 자가 다 그의 음성을 들을 때가 오나니, 선한 일을 행한 자는 생명의 부활로, 악한 일을 행한 자는 심판의 부활로 나오리라."(요 5:28~29)

마르다는 예수님께서 오라비가 다시 살리라 하는 말씀을 미래적 부활로 생각했습니다. 그것이 지금 나의 슬픔과 무슨 관계가 있단 말인가? 미래는 미래이고 지금 현재 나사로는 죽었는데…… 예수님이 나사로를 개인적으로 지금 다시 살리리라고 말씀하셨는데도 마르다는 그 말씀이 전체적인 부활, 미래적 부활로만 받아들였습니다.

마르다의 "마지막 부활에는 다시 살 것입니다,"라 한 말에는 예수님의 말씀에 대해 별 흥미가 없는 것으로 보입니다. 왜냐하면 다른 유대인 문상객들도 똑같은 뜻으로 말했기 때문입니다. 마지막 부활의 시기에는 마르다의 오라비가 다시 부활한다는 뜻이고 이것은 모두들 믿는 사실이었습니다. 바리새인들도 부활의 신앙을 가졌습니다. 마르다는 이미 나사로가 장례를 치른 뒤 4일이 지났기에 예수님의 말씀을 미래적 부활의 의미로만 받아들이고, 흔히 하는 위로의 말로 받아들였습니다.

부활과 생명의 선언

예수님은 마르다의 나약한 신앙을 비난하지 않으시고, 예수님에 대한 마르다의 반신반의에 대해서 노하지 않으셨습니다. 예수님은 말씀하십니다. "나는 부활이요 생명이니." 여기서 또 예수님은 에고 에이미(Εγώ εμμι)를 사용하시면서 예수님 자신이 하나님이심을 밝히십니다. 예수님은 그 자신이 부활이요, 그 자신이 생명이십니다. 예수님은 부활자체이시고, 생명자체이십니다. 예수님이 생명을 주시고 부활을 시키신다는 말이 아니라, 예수님 자신이 생명이시고 부활이시라고 하십니다. 자체 안에 생명을 가진 분만이 생명을 부여할 수 있습니다. 그러므로 예수님이 계시는 곳에 항상 생명이 있습니다.

마르다가 미래적 부활만 생각하고 있을 때 예수님은 현재의 부활을 가르치셨습니다. "나는 부활이요 생명이니 나를 믿는 자는 죽어도 살겠고 나를 믿는 자는 죽을지라도 살리라,"고 말씀하십니다. 또한 영원히 죽지 않는 영생을 얻는다고 말씀하십니다.

"아들을 믿는 자에게는 영생이 있고." (요 3:36)

"진실로 진실로 너희에게 이르노니 믿는 자는 영생을 가졌나니." (요 6:47)

믿는 자는 결코 죽지 아니하고 하나님의 사랑에서 분리되지 아니하리라는 말씀이십니다. 우리는 현재에도 이 부활을 경험하고 체험합니다. 예수님이 역사 속에 오셔서 십자가에서 죽으시고 부활하셨습니다. 역사를 통하여 우리는 그것을 알고 경험하고 있습니다. 믿음 생활의 현장에서 영적 부활을 체험합니다.

"그는 허물과 죄로 죽었던 너희를 살리셨도다." (엡 2:1)

우리는 거듭나고 새로운 피조물이 되어서 영적 생명을 소유했다는 말입니다. 예수님의 재림 때에는 우리의 육체가 부활되는 육체적 부활도 일어납니다. 이것은 생명의 약속입니다. 그러므로 현재 영적 부활은 미래의 부활을 가져옵니다.

"그 안에 생명이 있었으니 이 생명은 사람들의 빛이라." (요 1:4)

예수님은 신자들의 영광스런 부활, 영생의 원인, 근원, 그리고 기원이 되십니다.

믿음의 강압

예수께서 말씀하십니다.

"나는 부활이요 생명이니 나를 믿는 자는 죽어도 살겠고, 무릇 살아서 나를 믿는 자는 영원히 죽지 아니하리니 이것을 네가 믿느냐."

예수님은 마르다에게 오리버니를 잃고 얼마나 슬프냐는 인간적인 말로 위로하지 않으셨습니다. '나의 말을 듣고 네 마음이 어느 정도 위로를 받았느냐?'고 하시지 않으셨습니다. 오히려 '내가 네게 가르쳐 준 이 특별한 진리를 믿느냐?'고 도전하시었습니다. 인간의 감정은 흔들릴 수 있고 사기성이 있습니다. 예수님은 마르다의 슬픈 감정을 치료하신 것이 아닙니다. 치료를 하시려는 의도가 아니라 그에게 근본치료의 말씀을 주었습니다. 예수님 자신이 생명이고 부활임을 믿느냐고 물으셨습니다.

이것은 인간의 슬픔의 근본문제를 치료하시는 말씀입니다. 예수님 자신이 죽음의 정복자요, 죽음을 이기는 생명과 부활을 주신다는 말씀입니다. 부활은 생명 안에 포함되어 있습니다. 예수님은 슬픔에 대한 근본 치료를 하십니다. 슬픔이 오는 이유는 죽음입니다. 가족을 잃은 사람들은 예수님이 재림하실 때 그 죽은 가족들이 부활할 것을 압니다. 그러나 슬픔을 치료하기는 불가능합니다. 이것을 치료하는 방법은 단 하나, 믿음뿐 입니다.

아브라함에게 하나님께서 약속하셨습니다. 말년에 아들을 주시겠다는 약속입니다. 그 말을 들은 그의 아내 사라가 웃었습니다. 불신하는 웃음입니다. 그렇게 되기를 간절히 소원하면서도 그것이 현실적이지 못하기 때문에 믿지 못 한 것입니다. 소원이 실제적으로 내 생활 속에서 이루어지면 오히려 부인하게 됩니다. 인간으로서는 그 만큼 그것을 믿기 어렵기 때문입니다. 관념적으로 믿고 고백하면서, 나의 현실 속에서는 믿으려 하지 않는 것이 바로 우리들의 문제입니다.

일본의 신학자인 우찌무라 간조(內村鑑三, 1861~1930)는 어느 해 일본에 심한 가뭄이 들었을 때 간절히 기도했습니다. 모든 사람들이 비 오기를 기다렸고 땅은 가뭄에 쩍쩍 갈라져서 하얀 속살을 다 내보이고 있었습니다. 우찌무라는 어린 두 아들을 불러서 함께 간절히 비를 내려달라고 하나님께 기도

했습니다. '주님, 마른 땅에 비를 주십시오. 비를 주실 줄을 저희들은 꼭 믿습니다.' 이렇게 어린 두 아들과 온 마음을 바쳐서 기도를 했습니다. 기도를 마치고 두 아들이 학교를 가려고 집을 나갔다가 잠시 후에 둘째 아들이 다시 집으로 돌아왔습니다. 우찌무라는 둘째 아들이 왜 다시 집으로 돌아왔는지 몰라서 아들보고 물었더니 아들이 대답했습니다. "아버지, 우산 가지러 왔어요." 우찌무라는 기가 막혔습니다. 하늘에는 구름 한 점 없고, 그야말로 가뭄으로 인해 언제 빗방울을 볼지도 모르는 맑은 날이었기 때문입니다. 그 순간 우찌무라는 크게 깨우치고 회개했다는 고백을 했습니다. 어린 아들은 순수한 믿음을 갖고 있었지만, 우찌무라는 현실적 믿음만을 갖고 있었던 것입니다. 어린 아들은 하나님이 비를 내려 주실 것이라고 믿었지만, 우찌무라는 기도하고도 그것이 현실로 이루어진다는 생각은 하지 않았습니다. 이것이 우리의 신앙입니다.

나의 신앙과 소원에는 얼마나 큰 차이가 있습니까? 기독교는 생명의 종교입니다. 우리 주변에서 죽음 앞에서 실망하고 두려워하며, 이 죽음이라는 인생의 궁극적인 문제를 어떻게 해결할까 고민하는 사람들에게, '여기 삶의 길이 있다!' 고 외치며 '인간의 소망이 여기 있다!' 고 전해야만 합니다. 예수님은 생명이시며, 부활이십니다. 죽음의 바다에서 아우성치는 사람들에게 복음을 전파하십니다.

죽어가는 사람들을 구출하기 위해 선한 사마리아인이 되어 그들에게 생명의 복음을 전하십시다.

제48장

고백적 신앙

(요 11:27)

요한복음 11:27 "이르되 주여 그러하외다 주는 그리스도시요
세상에 오시는 하나님의 아들이신 줄 내가 믿나이다."

마르다는 예수님이 하나님이심을 고백했습니다.
예수님의 말씀은 절대적으로 완전히 신실하십니다.
우리는 이 말씀을 받아들여야 합니다.
예수님을 믿고 성경이 가르치는 모든 것을
믿는다는 고백이 있어야 합니다.

예수님께서 초상집을 방문하셨습니다. 마르다와 마리아 자매가 오라버니 나사로를 무덤에 장사지내고 집으로 돌아온 후에 예수님이 그 집을 방문하셨습니다. 예수님은 슬픔을 당한 초상집에 가서서 상주들을 위로해 주는 말씀을 하지 않으셨습니다. 유가족들의 슬픈 감정을 위로해 주시는 말씀은 전혀 없었습니다. 마르다를 보시고 예수님은 질문하셨습니다.

"예수께서 이르시되 나는 부활이요 생명이니 나를 믿는 자는 죽어도 살겠고, 무릇 살아서 나를 믿는 자는 영원히 죽지 아니하리니 이것을 네가 믿느냐."

이 말씀은 예수님이 생명에 대하여 말씀하는 분이 아니라 생명 그 자체라는 뜻입니다. 예수님이 부활에 대하여 설명하시는 분이 아니라 부활 그 자체라는 의미입니다. 더욱 예수님이 강조하시고 표현하시는 말씀은 "예수님 자신이 하나님이시라는 것"입니다. 요한복음에서 예수님은 자신이 '나는 …이다,' 즉 '나는 존재한다,' 라는 용어를 여러 번 사용하셨습니다. 이 말씀은 "나는 스스로 존재한다,"라는 뜻으로 하나님 자신의 이름인 여호와라는 이름입니다.

마르다에게 나는 부활이요, 생명이라고 예수님이 말씀하실 때에도 '나는 …이다,' 라는 말씀을 하셨습니다. 예수님 자신이 곧 생명이요, 부활이라는 뜻입니다. 생명 그 자체이신 예수님께서 생명을 주시고 부활 그 자체인 예수님께서 죽은 자를 부활시킨다는 뜻입니다. 생명 자체이신 주님은 생명을 주시는 권능을 가지고 계시며, 부활 자체이신 주님께서 죽은 자를 다시 살리시는 부활의 권능을 가지신 분이라는 뜻입니다.

예수님은 마르다가 슬픔에 잠겨 있을 때, "마르다야, 내가 부활이요, 생명이니 나를 믿는 자는 죽어도 살겠고, 무릇 살아서 나를 믿는 자는 영원히 죽지 아니하리라,"고 말씀하셨지, '위로를 받으라, 용기를 내어라. 슬픈 마음을 정리하고 새로운 삶의 설계를 세우라,' 고 말씀하시지는 않았습니다. "내가 부활이요, 생명인 것을 네가 믿느냐?"라고 다그쳐 물으셨습니다. 예수님의 이 질문이 초상집에서 합당한 질문입니까? 일반적으로 초상집에 가면 유가족들을 위로해주는 말을 하는데, 예수님은 위로의 말씀은 한마디도 없이 믿음의 문제를 가지고 나왔습니다. 그러면 예수님의 이 질문이 초상집에 무례한 질문입니까? 절대로 그렇지 않습니다.

이 질문은 마르다의 슬픔을 근본적으로 해결해 주는 말씀입니다. 왜 슬픔이 마르다의 집에 찾아왔습니까? 그 오라버니의 죽음 때문입니다. 예수님은 슬픔의 근원이 되는 죽음의 문제를 해결하시려고 이런 질문을 던지신 것입니다.

"마르다야, 내가 부활 자체요, 생명 자체인 것을 네가 믿느냐?"고 예수님이 물으실 때에 마르다는 "그렇습니다."라고 대답했습니다. 예수님은 자신이 바로 창조주 하나님으로서 생명을 주고 죽은 자를 다시 살리신다는 것을 말씀하실 때에 마르다는 예수님을 믿었습니다. 마르다의 이 말은 마르다가 예수님이 하신 모든 말씀을 다 이해한다는 뜻은 아닙니다. 예수님이 가르치신 모든 것을 다 파악했다는 의미가 아닙니다.

단지 예수님이 하신 말씀을 내가 다 받아들인다는 의미입니다. 예수님이 무슨 말씀을 하시든지 그 말씀은 신실하기 때문에 내가 받아들인다는 의미입니다. 예수님의 말씀은 절대적으로 신실하시기 때문에 내가 받아들인다는 뜻입니다. 예수님은 그 자신이 진리이기 때문에 진리만을 말씀하셨고 진리 전체를 가르쳐 주셨습니다. 그래서 예수님은 마르다에게 "나는 부활이요, 생명이니 나를 믿는 자는 죽어도 살겠고, 무릇 살아서 나를 믿는 자는 영원히 죽지 아니하리니 이것을 네가 믿느냐?"라고 하셨습니다. 즉 '마르다야, 너는 일반적으로 나를 믿느냐?' 하시지 않으시고, '내가 네게 가르쳐준 특별한 진리를 네가 믿느냐?' 라고 질문하신 것입니다. 나의 입으로부터 나오는 이 말씀을 네가 믿느냐 하는 질문입니다.

하나님의 입으로부터 나오는 말씀, 곧 하나님의 말씀은 성경입니다. 우리에게는 "성경이 가르치는 모든 것을 믿습니다,"라는 고백이 있어야 합니다. 이것이 신앙의 출발점입니다. 신앙의 출발점은 나의 의지가 아니라 하나님의 말씀입니다.

"너희는 그 은혜에 의하여 믿음으로 말미암아 구원을 받았으니 이것은 너희에게서 난 것이 아니요 하나님의 선물이라." (엡 2:8)

믿음은 하나님이 주시는 선물입니다. 마르다의 믿음이 여기서 시작됩니다. 자기 의지를 먼저 믿은 것이 아닙니다. 그때 마르다의 의지와 감정은 믿음을 생각할 상황이 아니었습니다. 사랑하는 오라버니를 장사지내고 슬픔에 잠겨 있을 때 믿음은 생각조차 할 수 없었습니다. 그때에 예수님께서 자기가 부활이요, 생명이라는 것을 가르쳐 주었습니다. 그것을 마르다는 유심히 들었고, 예수님의 질문에 도전을 받았습니다. "마르다야, 네가 이것을 믿느냐?" 이 말씀은 예수님이 마르다에게 믿음을 주시면서 하시는 말씀입니다. 예수님은 자신이 누구인가를 계시하여 주시고 가르쳐 주시면서 믿음을 주시는 말씀이 바로 "네가 이것을 믿느냐?" 하는 말씀입니다. 이 말씀을 예수님이 마르다에게 주실 때에 마르다는 "예, 내가 믿나이다,"라고 대답했습니다. 믿음은 내가 만들어내고 생산하는 것이 아닙니다. 믿음은 땅에서 나는 것이 아니고 하나님으로부터 인간에게 주어지는 선물입니다. 그래서 사도 바울은 이렇게 말합니다.

"그러므로 믿음은 들음에서 나며 들음은 그리스도의 말씀으로 말미암았느니라." (롬 10:17)

하나님의 말씀을 들을 때에 믿음이 생기게 되는 것입니다. 이것은 하나님의 선물입니다. 하나님의 말씀을 부지런히 들을 때에 내 믿음이 성장해 갑니다. 하나님의 말씀을 사모할 때에 내 믿음이 강해집니다. 하나님의 말씀으로 충만해질 때에 하나님이 쓰시는 일꾼이 될 수 있습니다.

마르다는 예수님의 말씀을 들을 때에 그의 마음에 믿음이 생겼습니다. 곧 믿음을 선물로 받은 것입니다. 이 믿음을 가지고 예수님을 볼 때에 예수님께 대한 확실한 신앙고백을 할 수 있었습니다. 그 고백이 요한복음 11:27의 말씀입니다.

"이르되 주여 그러하외다 주는 그리스도시요 세상에 오시는 하나님의 아들이신 줄 내가 믿나이다."

마르다의 신앙고백의 내용은 예수님 자신에 대한 것입니다. 베드로도 "주는 그리스도시오, 하나님의 아들이니이다,"라고 고백했습니다. 그때 예수님께서는 "이를 네게 알게 한 이는 혈육이 아니요, 하늘에 계신 너희 아버지시니라,"고 하셨습니다. 마르다의 신앙고백도 하나님이 알게 해서 나온 것입니다. 마르다는 전날에 자기 집을 찾아와 주신 예수님께 이런 신앙의 고백이 없었습니다. 몇 분 전까지만 하더라도 예수님이 생명의 본체요, 부활의 본체인 것을 몰랐습니다. 예수님이 마르다의 집에 찾아오셔서 처음 하신 말씀인 "네오라비가 다시 살리라,"고 하셨을 때, 마르다는 예수님의 말씀을 위로의 말씀 중의 하나로만 생각했습니다.

유대인들이 흔히 초상집에 와서 위로해주는 말이 있는데 '마지막 부활 때에는 다시 살 것이니 위로 받으시오,' 라는 말이었습니다. 그래서 마르다도 예수님이 "네 오라비가 다시 살리라,"고 하셨을 때, 그 말씀을 흔한 유대인의 조문의 말로 받아들였던 것입니다. 그래서 11:24에 마르다는 "마지막 날 부활에는 다시 살 줄을 내가 아나이다,"라고 대답했던 것입니다. 그러나 예수님이 주신 믿음을 받은 후에는 "내가 아나이다,"라는 소극적인 수긍의 말에서 "내가 믿나이다,"라는 적극적인 믿음의 말로 바뀌었습니다. 마르다의 예수님께 대한 신앙고백은 과연 무엇입니까?

메시야이신 예수님

메시야는 헬라어 그리스도로 기름 부음 받은 자(The anointed One)를 말합니다. 하나님이 죄인들을 구원하시려고 특별히 정해놓은 종을 가리킵니다. 유대인들은 정치적인 메시야를 생각하고 기다렸습니다. 메시야라고 하면 당시 유대나라를 지배하던 로마 세력을 몰아내고 유대왕국을 재건할 수 있는 세력자를 생각했습니다. 그래서 유대인들은 정치적이고 호전적인 메시야가 일어나 다윗처럼 세계를 지배하는 유대왕국을 건설하기를 기대했습니다. 그러나 마르다가 예수님을 메시야라고 고백한 것은 이 예수님은 정치적이나 호전적인 메시야가 아니라, 죄인들을 구원하시기 위한 하나님의 종으로서 메시야임을 고백했습니다.

하나님의 아들이신 예수님

요한복음에는 예수님에 대한 여러 가지 고백들이 있습니다.

"보라 세상 죄를 지고 가는 하나님의 어린 양이로다."(요 1:29)고 세례 요한이 말합니다.

"우리가 메시야를 만났다."(요 1:41)고 안드레가 말합니다.

"랍비여 당신은 하나님의 아들이시요 당신은 이스라엘의 임금이로소이다."(요 1:49)라고 나다나엘이 고백합니다.

"그가 참으로 세상의 구주이다."(요 4:42)라고 사마리아인들이 말합니다.

"주는 하나님의 거룩하신 자이다."(요 6:69)라고 베드로가 고백합니다.

마르다가 말한 "예수님은 하나님의 아들이십니다,"라는 의미는 과연 무엇입니까? 예수님이 하나님이라는 뜻입니다. 마르다는 예수님의 신성을 인식하고 예수님은 하나님이라고 고백한 것입니다. 예수님이 보이는 사람으로 자기 앞에 와 계시지만 예수님이 바로 하나님이시라고 고백하고 있습니다. 예수님이 하나님이 아니라면 그의 말씀이 다른 사람들의 말이나 교훈과 다를 바가 없습니다. 예수님이 하나님이 아니라면 그의 십자가 죽음이 타인들의 죽음과 다를 바 없습니다. 예수님이 하나님이 아니라면 그는 죽음에서 부활할 수 없습니다. 예수님은 하나님이십니다. 하나님은 신성과 인성을 가지고 계십니다. 마르다는 예수님을 얼마 전까지만 해도 이적을 행하는 사람, 기적을 일으키는 위대한 사람으로만 생각했습니다. 그러나 이제는 예수님이 바로 하나님 자신임을 고백했습니다. 마르다는 예수님을 바로 보았고 바로 발견했습니다.

세상에 오실 자

세상에 오실 자란 말씀은 구약성경에 약속되어 있는 자란 뜻입니다. 예수님이 세상에 탄생하신 역사는 우연이 아닙니다. 오랜 옛날에 벌써 예수님이 이 세상에 오실 것을 선지자들이 예언하였습니다. 예수님은 구약에서 오시리라고 약속된 분입니다.

"여자의 후손과 원수가 되게 하리니 여자의 후손은 네 머리를 상하게 할 것이요."(창 3:15)라 하여 마리아의 몸에서 탄생할 것을 예언했습니다.

"또 네 씨로 말미암아 천하 만민이 복을 받으리니,"(창 22:18) 아브라함에게서 탄생할 것을 예언했습니다.

"네 하나님 여호와께서 너희 가운데 네 형제 중에서 너를 위하여 나와 같은 선지자 하나를 일으키시리니 너희는 그의 말을 들을지니라."(신 18:15)

"내가 그들의 형제 중에서 너와 같은 선지자 하나를 그들을 위하여 일으키

고 내 말을 그 입에 두리니 내가 그에게 명령하는 것을 그가 무리에게 다 말하리라."(신 18:18)

"주의 거룩한 자를 멸망시키지 않으실 것 임이니이다."(시 16:10)

"네 집과 네 나라가 내 앞에서 영원히 보전되고 네 왕위가 영원히 견고하리라."(삼하 7:16)

또 시편 22:1~18에는 십자가에 죽으시고 부활하실 자가 예언되어 있습니다.

마르다는 이처럼 예수님은 구약에서 예언된 "오시리라고 약속된 분"임을 고백했습니다. 구약에서는 오실 자 예수님을 약속했고, 신약에서는 그것이 성취되었습니다. 구약의 약속자가 오셨음으로 그 예언이 성취된 것입니다.

오늘 날 신자들 중에 예수님을 믿는다고 하지만 믿는 내용이 모호한 사람들이 많습니다. 교회에 나간다고 하는 사람들은 자부심을 갖습니다. 당신이 무엇을 믿느냐 하면 나는 교회가 믿는 것을 믿는다고 합니다. 교회가 무엇을 믿느냐고 하면 내가 믿는 것을 교회가 믿는다고 합니다. 당신과 교회가 믿는 것이 바로 무엇입니까? 나와 교회는 같은 것을 믿는다고 합니다. 믿는다고 할 때 믿음의 고백이 있어야 하고 고백이 있으면 그 신앙고백의 확실한 내용이 무엇인가 분명하고 뚜렷해야 합니다. 여러분의 믿음은 마르다의 믿음과 같은 고백적인 믿음입니까? 여러분의 믿음은 하나님의 말씀의 지식에 근거해 있습니까? 곧 믿음의 내용이 있습니까? 믿음의 알맹이 고백이 있습니까?

마르다는 "주는 그리스도시오, 하나님의 아들이요, 세상에 오실 자임을 내가 믿나이다,"라고 고백했습니다. 신앙은 다른 사람이 나를 대신하여 믿어 주는 것이 아닙니다. 내 자신이 믿는 것입니다. 그러므로 믿음은 개인적입니다. 남편이 잘 믿는다고, 부모가 잘 믿는다고, 아내가 잘 믿는다고 자랑하지 말아야 합니다. 바로 내가 믿어야 합니다. 마르다는 "내가 믿는다,"고 고백했습니다.

여기서 '믿는다,' 는 말은 완료형으로 기록되어 있습니다. 믿는다 (πεπίστευκα)라는 말은 확신을 의미합니다. '내가 확신한다,' 는 의미입니다. 주님은 메시야요, 하나님의 아들이며, 구약에 약속된 자임을 내가 확신한다는 뜻입니다.

이런 신앙고백을 할 때 주님은 기뻐하시고 주님의 기쁨을 고백자에게 주십니다. 베드로가 "주는 그리스도시오, 살아계신 하나님의 아들이십니다," 라고 고백했을 때 주님은 기뻐하시면서 그를 축복하셨습니다. "바요나 시몬아, 네게 복이 있도다." 여기서 언급하신 복은 헬라어 '마카리오스 (μακάριος)' 로 렌스키(Lenski)는 이 복을, '하나님이 주시는 영적인 축복으로 충만해 지는 것이고, 영원한 행복과 즐거움을 생산하는 본질적이고 영적인 보화를 소유하는 것' 이라 했습니다. 곧 하나님이 주시는 모든 행복, 모든 기쁨을 가리킵니다. 하나님이 주시는 영원한 행복, 영원한 기쁨을 의미합니다. 예수님이 메시야요, 하나님의 아들임을 알고 믿고 고백하는 것은 진실로 사람으로 하여금 복되게 하고 최고의 행복을 누리게 합니다. 마르다가 주님은 메시야요, 하나님의 아들이요, 구약에 약속된 자임을 믿는다고 고백할 때에 주님은 그에게 축복하셨습니다. 영원한 행복과 영원한 기쁨을 소유하게 했습니다. 하나님이 주시는 모든 좋은 것으로 그를 충만케 하셨습니다.

우리도 마르다처럼 고백적 신앙을 가질 때, 행복과 기쁨이 충만해 지는 축복을 누릴 수 있습니다.

제49장

너를 부르신다

(요 11:28~32)

요한복음 11:28~32 "이 말을 하고 돌아가서 가만히 그 자매 마리아를 불러 말하되 선생님이 오셔서 너를 부르신다 하니, 마리아가 이 말을 듣고 급히 일어나 예수께 나아가매, 예수는 아직 마을로 들어오지 아니하시고 마르다가 맞이했던 곳에 그대로 계시더라. 마리아와 함께 집에 있어 위로하던 유대인들은 그가 급히 일어나 나가는 것을 보고 곡하러 무덤에 가는 줄로 생각하고 따라가더니."

주님은 우리를 초청하십니다.

예수님이 부활이요, 생명임을 믿게 하려고 부르십니다.

마르다는 예수님의 말씀의 전달자가 되었습니다.

이 시간 주님은 여러분 한 사람 한 사람을 부르고 계십니다.

마리아처럼 급히 일어나 주님께로 나아가십시오.

마르다처럼 말씀의 전달자가 되고,

마리아처럼 초청에 즉각 응답하는 자가 되십시오.

성경에는 여러 가지 초청의 말씀이 있습니다.

"내가 또 너희에게 이르노니 구하라 그러면 너희에게 주실 것이요 찾으라 그리면 찾아낼 것이요 문을 두드리라 그러면 너희에게 열릴 것이니." (눅 11:9)

이 말씀은 우리의 요구를 하나님께 나타내라는 기도의 초청입니다. 그리고 이 기도에의 초청은 성취의 약속이 있음으로 매우 귀중한 초청입니다.

"볼지어다 내가 문 밖에 서서 두드리노니 누구든지 내 음성을 듣고 문을 열면 내가 그에게로 들어가 그와 더불어 먹고 그는 나와 더불어 먹으리라." (계 3:20)

이 말씀은 교제를 위한 초청입니다.

"수고하고 무거운 짐 진 자들아 다 내게로 오라 내가 너희를 쉬게 하리라. 나는 마음이 온유하고 겸손하니 나의 멍에를 메고 내게 배우라 그리하면 너희 마음이 쉼을 얻으리니." (마 11:28~29)

이 말씀은 예수 그리스도에게서 배우라는 초청입니다.

예수님께서 마르다와 대화를 나누시고 마르다가 신앙고백을 한 장소는 마르다의 집안이 아니었고 마을 밖이었습니다. 마르다는 예수님이 오신다는 소식을 듣고 마중 나갔다고 요한복음 11:20에 기록하고 있습니다. 예수님은 자신을 마중 나온 마르다에게 자신이 하나님이신 것을 나타내 보여주시면서 "내가 부활이요, 생명이니 나를 믿는 자는 죽어도 살겠고, 무릇 살아서 나를 믿는 자는 영원히 죽지 아니 하리니 이것을 네가 믿느냐?"고 질문하셨고 마르다는 "예, 내가 믿나이다,"라고 하면서 신앙고백을 한 것입니다. 마르다의 믿음은 예수님이 자기가 누구임을 계시할 때에 생긴 것입니다. 곧 예수님이 하나님 자신임을 마르다에게 보여주실 때 믿음이 생겼습니다.

예수님이 유대인들처럼 하나의 조문객으로 마르다의 집을 방문한 것이 아니라, 예수님 자신이 하나님이심을 마르다에게 보여주시고 그로 하여금 믿게 하려고 방문하신 것입니다. 마르다와 예수님의 만남의 장면을 한번 상상해 보시기 바랍니다. 예수님이 방문하신다는 소식을 듣고 마중 나간 마르다는 하나의 조문객으로 오시는 예수님을 만난 것이 아니라 하나님이신 예수님을 만났고 하나님이신 예수님에게 "내가 믿는다,"고 신앙고백을 했습니다. 즉 주님을 조문객인 인간 예수로만 생각하다가 하나님이신 예수님을 만난 것입니다.

주님의 초청

하나님이신 예수님을 만난 마르다에게 슬픔의 먹구름은 걷히고 기쁨과 행복이 넘쳤습니다. 마르다가 감사와 감격에 벅찬 마음을 안고 있을 때, 예수님께서 마리아를 불러 오라고 하셨습니다. 요한복음 11:28에 예수님의 놀라운 초청의 말씀이 나와 있습니다. "선생님이 오셔서 너를 부르신다." 예수님이 마리아를 부르신다는 초청입니다. 왜 예수님이 마리아를 부르셨는지 그 이유와 내용이 전혀 나타나 있지 않지만, 마르다에게 질문하신 예수님의 질문에서 왜 마리아를 초청했는지 짐작할 수 있습니다.

마리아로 하여금 마르다와 같이 예수님이 바로 부활 자체요, 생명 자체임을 믿게 하려고 부르셨음에 틀림없습니다. 11:20을 보면 예수님이 오신다는 말을 듣고 마르다는 마중을 나갔으나 마리아는 그 소식을 듣고도 집에 앉아 있었습니다. 아마 바닥에 그냥 앉아 있었을 것입니다. 왜 그냥 앉아있었을까요? 마리아도 마르다처럼 예수님에 대해서 생각하였을 것입니다. 마르다도 예수님께 신앙고백을 하기 전에는 얼마나 낙심하고 절망하였습니까? 마르다가 예수님을 만났을 때에 한 말은 "주께서 여기 계셨더라면 내 오라비가 죽지 아니 하였겠나이다," 였습니다. 마르다의 이 말이 무슨 뜻을 내포하고 있습니까? '예수님, 이제는 별 수 없습니다. 나사로가 죽어 장사 지낸바 되었으니 일은 끝났습니다. 나사로가 병들었을 때에 곧바로 오셨더라면 예수님이 고치실 수 있었겠습니다만 이제 예수님도 별 수 없습니다. 죽음 앞에 예수님이 무슨 능력을 나타내겠습니까?'라는 예수님이 늦게 오심에 대한 불평과 낙심의 말이었습니다. 예수님이 병은 고칠 수 있지만 죽은 자를 살릴 수 있는 분은 아니라고 단정 짓는 불신의 말입니다.

마르다와 똑같이 마리아도 말했습니다. "주께서 여기 계셨더라면 내 오라비가 죽지 아니 하였겠나이다."(요 11:32) 예수님이 인간의 질병은 고치실 수 있는 분이지만 죽은 자에 대하여는 속수무책이라는 말입니다. 예수님의 전능을 믿지 못한 마리아의 연약한 믿음이었습니다. 마리아의 신앙이 마르다의 신앙보다 더 낫다는 증거는 전혀 없습니다. 이 같은 나약한 자리에 주저앉아 있는 마리아에게 예수님은 자신이 생명 자체요, 부활 자체임을 보여주시고 계시하시려고 마리아를 오라고 부르신 것입니다. 마르다가 예수님에 대한 바른 신앙고백을 한 것처럼 마리아도 그와 같은 신앙고백을 하도록 가르쳐 주시기 위하여 마리아를 초청하신 것입니다. 신앙은 개인적입니다. 마르다의 신앙고백이 마리아의 신앙고백은 아닙니다.

전달자 마르다

마르다는 예수님의 분부를 받들어 마리아에게 "선생님이 너를 부르신다,"고 전달할 때에 가만히 이야기 했습니다. 왜 가만히 이야기 했을까요? 마르다가 원한 것은 유대인들이 예수님께서 가까이 와 계신 것을 알지 못하게 하려고 했을 것입니다. 예수님이 오신 것을 알면 유대인들이 예수님과 논쟁하고 다시 돌을 들어 예수님을 죽이려고 하는 그들의 마음을 알았기 때문일 것입니다. 이 같은 유대인들의 소동을 두려워하여 "선생님이 너를 부르신다," 는 전갈을 가만히 속삭였을 것입니다.

마르다는 예수님을 선생님이라고 불렀습니다. 마르다가 예수님을 '그 선생님('Ο διδάσκαλος)'이라고 부른 것은 매우 중요한 뜻을 나타냅니다. 예수님에 대해 '선생'이라고 부른 명칭은 마태복음에서 12번, 마가복음에서 12번, 누가복음에서 12번 요한복음에서 8번 사용되었습니다. 선생이란 칭호는 예수님의 가르침 사역에 의해 지어진 호칭입니다. 당시 이스라엘 사회에서는 많은 랍비들이 있었습니다. 유대사회를 지도하고 백성들의 생활까지 지도하는 일을 맡은 자가 랍비들이었습니다. 그러나 예수님을 랍비라고 마르다가 부를 때, 오직 유일하신 랍비는 예수님뿐이라는 것입니다. 마르다는 예수님이 유일하신 선생이신 것을 체험했습니다. 베다니 마을 밖에서 마르다에게 "내가 부활 자체요, 생명 자체이니 나를 믿는 자는 죽어도 살겠고, 무릇 살아서 나를 믿는 자는 영원히 죽지 아니 하리니 이것을 네가 믿느냐?" 하시는 선생 예수를 마르다는 잠시라도 잊어버릴 수 없었습니다.

예수님이 '내가 네게 질문하는 것은 일반적으로 나를 믿느냐 하는 것이 아니고, 방금 네게 가르쳐 준 이 특별한 사실을 믿느냐?' 곧 예수님 자신이 부활 자체요 생명 자체인 사실을 믿느냐는 질문입니다. 예수님의 분명한 가르침에 마르다는 압도되어 예수님을 그리스도, 하나님의 아들이라고 고백하였으면서도 마리아에게 예수님을 전달할 때에는 '그 선생'이라고 하였습니다.

신앙이 있을 때에 예수님을 전하게 된다는 사실을 마르다의 행동에서 찾아볼 수 있습니다. 누가복음 10:38 이하에도, 나사로가 살아있을 때 예수님이 마르다의 가정을 방문했던 사실이 나옵니다. 그때 마르다는 음식을 준비하여 예수님을 대접하려고 분주하게 일을 했고, 마리아는 예수님의 교훈의 말씀을 경청했습니다. 이 모습을 본 마르다는 예수님께 불평을 터뜨리고 예수님에게 강제성을 띤 요청을 했습니다. "주여, 내 동생이 나 혼자 일하게 두는 것을 생각지 않으십니까? 저에게 명령을 내려 나를 도와주라고 하소서."

이것이 은혜 받기 전 마르다의 모습입니다. 예수님에 대한 바른 신앙고백이 있기 전에 마르다의 불평하는 못난 모습입니다. 예수님이 누구인지 알지 못하고 있을 때에 마르다의 신앙 없는 말버릇입니다. 하나님이신 예수님을 몰라보았을 때에 예수님에게 명령조로 말하는 큰 실수를 범했습니다. 사람이 하나님을 보고 '이렇게 하시오, 저렇게 하시오,'라고 명령하는 행동입니다. 그러나 마르다가 예수님을 다시 발견한 후에 그는 예수님께 절대 순종하는 자가 되었습니다. 예수님이 하나님이신 사실을 발견한 후에는 인간을 예수님에게로 인도하는 예수님의 말씀의 전달자가 되었습니다.

전에는 자기 동생 마리아까지도 예수님에게서 떨어지도록, 분리되도록 하는 행동을 했지만 은혜 받고 바른 믿음을 가진 후에는 예수님의 분부를 자기 동생에게 기쁘게 전달하는 자가 되었습니다. '너도 하나님이신 예수님을 만나야 한다. 그리고 예수님을 하나님으로 믿으며 그에게 경배해야 한다,'고 마르다는 이야기했습니다. 나사로의 죽음으로 마르다는 예수님을 만났어도 슬픔에 잠겨있을 터인데, 동생 마리아에게 나타난 마르다의 모습은 너무나 다른 표정이었습니다. 기쁨과 확신과 소망에 가득 찬 표정으로 마리아에게 "예수님이 너를 부르신다,"고 예수님의 초청을 전달했습니다.

마르다의 이 모습이 바로 믿음과 확신과 소망을 가진 오늘의 전도자들의 모습이어야 합니다.

마리아의 반응

마리아는 급히 일어나 예수님께 달려갔습니다. 급히 일어났다는 부정과거형을 썼습니다. 단번에 일어나는 것을 가리킵니다. 꾸물거리지 않고 즉시 일어나는 것입니다. 예수님이 왜 나를 부르시나 생각해보고 행동을 취한 것이 아니라 예수님의 부르심에 즉각적인 반응을 보이는 행동입니다. 그리고 예수님께로 나아갔습니다. 이 나아갔다는 말은 미완료과거형을 사용했습니다. 예수님께로 가고 있었다는 말입니다. 일어나는 동작과 주께로 가는 행동의 연속적인 표현입니다. 칼빈은 "마리아가 급히 일어나 예수님께로 간 것은 마리아가 예수님을 주님으로 경외하는 증표이다,"라고 했습니다.

주님께서 부르신다는 전갈을 듣고 마리아는 즉시 일어나 예수님에게로 달려간 행동이 우리에게서 실현되어야 합니다. 주님이 나를 오라고 하실 때 지체하지 말고 즉시 만나야 합니다. 주님이 우리를 향하여 "내 일에 네가 필요하다,"고 부르실 때, 얼마나 핑계를 대면서 이유를 말했습니까? 주님이 우리를 향하여 "내가 너를 만나야 하겠다,"고 부르실 때, 우리는 얼마나 태만했습니까? 주님이 우리를 향하여 "내가 너와 동업한 이익을 분배해야 하겠다,"고 하실 때 우리는 얼마나 거절하고 주님을 멀리했습니까? 주님이 우리를 향하여 "내가 너를 전도하러 보내야 하겠다,"고 부르실 때, 우리는 얼마나 주저했습니까? 즉시 주님의 부름에 응해야 합니다. 그것이 축복입니다.

마리아는 예수님께 달려가서 예수님의 발 앞에 엎드렸습니다. 마르다는 예수님의 발 앞에 엎드리지 않았지만 마리아는 엎드렸습니다. 마리아는 '발 아래 여인'이라는 별명을 가진 여인입니다. 누가복음 10:39에서 예수님이 마르다의 집을 방문했을 때, 마리아는 예수님의 발아래 앉아 하나님의 말씀을 배웠습니다. 바로 말씀을 배우는 여인입니다. 요한복음 12:3에서는 비싼 향유를 예수님 발에 붓고 자기의 머리카락으로 씻어 드렸습니다. 바로 봉사의 여인입니다. 요한복음 11:32에서 마리아는 다시 예수님 발아래 엎드렸습니다. 예수님을 예배하고 경배하는 태도입니다.

마리아는 "주님이 여기 계셨더라면 내 오라비가 죽지 않았을 것입니다,"라고 하면서 울음을 터뜨렸습니다. 마리아가 주님을 뵙는 장소는 바로 언니 마르다가 예수님을 뵙던 똑같은 장소입니다. 예수님은 그 장소에서 다시 마리아를 만나주셨고, 그의 믿음 약한 말을 들었으며, 그의 눈물을 보셨습니다. 예수님은 바로 그 장소에서 마리아에게 믿음 주시기를 원하셨습니다.

마리아가 급하게 일어나 밖으로 나가는 것을 보고 조문객들은 저가 무덤에 곡하러 가는 모양이라고 하면서 함께 마리아를 따라갔습니다. 유대인들 초상집에서는 죽은 자를 장사지내고 7일간은 시간이 있는 대로 무덤에 가서 우는 관습이 있었습니다. 유대인들은 마리아의 급한 행동을 자기들의 관습대로 생각했습니다. 예수님을 만나러 간다는 것은 조금도 생각하지 못했습니다.

그러면 왜 유대인들이 마리아를 따라갔습니까? 유대인 관습에 의하면 상주들, 유가족들이 무덤에 가서 우는 것을 그대로 방치하지 않고 유가족들을 따라가서 그들과 함께 울고 함께 있어야 한다는 것입니다. 이것이 동정을 표하는 행위입니다. 마리아를 따라 나간 유대인들도 이런 목적이 있었습니다. 그러나 하나님의 목적과 계획은 마리아의 급히 나가는 행동을 이용하여 유대인들이 예수님의 주위에 몰려들게 한 것이었습니다. 예수님이 마르다의 집에 들어가시지 않고 마을 밖에서 마르다를 만나고 마리아를 만난 것은, 예수님의 사역이 마르다의 집에서 이루어지는 것이 아니고 나사로의 무덤에서 이루어지는 것이었기 때문이었습니다. 많은 유대인 조문객들이 마리아를 따라 나와 마리아와 함께 무덤에 있도록 하는 것만이 하나님의 목적은 아니었습니다. 무덤에서 나타내는 이적, 곧 죽은 나사로를 살리시는 예수님의 놀라운 이적을 보게 하려고 하나님이 그들을 동원시킨 것이었습니다.

마리아는 주님의 부르심을 받고 예수님께 나아갔을 때, 예수님이 하나님이심을 발견했습니다. 예수님이 바로 부활 자체요, 생명 자체이심을 발견했습니다. 죽은 오라버니 나사로를 살리시는 예수님의 권능을 자기 눈으로 보았습니다.

이 시간 주님은 여러분 한 사람 한 사람을 만나자고 부르고 계십니다. 확신을 주시려고 만나자고 하십니다. 봉사의 능력을 주시려고 부르십니다. 주님의 용도에 쓰시려고 부르고 계십니다. 심부름 시킬 일이 있기에 우리를 부르고 계십니다. 마리아처럼 급히 일어나 주님께로 나아가십시오. 지체하지 마십시오. 미루지 마십시오. 핑계대지 마십시오. 주께로 나아가는 즉각적인 행동을 취하십시오.

제50장

예수님의 울음

(요 11:33~37)

요한복음 11:33~37 "예수께서 그가 우는 것과 또 함께 온 유대인들이 우는 것을 보시고 심령에 비통히 여기시고 불쌍히 여기사, 이르시되 그를 어디 두었느냐 이르되 주여 와서 보옵소서 하니, 예수께서 눈물을 흘리시더라. 이에 유대인들이 말하되 보라 그를 얼마나 사랑하셨는가 하며, 그 중 어떤 이는 말하되 맹인의 눈을 뜨게 한 이 사람이 그 사람은 죽지 않게 할 수 없었더냐 하더라."

예수님이 우셨습니다.
예수님은 인간의 슬픔을 잘 알고 계시기 때문입니다.
예수님의 울음은 예수님의 인성을 나타내고,
예수님의 사랑을 표현하고,
다른 사람들과 동일시하는 것을 표현하고
인간되심을 부끄러워하지 않으심을 표현합니다.
예수님의 울음은 죄인들을 위한 울음입니다.

성경에 예수님이 우신 기록이 세 번 나옵니다. 예루살렘이 멸망할 것을 내다보시고 우셨고, 내일의 십자가 사건을 앞두고 겟세마네 동산에서 심한 통곡을 하셨고, 나사로가 죽은 후에 무덤에 가서서 눈물을 흘리셨습니다. 11:35은 아주 짧은 구절로 "예수께서 눈물을 흘리시더라(Jesus wept)."로 되어 있습니다. 예수님의 울음이 무엇을 의미할까요?

예수님의 인성을 나타냄

예수님의 울음은 하나님으로서의 예수님의 전적인 인성을 의미합니다. 예수님은 동정녀에게서 탄생하셨고, 강보에 쌓여서 마구간에서 있었으며, "예수는 지혜와 키가 자라가며 하나님과 사람에게 더욱 사랑스러워 가시더라." 고 그의 어린 시절의 성장과정이 누가복음 2:52에 기록되어 있습니다. 사탄의 시험을 받을 때에 40일을 굶으시고 배고픔을 느끼셨습니다. 야곱의 우물 가에서 피곤을 느껴서 쉬셨습니다. 목마름도 느끼시고, 서기관과 바리새인에 대해 진노하시는 격한 감정도 보이셨습니다. 예수님은 그들을 위선자라고 했습니다. 그들에게 맹인이 맹인을 인도하는 자들, 회칠한 무덤과 같은 자들, 독사의 자식들, 마귀의 자녀들이라는 극단적인 표현으로 감정을 표현하셨습니다. 그리고 예수님은 오늘 본문에서와 같이 "눈물을 흘리시더라,"는 감성도 보이셨습니다. 이것은 예수님이 인성을 보이신 것들입니다.

예수님은 마르다와 마리아에게 '나는 ...이다,' 라 하시면서 하나님이심을 계시하셨습니다. 그리고 예수님은 육신으로 이 땅에 오신 무죄하신 분이십니다. 요한1서 4장에서는 예수님이 육신으로 이 세상에 오셨다는 것을 말해 줍니다. 그런데 예수님의 인성을 부인하는 이단이 있습니다. 그노시스파는 예수님의 인성을 부인했고, 헬라의 사상은 물질에 대해 죄악시했습니다. 인성을 부인하고 가현설을 주장하는 것은 모두 이단입니다. 예수님은 육신으로 이 땅에 오셨기에 인성을 지니고 있고, 예수님은 하나님이시기에 신성을 가지셨습니다.

인간의 슬픔을 잘 아시는 예수님

예수님이 눈물을 흘리시는 것은 인간의 슬픔을 잘 알고 계시기 때문입니다. 예수님은 인간으로서 인간의 슬픔을 경험하셨기 때문에 인간의 슬픔과 비애를 이해하시고 잘 알고 계십니다. 예수님은 '간고를 많이 겪었으며 질고를 아는 자' (사 53:3)입니다. 예수님은 이 세상에 오셔서 인간이 당하는 고난이나 슬픔, 괴로움을 보셨고, 그 자신이 친히 당하셨습니다. 예수님은 슬픔과 고난을 피하시지 않으셨습니다. 그것들을 겪으시고 당하심으로 인간의 고난을 익히 아시고 계십니다.

요한복음 11:33에 "예수께서 그가 우는 것과 또 함께 온 유대인들이 우는 것을 보시고 심령에 비통히 여기시고 불쌍히 여기사," 라고 했습니다. 여기서 '심령에 비통히 여기셨다,' 는 말씀은 마음이 깊이 움직이신 것을 말합니다. 이 단어는 헬라어로는 콧바람을 내거나 콧소리를 내며 숨 쉬는 것을 뜻합니다. 마치 말이 '푸푸' 하고 숨을 쉬는 것입니다. 이 단어는 '진노하다,' 또는 '애통해하다,' 라는 의미를 갖고 있습니다. 예수님이 죄에 대하여 노하시고, 죄의 결과인 죽음에 대해 노하셨다고 할 때의 '진노하다,' 의 의미입니다. 또한 마리아의 슬픔을 이해하시고 그 슬픔을 애통해 하고 동정하셨을 때에 쓰는 말이기도 합니다. 예수님은 죄에 대해 진노하시고 죄의 결과인 죽음에 대해 슬픔에 처한 마리아와 인간들을 동정하시는 인성을 가지신 분이십니다. 마음속으로부터 자기도 모르는 사이에 큰 한숨이 나오는 깊은 감정으로 말씀하십니다. "나사로를 어디에 두었느냐?"

히브리서 2:17~18에서는 "그가 범사에 형제들과 같이 되심이 마땅하도다 이는 하나님의 일에 자비하고 신실한 대제사장이 되어 백성의 죄를 속량하려 하심이라. 그가 시험을 받아 고난을 당하셨은즉 시험 받는 자들을 능히 도우실 수 있느니라." 고 예수님의 인성을 밝히고 있습니다.

헬라인들은 하나님의 속성을 '아파떼이아(ἀπάθεια)' 라 하고, 이것은 '정념이 없는 상태', 즉 어떠한 감정도 전혀 느끼지 못하는 것을 뜻합니다. 우리가 희로애락을 느낄 때는 누군가가 우리에게 영향을 미쳤다고 생각할 수 있습니다. 타인이 기쁨이나 슬픔을 가져다주었을 것입니다. 어느 한 순간이라도 타인의 영향을 받는다면 그가 나를 지배하는 것입니다. 다른 말로 바꾸면, 그 사람은 나보다 위대하다는 것입니다. 그런데 누구도 하나님을 지배할 수는 없습니다. 어느 누구도 하나님께 기쁨이나 슬픔을 가져다 줄 수 없습니다. 그렇다고 하면 그것은 누군가가 하나님보다 크다는 결론입니다. 이것은 인격신을 믿지 않는다는 말입니다.

그러나 예수님이 나타내신 하나님은 인격신이요, 인간의 슬픔을 이해하시는 잘 아시는 하나님이십니다.

예수님의 눈물은 인간되심을 부끄러워하지 않으심의 표현

눈물은 자신이 약하다는 것을 스스로 증거 하는 것입니까? 예수님은 자신이 눈물을 흘림으로 약자라는 표시를 나타내는 것이 아닐까 생각하는 사람들이 있습니다. 또한 주변 유대인들이 예수님을 오해하지 않았을까요? 그러나 예수님은 전혀 그런 문제를 생각하지 않으셨습니다. 예수님은 인간되심을 부끄러워하지 않으셨습니다.

어떤 유대인이 예수님이 눈물을 흘리시는 것을 보고 이렇게 말했습니다.

"맹인의 눈을 뜨게 한 이 사람이 그 사람은 죽지 않게 할 수 없었더냐"(요 11:37)

그는 예수도 어쩔 수 없는 약자라고 판단했기에 이런 말을 했을 것입니다. 그는 나사로의 죽음을 보고, 그의 무덤 앞에서 눈물을 흘리시는 예수님을 보고 그도 죽음 앞에서는 별 수 없는 존재라고 생각했을 것입니다. 예수께서는 잠깐 동안 전능의 모습을 보류하시고, 인간적인 모습을 나타내시며 부끄러워하지 않으셨습니다. 부끄러워하지 않으시면서 주변 유대인들에게 수치 당하시는 것을 참으셨습니다.

우리는 약한 인간들입니다. 그것을 부끄러워할 필요가 없습니다. 그러나 우리가 범죄 했을 때 부끄러워 할 줄 알아야만 합니다. 예수님의 눈물은 죄가 아니었습니다. 인간의 눈물은 죄가 아닙니다. 그리고 눈물은 반드시 약자의 표현만은 아닙니다.

"즐거워하는 자들과 함께 즐거워하고 우는 자들과 함께 울라."(롬 12:15)

이것은 하나님의 말씀이고 명령입니다. 우는 자들을 동정하라는 말씀이십니다. 눈물은 하나님께 복종하는 형태입니다. 십자가를 지고 가시는 예수님을 뒤에서 따라가는 여인들이 눈물을 흘렸습니다. 예수님은 말씀하십니다.

"예루살렘의 딸들아 나를 위하여 울지 말고 너희와 너희 자녀를 위하여 울라."(눅 23:28)

예수님의 눈물은 타인을 자기와 동일시하는 표현

예수님은 사람들을 자기와 동일시하기를 기뻐하셨습니다. 사람들의 아들을 자기의 아들처럼 여기고 사람들의 고통을 자기의 고통으로 여기셨습니다. 사람들의 괴로움을 자기의 괴로움으로 생각하셨습니다.

지금 미국 사회의 문제가 무엇입니까? 마약과 알콜 중독과 강도 살인 등 각종 범죄들입니다. 이런 것들을 보면서 나와는 무관하다고 생각하십니까? 아닙니다. 나와 관계가 있고, 내가 그들을 위해 기도해야 합니다. 교회가 사회악을 막아야 할 의무가 있다고 생각해야 합니다.

예수님은 마르다와 마리아의 슬픔을 자기의 슬픔으로 여기셨습니다. 모세도 자기 동족의 배고픔, 아픔, 속박, 위험, 모든 문제를 자기의 문제로 생각했습니다. 모세는 도리어 하나님의 백성과 함께 고난 받기를 잠시 죄악의 낙을 누리는 것보다 더 좋아했습니다.(히 11:25) 궁중의 호화생활과 왕위 계승보다 자기 동족의 아픔, 고통, 비애를 같이 나누기로 결심했습니다.

타인을 자기와 동일시하는 감정을 가진 자라야 영적 지도자, 민족의 지도자가 될 수 있습니다. 교회의 지도자가 될 수 있습니다. 불륜을 저지르고 잡혀온 여인을 예수님은 자기와 동일시했습니다. 죽음 앞에서 벌벌 떠는 인생을 보시고 동정심을 느껴서 "죄 없는 자가 돌로 치라,"고 하셨습니다. 소외된 인생, 세리, 창기들의 친구가 되셨습니다. 그들과 같은 감정을 공유하셨습니다.

"믿음이 강한 우리는 마땅히 믿음이 약한 자의 약점을 담당하고 자기를 기쁘게 하지 아니할 것이라."(롬 15:1)

타인의 실수를 나의 실수로 여겨야 합니다.

예수님의 눈물은 예수님의 사랑을 표현

"이에 유대인들이 말하되 보라 그를 얼마나 사랑하셨는가."(요 11:36)

예수님은 나사로를 생전에 사랑하셨습니다. 마르다와 마리아는 예수님이 모든 사람들을 사랑하신다는 것을 알지만 유대인들은 그것을 생각하지 않고 있었습니다. 그러나 예수님이 눈물을 흘리실 때 예수님이 인간을 사랑하시는 것을 유대인들로 하여금 알게 했습니다. 예수님의 눈물은 말없는 사랑의 변증이요, 사랑의 확증입니다. 유대인들은 예수님의 눈물을 보았을 때 예수님이 나사로와 자매들을 사랑하신 것을 알았습니다.

예수님의 눈물은 그가 인간임을 나타냅니다. 예수님의 눈물은 인간의 슬픔을 잘 알고 계신다는 뜻입니다. 예수님의 눈물은 그가 사람 되심을 부끄러워하지 않는 것을 나타냅니다. 예수님의 눈물은 사람을 자기와 동일시하는 것을 나타냅니다. 예수님의 눈물은 사람을 사랑하시는 눈물입니다. 예수님의 울음은 죄인들을 위한 울음이었습니다. 죄인들을 이해하고 동정하고 사랑하시며 안타까워하시는 눈물입니다.

주님이 우리를 구하기 위해 눈물을 흘리시며 심히 통곡했다면 우리도 주를 위해 눈물을 흘릴 수 있어야 합니다. 나의 고통과 아픔, 슬픔, 억울함을 주께 아뢰는 눈물과 기도를 드려야 합니다. 그러나 이것보다는 십자가 은혜에 감격하고 그 은혜에 보답하려는 눈물을 흘려야 합니다. 신세타령 등의 저급한 눈물보다는 내게 주신 사명감을 다하겠다는 결심의 눈물이 고귀합니다. 사랑하는 가족을 잃고 흘리는 눈물보다는 하나님의 섭리를 생각하고 고난 중에 욥과 같이 하나님을 찬양하면서 흘리는 눈물이 더욱 고상합니다. 사업의 실패로 알거지가 된 것이 창피하여 우는 울음보다, 주님을 위해 핍박당하고 멸시 당하고 천대 당하고 매 맞으며 순교의 각오를 하고자 흘리는 눈물을 하나님이 귀하게 보십니다.

제51장

나사로야 나오라

(요 11:38~46)

요한복음 11:38~46 "이에 예수께서 다시 속으로 비통히 여기시며 무덤에 가시니 무덤이 굴이라 돌로 막았거늘, 예수께서 이르시되 돌을 옮겨 놓으라 하시니 그 죽은 자의 누이 마르다가 이르되 주여 죽은 지가 나흘이 되었으매 벌써 냄새가 나나이다. 예수께서 이르시되 내 말이 네가 믿으면 하나님의 영광을 보리라 하지 아니하였느냐 하시니, 돌을 옮겨 놓으니 예수께서 눈을 들어 우러러 보시고 이르시되 아버지여 내 말을 들으신 것을 감사하나이다. 항상 내 말을 들으시는 줄 내가 알았나이다 그러나 이 말씀 하옵는 것은 둘러선 무리를 위함이니 곧 아버지께서 나를 보내신 것을 그들로 믿게 하려 함이니이다. 이 말씀을 하시고 큰 소리로 나사로야 나오라 부르시니, 죽은 자가 수족을 베로 동인 채로 나오는데 그 얼굴은 수건에 싸였더라 예수께서 이르시되 풀어 놓아 다니게 하라 하시니라. 마리아에게 와서 예수께서 하신 일을 본 많은 유대인이 그를 믿었으나, 그 중에 어떤 자는 바리새인들에게 가서 예수께서 하신 일을 알리니라."

예수님은 나사로를 살리시기 위하여 무덤을 찾아가셨습니다.
예수님은 영적으로 죽은 상태에 있는
우리들을 살려주시기 위해 먼저 찾아오셨습니다.
예수님은 이적을 베풀기 위하여 우리에게
'순종의 믿음' 을 요구하십니다.
예수님의 말씀은 '죽은 자를 산 자처럼 불러내시는 복음' 입니다.
예수님의 명령은 '말씀으로 천지를 창조하신 창조주 하나님의
권능' 입니다.

본문의 말씀은 예수님께서 죽은 나사로를 다시 살리신 사건을 자세히 보여주는 기록입니다. 예수님께서 나사로를 살려주신 과정을 관찰하면서 하나님의 은혜를 살펴봅니다.

나사로의 무덤을 찾아가신 예수님

"예수께서 다시 속으로 비통히 여기시며 무덤에 가시니." (요 11:38)

무덤은 죽은 사람을 장례 지내고 묻어둔 곳으로 아무런 소망이 없는 곳입니다. 죽은 사람을 넣은 관이 땅속에 내려가 매장될 때에 인생의 허무함을 느끼게 됩니다. 나사로를 장례 지낸 마르다와 마리아, 그리고 문상 온 유대인들도 모두 꼭 같이 인생의 허무함을 깊이 느끼게 되었습니다.

성결교 이명직 목사의 허사가(虛事歌)에 이런 내용이 있습니다.

세상만사 살피니 참 헛되구나 부귀공명 장수는 무엇하리요
고대광실 높은 집 문전옥답도 우리 한 번 죽으면 일장의 춘몽
인생일귀(人生一歸) 북망산(北忘山) 불귀객(不歸客)되니
일배황토(一杯黃土) 가련코 가이없구나
솔로몬의 큰 영광 옛말이 되니 부귀영화 어디가 자랑해볼까
토지 많아 무엇해 나 죽은 후에 삼척광중(三尺壙中) 일장지(一場地) 넉넉하오니
의복 많아 무엇해 나 떠나갈 때 수의(壽衣) 한 벌 관(棺) 한 개 족하지 않나

하나님은 죄를 범하고 에덴동산 숲속에 숨어있던 아담과 하와를 먼저 찾아가셨습니다. 무화과나무 잎사귀로 만든 옷을 입고 수치감에 싸여있는 그들을 먼저 찾아가셔서 가죽옷을 입혀 주셨습니다. 하나님을 떠난 인간을 가리켜 '죽은 자'라고 성경은 가르칩니다.

이와 같이 나사로가 일생을 살다가 남겨둔 허무한 무덤을 예수님은 찾아가셨습니다. 예수님을 따라 함께 나사로의 무덤을 찾아간 마르다와 마리아, 그리고 유대인 조문객들은 허무감을 안고 슬픔에 잠겨 있었습니다. 그들이 거기에 간 것은 다시 한 번 통곡하고 울기 위한 목적 뿐 이었습니다. 아무런 소망도 없이 절망을 안고 무덤을 찾아간 것입니다. 그러나 예수님은 허무감을 안겨주는 나사로의 무덤을 변경시켜 소망과 기쁨을 주시려고 찾아간 것입니다.

죽음이란 하나님과의 분리 상태에 있는 것을 의미합니다. 인간은 죽은 존재이며 죽음에의 존재입니다. 나사로처럼 죽은 우리 인간을 살리시려고 예수님은 하늘 보좌를 버리시고 찾아오셨습니다. 인간이 이룩한 세상은 바로 인간의 무덤이라고 해도 과언은 아닙니다. 나사로를 다시 무덤에서 살리시기 위하여 무덤을 찾아가셨던 그 주님은 영적으로 죽은 상태에 있는 죄인들을 살려주시기 위해 먼저 찾아오셨습니다. 인간 역사 속에 사람의 모양으로, 곧 인간의 몸을 입고 찾아와 주셨습니다. 이 얼마나 감격스러운 사건입니까?

무덤의 돌을 옮겨라 명령하심

예수님 당시에 사람이 죽어 장사지내게 되는 무덤은 돌무덤이었습니다. 자연적인 동굴도 있었고 큰 바위를 깨서 파낸 동굴도 있었습니다. 돌무덤의 크기는 보통 길이 1.8 미터, 넓이 2.7 미터, 높이는 3 미터 정도였습니다. 무덤 입구에는 홈을 파서 차바퀴와 같은 큰 돌을 굴려서 무덤 입구를 막아 놓습니다. 나사로가 묻힌 무덤은 바로 이런 종류의 돌무덤이었습니다.

예수님은 마르다에게 나사로의 무덤의 돌문을 옮겨놓으라고 명령을 내리셨습니다. 돌문을 옮기는 것은 예수님의 기적의 전주곡입니다. 돌문을 옮기는 것은 죽음의 권세를 옮기시는 예수님의 권능을 예표하는 것입니다. 사망의 위협 아래 갇혀있는 인간들을 해방시키고 구원하는 능력이 하나님의 아들 예수님에게만 있다는 것을 의미합니다. 돌문을 옮기는 행위는 예수님 자신이 십자가에서 죽고 사흘 만에 부활하셔서 돌무덤의 문을 여실 것을 보여주는 예표입니다. 예수님이 장차 재림하실 때에 모든 죽은 자의 무덤을 여시고 부활시킬 것을 예표합니다.

예수님이 마르다에게 나사로의 무덤 문을 옮겨놓으라고 하신 것은 마르다로 하여금 예수님의 이적의 사실을 직접 체험하게 함이었습니다. 돌문을 옮겨놓으라고 하시는 예수님의 이 명령의 말씀은 오늘 날 우리에게도 큰 진리를 가르쳐 주십니다. 곧 하나님이 도와주시는 일에도 사람이 할 일은 사람이 해야 한다는 진리를 가르쳐 줍니다.

예수님이 물고기 두 마리와 보리떡 다섯 개로 5천 명을 먹이시는 이적을 베푸실 때에도 먼저 제자들에게 무리를 50명 씩, 100명 씩 앉도록 자리 정돈을 시켰습니다. 그리고 제자들로 하여금 물고기와 보리떡을 무리들에게 가져다주라고 했습니다. 제자들이 예수님의 말씀을 순종할 때에 기적이 일어났습니다. 기적에 제자들이 동참한 것입니다.

예수님이 나면서부터 맹인 된 사람에게 진흙을 이겨 눈에 발라주시면서 실로암 못에 가서 씻으라고 명령하셨습니다. 보통 생각으로는 침을 뱉어 진흙을 눈에 바르니 기분은 나쁘고 맹인이라고 무시하는 것 같아 거친 말이 나오고 거절할 수 있었습니다. 그러나 맹인이 바로 그렇게 하겠다고 대답하고는 지팡이를 짚고 실로암 못에 가서 씻을 때에 그의 눈이 밝히 떠졌습니다. 이적을 베푸실 때 나면서부터 맹인이 된 사람이 해야 할 일은 따로 있었습니다.

예수님은 나사로를 살리기 위해 돌문을 마르다로 하여금 옮겨 놓으라고 하였습니다. 돌을 옮겨 놓으라 하셨을 때에 옮길 필요가 있는지, 옮겨야할 이유는 무엇인지를 모르더라도 일단 옮겨 놓는 것이 믿음입니다. 예수님은 당신의 이적을 베푸시기 위하여 우리에게 순종의 믿음을 요구하십니다.

예수님은 나사로의 죽음과 같은 우리의 어려운 문제를 해결해 주시려고 우리에게 있는 무지의 돌문, 불신의 돌문, 편견의 돌문, 아집의 돌문, 선입관의 돌문을 옮겨 놓으라고 명령하십니다. 예수님은 기적을 일으키기 위해 우리에게 돌문을 옮겨 놓으라고 명령하십니다. 예수님은 우리에게 놀라운 생명의 기적을 일으키기 위해 우리가 해야 할 일을 먼저 하라고 명령하십니다. "신령과 진정으로 예배 드려라. 기도에 힘써라. 전도에 최선을 다해라. 선교사업에 투자해라. 하늘에 보물을 쌓아두라. 헌당예배를 드리기로 목적을 세웠다면 너희의 최선을 다하여 노력하고 기도하고 헌물을 드려라."

만일 마르다가 돌문을 옮기지 않았다면 예수님은 나사로를 부활시키는 기적을 베풀지 않았을 것입니다.

믿으라고 말씀하심

예수님이 마르다에게 "돌문을 옮겨 놓으라."고 명령하실 때 마르다는 "주여, 죽은 지가 나흘이 되어 벌써 냄새가 나나이다,"라는 불신의 반응을 보였습니다. 왜 예수님이 무덤문을 열라고 하실까? 마르다는 예수님이 죽은 친구 나사로의 얼굴을 마지막으로 보고 싶어서 무덤의 돌문을 열라고 하시는 것으로 생각했습니다. 죽은 지 나흘째나 된다는 말은 문자적으로 해석하면 '그는 넷째 날의 사람입니다,' 라는 의미입니다. 유대인의 전설에 의하면 죽은 지 제 4일째가 제일 소망이 없는 날입니다. 그들은 제 삼일간은 죽은 자의 영혼이 무덤을 배회하면서 다시 그 시체에 들어갈 기회를 노린다고 생각합니다. 그러나 넷째 날에는 그 얼굴의 모양과 색깔이 변하고 드디어 영혼이 단념하고 떠나 버린다고 생각했습니다.

마르다는 이 같은 유대인의 전설을 알고 있었을 것입니다. 그래서 이미 죽은 지 나흘이 지났기에 냄새가 난다고 말했습니다. 마르다는 믿음의 대상인 예수님을 바라보지 못하고 죽은 나사로의 시체를 생각할 때 이 같은 절망이 생겼습니다. 베다니 마을 밖에서 "주는 그리스도시오, 세상에 오시는 하나님의 아들입니다,"라고 귀한 신앙의 고백을 하였는데도 이 같은 절망적인 말을 했습니다. 베드로도 예수님을 바라보고 나갈 때, 그는 갈릴리 바다 위를 걸을 수 있었지만 풍랑을 보고 무서워해서 물에 빠지고 말았습니다. 베드로도 "주는 그리스도시오, 살아계신 하나님의 아들입니다,"라는 신앙고백을 한 후에 이 같이 믿음이 약화되어 물에 빠지는 자리까지 내려갔습니다.

"주여, 냄새가 납니다. 돌문을 열면 무엇하겠습니까? 악취를 맡을 뿐입니다."라고 마르다가 말할 때에 예수님께서는, "내 말이 네가 믿으면 하나님의 영광을 보리라 하지 아니하였느냐,"라고 하셨습니다. 현실과 인생의 경험에 속박 된 마르다를 예수님은 질책하셨습니다. 신앙이란 인간의 이성을 십자가에 못 박아 버리는 것입니다. 신앙이란 인간의 불가능을 가능케 하시는 예수님을 바라보는 것입니다. 예수님께서는 "마르다야, 네가 나의 말을 믿으면 하나님의 영광이 나에게서 나타나는 것을 보리라,"고 하셨습니다.

"예수께서 들으시고 이르시되 이 병은 죽을병이 아니라 하나님의 영광을 위함이요 하나님의 아들이 이로 말미암아 영광을 받게 하려 함이라 하시더라."(요 11:4)

예수님은 죽은 지 나흘이나 되는 나사로를 살리심으로 자신이 하나님임을 나타내고, 하나님의 영광이 자기에게서 나타남을 증거 하시려고 늦게 오신 것입니다.

예수님의 기도

마르다가 예수님의 말씀에 순종하여 돌문을 옮겨 놓았을 때, 예수님은 바로 기도하셨습니다.

"예수께서 눈을 들어 우러러 보시고 이르시되 아버지여 내 말을 들으신 것을 감사하나이다. 항상 내 말을 들으시는 줄을 내가 알았나이다 그러나 이 말씀 하옵는 것은 둘러선 무리를 위함이니 곧 아버지께서 나를 보내신 것을 그들로 믿게 하려 함이니이다."(요 11:41~42)

예수님의 기도는 감사의 기도였습니다. 주님께서 이적을 베푸실 때에는 항상 감사의 기도가 병행되었습니다. 오병이어로 5천명을 먹이시는 이적을 베푸실 때를 봅시다. 물고기 두 마리 보리떡 다섯 개를 놓고 '부족해서 어떻게 합니까?' 하는 걱정을 하신 것이 아니라, 하늘을 우러러 감사의 기도를 드렸습니다.

죽은 나사로를 살리기 위해서도 나사로 무덤 앞에서 예수님은 하나님을 향하여 "아버지여, 내 말을 들으시는 것을 감사합니다,"라고 기도했습니다. 예수님은 하나님을 가리켜 "내 아버지여,"라고 했지 '우리 아버지' 라고 부르신 적은 한 번도 없습니다. 예수님이 "나의 아버지"라는 것은 '하나님은 존재론적으로 예수 그리스도의 아버지' 라는 것을 의미합니다. 그러나 성도들이 하나님을 '하나님 아버지' 라고 부르는 것은 예수 그리스도를 통해서 하나님을 아버지라 부를 수 있게 된 것입니다. 그러므로 예수님의 이 기도는 예수님이 성부 하나님과 동등하심을 나타냅니다.

성부 하나님은 권위와 영광에 있어서 성자 예수님과 동등하심으로 교제에 있어서 항상 동등한 위치에서 교제하심을 예수님은 이렇게 기도하신 것입니다. "아버지여 내 말을 들으신 것을 감사하나이다. 항상 내 말을 들으시는 줄을 내가 알았나이다,"라고 기도하셨습니다.

예수님은 둘러선 무리들로 하여금 자신이 하나님의 보내심을 받은 자인 것을 믿게 하려고 기도하신 것입니다. 곧 예수님의 기도는 무리들의 마음을 돕기 위한 것이었습니다. 기도의 응답과 기적의 궁극 목적이 우리로 하여금 하나님을 믿고 예수 그리스도가 하나님의 아들이심을 바로 믿게 하기 위해서입니다.

나사로의 사건은 예수님께서 하나님의 아들이심을 믿고 부활신앙을 바로 가지게 하기 위하여 있어야 했습니다.

나사로를 부르심

예수님께서는 "나사로야 나오라,"고 큰 소리로 명령하셨습니다. 예수님의 음성은 무덤에 장사되어 있는 나사로를 마치 자는 자를 깨우듯 하는 음성입니다. 예수님의 이 명령은 절대 권위의 음성입니다. "나사로야 나오라," 하실 때에 예수님은 마술사들의 중얼거리는 소리처럼 말씀하시지 않았습니다. 명백하고 큰 소리로 "나사로야 나오라,"고 하셨습니다.

예수님은 십자가에서 운명하실 때에 큰 소리를 지르시고 자신의 생명을 버리셨습니다. 그와 같이 예수님이 재림하실 때에 큰 소리로 죽은 자의 생명을 불러내실 것입니다.

"이를 놀랍게 여기지 말라 무덤 속에 있는 자가 다 그의 음성을 들을 때가 오나니." (요 5:28)

"그가 믿은바 하나님은 죽은 자를 살리시며 없는 것을 있는 것으로 부르시는 이시니라." (롬 4:17)

"나사로야 나오라," 하신 예수님의 명령은 죽은 자를 산 자처럼 불러내시는 복음입니다. 말씀으로 천지를 창조하신 창조주 하나님의 권능을 나타냅니다. 곧 창조주로서 인간에게 생명을 주심을 가리킵니다. 누가 죽은 자에게 생명을 줄 수 있습니까? 누가 죽은 자에게 일어나 무덤 밖으로 걸어 나오라고 호령할 수 있습니까? 주님의 명령을 받은 나사로가 이제 죽은 자 가운데서 일어나 동여진 채로 걸어 나옵니다. 얼굴과 몸이 수의로 묶여진 채 걸어 나오는 장면을 상상해 보시기 바랍니다. 기쁜 마음을 지니는 동시에 한편 두려운 감정도 생깁니다. 베로 동인 채 나오지 않고 나사로의 본 모습으로 나왔다고 하면 사람들은 유령으로 착각했을 것입니다. 베를 동여맨 채로 나오는 나사로를 무리들이 보고 있을 때에 예수님은 다시 마르다에게 명령하시기를 "수건을 풀어놓으라," 고 하셨습니다. 왜 그 수건과 베를 마르다에게 풀어놓으라고 하셨을까요?

마르다로 하여금 나사로가 무덤에서 살아난 이적 사실의 진실성을 친히 체험하게 하고 확신하게 함이었습니다. 이처럼 예수님은 마르다로 하여금 예수님의 이적 행하신 사건에 동참하여, 예수님이 베푸시는 이적의 능력이 참이구나 하는 것을 실제로 스스로 경험하고 체험하게 하셨습니다. 나사로가 살아난 것이 환상을 보는 것이 아니라 실제적인 사건임을 감각하게 하였습니다. 나사로가 살아난 것이 마르다의 공상이 아니라 무리들이 직접 보는 가운데서 생긴 역사적 사실임을 확인케 하기 위해 예수님은 "네 손으로 수건과 베를 풀어놓으라," 고 명령하셨습니다.

나사로가 죽어 장사 된 지 나흘 만에 냄새가 나는 가운데서 살아나 무덤 밖으로 나오는 그 순간은 정말로 장엄한 순간이었습니다. 누이들의 눈물이 사라졌습니다. 정말 나사로가 살아나올 수 있을까 하는 군중들의 회의도 의심도 사라졌습니다. 유대인들의 허황된 전설도 사라졌습니다. 거기에 모였던 모든 사람들의 가슴에 감격과 감탄만이 있었습니다.

우리 한국 초대 교회 역사에 큰 능력을 나타낸 김익두 목사님에 대한 재미있는 이야기가 있습니다. 김 목사님은 이적을 많이 행하신 분인데 한 번은 이런 일이 있었습니다. 김 목사님이 섬기시는 교회 바로 밑에 냉면집이 있었는데, 거기에는 늘 맷돌질을 하는 앉은뱅이가 있었다고 합니다. 김 목사님은 앉은뱅이를 볼 때마다 베드로와 요한은 예수님의 이름으로 병을 고쳤는데 하는 생각을 가졌었습니다. 어느 날 새벽기도를 하고 나오다가 나도 한 번 해보자 하고서는 주위를 한 번 휙 둘러보았답니다. 혹시나 보는 사람이 없나하고 둘러보고는 아무도 없다는 것을 확인한 뒤에 앉은뱅이에게 가까이 가서 "나사렛 예수의 이름으로 일어나라!"고 소리를 쳤습니다. 그랬더니 앉은뱅이가 '뭐요?'라고 묻습니다. 그래서 김 목사님이 '이크 틀렸구나,' 하고 그냥 물러섰다는 것입니다. 그 후에 기어이 주님의 능력으로 고치고야 말겠다는 생각으로 열심히 기도하여 결국 고쳤다고 합니다. 그 다음부터 김 목사님은 능력의 사람이 되어서 많은 병을 고치시고 한국 기독교 역사를 아름답게 장식하였습니다.

문제는 왜 둘러보았냐는 것입니다. 자신이 없었기 때문에 만일에 앉은뱅이가 일어서지 못한다면 어떻게 하나 하는 생각이 더 강했기 때문입니다. 목회 현장에서 기도해야 하는 제목들이 아주 많습니다. 중병을 앓고 있는 신자들을 볼 때, "주여 고쳐 주시기 바랍니다. 믿습니다. 주님 뜻대로 하소서,"라고 강하게 기도해야 합니다.

예수님은 나사로를 무덤에서 살리실 때 '만일에' 라는 생각은 추호도 없었습니다. 왜 예수님이 "나사로야 나오라,"고 나사로의 이름을 부르셨을까 하는 데에 대한 재미있는 이야기가 있습니다. 만약에 예수님께서 '나사로' 의 이름을 지칭하지 않고 '나오너라!' 라고 했다면 그 묘지에 묻혀있던 모든 죽은 자들이 일어나 나왔을 것이라는 유머입니다.

나사로가 무덤에서 나왔을 때 마르다는 그 얼굴에 감겨진 수건을 풀어 놓고 몸에 감겨진 베도 풀어놓았습니다. 부활한 나사로의 모습이 드러났습니다. 마르다와 마리아와 많은 유대인들은 예수님의 하신 일을 보고 예수님은 하나님의 아들, 하나님이 보내신 자, 하나님 자신이라고 믿었습니다. 그러나 거기에 모여들었던 유대인들 중에 일부는 나사로의 부활만을 보았지 하나님의 영광을 보지는 못했습니다.

나사로를 살린 기적은 요한복음에 나오는 제 7의 기적입니다. 이 기적은 예수님이 하나님 자신임을 증거 합니다. 생명과 부활 자체임을 증거 합니다. 하나님으로서 생명과 부활의 은총을 베푸시는 자임을 자증합니다. 우리는 이 성전에서 경배드릴 때마다 하나님 자신인 예수님께 경배하고 예수님에게서 하나님의 영광을 바라볼 수 있어야만 합니다.

"나사로야 나오라,"고 하시면서 나사로를 살리시는 일만 예수님이 하시고, 돌을 옮기고 수건과 베를 푸는 것은 인간이 해야만 했습니다. 예수님의 기적은 오늘도 있습니다. 그의 전능을 믿고 내가 할 일을 내가 할 때에 예수님은 기적을 나타내십니다.

제52장

비극적 풍자

(요 11:45~53)

요한복음 11:45~53 "마리아에게 와서 예수께서 하신 일을 본 많은 유대인이 그를
믿었으나, 그 중에 어떤 자는 바리새인들에게 가서 예수께서 하신 일을 알리니라. 이에
대제사장들과 바리새인들이 공회를 모으고 이르되 이 사람이 많은 표적을 행하니 우리가
어떻게 하겠느냐. 만일 그를 이대로 두면 모든 사람이 그를 믿을 것이요
그리고 로마인들이 와서 우리 땅과 민족을 빼앗아 가리라 하니, 그 중의 한 사람 그 해의
대제사장인 가야바가 그들에게 말하되 너희가 아무 것도 알지 못하는도다. 한 사람이
백성을 위하여 죽어서 온 민족이 망하지 않게 되는 것이 너희에게 유익한 줄을 생각하지
아니하는도다 하였으니, 이 말은 스스로 함이 아니요 그 해의 대제사장이므로 예수께서
그 민족을 위하시고, 또 그 민족만 위할 뿐 아니라 흩어진 하나님의 자녀를 모아 하나가
되게 하기 위하여 죽으실 것을 미리 말함이러라.
이 날부터는 그들이 예수를 죽이려고 모의하니라."

예수님이 나사로를 부활시켰을 때

유대 집권자들은 자신들의 이익을 위해

예수님을 죽일 모의를 합니다.

현대에 사는 우리들은 어떠합니까?

혹시 우리의 이익을 위해 주님에게 반대하지는 않습니까?

나사로가 죽었다가 다시 살아난 사건은 역사적 사건입니다. 그러므로 이 사건은 유대사회를 놀라게 했습니다. 베다니는 예루살렘에서 불과 오 리밖에 안 되는 거리이기 때문에 나사로의 부활사건을 의심하는 자들은 직접 찾아가서 나사로를 만나보면 문제는 해결되는 것이었습니다. 이렇게 되고 보니 예수님을 만나러온 사람들보다는 오히려 나사로의 산 모습을 보려고 온 사람들이 더 많아졌습니다. 그러나 유대인들에게 있어서 중요한 사실은 죽은 자가 살아났다는 사건보다 죽은 자를 살리신 분이 그들이 기다리던 메시야가 아닌가 하는 사실이었습니다.

나사로가 살아난 것이 사실이라면 그를 살리신 자가 메시야임에 틀림없다는 생각을 갖고 많은 유대인들이 예수님을 믿었습니다. 요한복음 11:45에 마리아에게 와서 예수께서 하신 일을 본 많은 유대인이 그를 믿었다고 했는데 여기 예수님께서 하신 일은 바로 나사로를 살리신 일을 말합니다. 예수님이 죽은 자를 살렸다는 소문이 유대사회에 퍼지게 될 때 많은 유대인들이 예수님을 따르고 예수님이 바로 그들이 오랫동안 대망하던 메시야라고 믿었습니다. 이 사실을 두려워한 나머지 바리새인들과 대제사장들이 산헤드린 공회를 소집했습니다.

악한 회의를 소집

공회는 유대나라의 최고 법정으로 사두개파의 제사장들과 바리새파의 장로, 서기관. 모두 72명으로 구성되었습니다. 바리새파는 정치적인 당파라기보다 율법의 모든 세칙에 따라 생활하는 것을 유일한 관심으로 두는 무리들입니다. 원래 '바리새' 라는 말은 '구별하다,' 는 뜻으로 거룩하게 구별되어 신앙생활을 하겠다는 무리들이었습니다. 그들은 너무나 사소한 일에까지 율법을 적용하였습니다. 율법 준수를 계속할 수 있도록 허용되는 한 누가 정권을 장악하든지 개의치 않았습니다. 소위 종교생활을 전문으로 하는 사람들이요, 유대사회에서 존경을 받는 사람들입니다. 이들은 죽은 자의 부활을 믿었습니다. 그러므로 같은 공회원인 사두개인들에게 대하여 '나사로의 부활 사건'은 바리새인들의 신앙이 바르고 정확한 것으로 증명하게 되었습니다. 사두개인들이 죽은 자의 영혼들을 믿지 않았고, 천사의 존재도 불신하였는데 비하여 바리새인들은 부활과 천사의 존재를 믿었습니다.

반면, 사두개인들은 지극히 정치적인 당파였습니다. 대부분의 제사장들로 조직된 중요단체로써 부유하고 귀족적이었습니다. 로마정부와 타협하고 협력하여 자기들의 위치와 권력을 잘 유지했던 자들이었습니다. 그들은 천사나 부활을 믿지 않았고, 세속적이요 타협적이며 세상적인 생활에 집착한 자들입니다. 산헤드린에서 지배적인 지위에 있었습니다. 곧 공회에서 발언권을 가진 자들은 거의 사두개인들이었습니다. 그들은 공회에서 과반수이상의 자리를 차지하고 있었습니다. 바리새인들과 사두개인들은 같은 산헤드린 공회에서 서로 '네가 크냐? 내가 크냐?' 또는 누가 더 백성들의 지지를 받느냐 하는 문제로 신경을 쓰며 서로 미워하고 질투하는 사이였습니다. 그들이 교리적으로 특별히 다른 점은 바리새인들은 육체 부활과 천사를 믿는 데 비해 사두개인들은 부활, 천사, 내세를 전혀 믿지 않았습니다.

나사로가 죽어 무덤에 장사된 지 4일 만에 다시 살아난 사건을 보고 많은 유대인들이 예수님을 믿었습니다. 그러나 그 중에 어떤 사람들은 바리새인들에게 가서 예수님이 하신 일을 보고 했습니다. 부활이 있다는 바리새인들의 교리가 옳고 사두개인들의 교리는 틀렸다고 말하는 것입니다. 이 문제로 바리새인들은 부활을 믿는 신앙이 얼마나 바른 신앙이냐고 큰소리치며 한 등급 올라가게 되었습니다. 다시 말하면 자기들의 신앙을 재확인하고 백성들에게 더 큰 지지를 받게 되는 계기가 되었습니다. 그러므로 바리새인들은 예수님을 믿는다는 것에는 흥미가 없지만 죽은 자가 다시 살아났다는 것에는 흥미가 있었습니다. 나사로의 부활사건을 가지고 바리새인들은 사두개인들의 기세를 꺾으려고 한 것입니다.

악한 의논

그런데 예수님은 사두개인이나 바리새인들에게 똑같이 미움의 대상이었습니다. 예수님은 바리새인들의 외식주의를 비판하고 공격하였습니다. 이들이 믿는 부활, 천사, 내세는 옳았지만, 예수 그리스도를 메시야로 믿지는 않았습니다. 그리고 그들의 신앙생활이 너무 외식에 치우쳐 있었습니다. 겉과 속이 전혀 다른 사람들이었음으로 예수님의 지탄을 받고 책망을 받았습니다. 예수님은 그들을 이렇게 표현하셨습니다.

"또 무거운 짐을 묶어 사람의 어깨에 지우되 자기는 이것을 한 손가락으로도 움직이려 하지 아니하며."(마 23:4)

"잔치의 윗자리와 회당의 높은 자리와 시장에서 문안 받는 것과 사람에게 랍비라 칭함을 받는 것을 좋아하느니라."(마 23:6~7)

그리고 그들을 이렇게 질책하셨습니다.

"화 있을진저 외식하는 서기관들과 바리새인들이여 너희는 천국 문을 사람들 앞에서 닫고 너희도 들어가지 않고 들어가려 하는 자도 들어가지 못하게 하는도다."(마 23:13)

"화 있을진저 외식하는 서기관들과 바리새인들이여 너희는 교인 한 사람을 얻기 위하여 바다와 육지를 두루 다니다가 생기면 너희보다 배나 더 지옥 자식이 되게 하는도다."(마 23:15)

"화 있을진저 눈 먼 인도자여 너희가 말하되 누구든지 성전으로 맹세하면

아무 일 없거니와 성전의 금으로 맹세하면 지킬지라 하는도다."(마 23:16)

"너희가 또 이르되 누구든지 제단으로 맹세하면 아무 일 없거니와 그 위에 있는 예물로 맹세하면 지킬지라 하는도다."(마 23:18)

"화 있을진저 외식하는 서기관들과 바리새인들이여 너희가 박하와 회향과 근채의 십일조는 드리되 율법의 더 중한 바 정의와 긍휼과 믿음은 버렸도다."(마 23:23)

"화 있을진저 외식하는 서기관들과 바리새인들이여 잔과 대접의 겉은 깨끗이 하되 그 안에는 탐욕과 방탕으로 가득하게 하는도다."(마 23:25)

"화 있을진저 외식하는 서기관들과 바리새인들이여 회칠한 무덤 같으니 겉으로는 아름답게 보이나 그 안에는 죽은 사람의 뼈와 모든 더러운 것이 가득하도다."(마 23:27)

"너희가 선지자를 죽인 자의 자손임을 스스로 증명함이로다."(마 23:31)

뿐만 아니라 예수께서는 사두개인들의 비행도 신랄하게 비판하였습니다. 제사장들은 대부분 사두개인으로 구성되어 있었습니다. 이들의 범죄와 비행을 예수님은 파헤치셨습니다. 이것은 예수님의 예루살렘 성전숙청 사건에서 잘 나타나 있습니다. 제사장들이 성전에서 제물을 매매하고 비둘기를 팔고, 돈을 바꾸고 할 때, 이들의 상을 모두 뒤엎었습니다. "너희들이 어찌하여 기도하는 집을 강도의 소굴로 만들었느냐,"고 책망하시면서 제사장들의 본거지인 예루살렘 성전까지 뒤흔들어 놓으셨습니다.

이렇게 되니 제사장들은 견디기가 어렵고 이래저래 부득이 예수님을 처단해야 되겠다는 생각에 이르게 된 것입니다. 더욱 더 문제가 되겠다고 느낀 것은 백성들이 예수님을 메시야라고 믿고 추종하게 되면 혁명이 일어나게 될 것이고, 로마 정부에서 볼 때에는 내란의 위험성이 있으니 군대를 보내어 유대나라를 강압하고 분쇄시킬 것이 아니겠느냐고 짐작했습니다. 로마는 넓은 영토를 다스리는 방편으로 속국을 관대하게 통치했지만, 내란이나 폭동이 일어나면 무자비하게 다루었습니다. 그렇게 되면 사두개인들이 장악하고 있는 공회도 없어질 터이고 유대사회를 지도하는 자기들의 위치와 권력의 자리도 박탈당하리라고 생각했습니다. 이들의 생각을 그대로 표현한 말씀이 요한복음 11:48입니다.

"만일 그를 이대로 두면 모든 사람이 그를 믿을 것이요 그리고 로마인들이 와서 우리 땅과 민족을 빼앗아 가리라."

공회가 모여서 의논한 사실을 보면, 일면으로는 지당한 애국심처럼 보이나 그 내용은 자기들의 지위를 잃을까 초조한 마음으로 공회를 소집한 것입니다. 이것이 예수님 당시 최고 종교지도자들의 모임인 공회의 타락 모습입니다. 소위 종교지도자들의 최고 모임이라는 공회에서 취급된 의제가 '나의 지위가 어떻게 될까? 내 위치가 흔들리지 않을까? 저 예수를 백성들이 추종하고 예수 중심으로 뭉치면 반드시 혁명이 일어날 것이고 혁명운동이 일어나면 로마 정부에서는 내란으로 간주하고 군대를 파송하여 유대나라를 파멸시키고, 공회까지 해산시킬 것이 아닌가? 그렇다면 지배 자리에 있는 우리의 위치는 박탈당하고 말 것이 아닌가?' 이것이 자기 위치를 지키기에 급급한 공회원들의 모습이었습니다.

죽은 나사로를 무덤에서 다시 살리신 예수님이 메시야인가 하는 종교문제, 신앙문제는 관심 밖이었습니다. 예수님이 만일 폭동의 장본인이라면 로마는 총력을 기울여서 공격해올 것입니다. 그리고 의심할 여지도 없이 사두개파는 영광을 누리고 있던 그 권위 있는 지위로부터 추방되고 말 것입니다. 그들은 예수가 옳으냐 그렇지 않냐, 이것이 하나님의 뜻이냐 아니냐를 생각지도 않았습니다. 그들의 문제는 오직 '이것이 내 안일과 권위에 어떤 결과를 초래할 것인가,' 하는 것뿐이었습니다. 옳고 그른 기준에 비추어서 사물을 판단하지 않고, 그들의 안전이나 출세에 기준을 맞춰서 사물을 판단하였습니다.

이미 예수님은 바리새인들의 외식주의를 비판하고 충고했음으로 아무리 나사로를 살려주신 예수님이라도 그들은 달갑게 여기지 않았습니다. 그리고 제사장들로 구성된 사두개인들도 예수님을 몹시 시기하고 질투했습니다. 사두개인들과 바리새인들이 서로 교리가 다르고 서로 질투를 하였지만, 예수님을 재판하고 처리해야 한다는 점에서는 일치했습니다. 대 제사장 가야바와 빌라도는 원수지간이었지만 예수님을 십자가에 죽이는 데는 합심했습니다. 악을 성취하는 데는 합심했던 악한 자들이었습니다.

이런 모습이 우리 가운데도 반영되어 집니다. 사람이 하나님의 뜻보다 자신의 출세를 선행시킨다고 하는 것은 지금 이 시대에도 얼마나 많이 행해지고 있습니까?

악한 결정

공회원들의 과반수이상이 사두개인들이요, 또 사두개인들의 대부분이 제사장들이었습니다. 그리하여 공회를 지도하는 층은 사두개인들이요, 그중에서 대제사장이었습니다. 공회에서 예수라는 존재를 어떻게 해야 할 것인가 장시간에 걸쳐 의논하면서 그는 성가신 존재라고 판단한 것입니다. 그리하여 공회에서 악한 결론을 내리게 되었는데, 악한 결론을 내리도록 앞장 선 장본인이 그 해 대제사장이었던 가야바였습니다.

원래 대제사장은 종신직입니다. 그러므로 한 번 대제사장이 되면 교황처럼 죽을 때까지 대제사장입니다. 그러면 본문에 나온 '그 해 대제사장' 이란 무슨 뜻입니까? 대제사장은 종신직이기 때문에 로마정부에서 볼 때, 대제사장의 권력이 너무 강한 것 같이 생각되었습니다. 그렇기 때문에 이를 제한하기 시작했습니다. 유대인들의 신앙적인 단결이 우려되었기 때문입니다. 그래서 일 년에 한 번씩 순번제로 돌아가면서 대제사장직을 역임하도록 하였습니다.

원래 대제사장은 안나스였는데, 그의 후계자로 그의 사위인 가야바가 정치적인 타협에 의해 그 해 대제사장이 된 것입니다. 사실 율법대로 하면 안나스가 대제사장인데 그는 나타나지 않고 가야바가 대제사장직을 맡아서 앞에 나타난 것입니다. 그런 의미로 본문에서 '그 해 대 제사장' 이라는 말을 썼습니다.

이 가야바가 공회에서 악한 결론을 내리도록 발언을 했습니다.

"너희가 아무 것도 알지 못하는도다. 한 사람이 백성을 위하여 죽어서 온 민족이 망하지 않게 되는 것이 너희에게 유익한 줄을 생각하지 아니 하는도다."(요 11:49)

가야바는 바리새인들을 아무 것도 알지 못한다고 하였습니다. 이 말은 매우 무례한 말로써 상대방을 정치적으로 우둔하다고 업신여기며 경멸하는 말입니다. 원래 사두개인 제사장들은 예의가 없다는 평판을 받고 있었습니다. 소위 너희들은 머리 회전이 빠르지 못하여 아무 것도 모르고 있다는 뜻입니다. 말하자면 자기만이 지혜롭다는 뜻입니다.

그가 말하는 지혜란 한 사람을 죽여서 무사하다면 죽여야 한다는 것으로 대제사장으로서는 정신 나간 말을 하고 있는 것입니다. 가야바의 정치적인 이 발언은 매우 큰 잘못을 저질렀습니다. 대제사장으로서 하나님의 뜻을 전혀 생각하지 아니하고 사람의 생각만 하고 있는 것입니다. 죽은 자가 살아났고, 예수님이 그를 부활시켰습니다. 백성들은 예수님을 메시야라고 많이 믿고 추종하는데, 제사장이라고 하는 가야바는 영적 문제는 전혀 생각하지 않고 정치적으로 머리를 쓰고 있으니 이 얼마나 잘못된 것입니까?

가야바는 과정의 진실을 생각하지 않았습니다. 방법이 얼마나 선하냐를 생각하지 않고, 다만 결과만 생각했습니다. 어떻게 해서라도 무사하고 유익하기만 한다면 한 사람을 죽이는 일도 불사하겠다는 어이없는 발상을 했습니다. 우리 말 중에도 '모로 가도 서울만 가면 된다. 꿩 잡는 것이 매다,' 라는 말이 있는데 이것은 무서운 말이요, 잘못된 말입니다. 이것은 공산주의 이론입니다. 공산주의 이론 중에는 '결과가 방법을 정당화한다,' 는 말이 있는데, 즉 프롤레타리아의 낙원만 이룰 수 있다면 혁명도 좋고 무슨 방법도 괜찮다는 말입니다. 수단방법을 가리지 않고 결과만 좋으면 된다는 무서운 사상입니다. 그러나 크리스천의 결과는 하나님께 있습니다. 서울을 못 가는 한이 있더라도 그 가는 과정은 바로 가야 하는 것입니다. 우리에게는 과정이 중요합니다. 동기도 중요하고 결과도 중요하지만 동시에 과정도 중요합니다. 가는 데까지 바르게 가다가 쓰러지면 그 다음은 하나님께서 알아서 하실 일이지 우리가 염려할 것은 없습니다.

가야바는 공리주의를 내세웠습니다. 가장 적은 수를 희생시켜서 가장 많은 사람에게 유익을 주겠다는 수학적인 계산을 했습니다. 이 같은 공리주의는 분명히 죄입니다. 왜냐하면 그것은 한 사람이 의인이라도 수없이 많이 죽을 수밖에 없는 죄인들과 바꿀 수 있다는 논리이기 때문입니다. 숫자는 진리가 아닙니다. 한 사람의 주장이라도 옳은 것은 옳은 것이고 백 명이 주장해도 틀린 것은 틀린 것입니다. 가나안을 정탐하려고 정탐꾼 12명을 보냈지만 대다수인 10명이 틀린 보고를 했고, 오직 여호수아와 갈렙만이 옳은 보고를 했습니다.

가야바는 그 한 사람이 의인이냐 죄인이냐를 먼저 생각하지 않고 수학적으로 풀이한 큰 과오를 범한 자입니다. 예수님이라는 한 사람의 중요성을 무시했습니다. 이것은 공산주의요, 불신앙이며, 크나큰 죄입니다.

갈릴레오 갈릴레이는 지동설을 주장하다가 교황청에 불려갔습니다. 지동설을 취소하지 않으면 죽이겠다고 교황청에서 위협하자 마지막에 지동설을 취소했습니다. 그는 풀려나오면서 "내가 취소는 했지만 지구는 여전히 돈다."고 여전히 지동설을 주장했습니다. 돌아가는 지구를 돌지 않는다고 생각하는 다수라고 할지라도 돌지 않게 할 수는 없는 것입니다.

가야바는 의냐 불의냐를 생각하지 않고 무사하겠느냐 유익하겠느냐를 생각하는 과오를 범했습니다. 그는 의인을 살리는 것이 중요하다는 것을 몰랐습니다. 간디는 "내가 한 마디의 거짓말을 해서 평생 원하는 내 나라 인도가 독립이 될 수 있다고 해도 나는 거짓말을 할 수 없다. 왜냐하면 거짓말 위에 세워진 나라는 곧 무너질 것이기 때문이다."라고 했습니다. 그는 평생 동안 인도의 독립운동을 한 사람이지만 거짓말을 해서 독립을 시키지는 않을 것이라는 말입니다.

가야바는 하나님의 심판에 대하여 전혀 생각하지 않았습니다. 메시야가 오시고 하나님께서 이 땅을 어떻게 할 것인가는 생각하지 않았습니다. 로마 정부의 권력만 의지하고 그것을 무서워했습니다. 진리는 무시하고 어떻게 하면 자기에게 유익할까만 생각했습니다. 하나님의 심판을 두려워하지 않고 자기 자신만 생각했습니다. 어떻게 하든지 대제사장의 권좌를 누리려고 나라를 위하는 것처럼, 마치 애국자인 것처럼 말했지만 자기중심적인 입장에서 말했습니다. 빌라도가 예수님을 재판하며 무죄라고 하고 풀어주자고 할 때, 가야바는 만일 이 사람을 풀어주면 당신은 로마의 황제인 가이사의 신하가 아니라고 협박까지 했습니다. 예수는 공회에서 재판한 대로 사형시켜야 한다고 빌라도에게 강요를 했습니다. 이 재판은 불법 재판이었습니다. 그렇게 되어 드디어 예수님을 십자가에 못 박았습니다.

그 후에 이스라엘은 어떻게 되었습니까? 이스라엘은 주후 70년 로마의 디도 장군의 침략으로 완전히 멸망했습니다. 요한복음은 주후 100년경에 기록되었습니다. 사도 요한이 이스라엘이 망하는 것을 보고 기록한 것입니다. 여기서 살펴보면 가야바가 예수님을 죽여가면서 정치적인 안정을 꾀하겠다고 머리를 썼지만, 그 결과로 오히려 이스라엘이 완전히 멸망하고 말았습니다.

반대로 가야바가 예수님께 무릎을 꿇었다면 이스라엘은 멸망하지 않았을 것입니다. 이것은 무엇이 나라를 위하고 무엇이 안정을 위하는 것인가를 생각하게 하는 좋은 교훈입니다. 무엇이 교회나, 가정, 그리고 나 자신을 위한 것인가, 무엇이 우리의 안정을 위한 것인가를 생각하게 하는 좋은 교훈입니다.

가야바는 인간적인 지혜를 내세우고 자기가 똑똑한 척했습니다. 그러나 그의 지혜는 얼마나 어리석은 지혜입니까? 우리는 예수님과 함께 가는 길이 어리석은 듯해도 그것은 참 지혜의 길임을 알아야 합니다. 요한복음 11:51에 사도 요한이 가야바의 한 말을 신앙적으로 해석하고 있습니다.

"이 말은 스스로 함이 아니요 그 해의 대제사장이므로 예수께서 그 민족을 위하시고, 또 그 민족만 위할 뿐 아니라 흩어진 하나님의 자녀를 모아 하나가 되게 하기 위하여 죽으실 것을 미리 말함이러라."

가야바의 허튼 소리가 예언적인 성격이 있다는 뜻입니다. 가야바는 예수 한 사람을 죽여서 민족이 평안하고 안일해야 하겠다는 정치적인 발언을 했는데, 사도 요한은 이 말을 이렇게 해석하고 있습니다. '예수님 한 분이 십자가에 죽어서 수많은 사람을 구원하신다,'는 하나님의 계획을 가야바가 말한 것이라는 뜻입니다. 즉 예수님 한 분이 죽음으로써 이스라엘 민족만이 아니라 이방인까지도 모두 구원하신다는 의미입니다. 가야바는 정치적인 발언을 했지만 하나님은 가야바의 악한 입을 사용해서 하나님의 구원계획의 뜻을 이야기하게 하였다는 뜻입니다.

믿음으로 듣는 자는 어디서나 하나님의 음성을 듣게 되고 믿음으로 보는 자는 무엇을 보든지 그 속에 하나님의 역사를 봅니다. 믿음으로 생각하는 사람은 어떤 사건 속에서도 하나님의 역사를 생각합니다. 요셉의 경우, 하나님은 요셉의 형들의 악을 선으로 바꾸셨습니다. 가야바의 폭언 속에서도 하나님의 계획된 음성을 듣는 사도 요한의 귀한 신앙을 우리도 배워야 합니다. 가야바의 폭언은 민수기 24:17의 예언을 성취시키는 말이기도 합니다.

"한 별이 야곱에게서 나오며 한 홀이 이스라엘에게서 일어나서 모압을 이쪽에서 저쪽까지 쳐서 무찌르고 또 셋의 자식들을 다 멸하리로다."

예수님의 나사로 부활 사건에 대해 여러 가지 반응이 있었습니다. 무시하는 반응을 보인 바리새인과 반대하는 반응을 보인 가야바가 있습니다. 그러나 예수님을 믿는 유대인들이 있었습니다. 우리는 어떤 반응을 보입니까? 무시할 것입니까? 반대할 것입니까? 그렇지 않으면 따르겠습니까? 예수님을 따를 때 하나님의 영광을 볼 것입니다. 현대판 사두개인이나 바리새인이 되어서는 안 됩니다. 진심으로 주님을 따르는 성도가 됩시다.

제53장

주님의 시간은 오지 않았다

(요 11:54~57)

요한복음 11:54~57 "그러므로 예수께서 다시 유대인 가운데 드러나게 다니지 아니하시고 거기를 떠나 빈 들 가까운 곳인 에브라임이라는 동네에 가서 제자들과 함께 거기 머무르시니라. 유대인의 유월절이 가까우매 많은 사람이 자기를 성결하게 하기 위하여 유월절 전에 시골에서 예루살렘으로 올라갔더니, 그들이 예수를 찾으며 성전에 서서 서로 말하되 너희 생각에는 어떠하냐 그가 명절에 오지 아니하겠느냐 하니, 이는 대제사장들과 바리새인들이 누구든지 예수 있는 곳을 알거든 신고하여 잡게 하라 명령하였음이러라."

유대 집권자들이 예수님을 죽이려고 했지만
예수님은 그들의 눈앞에 나타나지 않으셨습니다.
예수님은 하나님의 시간계획을 알고 계신 분입니다.
우리도 이처럼 하나님의 뜻을 이루기 위하여
하나님의 시간을 기다려야 하겠습니다.

요 한복음 11장의 내용을 구분하면, 첫 부분은 예수님께서 나사로를 부활시킨 사건이고 둘째 부분이 나사로 부활사건에 대한 공회의 반응, 그리고 셋째 부분이 오늘 본문의 내용으로써 예수님께서 에브라임 동네로 물러나셔서 잠시 쉬신 일입니다.

예수께서 나사로를 부활시킨 사건 이후로 많은 유대인들이 예수님을 메시야로 믿고 추종했습니다. 유대사회의 최고 기관인 산헤드린은 예수를 그냥 둔다면 유대 군중이 그를 따를 것이며, 예수 중심으로 당을 지어 폭동을 일으키게 되면 로마가 개입하여 폭동을 진압할 뿐만 아니라 산헤드린까지 해체시킬 것이 아니겠는가를 걱정했습니다. 그렇게 되면 권력의 자리에서 영화를 누리던 공회원들, 곧 사두개인들과 바리새인들의 위치는 몰락하고 말 것이라고 생각했던 것입니다. 그러므로 예수 한 사람을 처형하여 민족이 망하지 않게 하고 사회의 안정을 가져오는 것이 좋겠다는 가야바의 그럴 듯한 애국심의 발언을 듣고 공회는 예수를 속히 체포하여 처형하자는 결정을 내렸습니다.

공회는 이처럼 악한 회의를 소집하고 악한 의논을 했고 예수님을 죽여야 한다는 악한 결정을 내린 것입니다. 공회의 결의를 분석해 보면 그 악한 결의에 대하여 이상한 것을 발견하게 됩니다. 하필이면 죽었던 나사로를 살려주신 지극히 선한 일이 있은 후에 생명의 구주를 죽이려는 결의를 했다는 것이 너무 이상하고 이해가 되지 않는 점입니다. 착하고 선한 일일수록 마귀는 싫어하고 사탄은 미워하는 것을 여기에서 볼 수 있습니다. 산헤드린 공회의 결의는 사탄의 앞잡이 노릇을 한 결과에 불과한 것입니다. 공회에서 무엇이 의논되는 것을 예수님은 이미 아셨음으로 에브라임 동네로 물러가 자기를 숨기셨고, 유대 군중들은 예루살렘으로 집중하는 모습을 본문에서 볼 수 있습니다.

유대군중들

　유대군중들은 예수님이 나사로를 부활시킨 사실을 직접 목도한 자들이요, 직접 보지는 못했으나 그 사건이 사실인 것을 들은 자들입니다. 유대군중 가운데는 예수님을 구주로 믿는 자들과, 메시야 같은 분이라고 인정하는 자들과, 아직은 믿지 않는 자들이 있었습니다. 이들은 유월절을 지키기 위해 각 지방에서 예루살렘으로 모여들었던 자들입니다. 그들은 유월절을 지키기 전에 먼저 자신들을 성결케 하는 결례를 행하여야 했습니다.(민 9:10, 대하 3:17)

　결례를 행하는 일자는 보통 일주일 걸렸고 많이 불결한 경우가 아니면 그 날짜는 짧았습니다. 그러므로 유월절을 지키기 위해 적어도 일주일 전까지는 예루살렘에 도착해야만 했습니다. 유월절을 지키려 모여들었던 군중들의 대화의 초점은 예수 그리스도였습니다.

　"그들이 예수를 찾으며 성전에 서서 서로 말하되 너희 생각에는 어떠하냐 그가 명절에 오지 아니하겠느냐 하니."(요 11:56)

　예루살렘에 모여든 유대 순례자들은 예수님에 대한 관심이 컸습니다. 그들은 스스로 생각하기를 예수님의 신변이 위태했음으로 혹시 오지 않으리라고 추측했습니다. 유대군중들은 현재까지 예수님을 반대하는 입장은 아니었습니다. 그들은 바리새인들과 대제사장들이 예수님을 죽이려고 음모를 꾸민 것처럼은 하지 않았습니다. 그러나 유대군중들은 예수님께로 오지도 않았습니다. 더욱더 그들은 공회에서 예수님을 체포하도록 결정을 내렸는데 그 결과가 어떻게 될 것인가를 관찰하는 것으로 만족하게 생각한 무리들이었습니다.

　그들은 예수님이 무죄하시다는 것을 알았고 공회의 결의가 악한 결의요, 잘못된 것임을 알았습니다. 그러나 그 결정이 잘못이라고 비판하거나 시정하라는 촉구도 하지 않았습니다. 공회의 결정한 것이 어떻게 실천되는 것을 엿보고 관찰하는 것을 즐겨했습니다. 그들은 예수님이 목수로서 유대의 종교적, 정치적 지도자들을 상대하는 것이 무리라고 단정하고 예수님을 업신여기는 무리들이었습니다. 그들은 유월절의 진정한 의미를 모르고 이스라엘 민족의 해방절이요, 하나의 축제로 생각했습니다. 하나님 자신의 유월절에 대해서는 전혀 무지했습니다.

하나님은 유월절 어린 양이 예수 그리스도임을 계시하였습니다. 유월절은 열 번째 재앙, 애굽의 모든 장자를 죽이는 재앙을 통해서 시작되었습니다. 모든 이스라엘 백성의 집 문설주에 피를 바르게 해서 사망이 임하지 않고 넘어간(유월) 것을 기념하는 것을, 그리고 바로가 이스라엘을 내어 보냈다는 것에 대해서는 전혀 무지했습니다. 구약의 유월절은 신약의 예수 그리스도 속죄 보혈의 모형입니다. 그들은 인간의 죽음이 예수님의 피로써 해결한다는 유월절의 진정한 의미를 모르고 그저 하나의 종교의식이나 축제의 날로 지켰습니다.

지금 예루살렘으로 모여드는 이 무리들은 예수님을 영접하지도, 거절하지도 않는 자들이라고 자처하고 있습니다. 소위 중립적 위치에 있는 자들입니다. 이 무리들은 예수 그리스도의 억울한 괴로움에 동참하지 않았습니다. 예수님에 대한 공회처사가 틀렸고, 그것은 큰 오류라고 말하지 않고 침묵을 지킨 자들입니다. 그들은 스스로 중립적 위치에 있다고 주장했습니다.

이런 유대군중 같은 크리스천들이 오늘날에도 얼마나 많은지요. 교회에 등록하고, 세례를 받고, 성찬에 참여하고, 교회 직분을 받은 자들 중에서도 이런 사람들이 많습니다. 예수님 편에 서지 않고, 예수님과 함께 있는 것을 원치 않습니다. 예수님을 구경하는 구경꾼이며, 누구의 간섭도 받기 싫어하면서 교회의 뒷전에 앉아 예배만 드리는 교만에 빠져 있습니다. 교회 봉사에 참여하지 않고 교회에 출석만 하는 교인들이 바로 예수님 당시 이런 유대군중 같은 성격을 띠고 있다고 하겠습니다.

이 군중들은 수난주간에 예수님이 나귀를 타고 예루살렘에 입성하실 때 환호성을 높이며 환영했습니다.

"호산나 다윗의 자손이여 찬송하리로다 주의 이름으로 오시는 이여 가장 높은 곳에서 호산나 하더라." (마 21:9)

그러나 공회의 결의대로 예수님이 재판을 받을 때 그들은 이렇게 소리소리 질렀습니다.

"그들이 소리 지르되 없이 하소서 없이 하소서 그를 십자가에 못 박게 하소서." (요 19:15)

이들은 한 입으로 찬송도 하고 저주도 하는 사람들이었습니다. 이 같은 군중의 모순을 우리가 오늘날 혹시 재현하지 않습니까?

지도자들

공회의 지도자들인 바리새인들과 사두개인들은 예수님을 제거하고 그 땅에서 몰아내려고 결의했습니다. 그래서 그들은 공적으로 예수님을 체포하도록 명령을 내렸고 예수님의 목에 현상금을 걸었습니다. 이상한 사실은 유대 지도자들이 예수님께서 이적을 행하실 때마다 예수님을 시기했고 죽이려고 음모를 꾸민 것입니다. 나사로를 살려주신 예수님인데, 지극히 선한 일을 하신 주님이신데, 그들은 예수님을 죽이려고 결정했습니다. 38년 동안 중병을 앓은 자를 예수님이 회복시키시고 강건함을 주셨을 때 그들은 예수님을 죽이려고 했습니다. 그들은 예수님이 안식일에 병을 고쳤다고 해서 안식일을 범했다는 이유로 예수님을 죽이려고 했습니다. 이들은 선을 보고 싫어했으며, 선을 행하신 예수님을 죽이려고 했습니다. 이들은 38년 된 병든 자가 회복된 것을 기뻐하고 축하하며 노래했어야 할 터인데, 침상을 들고 걸어 나온 사람을 보고 '네가 안식일에 침상을 들고 걸어가는 것이 마땅치 아니하다,'는 어처구니없는 말을 했습니다. 이들은 오랜 세월 동안 캄캄한 밤 시간에 살던, 나면서부터 맹인 된 사람이 만물을 보고 기뻐하는 일을 못 마땅하게 여겼습니다. 그들은 그 부모에게 "누가 네 아들의 눈을 뜨게 했느냐? 안식일에 눈 뜨게 하는 것은 합당치 아니하다,"는 억지 주장을 했습니다.

유대 지도자들은 백성들의 아픔을 자기의 아픔으로 여기지 않았습니다. 백성들의 괴로움에 동참하지 아니한 개인주의 인간들이요, 하나님께는 쓸모없는 쓰레기 같은 존재들이었습니다. 외식주의, 형식주의에 깊이 물들어 백성들의 지탄과 손가락질을 당하는 지옥 갈 자식들이었습니다. 예수님은 그들을 독사의 자식들, 독사의 새끼들이라고 책망하시고 저주하셨습니다. 이런 악독한 자식들이 모여 하나님의 아들, '예수를 죽여야 한다,'는 잔인한 결의를 하였습니다. 그들은 고의적으로 하나님의 뜻에 대항했고, 의도적으로 예수님을 없애버리려고 획책을 꾸민 악당들이었습니다. 그들은 사탄의 앞잡이들이었습니다. 행여나 우리 신자들 가운데 이 같은 불쌍한 사탄의 종노릇을 하는 사람이 없는지, 사탄의 하수인 노릇을 하는 자는 없는지 걱정이 됩니다.

주 예수 그리스도

예수님은 공회에서 결의된 사실을 이미 알고 계셨습니다. 그 누가 전해주어서 안 것이 아니라 예수님은 하나님으로서 전지하시므로 다 알고 계셨습니다.

"그러므로 예수께서 다시 유대인 가운데 드러나게 다니지 아니하시고 거기를 떠나 빈 들 가까운 곳인 에브라임이라는 동네에 가서 제자들과 함께 거기 머무르시니라."(요 11:54)

여기에 '그러므로'라는 접속사는 예수님이 산헤드린의 결의된 사항을 아셨다는 의미입니다. 이런 의미에서 예수님은 본문에서 주인공입니다. 예수님의 지배력은 세 가지 면에서 나타납니다.

첫째, 예수님은 전지하신 분이십니다. 예수님은 공회에서 결의된 사항이 어떤 것인가를 미리 알고 계셨습니다. 공회가 모이기 전에 그들의 마음을 알고 계셨고, 공회가 모인다고 할 때에 예수님은 그들의 마음을 벌써 다 읽고 계셨습니다. 바리새인, 사두개인, 그 해의 대제사장인 가야바의 마음에 무엇이 있는지를 다 아신 예수님이십니다.

"예수는 그의 몸을 그들에게 의탁하지 아니하셨으니 이는 친히 모든 사람을 아심이요. 또 사람에 대하여 누구의 증언도 받으실 필요가 없었으니 이는 그가 친히 사람의 속에 있는 것을 아셨음이니라."(요 2:24~25)

사람은 가장하고 꾸미지만 하나님께서는 중심을 읽고 계십니다.

둘째, 예수님은 하나님의 시간계획을 알고 계신 분입니다. 예수님은 하나님께서 예수님이 언제 십자가를 지실 것인가 하는 시간을 정해놓은 것을 알고 계셨습니다. 그 죽음의 시간이 다가오고 있었으나 공회원들은 예수님을 죽이려고 한 시간과는 다르다는 것입니다. 하나님의 시간을 맞추기 위해 예수님은 유대군중을 잠시 떠나 피하신 것입니다. 그 곳이 바로 에브라임 동네였습니다. 에브라임 동네는 구약에 오브라(Ophrah)이고(수 18:23, 삼상 13:17) 베냐민 지파에 소속된 땅이었습니다. 예루살렘에서 북쪽으로 약 14마일 지점에 위치했던 곳입니다.

예수님은 필요 없는 위험을 자초하시려고 하지 않으셨습니다. 예수님은 자기의 생명을 버려야 할 것을 아셨고, 그런 각오도 하고 계셨지만 당신의 일을 끝내시기 전에 미리 서둘러서 목숨을 던질 만큼 무모하시지는 않았습니다. 하나님의 예정된 시간에 맞추시려는 것이 예수님의 입장이었습니다. 그리하여 예수님은 에브라임 동네로 피신을 하신 것입니다. 예수님은 에브라임 동네에서 하나님의 시간을 기다리셨습니다.

우리의 기도를 성취하려면 하나님의 때에 맞추어 이루어달라고 기도해야 합니다. 크리스천의 잘못된 태도는 모든 것을 나의 때에 맞추려고 하는 것입니다. 하나님의 시간을 생각하지 않는 일이 많지 않은가 반성해봐야 합니다.

셋째, 예수님은 용기를 지니고 계신 분입니다. 유대군중들은 예수님이 유월절에 예루살렘에 오실만한 용기가 없다고 추측했습니다. 하늘을 찌를 듯한 공회의 권위를 대항할 수 있는 용기가 나사렛 목수에게는 없을 것이라고 예수님을 과소평가했습니다. 그래서 무리들은 예수님이 유월절에 예루살렘에 올라오실 것을 기대하지 않았습니다. 그러나 예수님은 유월절에 예루살렘에 가셨습니다. 무리들의 기대에 어긋난 용기 있는 예수님의 출현입니다. 그는 예루살렘에서 유월절을 지키는 수많은 군중 앞에 자기를 나타냈습니다.

유대 당국자들은 예수님 체포에 도움이 되는 정보를 제공한 자에게는 보수를 지불한 것 같습니다. 가룟 유다가 이 보수를 탐내고 있다가 예수님을 넘겨주고 이 돈을 받았을 것입니다. 이미 예수님은 자기의 목에 현상금이 걸려 있었음을 아시면서도 예루살렘으로 가셨습니다. 그것도 뒷골목으로 살금살금 간다든지 아니면 사람들의 눈을 피해 가신 것이 아니었습니다. 숨김없이 당당하게 예루살렘에 가셨습니다. 예수님은 유대군중들의 시선이 자기에게로 쏠리게 하시면서 예루살렘으로 가셨고 예루살렘에 나타나신 것입니다. 예수님은 죽음까지 개의치 아니 하시는 그런 용기를 가지고 유월절 절기에 예루살렘에 나타나셨습니다.

마틴 루터는 종교개혁을 일으킨 후 교황청에 출두명령을 받았습니다. 그때 루터는 다른 친구들에게서 출두하지 말라는 부탁과 경고를 받았습니다.

루터는 95개 조항의 논술을 작성하여 교황으로부터 높은 분들에게까지 보냈기 때문에 교황은 그를 파면했습니다. 이 때는 황제 맥시밀리안 1세가 후계자를 선정하지 못하고 죽자 막강한 투표권을 가지고 있던 독일 선거후는 젊은 챨스 5세를 황제로 뽑았을 때입니다. 챨스 5세는 그의 첫 황제 회의를 보름스에서 열고 첫 번 회의에 루터를 소환 할 수밖에 없었습니다. 그러나 자신의 목숨이 위태롭다는 것을 알면서도 루터는 이렇게 외쳤습니다. "마귀와 지옥과 결탁하고 있는 추기경과 교황과 제후와 그 모든 것에 개의치 아니한다. 만일 보름스(Worms)에 있는 지붕의 기왓장만큼이나 많은 마귀가 있다고 해도 나는 갈 것이다. 황제가 비 같이 내려 나를 체포한다고 해도 나는 가야 하겠다."

루터의 이 말은 루터가 두려워하지 않았다고 하는 뜻은 아닙니다. 왜냐하면 루터는 때때로 위대한 선언을 할 때에는 그 목소리가 떨렸고, 그의 무릎도 떨렸기 때문입니다. 그러나 그는 두려움을 이겨내는 용기와 신앙의 용기를 지니고 있었습니다. 윌리엄 바클리는 이렇게 말했습니다. "그리스도인은 올바른 일을 행한 후의 결과를 두려워하지 않는다. 오히려 올바른 일을 행하지 아니한 결과를 두려워한다."

예수님 당시 무리들은 예수님이 예루살렘에 나타나기를 기다렸습니다. 예수님 보기를 원했습니다. 그러나 예수님을 구주로 고백하면서 따르지는 않았습니다. 그들은 보통 사람, 보통 군중들이었습니다. 주님은 우리에게 예수님이 하나님의 아들이요, 구주임을 고백하게 하십니다. 공적으로 고백하고 하나님의 일에 적극 참여하게 하십니다. 예수님은 우리를 구경꾼 교인으로 예수 믿는 것, 문화생활의 일부분으로 삼는 것을 원치 않습니다.

예수님 당시 공회원들, 예수님을 대적해서 죽이려고 한 바리새인들과 사두개인들은 악을 좋아하고 악을 행하는 데 앞장 선 마귀의 족속들입니다. 우리가 한번이라도 마귀의 하수인 노릇을 했다면 뼈아프게 회개하고 방향을 주께로 돌려야만 합니다.

　진정한 크리스천은 예수님처럼 하나님의 뜻을 이루기 위하여 하나님의 시간을 기다리는 자들입니다. 무모한 생각이나 무모한 일을 자행하지 말아야 합니다. 하나님의 때를 항상 기억하고 염두에 두면서 하나님께서 하나님의 때에 모든 일을 이루어 주실 것을 믿는 성도가 되어야 하겠습니다.

N/A

제54장

거룩한 낭비

(요 12:1~8)

요한복음 12:1~8 "유월절 엿새 전에 예수께서 베다니에 이르시니 이 곳은 예수께서 죽은 자 가운데서 살리신 나사로가 있는 곳이라. 거기서 예수를 위하여 잔치할새 마르다는 일을 하고 나사로는 예수와 함께 앉은 자 중에 있더라. 마리아는 지극히 비싼 향유 곧 순전한 나드 한 근을 가져다가 예수의 발에 붓고 자기 머리털로 그의 발을 닦으니 향유 냄새가 집에 가득하더라. 제자 중 하나로서 예수를 잡아 줄 가룟 유다가 말하되, 이 향유를 어찌하여 삼백 데나리온에 팔아 가난한 자들에게 주지 아니하였느냐 하니, 이렇게 말함은 가난한 자들을 생각함이 아니요 그는 도둑이라 돈궤를 맡고 거기 넣는 것을 훔쳐 감이러라. 예수께서 이르시되 그를 가만 두어 나의 장례할 날을 위하여 그것을 간직하게 하라. 가난한 자들은 항상 너희와 함께 있거니와 나는 항상 있지 아니하리라 하시니라."

마리아는 지혜로운 봉사자이며 슬기로운 헌신자입니다.
마리아는 자기가 가지고 있는 것 중에서
제일 귀중한 최고의 것을 예수님께 바쳤습니다.
우리도 최고의 존경으로 주님을 섬겨야 합니다.

오늘 본문의 내용을 보면 한 폭의 아름다운 그림을 보는 것 같습니다. 유대인들과 공회원들의 시선을 피하여 예루살렘 북쪽 에브라임 마을에 계시던 예수님이 베다니 동네로 가셨습니다. 베다니 동네에 살고 있던 시몬과 마르다가 공동주최로 예수님을 위하여 잔치를 베풀었습니다.

감사의 잔치

잔치를 베푼 장소는 베다니 나병환자 시몬의 집이었습니다.(막 14:3~8) 시몬은 나사로의 친구이거나 아마 친척이라고 생각됩니다. 이 잔치는 순수한 보답의 성격을 띤 감사의 잔치로써 나병환자 시몬이 예수님을 통하여 고침 받은 감사와 오라버니 나사로를 예수님이 죽은 자 가운데서 살려주신 그 은혜를 감사하여 마르다가 예수님을 모시고 잔치를 베푼 것입니다.

예수님은 이스라엘 땅에 수많은 병자를 낫게 해 주시고 완전히 고쳐주셨지만, 그 누구 하나 병 나은 것을 감사하여 예수님을 모시고 잔치를 베푼 사람은 없었습니다. 38년 된 병자도 그냥 지나버렸고 나면서부터 맹인 된 자도 고침 받았지만 감사의 잔치를 열지는 않았습니다. 나병환자 열 명이 고침을 받았으나 그 중에 아홉 명은 예수님께 감사하다는 인사조차 없이 사라졌고, 한 명만 예수님께 와서 그 발아래 사례하며 감사하였습니다. 그때 예수님은 탄식 같기도 하고 꾸중 같기도 한 어조로 다른 아홉은 어디에 있느냐고 물으셨습니다.

그런데 오늘 이 잔치는 나병환자 시몬이 고침 받은 사실을 감사하여 베푼 잔치요, 얼마 전 죽었던 나사로를 살려주신 주님의 은혜가 너무 고마워서 베풀어진 잔치입니다. 주님의 은혜를 조금이나마 보답하고 예수님을 위로해 드리기 위해 마련된 잔치입니다. 무엇인가 받기 위한 잔치가 아니라 이미 받은 것에 대해 감사하는 마음이 앞서는 보답의 잔치입니다. 이 잔치에는 사랑과 정성이 깃들어 있었고, 마음의 중심에서 우러나오는 사랑의 마음으로 준비된 잔치였습니다.

잔치가 진정한 잔치가 되기 위해서 무엇보다도 중요한 것은 손님입니다. 손님 없는 잔치는 아무리 좋은 집에서 좋은 음식이 준비되었다고 하더라도 헛일입니다. 잔치에는 귀한 손님이 있어야 한다는 것이 필수입니다. 잔치가 어떤 수준의 잔치냐 하는 것은 그 집에 오는 손님의 격에 따라서 정해집니다. 손님의 수준이 높아야 주인의 격이 올라가고 잔치가 정말 잔치다운 잔치가 됩니다. 베다니에서 베풀어진 이 잔치는 만왕의 왕 되신 예수님이 주빈이심으로 격조 높은 잔치는 물론이고 마르다와 마리아의 사랑과 정성이 듬뿍 담긴 훌륭한 잔치였습니다.

또한 잔치에는 중심 목적이 중요합니다. 만일 잔치를 베풀어서 무엇인가 요구하는 것이 있다면 그 잔치는 아무런 의미가 없습니다. 소위 뇌물성이 있고 정치성이 있는 잔치라면 그 동기가 순수하지 못하기 때문에 이상한 성격의 잔치가 되고 맙니다. 잔치는 감사와 은혜에 보답하는 마음으로 정성이 가득 찬 잔치만이 잔치다운 잔치입니다. 이런 의미에서 베다니의 잔치는 최고의 격을 갖춘 잔치였습니다.

마리아의 봉사

잔치가 시작된 날은 안식일 시간이 끝나는 토요일 저녁이었습니다. 그리고 유월절 엿새 전날이었습니다. 예수님이 주빈석에 앉으셨고 나사로는 예수님 곁에 자리를 하였습니다. 잔치가 진행되는 중에 마리아는 지극히 비싼 향유를 예수님 발에 붓고 자기 머리카락으로 그의 발을 씻어 드림으로 향유

냄새가 집에 가득 하였습니다. 마리아가 주님의 발에 부어드린 향유는' 순전한 나드 '였습니다.

　나드향유는 인도와 티베트 지방 사이에 있는 히말라야 산에서 자라나는 향기로운 식물에서 뽑아낸다고 합니다. 이 향유는 높은 산에서 약대들이 운반하여 먼 거리까지 전달되므로 그 값이 매우 비쌉니다. 그러면 마리아가 이 비싼 향유를 어떻게 준비했을까요? 이스라엘 결혼 풍속 중에 혼수 준비물로 가장 중요하게 준비하는 것은 옷과 향유라고 합니다. 아마 마리아의 어머니가 세상을 떠날 때에 혼숫감으로 귀한 향유를 물려주지 않았는지 모르겠습니다. 이 향유는 너무나 귀한 보화요, 유일한 결혼 지참물이었습니다. 이것을 마리아는 예수님의 발에 부어드렸습니다. 그리고 자기의 머리카락으로 예수님의 발을 씻어드렸습니다. 자기에게 있는 가장 귀한 것을 예수님께 드린 것입니다.

　이 향유를 '순전한 나드' 라고 성경은 표현하고 있습니다. 다른 물질이 전혀 섞여있지 않은 나드 향유입니다. 예수님 당시 어떤 향유는 포도주를 섞어서 음료로 사용했다고 합니다(C. H. Dod). 순전한 나드를 옥합에 보관했는데 이 옥합을 깨뜨리고 나드 향유 전부를 예수님께 부어드렸습니다. 아끼지 않고 전부를 드린 겁니다. 어떤 사람은 마리아가 예수님께 부어드린 나드 향유는 나사로의 장례 때에 쓰고 남은 것일 거라고 해석하나 이것은 근거 없는 해석입니다.

　마리아는 최고의 존경을 표하면서 예수님께 향유를 부어드렸습니다. 나드 향유를 예수님의 발에 붓고 마리아는 자기의 머리카락으로 씻어 드렸습니다. 이스라엘 여자들은 머리카락을 아주 소중하게 여깁니다. 그래서 머리를 자르지 않고 길게 길러서 긴 머리를 자랑스럽게 간수합니다. 그들은 머리카락을 마치 면류관처럼 소중하게 여겼습니다. 마리아는 이처럼 소중한 머리카락을 풀어서 그것으로 예수님의 발을 씻겨드린 것입니다. 만일에 나드 향유만 붓고 머리카락으로 발을 씻기는 일이 없었다면 이 일은 그리 대단한 사건은 되지 못했을 것입니다. 향유는 돈만 있으면 사서 부어드릴 수 있으므로 돈 가진 사람은 언제나 가능한 일입니다. 그러나 머리카락으로 발을 씻긴다는 것은 돈의 문제가 아니라 전적으로 마음의 문제요, 정성의 문제이기 때문입니다.

가룟 유다의 계산에 의하면 이 향유는 300데나리온의 가격입니다. 한 데나리온은 그 당시 남자 한 사람의 하루 품삯이었습니다. 그러면 300데나리온의 나드 향유는 남자 한 사람이 먹지 않고 쓰지 않는 상태에서 약 1년을 벌어야 모을 수 있는 큰돈입니다. 그러므로 이 향유는 매우 귀중한 가치가 있는 고가의 향유였습니다. 마리아는 자기가 가지고 있는 것 중에서 제일 귀중한 최고의 것을 예수님께 바쳤습니다. 예수님을 제일 사랑하였기 때문에 제일 귀중한 가치의 향유를 예수님께 드리면서 감격하고 기뻐했으며 또한 겸손하게 드렸습니다.

사랑에는 세 가지 조건이 있습니다. 자기보다 상대방을 높이는 겸손이 있어야 하고 '자기희생'이 있어야 합니다. 희생 없는 사랑은 있을 수 없습니다. 희생하지 않고 사랑한다고 할 수 없습니다. 사랑하는 동안은 '나'라는 것은 없습니다. 오직 '당신'만이 있습니다. 사랑의 대상만이 있을 뿐입니다.

많은 여성들이 30대 후반이나 40대 초반에 가서야 잃어버린 자기에 대해 소스라치게 놀란다는 이야기를 들었습니다. 처음에는 연애하느라고 바쁘고, 결혼하면 아이를 낳아 키우느라고 바쁘고, 아이들이 학교에 들어가고 남편이 사회에서 자리를 잡은 후에야 비로소 없어진 자신을 알게 된다는 것입니다. 소위 인생의 사추기(思秋期)로써 위기에 접어들었다는 것입니다. 그러나 사실은 자기가 없었던 그 기간이 정상입니다. 이제 정신이 들어서 잃어버린 자기를 찾겠다는데 이것은 사랑이 식었다는 증거일 뿐이지 정상은 아닙니다.

자기가 소멸되고서도 소멸되었다는 사실조차도 의식하지 못하며 살았던 그때가 사랑하며 희생하는 시기로 정상적이라는 말입니다. 잃어버린 자기에 대해서 후회하며 자신을 찾겠다는 것은 사랑의 위기가 왔다는 증거입니다. 자식을 극진히 사랑하는 어머니에게 어머니 자신을 위한 일이 있습니까? 자식을 위하는 길이라면 목숨까지도 아끼지 않는 경우를 봅니다. 사랑하는 한은 자신을 위해서는 전혀 바람이 없습니다. 원래 사랑에는 조건과 바람이 없이 오직 상대방을 위하여 겸손하게 희생하며 자신을 소멸하는 것입니다.

마리아도 자신을 잊어버리고 예수님만 기쁘시게 해드리기 위해 향유를 발에 붓고 머리카락으로 씻어드렸습니다. 그는 그리스도의 기쁨이 곧 자신의 기쁨임을 알았습니다. 만약에 마리아가 예수님의 발을 자기 머리카락으로 씻겨드리다가 창피하다는 느낌을 가졌다든지, 혹은 내 정신이 아니었구나 하고 후회하는 마음이 있었다면 기쁨은 있을 수 없었습니다. 사랑이란 희생 자체가 보람이요, 수고 자체가 기쁨이라고 정의할 수 있습니다.

마리아가 향유를 예수님의 발에 붓고 자기의 머리카락으로 발을 씻겨드렸을 때 향유냄새가 온 집에 가득 했습니다. 이 향기를 예수님만 맡은 것이 아니라 그 곳에 모인 모든 사람들이 다 맡게 되었습니다. 사랑의 향기란 내가 사랑하는 그 대상만이 아니라 모든 사람에게 유쾌함을 줍니다. 참된 사랑은 누가 보아도 아름답고 아무리 들어도 싫증이 나지 않습니다. 향기가 온 집에 가득하다는 말은 예수님만 기쁜 것이 아니라 선행의 향기를 맡은 많은 사람들에게 기쁨과 감화를 주었다는 의미입니다.

가룟 유다의 비난

마리아가 예수님께 향유를 붓고 자기 머리카락으로 씻어드린 귀한 봉사에 대해 가롯 유다는 시기하면서 비난의 말을 던졌습니다. 이 말씀을 다른 복음서와 함께 보겠습니다.

"제자 중 하나로서 예수를 잡아 줄 가롯 유다가 말하되, 이 향유를 어찌하여 삼백 데나리온에 팔아 가난한 자들에게 주지 아니하였느냐 하니."(요 12:4~5)

"제자들이 보고 분개하여 이르되 무슨 의도로 이것을 허비하느냐. 이것을 비싼 값에 팔아 가난한 자들에게 줄 수 있었겠도다 하거늘."(마 26:8~9)

"어떤 사람들이 화를 내어 서로 말하되 어찌하여 이 향유를 허비하는가. 이 향유를 삼백 데나리온 이상에 팔아 가난한 자들에게 줄 수 있었겠도다 하며 그 여자를 책망하는지라."(막 14:4~5)

가롯 유다와 제자들이 마리아를 향하여 이 같은 비난과 책망을 퍼부을 때에 예수님은 말씀하셨습니다.

"그를 가만 두어 나의 장례할 날을 위하여 그것을 간직하게 하라."(요 12:7)

마리아가 예수님의 발에 향유를 부어드린 것은 예수님의 장례를 위해 미리 한 일이니 말리지 말고 그냥 두라는 말씀입니다. 마리아는 예수님께서 십자가에서 죽으실 것을 미리 알고 그에게 향유를 부어드리고 머리털로 예수님의 발을 씻어드린 것입니다. 예수님의 말씀대로 예수님의 장사를 마리아는 미리 준비한 것입니다. 마리아가 예수님이 죽으실 것을 미리 알았다는 성경적 증거가 있습니다.

마태복음 26:12와 마가복음 14:8에 보면 그것에 대한 증거를 은연중에 보였다는 것을 알 수 있습니다.

"이 여자가 내 몸에 이 향유를 부은 것은 내 장례를 위하여 함이니라."(마 26:12)

"그는 힘을 다하여 내 몸에 향유를 부어 내 장례를 미리 준비하였느니라."

(막 14:8)

요한복음 19: 38~40에서 "아리마대 사람 요셉은 예수의 제자이나 유대인이 두려워 그것을 숨기더니 이 일 후에 빌라도에게 예수의 시체를 가져가기를 구하매 빌라도가 허락하는지라 이에 가서 예수의 시체를 가져가니라. 일찍이 예수께 밤에 찾아왔던 니고데모도 몰약과 침향 섞은 것을 백 리트라쯤 가지고 온지라, 이에 예수의 시체를 가져다가 유대인의 장례 법대로 그 향품과 함께 세마포로 쌌더라,"고 하였습니다. '향품'은 시체에 바르는 '향유'를 가리킵니다. 마리아가 예수님의 몸에 향유를 부은 것은 예수님의 십자가 죽음을 예상하고 장사를 미리 예비한 것입니다.

마리아는 예수님의 다른 어느 제자들보다도 예수님의 죽음과 장례할 날이 급히 다가오고 있다는 것을 확신하였습니다. 예수님은 자기의 죽음이 다가오고 있다는 것을 가끔 예언하셨습니다. 때로는 공적으로 예언하셨고, 어떤 때에는 사적으로 예언하셨습니다.(마 9:22, 16:21, 막 8:31, 32, 9:12, 10:32~34, 요 6:52~56, 7:33, 8:21~23, 10:11) 이러한 예수님의 예언을 마리아도 틀림없이 들었습니다. 최근 몇 달 사이에 예수님에게 생긴 사건이, 예수님이 예언하셨던 예언의 성취, 즉 예수님의 죽음의 기미라는 것을 마리아가 모를 리가 없었을 것입니다. 요한복음 8:58에서 "아브라함이 있기 전부터 내가 있느니라,"고 예수님이 말씀하실 때 그들은 예수님을 돌로 치려고 했습니다. 요한복음 10:31에 "나와 아버지는 하나이니라,"라고 예수님이 말씀하셨을 때에도 유대인들이 돌을 들어 치려고 했습니다. 요한복음 11:45~57에서 예수님께서 나사로를 부활시킨 후에 유다 공회에서 예수님을 죽이려고 결의한 사실도 있었습니다. 마리아는 예수님 발아래 앉아서 예수님의 말씀을 듣고 배우고 경청한 사람으로 앞으로 일어날 예수님의 십자가 죽음에 대해서 누구보다도 먼저 알고 있었습니다.(눅 10:39)

예수님의 발아래 앉아 말씀을 배우던 마리아는 예수님의 발에 향유를 부어드림으로 그의 장례를 미리 준비했습니다. 마리아는 예수님께 봉사할 수 있는 기회를 포착하여 그 발에 기름을 부어드렸습니다. 유월절 엿새 전, 곧 예수님의 죽음을 앞두고 베다니에서 잔치를 베풀 때를 놓치지 않고 예수님께 향유를 부어드렸습니다. 만약 마리아가 이 기회를 포착하지 않았다면 그는 예수님에게 향유를 부어드릴 기회를 영원히 가지지 못했을 것입니다.

예수님께서 부활하신 새벽에 무덤을 찾아간 여인들은, 예수님이 장사되어 시체가 있을 줄 알고 향품을 준비하여 무덤에 갔으나, 예수님은 벌써 부활하시고 무덤에 시체는 없었습니다. 그들이 예비한 향품은 더 이상 예수님을 위해서 사용할 수가 없었습니다.(막 16:1~11)

마리아는 지혜로운 봉사자이며 슬기로운 헌신자입니다. 이 기회가 지나고 나면 예수님을 위한 봉사의 기회가 다시는 오지 않는다는 것을 알고 기회를 포착해서 주님께 아름답고 값진 봉사를 했습니다.

봉사의 기회는 지금입니다. 내일은 나의 시간이 아닙니다. 현재 내가 하나님께로부터 받은 재능과 물질과 시간, 그리고 건강을 가지고 주님께 봉사해야만 합니다. 시간이 좀 더 생기면, 사업을 좀 더 확장하고 나서, 자식들을 다 키우고 교육을 마친 다음에, 집안 사정이 조금 더 나아지면 하나님의 일에 봉사하겠다고 말하는 사람은 하나님의 일에 지각생입니다. 기회를 놓치고 후회할 수 있는 후보자들입니다.

예수님은 마리아가 행한 일에 대하여 제자들과 가룟 유다와는 판이하게 설명하고 변호하셨습니다. 마리아는 나의 장사를 미리 예비하느라고 비싼 향유를 나에게 부어주었으니, 이것은 값진 봉사요, 칭찬받을 일이라고 마리아의 봉사를 높이 평가하신 것입니다. 그리고 가룟 유다가 주장한 것에 대하여 예수님은 반박하셨습니다. "너는 마리아의 봉사를 낭비고 허비라고 평가하지만 나는 그렇게 생각하지 않는다. 네가 만일 마리아의 봉사를 헛된 낭비라고 한다면 나는 말하노니 마리아의 봉사는 나를 위한 사랑의 낭비요, 거룩한 낭비라고 하겠다."

가룟 유다는 예수님의 일행들이 움직이는 데 필요한 여러 가지 비용을 책임지고 맡아서 일한 자로서 믿을 만한 사람이라고 생각됩니다. 그런데 이 사람은 계산에 너무 익숙한 것이 문제였습니다. 마리아가 향유를 붓는 것을 보고 저것은 3백 데나리온이라고 정확히 계산했습니다. 계산에 아주 능하다보니 예수님을 은 30으로 계산하는 엄청난 과오를 범한 자입니다. 가룟 유다는 오직 돈에 관심이 있었고 자기에게 돌아오는 유익에만 마음을 쓰는 자였습니다.

사람들이 살아가는 데 돈이 필요합니다. 그러나 돈이 내 머릿속에 꽉 차 있어서 모든 것이 돈으로 보인다면 큰 문제입니다. 돈으로 눈이 어두워진다면 큰일입니다. 만사를 돈으로 계산하는 사람들이 있습니다. 사람들을 만나도 상대방의 인격이 얼마나 고상한가를 생각하지 않고, 저 사람이 입은 옷이 얼마짜리인가? 끼고 다니는 반지는 몇 캐럿인가? 집을 방문해도 얼마짜리 집에 사는가? 차는 무슨 차를 타는가? 친구를 한 번 대접하려 해도 이 돈은 내가 며칠 벌어야 하는 돈인데 라고 생각한다면 매우 곤란한 사람입니다. 남편을 한 달에 벌어오는 수입을 기준으로 하여 저울질 하거나, 나보다 경제 능력이 없다고 하면서 남편을 얕보는 아내가 있다면 그 같은 여자는 경제 동물에 불과하지, 인간다운 아내는 아닐 것입니다.

가룟 유다는 마리아의 봉사를 낭비라고 책망하면서 그럴듯한 구제이야기를 꺼내놓습니다. "이 향유를 어찌하여 삼백 데나리온에 팔아 가난한 자들에게 주지 아니하였느냐." 그러나 사도 요한은 가룟 유다를 이렇게 비판합니다. "이렇게 말함은 가난한 자들을 생각함이 아니요 그는 도둑이라 돈궤를 맡고 거기 넣는 것을 훔쳐 감이러라." 사도 요한은 가룟 유다를 도적이라고 단정합니다. 이처럼 맹랑한 도적인 가룟 유다가 말한 구제이야기는 믿을 수 없는 이야기입니다. 입에 발린 이야기에 불과합니다. 그의 마음속에는 그 향유를 300데나리온에 팔아서 자기가 그 돈을 관리한다면, 그 돈을 자기가 삼키겠다고 하는 마음을 은근히 폭로하고 있는 것입니다. 그것은 도적의 마음입니다. 이처럼 맹랑한 도적인 가룟 유다가 마리아의 봉사를 하나의 헛된 낭비요, 허비라고 책망하고 과소평가했습니다. 다른 제자들도 가룟 유다와 마찬가지로 마리아를 책망하고 비판했습니다.

선행에 비난이 따르기도 합니다. 아무리 거룩한 일이라도 오해가 있고, 반대가 있고, 다른 의견이 있는 것을 알아야 합니다. 그러므로 선행을 할 때 좋은 말만 들으리라고 기대해서는 안 됩니다. 바울은 이렇게 말합니다.

"내가 너희 영혼을 위하여 크게 기뻐하므로 재물을 사용하고 또 내 자신까지도 내어 주리니 너희를 더욱 사랑할수록 나는 사랑을 덜 받겠느냐."(고후 12:15)

사도 바울은 고린도교회를 사랑하기 때문에 재물도 자신도 허비하겠다고 했습니다. 그것은 사랑의 낭비요, 사랑의 허비입니다. 사랑하면 낭비가 뒤따릅니다. 사랑은 논리적으로나 수학적으로 계산할 문제가 아니기 때문에 사랑하면 낭비가 뒤따릅니다. 부모를 사랑하고 교회를 사랑하고 자식을 사랑하는 일을 계산으로 따져서 할 수 있습니까? 어떤 아들이 나이 많은 부모님에게 좋은 옷을 해드리려고 할 때 주위에서 비난을 합니다. 곧 돌아가실 분에게 간단하게 해드리지 그런 비싼 옷을 해 드리는 것은 비경제적이라고 합니다. 물론 경제적으로 따진다면 이것은 낭비입니다. 그러나 자식 된 도리는 그런 것이 아닙니다. 단 며칠을 입으실지라도 좋은 것으로 해드리는 최선의 성의가 있어야 합니다. 정성이란 항상 낭비를 동반합니다. 교회에 대한 정성도 마찬가지입니다. 교회에서 사용하는 여러 기구들, 사용품에도 때로는 낭비가 뒤따릅니다. 하나님께 드리는 헌물과 예물인데 그것을 경제적이냐, 합리적이냐를 따지면서 계산적으로 따진다면 옳은 일이 아닙니다.

단편소설의 거장인 오 헨리(O. Henry. 실명은 William Sydney Porter,

1862~1910)가 쓴 현자의 선물(The Gift of the Magi: Magi는 동방박사 세 사람을 가리킴)이라고 하는 감동적인 작품이 있습니다.

델라와 짐이라고 하는 젊은 부부가 있었습니다. 그들은 매우 가난했지만 서로 깊이 사랑하고 있었습니다. 그들은 각기 아주 소중한 것들을 가지고 있었습니다. 델라는 자신의 머리카락이 큰 영광이었습니다. 그 머리카락을 아래로 내리면 그것은 마치 긴 드레스 같았습니다. 짐은 아버지께로부터 물려받은 금시계가 있었습니다. 그것은 짐의 자랑이었습니다. 크리스마스이브에 델라는 짐에게 크리스마스 선물을 사려고 하지만 손에는 달랑 1불 87전이 전부였습니다. 그렇지만 사랑하는 짐에게 크리스마스 선물을 안 해주기에는 너무나 가슴이 아팠습니다. 궁리하던 델라는 마침내 입술을 깨물면서 결심을 했습니다. 자기가 아끼는 머리카락이지만, 짐보다는 중요하지 않았기에 그 아끼는 머리카락을 잘라서 20불에 팔았습니다. 아끼는 머리카락이 잘려서 없어졌다는 아픔보다는 짐에게 선물할 수 있다는 보람이 더욱 컸습니다. 그는 그 돈으로 짐이 소중하게 아끼는 시계에 달 수 있는 금줄을 샀습니다. 그것만큼 귀한 선물이 없겠다는 생각에 그의 마음은 마냥 행복했습니다. 짐은 크리스마스이브 밤늦게 집으로 돌아와서는 델라의 잘려진 머리카락을 보고는 정신 나간 사람처럼 멍청하게 서 있었습니다. 델라는 짐이 자신의 잘려진 머리카락을 보고 가슴이 아파 정신을 차리지 못한다는 것을 잘 압니다. 델라는 그런 짐을 껴안으면서 자기의 소중한 머리카락보다 짐이 더욱 소중하고 사랑하기 때문에 괜찮다고 그를 위로합니다. 그러자 허탈하게 서있던 짐이 델라에게 크리스마스 선물을 꺼내놓습니다. 그 선물 포장을 푼 델라의 눈에서 눈물이 굴러 떨어집니다. 그것은 정말로 아름다운, 보석으로 가장자리가 수놓아진 거북껍질로 만든 값비싼 머리빗 한 세트였습니다. 델라는 눈물을 흘리면서 짐에게 선물을 내놓습니다. 그런데 짐은 그냥 울고 맙니다. 그러면서 짐은 델라에게 그 빗을 사기 위해 금시계를 팔았다고 말합니다. 둘은 그냥 부둥켜안고 흐느낍니다.

짐과 델라의 이 사랑을 수학적으로 계산할 수 있습니까? 논리적으로 설명할 수 있는 사랑입니까? 이 사랑 때문에 자기들이 가진 가장 소중한 것을 서로 주었을 때 그것을 낭비라고 하십니까?

마리아가 만왕의 왕이신 예수 그리스도에게 향유를 부어드리고 머리카락으로 그 발을 씻어드렸다고 할 때, 그것이 낭비입니까? 가룟 유다의 생각과 판단으로는 그것을 낭비라고 하겠지만 예수님의 판단은 전혀 다르셨습니다. 낭비가 아니라 예수님께 좋은 일을 했고, 장례를 준비했다고 말씀하셨습니다. 그리고 한 가지 더 기념할 것을 명령하셨습니다.

"내가 진실로 너희에게 이르노니 온 천하에 어디서든지 복음이 전파되는 곳에는 이 여자가 행한 일도 말하여 그를 기억하리라 하시니라."(막 14:9)

그러면 예수님이 가난한 사람을 구제하는 것을 도외시하고 무시했습니까? 아닙니다. 예수님은 유대 귀족층과 친구가 되는 것보다 서민들, 소외당한 자들의 벗이 되셨습니다. 가난한 자들을 도와주시고 사랑하셨습니다. 그리고 초대 교회는 구제에 힘을 썼습니다. 그러나 예수님의 현재 입장은 그들과 항상 같이 계시지 않고 떠나기 때문에 마리아의 봉사는 값진 봉사라는 것입니다. "가난한 사람들은 항상 너희와 함께 있음으로 언제든지 구제할 수 있다."는 예수님의 이론이요, 설명입니다.

윤리에는 종말론적 윤리가 있고 평상시의 윤리가 있습니다. 지금 당장 죽는다고 할 때에 선이 무엇이냐 하는 것과 젊은 사람들이 평상시에 생각하는 선은 같은 선이 아닙니다. 예수님이 십자가에서 돌아가시는 종말론적인 사건 앞에서는 가난한 자의 일이 우선이 아니라 그리스도와의 관계가 우선입니다. 가난한 자는 항상 있음으로 구제할 기회가 있지만, 그리스도와의 관계는 이 기회가 지나가면 끝입니다. 선행도 중요하지만 복음이 더 중요하다는 것을 알아야만 합니다.

마리아가 순전한 향유를 예수님께 드린 것처럼 예수님을 존귀하게 여기며 최고, 최대의 물질로 봉사해야 합니다. 마음과 뜻을 다하여 주님을 섬겨야 합니다. 최고의 존경을 표현하면서 주님을 섬겨야 합니다. 기회를 포착하면서 주님을 섬겨야 합니다.

제55장

대제사장들의 모순

(요 12:9~11)

요한복음 12:9~11 "유대인의 큰 무리가 예수께서
여기 계신 줄을 알고 오니 이는 예수만 보기 위함이 아니요
죽은 자 가운데서 살리신 나사로도 보려 함이러라.
대제사장들이 나사로까지 죽이려고 모의하니,
나사로 때문에 많은 유대인이 가서 예수를 믿음이러라."

대제사장들은 자신들의 거짓된 신앙을 옹호하기 위해
예수님과 나사로를 죽이려고 했습니다.
대제사장들의 사상과 행위는 모순 덩어리입니다.
우리는 크리스천으로서 모순 없이 살며,
모순 없는 신앙생활을 해야 합니다.

어떤 사람이 날카로운 창과 단단한 방패를 팔고 있었습니다. 그는 이 창은 어떤 것을 찌르든지 뚫을 수 있다고 했습니다. 그리고 방패를 꺼내 들면서 이 방패는 어떤 날카로운 창이든지 다 막을 수 있다고 했습니다. 그때 구경꾼들 중에 한 사람이 그 창으로 그 방패를 찔러보라고 했습니다. 무엇이든지 뚫을 수 있는 창과 무엇이든지 막을 수 있는 방패를 파는 장사군의 말은 앞뒤가 서로 맞지 않았습니다. 이런 고사에서 모순이라는 말이 생겼습니다. '모순'에서 모(矛)는 창이라는 뜻이고 순(盾)은 방패라는 뜻입니다. 모순이란 사람의 말과 행동이 앞뒤가 서로 일치하지 않는 것을 의미합니다. 우리는 오늘 본문에서 대제사장들의 모순을 발견할 수 있습니다.

대제사장들의 모순

제사장들은 나사로가 부활한 것을 보고도 부활을 불신하고 부활이 없다고 하였습니다. 그들은 전부 사두개인들이었습니다. 그들은 죽은 자의 부활이나, 천사의 존재, 천당과 지옥, 내세가 있는 것을 믿지 않았습니다. 현실주의자들로서 세상과 타협하여 살아갔던 세속주의자들이었습니다. 어느 날 사두개인 중 한 사람이 예수님에게 이런 질문을 했습니다.

"어느 가정에 7형제가 있었는데 맏아들이 결혼해서 살다가 아들 없이 죽었습니다. 둘째 아들이 그 형수를 취하여 살다가 또 아들이 없이 죽었고, 셋째 아들도 그랬으며, 막내아들까지도 그 형수를 취하여 살다가 아들 없이 죽었습니다. 마지막에는 그 여인도 죽었습니다. 그러면 부활 때에 이 여자는 누구의 아내가 됩니까?"

예수님이 대답하십니다. "너희가 성경도, 하나님의 능력도 알지 못하기 때문에 오해했다. 부활 때에는 장가도 가지 않고 시집도 가지 않고 하늘에 있는 천사들과 같다. 하나님이 아브라함의 하나님, 이삭의 하나님, 야곱의 하나님이라고 하였을 때, 그 하나님은 죽은 자의 하나님이 아니요, 산 자의 하나님이심을 가리키는 것이다."

곧 하나님은 죽은 자를 부활시키는 하나님이요, 지금도 아브라함이나 이삭이나 야곱은 그들의 육신은 땅속에 있으나 그들의 영혼은 살아있어 하나님은 산 자의 하나님이라는 것입니다. 그리고 죽었던 나사로가 나흘 만에 예수님을 통하여 다시 살아난 사건을 유대군중들이 직접 듣고 직접 보았고 사두개인들도 다 알고 있었습니다. 그리고 대제사장들도 이 사실을 직접 대면하고 있으면서도 부활이 없다고 말하는 것은 모순입니다. 부활의 사건을 보고도 부활의 사실을 부인하고 불신하는 것만큼 더 큰 모순이 있습니까?

종교계급에 있으면서 종교인답지 않은 살인계획을 세웠으니 모순입니다. 하나님을 믿고 신앙생활을 한다고 자처하는 종교인들 중에도 큰 종교인이요, 유대사회를 지도한다는 대제사장들이 사람을 살리는 일에 힘쓰지 않고 사람을 죽이는 계획을 세웠다는 것은 매우 모순된 행위요, 위선적인 행동입니다.

예수님이 죽은 나사로를 무덤에서 살리셨을 때, 대제사장들은 그 예수님을 죽이려고 공회를 소집하고 예수님을 죽이자는 결의를 했습니다. 그해 대제사장이었던 가야바는 이렇게 발언하면서 예수님 죽이는 일에 앞장섰습니다.

"한 사람이 백성을 위하여 죽어서 온 민족이 망하지 않게 되는 것이 너희에게 유익한 줄을 생각하지 아니하는도다."(요 11:50)

대제사장들은 예수님이 나사로를 살려주신 일을 계기로 유대군중들이 예수님을 추종하고 그를 메시야로 믿게 될 때에 민중폭동이 생기지 않을까 염려하였습니다. 그리하여 한 사람, 즉 예수님을 죽이면 문제는 해결되리라고 생각했습니다. 죽은 자를 살려주신 선하신 예수님을 죽이려고 결의했으니 그들의 행위는 너무나 모순된 것이었습니다. 예수님 한 사람을 처단하면 그것으로 문제는 끝나리라고 생각했지만 이제는 예수님 한 사람만 죽여서는 부족하다는 결론이 나왔습니다.

"대제사장들이 나사로까지 죽이려고 모의하니, 나사로 때문에 많은 유대인이 가서 예수를 믿음이러라." (요 12:10)

그들은 나사로까지 죽이려고 의논을 하였습니다. 나사로 부활사건으로 많은 유대인들이 예수님을 믿는 것을 보고, 예수를 믿지 않게 하는 방법은 나사로를 죽여야 한다고 착각했습니다. 나사로를 부활시킨 것은 하나님이 하신 이적인 반면에 그를 다시 죽이려는 행동은 마귀의 하는 추악한 행동이었습니다. 대제사장들이 나사로까지 죽이려 한 것은, 시기심의 극단이요, 잔인성의 절정이며, 무소불위의 교만이고, 하나님과 싸우는 마귀의 악행이었습니다. 그리고 진리와 정의에 대항하는 작당심리로 미친 행위였습니다. 사두개파의 위치를 고수하고 승리를 위해서는 예수님도 제거하고 예수님의 능력의 실재 증거인 나사로까지 죽이려고 했으니, 이것은 엄청난 모순행위입니다.

생명을 창조하신 창조주요, 생사의 대권을 가지신 예수님을 죽이려고 했으니 이것은 큰 모순이고 부조리입니다. 성경이 밝히 말하는 대로 예수님은 하나님이신 동시에 사람이십니다. 우주와 만물과 사람을 창조하신 하나님이십니다. 하나님이신 예수님을 몰라보고 대제사장들은 그를 죽이려고 한 것입니다. 예수님을 바로 파악했다면 그들은 이 같은 엄청난 죄를 범하지 못했을 것입니다.

예수님께서 나사로를 무덤에서 살려주신 것은 최대의 이적입니다. 이 이적은 예수님이 생명과 사망을 주관하시는 분이심을 분명히 보여줍니다. 그럼에도 불구하고 대제사장들은 예수님을 죽이려고 했습니다. 대제사장들이 마지막 심판을 조금이라도 생각했다면 이런 모순을 범하지 못했을 것입니다.

기독교 역사를 보면, 마지막 대 심판을 알지 못했던 로마정권이 수많은 크리스천들을 불태워 죽이고 십자가에 처형했습니다. 피조물이 조물주 하나님을 대항하는 모순이 역사 속에 너무나 많이 있었음을 우리는 알 수 있습니다. 로마 가톨릭이 부패했을 때 종교개혁을 일으키고 개신교가 흥왕해졌을 때, 로마 가톨릭은 교권과 정권을 남용하여 수많은 개신교 신자들을 죽였습니다. 공산주의 혁명이 일어난 많은 나라와 공산주의 사상이 만연해지는 나라에서 수많은 크리스천 신도들이 무참히 학살을 당했고 현재도 핍박을 당하고 있습니다.

우리는 대제사장들이 범한 모순을 다시는 범하지 말아야 합니다. 교회봉사의 원리를 말할 때에도 앞뒤가 맞지 않는 모순이 있어서는 안 됩니다. 신앙생활의 실재를 이야기할 때도 앞뒤가 맞지 않는 모순을 범해서는 안 됩니다. 우리의 말과 행실은 항상 앞뒤가 맞아야 하고, 일치되어야 합니다. 모순 없는 말, 모순 없는 행실, 모순 없는 신앙생활을 해야 합니다. 모순되는 말과 행동을 취한 사두개인들을 유대군중은 존경하지 않았고 뒤에서 손가락질 했으며 비난했습니다. 합리적이고 앞뒤가 맞는 말과 행동을 할 때, 그 사람의 인격은 높이 평가를 받고 권위가 서게 됩니다.

신앙의 사람 나사로

나사로는 더할 나위 없는 매력을 지닌 자입니다.

"유대인의 큰 무리가 예수께서 여기 계신 줄을 알고 오니 이는 예수만 보기 위함이 아니요 죽은 자 가운데서 살리신 나사로도 보려 함이러라."(요 12:9)

나사로에게 왜 매력이 있었습니까? 죽어서 무덤에 장사된 지 나흘 만에 예수님의 능력에 의하여 다시 살아났기 때문에 매력이 있습니다. 유대인들은 나사로를 보기 원했습니다. 그의 생명은 예수님으로 말미암아 새롭게 얻은 생명이기 때문에 매력이 있었습니다. 나사로가 죽어 냄새가 나는 때에 예수님은 그를 나오라고 명령하셨습니다. 큰소리로 "나사로야 나오너라,"고 명령하시자 나사로는 수의를 동인 채로 걸어 나왔습니다. 그리고 베다니 잔치에서 예수님과 함께 앉았습니다. 아무도 죽은 자에게 생명을 줄 수 없으나 예수님은 죽은 나사로를 살리셨습니다. 죽었던 자가 살아나면 어떤 모습입니까? 썩어서 냄새나던 그 몸이 어떻게 생생해졌습니까? 어떤 모습으로 변화되고 부활되었습니까? 죽었다가 다시 산 나사로의 생명은 어떤 생명입니까? 그 나사로가 베다니에 있다하니, 그를 보고 싶어 하는 무리들이 베다니로 몰려왔습니다.

오늘의 진정한 크리스천은 매력이 있어야 합니다. 우리는 영적으로 다시 살았습니다.

"그는 허물과 죄로 죽었던 너희를 살리셨도다."(엡 2:1)

우리도 나사로와 같이 회생의 소망이 없었던 자들인데 예수님이 오셔서 우리를 부르셨습니다. 나사로를 무덤에서 불러내신 것처럼 우리를 부르셨습니다. 그리고 우리는 주님의 음성을 듣고 그를 따르게 되었습니다. 이것은 영적으로 부활하여 새 생명을 얻은 것입니다. 그러니 우리도 나사로처럼 매력이 있어야 합니다. 많은 사람이 새 생명을 얻고 변화된 내 모습을 보기 위하여 모여 들어야만 합니다. 불신자인 남편이 새 생명을 얻은 아내의 변화된 모습에 매력을 느껴야만 합니다. 믿음의 선배들은 후배들에게 이런 모습을 보여주어야 합니다. 우리 교회 전체가 달라지고 변화되고 생명력이 넘치는 모습을 소문을 듣고 많은 사람들이 보고 싶어 해야만 합니다. 크리스천의 매력은 궁극적으로는 예수님의 매력입니다. 예수님이 우리 안에 계심으로 이루어지는 매력입니다. 우리 자신과 교회는 예수님을 보여주는 매력 있는 성도,

매력 있는 교회가 되어야 합니다.

나사로는 불신자들에게 위협적인 존재가 되었습니다. 나사로는 특히 대제
사장들에게 위협적인 사람으로 나타났습니다. 제사장들은 모두가 사두개인
들이었는데 이들은 나사로 때문에 정치적, 신앙적인 면에서 위협을 느끼고
있었습니다. 사두개파들은 유대인들 중에서도 부유하고 귀족적인 계급에 속
합니다. 로마 정부에 협력적이었습니다. 그들의 목적은 부귀와 안일을 확보
하는 데 있었습니다. 정치적으로 지도적인 위치를 유지할 수만 있다면, 로마
에 얼마든지 협력한다는 태도를 취했습니다. 로마는 넓은 영토를 쉽게 다스
리기 위하여 그 속국에 꽤 많은 자유를 주고 매우 관용하였습니다. 한 사람
의 총독 밑에 그들의 자치를 허락했습니다. 그러나 사소한 폭동이라도 일어
날 때에는 총독에게나 그 사회 책임자들에게 즉각 문책을 했고 그들을 실각
시켰습니다. 이 사두개인 대제사장들은 예수님을 반란과 폭동을 일으킬
가능성이 있는 지도자로 간주했습니다.

나사로를 부활시켜 준 사건을 계기로 민심은 예수님께로 집중되었고 그의
인기는 급상승하였으므로 사태가 긴박하다고 느꼈습니다. 만일 민중 폭동이
일어나면 예수님을 제거해 버리는 것이 상책이라고 판단했습니다. 만일 자
기들의 권력과 안일이 위협을 당하게 된다면 예수님을 제거해 버려야 한다
고 주장했습니다.

그들은 신앙적인 면에서도 위협을 느꼈습니다. 바리새인들과는 달리 사두
개인들은 부활을 믿지 않았습니다. 그들은 어떠한 부활도 없다고 주장합니
다. 그러나 그들은 부활한 나사로를 눈앞에 보게 되었습니다. 부활한 나사로
는 사두개인들의 신앙이 틀린 것이라고 정죄하고 많은 사람들을 예수님께로
돌아오게 하는 자이기 때문에 나사로에 대한 조치를 강구한 것입니다. 그래
서 나사로도 죽이려고 한 것입니다.

자기들의 거짓된 신앙을 옹호하고 보호하기 위해 나사로를 죽이려고 했습

니다. 나사로를 죽임으로 그들의 위선과 가장이 인정을 받을 수 있습니까? 나사로를 죽여도 예수님을 처형해도 진리는 진리대로 살아있습니다. 기독교를 박해한 세상 정권이나 로마 교권이나 이교도들의 교권이 '참'이라고 증명되었습니까? 기독교를 믿는 성도들을 핍박하고, 투옥시키고, 사형시켜서 처단한다고 해서 기독교의 진리가 함께 죽었습니까? 아닙니다. 도리어 그들이 순교함으로 기독교의 진리는 해 같이 빛나고 있습니다. 요원의 불길처럼 번졌습니다. 사두개인들, 대제사장들은 자기들의 이해관계 때문에 진실을 숨기려고 했습니다. 그들은 자기들의 지위와 영향력을 유지하기 위해서 모든 수단과 방법을 동원해서 진리의 증거를 말살하려고 했습니다. 사람이 진리를 두려워할 때는 불쌍한 존재가 됩니다. 사람이 개인적인 위신이나 이익을 진리보다 선행시키려고 할 때 가엾은 사태에 빠지게 됩니다.

나사로는 많은 사람들에게 축복을 받게 되었습니다.

"나사로 때문에 많은 유대인이 가서 예수를 믿음이러라." (요 12:11)

다시 살아난 나사로를 보러갔던 유대인들이 예수님을 믿었습니다. '나사로 때문에 예수를 믿었다,'는 이 말씀은 우리에게 너무나 큰 충격과 교훈을 줍니다. 죽은 나사로를 보러갔던 사람들은 나사로의 부활사건을 일으킨 예수 그리스도를 보았고 그를 믿었습니다. 나사로는 예수 그리스도의 빛을 반사한 반사체 같은 사람입니다. 예수 그리스도의 향기를 들어낸 사람입니다. 그는 말없이 예수님과 함께 앉아 있기만 했으나 예수님을 증거 했습니다. '내가 죽었다가 다시 살아난 나사로다,' 라고 말을 하지 않아도 바로 그의 변화된 존재 자체가 예수님을 이야기하고 증거 한 것입니다. 향기가 말없이 소리 없이 퍼져나가는 것처럼, 크리스천의 향기도 아무런 선전 없이 퍼져나갑니다.

우리는 나사로처럼 우리의 모습에서 예수님이 드러나고 예수님이 부각되게 해야 합니다. 나 때문에 예수님을 믿는 사람들이 많아져야 합니다. 나 때문에 예수님의 이름이 영광 받아야 합니다. 우리는 전도인이 되기 전에 먼저 예수님을 닮은 자가 되어야 하고 예수님과 함께 있는 자가 되어야 합니다. 내가 먼저 예수님의 제자가 되고 예수님의 뒤를 따르는 올바른 모범 성도가 되어야 합니다. 예수님을 본받는 자가 되는 것이 급선무입니다.

다른 면을 생각해 봅시다. 나 때문에 신앙의 손해를 보고 나 때문에 교회 봉사에 부담감을 갖는 사람이 있지는 않은지를 생각해 봐야 합니다. 어떤 사람이 교회를 방문해서 몇 개월 간 교회에 출석을 잘 하더니 어느 순간에 자취를 감추었습니다. 그 사람은 보험을 하는 사람이어서 교인들에게 전화와 방문을 통해서 보험을 팔았습니다. 그러다가 교회에 보험을 살 사람이 더 이상 없으니 다른 교회로 옮겨 간 것입니다. 말하자면 보험을 살 사람이 있는 다른 교회로 옮긴 것입니다. 그 사람에게는 교회에 출석하는 것이 자기 사업 때문이었습니다. 이런 사람들 때문에 교인 중에는 상처를 받는 사람들이 있고, 교회를 멀리하는 사람들이 생기게 됩니다. 교인 간에는 금전거래를 분명히 하거나 삼가야 합니다. 나 한 사람 때문에 전도의 문이 막히고 교회의 이름을 욕되게 하며, 하나님의 성호를 더럽히는 일이 없어야 합니다. 도리어 나 때문에 예수님을 믿는 성도가 많아지고, 나 때문에 믿음 약한 자가 뜨거운 감화를 받아 신앙성장에 급변화를 일으키는 일이 있어야만 합니다. 나 한 사람 때문에 교회가 아름다워지고 부흥하며 발전해야 합니다.

대제사장들처럼 모순 덩어리, 평가절하 받는 신자가 되지 말고, 나사로처럼 많은 사람들을 주께로 인도하고 은혜 받게 하는 믿음과 봉사의 주역이 되어야 합니다.

제56장

왕이 오신다

(요 12:12~19)

요한복음 12:12~19 "그 이튿날에는 명절에 온 큰 무리가 예수께서 예루살렘으로 오신다는 것을 듣고, 종려나무 가지를 가지고 맞으러 나가 외치되 호산나 찬송하리로다 주의 이름으로 오시는 이 곧 이스라엘의 왕이시여 하더라. 예수는 한 어린 나귀를 보고 타시니, 이는 기록된 바 시온 딸아 두려워하지 말라. 보라 너의 왕이 나귀 새끼를 타고 오신다 함과 같더라. 제자들은 처음에 이 일을 깨닫지 못하였다가 예수께서 영광을 얻으신 후에야 이것이 예수께 대하여 기록된 것임과 사람들이 예수께 이같이 한 것임이 생각났더라. 나사로를 무덤에서 불러내어 죽은 자 가운데서 살리실 때에 함께 있던 무리가 증언한지라, 이에 무리가 예수를 맞음은 이 표적 행하심을 들었음이러라. 바리새인들이 서로 말하되 볼지어다 너희 하는 일이 쓸 데 없다 보라 온 세상이 그를 따르는도다 하니라."

예수님은 왕으로서 이 땅에 오셨습니다.
예수님은 하나님께서 정한 시간이 오자,
우리들의 죄를 담당하고 죽으시기 위하여,
성경 예언을 성취하시기 위하여,
유월절 양으로 희생되기 위하여
예루살렘으로 입성하셨습니다.

베다니 동네에서 예수님을 위한 큰 잔치가 있었던 다음 날에 예수님은 예루살렘을 향하여 떠나셨습니다. 이 날은 바로 주일 아침이었습니다. 본문 12절에 '그 이튿날에는' 라고 날짜를 밝혔는데 이 날은 바로 베다니 향연 후 이튿날을 가리킵니다. 예수살렘으로 입성하시는 예수님을 맞이하는 군중들은 손에 손에 종려가지를 들고 "호산나 찬송하리로다. 주의 이름으로 오시는 이 곧 이스라엘의 왕이시여,"라 하면서 크게 환영했습니다. 그들은 지금 왕이 오신다고 기뻐하며 환영한 것입니다. 그리고 왕이신 예수님께서 지금 우리를 구원해 주시고 다스려 달라고 하는 뜻에서 호산나라고 외쳤습니다.

여기 호산나('Ωσαννά)라는 말의 뜻은 '오, 구원하소서,' 라는 의미입니다. 왜 예수님이 예루살렘에 입성하셨습니까? 무리들의 환영과 박수갈채를 받기 위하여 예루살렘으로 가셨을까요? 이스라엘 민족을 다스리기 위한 지상의 왕이 되기 위하여 예루살렘으로 입성했습니까? 그것은 아닙니다.

죄인들을 대신해서 죽으시려고 입성하심

대제사장들은 지금까지 예수님을 죽이려는 계획과 모임을 가졌습니다. 그리고 나사로를 보며 많은 사람들이 예수님을 믿음으로 나사로도 함께 죽이려고 모의했습니다. 예수님은 공회에서 자기를 죽이려고 결의한 것을 아시고, 호시탐탐 죽일 기회를 찾고 있는 저들의 계략을 아시면서도 예수살렘에 입성하셨습니다.

바리새인들이나 사두개인들, 서기관들, 그리고 공회가 결정한 시간에 예수님이 죽으시는 것이 아니라 하나님의 시간표에 의하여 예수님은 움직이시고 십자가에서 죽으신다고 여러 번 말씀하셨습니다. 이제 하나님의 시간이 점차 가까와 오고 있음으로 예수님은 예루살렘을 향하여 올라가셨습니다. 자신이 하나님의 시간표에 맞추어 십자가에 죽으시려고 행동을 취한 것입니다. 그리하여 자발적으로 예루살렘으로 들어가신 것입니다.

예수님의 예루살렘 입성은 어떤 면에 있어서 유대 공회원들에게 크나큰 도전적인 행동이었습니다. 너희가 나를 죽이려는 그 시간표를 하나님의 시간표에 맞추라는 예수님의 무언의 도전입니다. 나는 너희들의 계획과 너희들의 시간표에 따라 움직이는 것이 아니라 하나님의 계획과 하나님의 시간표에 따라 행동한다는 것을 보여주는 것이 바로 예수님의 예루살렘 입성이었습니다. 하나님께서 정한 시간이 자기에게 주어지매, 죄인들의 죄를 담당하고 죽으시기 위하여 자진해서 예루살렘으로 입성한 것입니다. 마가복음 10:32~34에서 예수님이 예루살렘에 올라가시는 목적을 제자들에게 자세하게 설명하십니다.

"예루살렘으로 올라가는 길에 예수께서 그들 앞에 서서 가시는데 그들이 놀라고 따르는 자들은 두려워하더라 이에 다시 열두 제자를 데리시고 자기가 당할 일을 말씀하여 이르시되, 보라 우리가 예루살렘에 올라가노니 인자가 대제사장들과 서기관들에게 넘겨지매 그들이 죽이기로 결의하고 이방인들에게 넘겨주겠고, 그들은 능욕하며 침 뱉으며 채찍질하고 죽일 것이나 그는 삼 일 만에 살아나리라 하시니라."(막 10:32~34)

성경 예언을 성취하시기 위하여 입성하심

예수님은 예루살렘으로 입성하실 때에 나귀 새끼를 타고 가셨습니다. 어린 나귀를 예수님이 우연히 타신 것이 아니고, 구약성경에 이미 예언되어 있었기 때문에 구약의 예언을 성취하려고 어린 나귀를 타신 것입니다. 14절에,

"시온 딸아 두려워하지 말라, 보라 너의 왕이 나귀 새끼를 타고 오신다 함과 같더라,"는 말씀은 구약의 말씀을 사도 요한이 인용한 말씀입니다.

"시온의 딸아 크게 기뻐할지어다 예루살렘의 딸아 즐거이 부를지어다 보라 네 왕이 네게 임하시나니 그는 공의로우시며 구원을 베푸시며 겸손하여서 나귀를 타시나니 나귀의 작은 것 곧 나귀 새끼니라."(슥 9:9)

여기서 '시온의 딸'이란 예루살렘 시민에 대한 애칭입니다. 로마의 지배 하에 있던 예루살렘 시민들은 개선장군이 힘센 군마를 타고 중무장을 갖추고 위풍당당하게 입성하는 것을 여러 번 보았습니다. 그때마다 그들은 그 위엄에 두려움을 느꼈으나 개선장군에 대한 존경심은 없었습니다. 그리고 개선장군을 신뢰하고 믿는 신앙은 조금도 없었습니다. 그러나 예수님이 나귀 새끼를 타시고 예루살렘 성으로 입성하실 때에, 그들은 한량없는 겸손과 자비의 모습을 보았습니다. 예수님에게는 두려움이 없었습니다. 예수님은 왕으로 오시면서 강하고 힘센 말을 타고 오시지 않았습니다. 예수님은 중무장을 갖추고 위풍을 떨치며 오시지 않았습니다. 낮은 나귀 새끼를 타시고, 조용히 그리고 천천히 예루살렘으로 입성하신 것입니다. 예수님은 평화의 왕으로 입성하신 것입니다. 이때 무리들은 종려나무 가지를 들고 즐거이 환영했습니다. 종려나무는 존경과 희열을 표시하는 식물입니다.

"첫 날에는 너희가 아름다운 나무 실과와 종려나무 가지와 무성한 나무 가지와 시내 버들을 취하여 너희의 하나님 여호와 앞에서 이레 동안 즐거워할 것이라."(레 23:40)

무리들은 나귀 새끼를 타고 오시는 예수님을 군마를 타고 입성하던 로마의 개선장군보다 더 존경하는 뜻으로 종려나무 가지를 들고 환영한 것입니다. 그리고 공관복음서를 보면 그들이 자기들의 겉옷을 예수님 오시는 길에 폈다고 했습니다. 이것은 예수님에 대한 한없는 존경의 표시입니다.

예수님이 나귀 새끼를 타고 입성하시는 것은 바로 구약에서 약속된 메시야임을 그대로 나타내신 것입니다. 예수님이 죽어 장사된 지 나흘이나 된 나사로를 살리신 것은 이적의 클라이맥스였습니다. 나면서부터 맹인 된 자의 눈을 뜨게 한 것, 파도를 잔잔하게 하신 것, 나병환자를 고치신 것, 못 걷는 사람이 걸은 것도 기적이었지만 나사로의 부활 사건과는 비교도 되지 않습니다.

유대인들의 관심은 나사로가 살아났다는 것이 중요한 것이 아닙니다. 나사로를 살리신 그 분이 우리가 기다리던 메시야라는 데에 있었습니다. 죽은 나사로가 살아난 것은 신기한 이야기요, 남의 사건이지만, 예수님이 메시야라는 것이 그들의 집중된 관심이었습니다. 오랫동안 메시야 대망 사상으로 가득 차 있었던 유대인들은 예수님이 바로 메시야라고 믿게 되었고, 그 메시야를 환영하는 군중들의 모임이 너무 컸습니다.

"명절에 온 큰 무리가 예수께서 예루살렘으로 오신다는 것을 듣고, 종려나무 가지를 가지고 맞으러 나가."(요 12:12)

유대의 큰 무리들이 예루살렘에서 베다니 쪽으로 예수님을 환영하기 위해서 내려갔고, 베다니 쪽에서도 큰 무리들이 예수님을 모시고 예루살렘으로 올라오고 있었습니다. 예루살렘에서 내려가는 무리들은 예수님도 만나고 죽었다가 다시 살아난 나사로가 보고 싶어서 베다니로 향하고 있었습니다. 이렇게 두 큰 무리들이 만나니 더욱 더 큰 무리가 되었습니다. 예수님을 왕으로 환영하는 무리들은 놀라운 축제 분위기를 조성했습니다.

유대 무리들이 예수님을 왕이라고 할 때, 나사로를 부활시킨 사건과 연관시켜 예수님은 생명의 주인 되는 왕이라고 그들은 믿었습니다. 예수님은 죽은 자를 살리시며 자기를 죽이겠다고 하는 사람들도 무서워하지 않는 왕으로서 사망 권세를 이기는 왕이십니다. 그러므로 전쟁이나 경제 공황이 와도 고민할 왕이 아니라는 것입니다.

어떤 예수님의 제자들은 예수님이 왜 왕으로서 호산나 환영을 받고 나귀 새끼를 타시고 입성하면서 존경을 받는지 그 이유를 몰랐었는데 예수님이 영광을 받으신 후에야 그 의미를 깨달았습니다.(12:16) 제자들이 예수님과 함께 예루살렘으로 가면서 무리들이 그렇게 예수님을 환영하고 환성을 울리며 호산나 찬송을 하는 이유를 예수님이 영광을 받으신 후에 알았습니다. 예수님이 영광을 받으신 후란 예수님이 십자가에서 죽으시고, 부활하시고, 승천하신 후, 오순절에 성령 충만함을 받고 성령님이 가르쳐 주셨을 때, 사도 요한이 인용한 스가랴 9:9의 말씀을 이해하고 깨달았다는 말입니다.

인간은 하나님의 섭리적 사역의 의미를 빨리 깨달을 때도 있으나 오랜 후에 깨달을 때도 있습니다. 역대하 36:22~23에서, 고레스 왕이 선포한 이스라엘의 포로해방과 귀환, 그리고 성전 건축을 하게 된 것이 예레미야의 예언의 성취인 것을 이스라엘은 훗날에 깨달았습니다. 스펄젼 목사가 할리팍스(Falifax)란 곳에 있는 큰 교회에서 설교를 한 후에 교인들이 다 문밖으로 나온 후에 예배당이 무너졌습니다. 교인들은 그 일을 보고 즉시 그것이 하나님이 하신 일인 것을 깨달았습니다.

하나님의 하시는 일을 즉시 모르지만 오랜 후에 알 수 있을 때도 있습니다. 하나님의 하시는 일을 깨닫는 과정이 단순치 않다는 사실을 알아야 합니다. 제자들은 왜 예수님이 왕이라고 하시면서 나귀 새끼를 타시며, 무리들이 종려나무를 흔들면서 호산나 찬송을 하며 환영하는가를 예수님이 승천하신 후까지 몰랐다가 오순절에 가서야 알았습니다. 그 동안에 예수님이 죽으셨다가 부활하시는 어려운 길이 있었습니다.

큰 무리가 예수님을 환영하고 추종하는 것을 보고 바리새인들이 사두개인들에게 말했습니다.

"볼지어다 너희 하는 일이 쓸 데 없다 보라 온 세상이 그를 따르는도다." (요 12:19)

부활을 부인하는 교리는 잘못이고 대세는 예수님께 있다는 것입니다. 역사를 통해 볼 때 예수님을 핍박하는 모든 수작은 다 쓸 데 없는 짓입니다.

유월절 양이 되기 위해 입성하심

예수님이 입성하실 때가 유월절 절기였습니다. 유대인들에게 유월절, 오순절, 초막절의 세 명절은 의무적인 명절이었습니다. 12세 이상 되는 남자들은 유월절을 위해서는 세상 끝에서도 왔습니다. 어디에 살고 있든지 유대인들은 단 한 번이라도 예루살렘에서 유월절을 지키려고 합니다. 오늘 날에도 유대인들은 외국 땅에서 유월절을 맞이하게 되면 그들은 이렇게 말합니다. "금년에는 여기에서 내년에는 예루살렘에서!"

예수님이 예루살렘에 입성하실 당시 유월절 양 256,500마리가 희생되어서 그 피가 시내를 이루었다고 합니다. 270만 명의 유대인들이 예루살렘에 모였습니다. 이천년 전의 예루살렘이니 그 도시가 크면 얼마나 컸겠습니까? 그 도시에 수많은 양과 인파들로 붐볐습니다. 예수님은 인류의 죄를 위하여 희생양이 되려고 유월절에 예루살렘에 입성하신 것입니다. 그 수많은 25만 마리의 양들 가운데 파묻힌 예수라는 하나님의 양이 계십니다.

유월절에는 양을 잡고, 그 피를 문설주에 바릅니다. 애굽의 장자가 죽는 재앙을 피하고, 이스라엘이 해방을 받은 날을 기념하는 것입니다. 문설주에 바른 피를 보고 죽음은 그 집을 넘어갔고, 이스라엘은 생명을 보존하면서 해방을 맞았습니다. 예수 그리스도가 십자가에서 무죄한 피를 흘리시고 돌아가신 것은 바로 우리에게 생명과 해방을 주시려고 죽으신 것입니다.

"우리의 유월절 양 곧 그리스도께서 희생되셨느니라."(고전 5:7)

"그가 찔림은 우리의 허물 때문이요 그가 상함은 우리의 죄악 때문이라 그가 징계를 받으므로 우리는 평화를 누리고 그가 채찍에 맞으므로 우리는 나

음을 받았도다."(사 53:5)

　예수님은 본래부터 왕이십니다. 헬라어 그리스도는 '왕, 제사장, 선지자'를 뜻합니다. 하나님으로서 온 우주와 만물과 인간과 천사와 사탄까지 다스리시는 왕이십니다. 예수님께서는 왕의 직분을 행사하셨습니다. 자기를 죽이려는 대적 앞에서 위풍당당하게 행사하셨고, 평화의 왕으로 나귀 새끼를 타시고 입성하셨습니다. 왕이신 예수님이 유월절 양으로 희생되기 위하여 입성하셨고, 구약의 예언을 성취하기 위해 입성하셨습니다. 우리는 예수 그리스도 왕국의 백성이고 시민입니다. 그리고 그 왕국의 왕은 예수 그리스도이십니다. 우리도 예루살렘에 모였던 무리처럼 호산나 찬송을 하면서 예수님을 왕으로 섬기고 예배해야 합니다.

제57장

생명의 역설

(요 12:20~26)

요한복음 12:20~26 "명절에 예배하러 올라온 사람 중에 헬라인 몇이 있는데, 그들이 갈릴리 벳새다 사람 빌립에게 가서 청하여 이르되 선생이여 우리가 예수를 뵈옵고자 하나이다 하니, 빌립이 안드레에게 가서 말하고 안드레와 빌립이 예수께 가서 여쭈니, 예수께서 대답하여 이르시되 인자가 영광을 얻을 때가 왔도다. 내가 진실로 진실로 너희에게 이르노니 한 알의 밀이 땅에 떨어져 죽지 아니하면 한 알 그대로 있고 죽으면 많은 열매를 맺느니라. 자기의 생명을 사랑하는 자는 잃어버릴 것이요 이 세상에서 자기의 생명을 미워하는 자는 영생하도록 보전하리라. 사람이 나를 섬기려면 나를 따르라 나 있는 곳에 나를 섬기는 자도 거기 있으리니 사람이 나를 섬기면 내 아버지께서 그를 귀히 여기시리라."

예수님은 생명의 역설에 대해 말씀하십니다.
참 영광은 십자가를 진 후에 온다고 하십니다.
'죽어야 산다,'고 하십니다.
자기 생명을 미워하는 자는 영원히 산다고 하십니다.
섬기는 자가 위대하다고 하십니다.

토마스 칼라일(Thomas Carlyle, 1795~1881)이 한 번은 대학에서 미술 강의를 하고 있었습니다. 그런데 그 전날 강의와 정면으로 반대되는 말을 하고 있었습니다. 그것을 발견한 한 학생이 이 사실을 들어 어제 강의와 오늘 강의는 정반대인데 어째서 이런 역설적인 강의를 하느냐고 질문했습니다. 그랬더니 당황해 할 줄 알았던 칼라일이 태연하게 말했습니다. "미술의 세계를 역설을 통하지 않고 어떻게 제대로 설명할 수 있느냐?"

오늘 본문은 하나님의 말씀 가운데도 예수님의 역설을 발견할 수 있습니다. 예수님의 역설은 단순한 역설이 아니라 역설로 표현되는 신비한 진리를 말합니다. 역설의 진리를 모르고는 복음의 진가를 모른다고 할 수 있습니다.

영광은 십자가 후에 온다는 역설

오늘 본문에 기록된 역설은 유월절 중에 일어난 사건입니다. 많은 사람들이 모였고, 그 중에 예수님이 계셨으며, 예수님은 많은 사람들의 최고 선망의 대상이 되셨습니다. 유대 군중들은 하늘에서부터 내려오는 놀라운 기적이 있으리라 믿었고, 예수님이 언제 왕으로 왕위에 오르실 것인가 기대에 부풀어 있었습니다. 나귀 새끼를 타시고 예루살렘에 입성하실 때, 사람들은 호산나 찬송하면서 환영했고, 예수님의 인기가 절정에 달했습니다. 이 행렬과 외침은 왕에게 드리는 치하요 영광으로써 굉장한 행렬이었습니다.

그러나 대제사장들은 예수님을 죽일 기회만을 엿보고 있었습니다. 예수님의 예루살렘 입성은 나팔소리는 없지만 예루살렘 성전을 본거지로 정하고 있는 제사장들을 향하여 진군해서 쳐들어가는 행렬로 볼 수 있습니다. 바로 이때 헬라인들이 예수님을 만나자고 요청을 했습니다. 이들은 원래 헬라인들이었으나 유대종교로 개종한 사람들이라고 생각됩니다. 이들은 헬라문화에 정통하면서 유대주의에 속한 자들로서 유월절을 지키기 위해 예루살렘에 왔다가 예수님을 만나자고 청원한 것입니다. 헬라인들 역시 예수님의 인기가 절정에 달했을 때 무엇인가 크게 기대하는 마음을 가졌고, 한편으로는 불안한 마음을 가지고 예수님을 찾아왔습니다.

"명절에 예배하러 올라온 사람 중에 헬라인 몇이 있는데, 그들이 갈릴리 벳새다 사람 빌립에게 가서 청하여 이르되 선생이여 우리가 예수를 뵈옵고자 하나이다 하니, 빌립이 안드레에게 가서 말하고 안드레와 빌립이 예수께 가서 여쭈니."(요 12:20~22)

헬라인들은 직접 예수님을 만나지 않고 먼저 빌립을 만나 조용히 청을 넣었습니다. 빌립이 안드레와 의논하고 난 후에 예수님께 말씀드리는 아주 지혜롭고 정중한 처리를 하는 것을 볼 수 있습니다. 성경에서는 이들을 간략하게 헬라인이라고 기록하고 있습니다. 그들이 몇 명이고 이름이 무엇이며, 또한 만나서 어떤 이야기를 하고자 했는지는 모릅니다. 그들이 조용히 예수님을 만나려고 한 것은 제사장들과 종교지도자들의 눈을 피하기 위해서였을 것입니다. 그런데 왜 하필이면 빌립에게 청했습니까? 수제자 베드로에게 청탁을 하지 않고 왜 빌립에게 했을까요? 빌립의 이름이 헬라 이름이었다는 점으로, 그들이 친근감을 느꼈기 때문일 것입니다. 그래서 그들은 빌립과 접촉했고, 빌립은 안드레와 의논하여 예수님께 말씀을 드린 것입니다. 헬라인들이 예수님을 뵙기를 원한다고만 전했지, 왜 예수님을 만나려고 하는지 이유를 성경에서는 밝히지 않고 있습니다. 하지만 신빙성은 없지만 이런 전설이 있습니다. 예수님을 찾아온 사람들은 헬라에 있는 조그마한 도시국가 에뎃사 왕국(County of Edessa)에서 온 자들이었습니다. 그들이 온 이유는 에뎃사 왕의 아들이 나병에 걸려서 근심 중에 있는데 예수님이 오셔서 왕자의 병을 고쳐주시기를 간청하고, 또 예수님을 왕의 고문으로 모시겠다는 것을 전하려 했다는 것이었습니다. 헬라인들도 대제사장들이 예수님을 죽이려고 기회를 엿보고 있다는 사실을 알고 있었습니다. 그러니 예수님을 자기 나라로 피신시켜 왕의 고문으로서 여생을 편안하게 지내시라는 교섭이었습니다.

빌립과 안드레가 예수님께 가서 헬라인들이 찾아온 용건을 전하자 예수님은 이렇게 말씀하셨습니다.

"인자가 영광을 얻을 때가 왔도다."(요 12:23)

에뎃사 왕국에는 세상의 영광이 기다리고 있었습니다. 헬라인들은 예수님이 세상 영광을 얻으시도록 자리를 마련하고 있었지만 예수님은 '참 영광'을 내다보신 것입니다. 곧 십자가를 생각하셨습니다. 여기 예수님이 말씀하신 영광은 십자가입니다. 자신이 인류의 죄를 구속하시려고 지시는 십자가를 말씀하십니다. 여기에서 특별히 "인자가 영광을 얻을 때가 왔도다,"라고 하셨습니다. 인자란 '사람의 아들(son of man)'이란 의미가 아니고, '말세에 나타날 하나님 자신, 즉 종말적 계시자로서 하나님'을 가리킵니다. 예수님은 자기를 가리켜서 언제나 인자라고 하셨는데, 이 단어는 성경에 90회 이상이나 나옵니다.

"인자가 영광을 얻을 때가 왔도다,"고 하신 것은 참 영광은 '십자가를 지는 것'이라고 하신 말씀입니다. 예수님이 의미하는 영광은 십자가 뒤에 오는 영광을 의미합니다. 십자가 없는 영광은 거짓이요, 고통이 없는 명예는 명예가 아닙니다. 수고하지 않고 생긴 돈은 가치 있는 돈이 아닙니다. 땀과 희생 속에서 얻어지는 소유가 참 소유이며, 고난 후에 얻어지는 영광이 진정한 영광입니다.

영어에서 역설적이란 말 패러독스(paradox)는 헬라어 'παράδοξος'에서 기원한 말입니다. '일정한 의견에 배치된다,'는 뜻인 동시에 '영광에서 난 것'이라는 이중의 뜻을 가집니다. 이 낱말 자체가 벌써 역설적입니다. 예수님이 '십자가를 지는 것이 바로 영광을 취하는 것'이라고 말씀하셨을 때 그것은 위대한 역설입니다. 그리고 진리임에 틀림이 없고 역설의 복음임에 틀림없습니다. 최초의 변증학자 터툴리안(Tertullian 160~225)은 "나는 불합리하기 때문에 믿는다(Credo quia absurdum),"고 했고, 파스칼은 "신앙이란 이성을 십자가에 못 박는 것이다,"라고 했습니다.

예수님이 말씀하신 "영광은 십자가 뒤에 온다,"는 이 역설은 진리임을 믿어야 합니다.

죽어야 산다는 역설

"내가 진실로 진실로 너희에게 이르노니 한 알의 밀이 땅에 떨어져 죽지 아니하면 한 알 그대로 있고 죽으면 많은 열매를 맺느니라."(요12:24)

이 말씀은 죽어야 산다는 진리를 역설적으로 가르치시는 말씀입니다. 예수님은 "한 알의 밀이 땅에 떨어져 묻혀야 한다,"고 가르치십니다. 공중에서 저절로 열매를 맺는 것은 없습니다. 한 알의 밀이 땅에 들어가 묻히고 밟혀야 싹을 보고 잎이 피고 꽃이 피며 결실을 맺습니다. 진정으로 열매 맺는 성도가 되고 싶다면 땅속에 묻혀야만 합니다. 다시 말하면 이름도 없이 빛도 없이 죽어지내야 합니다. 죽어지내는 자는 말이 없고 소원이 없습니다.

열매를 맺는 비결은 하나님께 달려 있습니다. 땅에 떨어져 죽는 것은 내가 해야 할 일이고, 싹이 나고 꽃 피고 열매 맺는 것은 하나님이 하시는 일입니다. 하나님의 역할과 우리의 역할을 혼동해서는 안 됩니다. 열매 맺는 것은 나의 일이 아닙니다. 땅에 떨어져 죽는 것까지만 나의 할 일이고 이것만이 나의 목적입니다. 그런데 흔히 땅에 떨어지기가 무섭게 나를 좀 알아달라고 야단을 합니다. 땅에 떨어지기도 전에 무슨 보답이 없느냐고 떠들며 얄팍하게 나갑니다. 좀 더 깊숙이 아무도 모르게 내가 묻혀야 합니다. 사랑이란 땅에 떨어져 밟히고 썩는 것입니다. 당장 보상을 바라는 마음에는 열매가 있을 수 없습니다.

헬라인들이 예수님께 세상 영광을 얻도록 주선하겠다고 할 때에 예수님은 내가 죽어야 많은 사람들이 참 생명을 얻을 것이라고 말씀하시면서 희생의 원리를 역설적으로 말씀하셨습니다. 내가 한 알의 밀로써 십자가에서 죽고 무덤에 묻힐 때 수많은 죄인들에게 풍성한 생명을 공급할 수 있다고 하셨습니다.

주님은 여기에서 희생의 원리를 강조하십니다. 교회가 성장하고 든든히 서 가는 것은 누군가가 희생하고 있기 때문입니다. 누군가의 땀과 피의 봉사가 있기 때문입니다. '순교자들의 피는 교회의 초석'이라는 유명한 말이 있습니다. 진정한 크리스천으로서의 그들이 죽었기 때문에 교회는 산 교회가 된 것입니다. 위대한 일을 이룩한 사람들은 대개가 죽을 각오로 일했기 때문에 그것을 이룩할 수 있었습니다.

코스모 랭(Cosmo Gordon Lang, 1864~1945)은 어릴 때에 세속적인 야망을 불태우고 있었습니다. 그런데 어느 날 신앙의 길을 걷는 친구의 영향을 받고 난 후에 그는 세상 야망을 포기하고 커디스톤 신학교(the theological college at Cuddesdon)에 들어가 공부를 했습니다. 그가 기도를 하고 있던 어느 날, 하나님의 말씀이 분명히 그의 귀에 들렸습니다. "네가 필요하다." 그는 그 이후로 사제의 길을 가게 됩니다. 사람이 참으로 하나님에게 쓰이는 것은 자기의 야망이나 목적을 묻어버릴 때입니다. 사람이 개인적인 소원과 개인적인 야심을 묻어버릴 때에 그 사람은 하나님의 종으로 쓰임 받을 수 있습니다.

예수님은 자기희생에 대하여 더 구체적으로 다시 역설의 말씀을 주십니다.

자기의 생명을 사랑하는 자는 잃어버릴 것이요 이 세상에서 자기의 생명을 미워하는 자는 영생하도록 보전하리라."(요 12:25)

얼핏 보면 자기 생명을 미워한다는 말이 자기 학대나 자살적인 의미로써 염세적인 이야기라고 생각할 수 있습니다. 여기서 말하는 자기 자랑은 현재 적인 것으로 현재적인 자기 사랑에 빠지면 미래적인 생명을 잃게 된다는 의미입니다. 현재 순간적으로 좋은 것을 취하다가 미래를 망치는 어리석은 자가 되어서는 안 됩니다. 공부하는 학생은 공부가 좋아서 합니까? 공부는 힘드는 일입니다. 그러나 이 고생을 하지 않으면 미래가 보장되지 않기 때문에 고생을 하면서 공부를 합니다. 오늘의 희생, 수고, 죽음은 미래를 윤택하고 영화롭게 합니다.

현재적으로 자기 육체만을 사랑하면 영적으로는 죽어버립니다. 육체가 원하는 대로 다 해주면, 피곤, 건강의 상실, 정신 혼미가 옵니다. 자고 싶다고 계속 잔다면 24시간도 부족합니다. 먹고 싶은 대로 다 먹고 자고 싶은 대로 다 자면 제 명대로 살지 못합니다. 육체는 긴장된 스케줄이 필요합니다. 주일날 피곤하다고 해서 예배를 빠지면서 육체를 위하다 보면 하나님과의 관계가 멀어집니다. 좋은 말씀을 듣지 못하고 성도의 아름다운 교제도 상실합니다.

"자기 생명을 미워하는 자는 영생하도록 보전하리라,"는 말씀 중에 '미워한다,'는 말씀은 덜 사랑한다는 뜻이고 덜 사랑한다는 말은 미워한다는 말과 상통하는 말입니다. 어느 순간에 자기를 미워함이 없이 그리스도를 사랑할 수 없고, 어느 순간에 자기를 미워함이 없이 남을 사랑할 수 없습니다.

결정적인 순간에는 이 말씀이 문자 그대로 사실입니다. 나를 미워하고, 현재를 미워하고, 자기 영광을 미워하고 나서야 그리스도를 사랑할 수 있습니다. 특별히 하나님이 내게 순교를 요구하고 있는 순간에 육체를 사랑하면 순교할 수 없습니다. 의를 위해 희생해야 할 순간에 자신을 사랑하면 희생할 수 없습니다. 주님은 "자기 생명을 미워하여 영생을 보존하라,"고 명하십니다.

섬기는 자가 위대하다는 역설

"사람이 나를 섬기려면 나를 따르라 나 있는 곳에 나를 섬기는 자도 거기 있으리니 사람이 나를 섬기면 내 아버지께서 그를 귀히 여기시리라."(요 12:26)

사람이 위대해 지는 것은 섬김을 받는 것으로 측정되는 것이 아니라 남을 얼마나 섬기는 것으로 측정되는 것입니다. 위대함이라고 하는 것은 봉사로써만 구현되는 것이라고 예수님께서 말씀하십니다.

"너희 중에 큰 자는 너희를 섬기는 자가 되어야 하리라. 누구든지 자기를 높이는 자는 낮아지고 누구든지 자기를 낮추는 자는 높아지리라." (마 23:11~12)

"앉아서 먹는 자가 크냐 섬기는 자가 크냐 앉아서 먹는 자가 아니냐 그러나 나는 섬기는 자로 너희 중에 있노라."(눅 22:27)

예수님은 말씀하십니다. "사람이 나를 섬기려면 나를 따르라." 나는 지금 세상적인 영광을 버리고 골고다 언덕 십자가를 향하여 가는데 나를 섬기려면 이러한 나를 따르라고 말씀하십니다. 나 있는 곳에 너희도 있어야 한다고 말씀하시는 것은 '너희가 나의 고난에 동참해야 한다,'는 뜻입니다. 주님의 고난에 동참한 사도 바울은 이렇게 말했습니다.

"나는 이제 너희를 위하여 받는 괴로움을 기뻐하고 그리스도의 남은 고난을 그의 몸 된 교회를 위하여 내 육체에 채우노라."(골 1:24)

주님의 고난에 동참하면서 주를 섬길 때에 하나님께서 저를 귀히 여기신다고 하였습니다. 하나님이 귀히 여기시는 자녀들이 될 수 있는 고난에 동참해야 합니다.

"그는 근본 하나님의 본체시나 하나님과 동등됨을 취할 것으로 여기지 아니하시고, 오히려 자기를 비워 종의 형체를 가지사 사람들과 같이 되셨고, 사람의 모양으로 나타나사 자기를 낮추시고 죽기까지 복종하셨으니 곧 십자가에 죽으심이라. 이러므로 하나님이 그를 지극히 높여 모든 이름 위에 뛰어난 이름을 주사, 하늘에 있는 자들과 땅에 있는 자들과 땅 아래에 있는 자들로 모든 무릎을 예수의 이름에 꿇게 하시고, 모든 입으로 예수 그리스도를 주라 시인하여 하나님 아버지께 영광을 돌리게 하셨느니라." (빌 2:6~11)

이 말씀은 예수님의 섬김의 성격을 잘 증거 하고 있습니다. 곧 예수님은 하나님과 동등됨을 취하지 아니하시고, 자기를 낮추어 종의 형체를 가지시고, 사람의 모양으로 자기를 낮추시어, 죽기까지 하나님께 복종하시고, 십자가에 죽으셨습니다. 하나님이 이런 예수님을 지극히 높이십니다. 모든 이름 위에 뛰어난 이름을 주시고, 천상과, 지상, 그리고 지하에 있는 자들로 예수님의 이름 앞에 무릎을 꿇게 하시고, 모든 입으로 예수님을 주라고 시인하게 하십니다.

우리는 예수님을 본받아 하나님을 섬기고 이웃을 섬길 때 위대해집니다. 우리가 예수님을 본받아 하나님을 섬기고 이웃을 섬길 때 높아지고 명예를 얻을 수 있습니다. 하나님이 높이는 자라야 높은 자입니다. 하나님이 귀히 여기는 자라야 귀한 자입니다. 하나님이 영예롭게 하는 자는 영예로워 집니다.

예수님의 역설의 진리는 무엇입니까? 영광은 십자가 후에 오는 것이고, 죽어야 산다는 것이며, 또한 섬기는 자가 위대하다는 말씀입니다.

제58장

최대의 고민과 기도

(요 12:27~30)

요한복음 12:27~30 "지금 내 마음이 괴로우니 무슨 말을 하리요 아버지여 나를
구원하여 이때를 면하게 하여 주옵소서 그러나 내가 이를 위하여 이때에 왔나이다.
아버지여, 아버지의 이름을 영광스럽게 하옵소서 하시니 이에 하늘에서 소리가 나서
이르되 내가 이미 영광스럽게 하였고 또다시 영광스럽게 하리라 하시니, 곁에 서서
들은 무리는 천둥이 울었다고도 하며 또 어떤 이들은 천사가 그에게 말하였다고도 하니,
예수께서 대답하여 이르시되 이 소리가 난 것은 나를 위한 것이 아니요
너희를 위한 것이니라."

예수님은 성부 하나님과 항상 교통하셨습니다.

십자가 지는 것은 대속을 위해 죄인들 대신 죽는 일입니다.

성부 하나님과 분리되는 죽음입니다.

예수님은 성부 하나님과 분리되는

죽음에 대해 고민하셨습니다.

하나님에게 기도하면 고민이 해결됩니다.

예수님은 하나님의 이름을 영광스럽게 하셨습니다.

예 수님의 생애는 기도의 생애라고 할 수 있습니다. 예수님의 모든 결정은 기도 중에 성부 하나님과의 말씀에서 이루어졌습니다. 30년간 목수 일을 하시다가 천국복음을 전파하시려고 공생애에 들어가시려 했을 때, 40일간 광야에서 금식기도를 하셨습니다. 12제자를 선택하실 때도 철야기도와 변화산에서 기도를 하셨고, 오병이어의 이적을 베푸실 때에도, 나사로를 살리시려고 하실 때에도 기도를 하셨습니다. 예수님은 모든 일을 기도하심으로 결단을 내리신 것입니다.

하나님 앞에서 결정하지 않고 하나님을 등지고 자기 생각대로 내린 결단은 나중에 후회하게 됩니다. 지금 예수님은 제자들을 앞에 세워놓고 기도하고 계십니다.

"지금 내 마음이 괴로우니 무슨 말을 하리요 아버지여 나를 구원하여 이때를 면하게 하여 주옵소서 그러나 내가 이를 위하여 이때에 왔나이다."(요 12:27)

이 기도는 매우 중요한 기도로써 겟세마네 동산의 기도 내용과 비슷합니다. 요한복음에는 예수님이 겟세마네 동산에 올라가셨다는 기록은 있으나 기도 내용은 없습니다. 그러나 마태복음, 마가복음, 누가복음에는 기도하신 내용이 있습니다.

예수님은 겟세마네 동산에 올라가셔서 세 번을 기도하십니다. 겟세마네 동산에 12 제자와 함께 오르셔서 그 12제자들 중에 베드로와 야고보와 요한을 데리고 가서, 돌 던질 만큼의 거리에서 기도하십니다. "아버지께는 모든 것이 가능하오니 이 잔을 내게서 옮기시옵소서 그러나 나의 원대로 마시옵고 아버지의 원대로 하옵소서." 이 똑같은 기도를 세 번 하십니다.

그런데 공관복음에 기록되어 있는 기도의 내용이 왜 요한복음에는 없을까요? 그것은 요한복음은 1세기 말에 기록된 것으로 공관복음의 보충적인 기록이기 때문입니다.

"지금 내 마음이 괴로우니 무슨 말을 하리요," 란 말씀은 매우 의미심장한 말씀입니다. 여기서 '내 마음이 괴로우니' 라는 말씀은 '내 마음이 고민 중에 있다' 는 말씀입니다. 예수님은 이미 십자가를 지시려고 결심하시고 "인자가 영광을 얻을 때가 왔다," 라고 말씀하셨습니다. "한 알의 밀이 땅에 떨어져 죽지 아니하면 한 알 그대로 있고 죽으면 열매를 맺는다," 고도 말씀하셨습니다.

고민의 이유

이처럼 십자가를 지고 죽으시기로 결심하셨는데 무슨 고민을 하셨습니까? 십자가에 달려 고난을 당하실 일을 생각할 때 육체적 고통이 얼마나 극심할까를 예상하셨을 것입니다. 손과 발에 못 박히시고 가시 면류관을 쓰시고 십자가에서 6시간 동안 피를 흘리시는 고통도 설명할 수 없는 크나큰 고통임을 예수님을 알고 계십니다. 예루살렘에서는 사람을 십자가에 매달 때 그 아픔을 조금이라도 잊게 해주려고 예루살렘의 귀부인들이 독한 술을 죄인들에게 마시게 하는 일들이 있었다고 합니다.

예수님이 육신의 고통만을 생각하면서 깊이 고민했습니까? 영적 고민 때문이었습니다. 지금까지 성자 예수님은 일초라도 성부 하나님과 교통을 멈추신 일이 없습니다. 그런데 십자가 지는 것은 죄인들의 죄를 담당하고 대신 죽는 일이므로 이것은 법적으로 하나님의 심판을 받는 죽음입니다. 곧 성부 하나님과 분리되는 죽음입니다.

"엘리 엘리 라마 사박다니($'E\lambda\omega\iota'E\lambda\omega\iota\ \lambda\alpha\mu\mu\hat{\alpha}\ \sigma\alpha\beta\alpha\chi\theta\alpha\nu\iota$) 나의 하나님, 나의 하나님 어찌하여 나를 버리셨나이까," (막 15:34)

예수님에게는 육신적 고민보다는 이 같은 성부 하나님과 분리되는 영적죽음에 대한 고통을 내다보셨기 때문에 고민하신 것입니다. 이것을 두려워하신 것입니다.

플라톤(Plato)이 쓴 책 중에 파에돈(Phaedon)에는 소크라테스의 죽음에 대해 기록되어 있습니다. 아테네 신성 법정(Athens Atheism Council)에 의해 사형언도를 받고 사약을 받아든 소크라테스는 제자들에게 '영혼 불멸'을 설파하면서 죽음을 두려워할 것이 없다고 말했습니다. 몸과 영은 다른 세계에 속해 있고, 죽음이란 영혼이 육체로부터 자유를 얻은 것이기 때문에 두려워할 이유가 없다고 했습니다. 헬라철학은 영육이원론(靈肉二元論)으로 육신은 악하고 영은 선한 것이라는 사고를 가지고 있었습니다. 그에 따르면 육신은 영혼이 갇혀있는 감옥이라는 것입니다. 소크라테스의 죽음은 용기가 있고 아름다운 죽음처럼 보입니다. 그는 전혀 죽음을 두려워하지 않았습니다.

그러나 예수님은 십자가의 죽음을 앞두고 고민하고 심히 놀라고 슬퍼하셨습니다. 예수님은 마가복음 4:40에서 풍랑 만난 제자들에게 어찌하여 무서워하느냐고 하시면서 그들의 믿음 없음을 나무라셨습니다. 또한 요한복음 14:1에서 "너희는 마음에 근심하지 말라 하나님을 믿으니 또 나를 믿으라,"고 하셨습니다. 그렇다면 예수님께서 십자가 죽음을 앞에 두고 고민하시는 것은 이 말씀과 모순되는 태도가 아닙니까? 죽음 앞에서도 두려워하지 않았던 소크라테스보다도 못한 태도가 아닙니까?

"베드로와 야고보와 요한을 데리고 가실새 심히 놀라시며 슬퍼하사." (막 14:33)

이렇게 예수님은 공포스러워 하셨습니다. 이것은 예수님의 죽음이 특별한 내용의 죽음, 즉 성부 하나님과의 분리를 뜻하기에 최대의 공포를 가져왔습니다. 인간 구원을 위한 하나님의 계획 성취의 죽음이기 때문에 내가 괴롭다고 고민하시고, 고통을 느끼시고, 공포를 느낀다고 예수님이 말씀하십니다. 하나님의 버림을 받은 죽음이기 때문입니다. 죄인들을 구원하기 위한 죽음이기 때문입니다. 인자로서의 고민이고 고통입니다.

고통과 고민의 해결

예수님은 이런 고통과 고민을 하나님에게 기도함으로 해결하셨습니다. "아버지여 나를 구원하여 이때를 면하게 하여 주옵소서," 의 기도의 말씀은 공관복음의 "이 잔을 내게서 옮기게 하소서," 의 말씀과 비슷합니다. "그러나 내가 이를 위하여 이 때에 왔나이다," 의 말씀은 공관복음의 "그러나 나의 원 대로 마시옵고 아버지의 원대로 하옵소서," 와 비슷합니다.

이 기도는 '만일 가능하시면, 당신의 거룩한 뜻에 일치하면, 아버지여 십 자가의 죽음의 시간에서 나를 구원하소서. 그러나 만일 이것이 영적 수확을 상실하는 것이라면 이 시간에서 나를 구원하지 마소서(12:24). 내가 자발적 으로 십자가를 짐으로 이런 영적 수확을 얻는 것이 내가 세상에 온 목적입니 다. 그러므로 아버지의 거룩하신 뜻에 완전히 복종하게 하여 주옵소서. 아버 지의 이름이 영광을 받으시옵소서,' 라는 의미입니다.

왜 예수님이 십자가에 죽으셨습니까? 우리의 죄를 용서하고 구원하시려 고 죽으셨지요. 그의 죽음은 하나님의 계획을 이루려고 하나님의 영광을 위 한 죽음입니다. 그 결과로 우리에게 구원이 주어지는 것입니다.

덴버에 있는 보수 침례 신학교에 부교수이면서 성경강해자인 랄프 카이퍼 (Ralph L. Keiper)는 시력이 아주 나쁜 장애자였습니다. 그는 사도 바울이 했 던 것과도 같이 시력을 달라고 하나님께 매일 간절히 기도했습니다. 하루는 도서관에서 연구하고 있을 때에 성령의 음성이 들렸습니다. 하나님은 그에 게 '사람의 제일 되는 목적이 무엇이냐?'고 물으셨습니다. 카이퍼는 주저 없 이 "하나님을 영화롭게 하고 하나님을 영원토록 즐거워하는 것입니다," 라고 대답했습니다. 그러자 하나님께서 '그것이 너의 주된 목적이냐?'라고 다시 물으셨습니다. 카이퍼는 다시 주저하지 않고 "물론입니다,"라고 대답했습니다. 그러자 하나님께서 "그것보다 더 원하는 것은 없느냐? 네 시력을 갖고 싶으냐? 아니면 나를 영화롭게 하고 싶으냐?"라고 물으셨습니다. '시력을 갖고 싶은 것'과 '주님을 영화롭게 하는 것'의 선택에 대해서 그는 즉각 대답을 하지 못하고 우물쭈물 했습니다. 그러다가 드디어 대답을 했습니다. "주님을 영화롭게 하는 것입니다." 그러자 하나님께서 말씀하셨습니다. "시력이 나쁜 것을 왜 걱정하느냐? 시력이 나쁜 것으로 나를 영화롭게 하도록 해라." 그 때부터 그는 자신의 목적을 바르게 알고 자신의 시력에 대해 한 마디의 불평도 하지 않았습니다.

루터의 신학이론은 이신칭의(以信稱義)입니다. 칼빈의 신학이론은 인간이 구원받는 것, 즉 의롭게 되는 것은 하나님을 영화스럽게 하는 것입니다. 예수 그리스도의 십자가 죽음은 십자가 신앙이고 신학입니다. 하나님을 영화롭게 하는 것이고, 하나님의 계획을 이루어 드리는 것입니다. 예수님은 그 것에 대해 고민을 했고 고통을 느꼈습니다. 그러나 하나님의 영광과 하나님의 계획의 성취에 대해 기도하면서 그것을 해결하셨습니다. 예수님은 그 고민과 고통 중에서 기도했고, 그 결론을 얻었습니다.

"그러나 내가 이를 위하여 이때에 왔나이다,"

우리도 내가 왜 세상에 왔느냐 하는 본질적인 뜻을 생각해 보아야 합니다. 나는 왜 세상에 태어났고, 왜 살고, 왜 존재하는 것인가를 자문해 보아야 합니다. 내가 당하는 고통에서 빠져나갈 생각만 하지 말고, 내가 왜 세상에 태어났고, 삶의 의미는 무엇이며, 존재의 가치는 무엇인가를 기도해 보아야 합니다. 부부간의 문제나, 가정의 자녀문제, 사업문제, 신분의 문제, 대인관계의 문제를 물어보면서 기도해야 합니다. 내가 왜? 내가 왜? 기도를 통해서 그 답을 구하시기 바랍니다.

"이때에 왔나이다,"는 말씀은 미래적인 의미를 가지고 있습니다. 이때를 놓치면 안 된다는 것입니다. 인생은 끝이 있게 마련입니다. 그런데 그 인생을 언제 어떻게 끝을 내야 하는가가 문제입니다. 아름답게 끝을 맺어야 합니다. 예수님은 "이때에 왔나이다,"라고 하시면서 "십자가를 지기 위해 왔다,"고 말씀하십니다. 예수님은 "아버지여 가능하면 이때를 면하게 하여 주소서,"라고 기도하시면서 "그러나"라고 새로운 차원의 결단을 하십니다. 예수님은 결론을 내리십니다.

"아버지여, 아버지의 이름을 영광스럽게 하옵소서."(요 12:28)

예수님의 기도가 끝나자 바로 하나님의 음성이 들립니다.

"내가 이미 영광스럽게 하였고 또다시 영광스럽게 하리라."

'영광스럽게 했다' 는 무슨 의미입니까? 성육신 사건으로 이미 영광스럽게 했다는 것입니다. 예수님은 하나님으로서 인간이 되심으로 인간들로 예수님 같이 되게 하려 하셨습니다. 지극히 높은 곳에서는 하나님께 영광이요, 땅에서는 기뻐하심을 입은 자들 중에 평화입니다. 천사들을 지배하시던 주님께서 겸손한 목수로 세상에 오셨습니다. 창조주 하나님께서 머리 둘 곳 없는 가난한 위치로 내려오셨습니다. 존경과 경배를 받던 하나님께서 인간으로 오시어서 멸시와 천대를 받으셨습니다. 이런 모든 것이 성육신 사건으로 '이미 영광스럽게 했다,' 는 의미입니다.

또한 예수님의 공생애를 통해 이적과 기사를 보이시면서 '이미 영광스럽게 했다,' 는 것입니다. 하나님은 아들의 이름에서 영광을 받으시고 아들은 하나님을 영광스럽게 하십니다. "또 다시 영광스럽게 하리라,"는 무엇을 뜻합니까? 예수님께서 십자가에서 죽으시고 부활하시며 승천하신 사건을 통해서 죽음의 사슬을 끊으시고 하나님의 영광을 받아서 세상에 오신 목적을 완성하시고 많은 사람들이 예수 그리스도를 믿는 영광에 이르신다는 것입니다. 그리고 궁극적으로는 심판을 통해서 모든 것을 완성하신다는 의미입니다.

"내가 또 들으니 하늘 위에와 땅 위에와 땅 아래와 바다 위에와 또 그 가운데 모든 피조물이 이르되 보좌에 앉으신 이와 어린 양에게 찬송과 존귀와 영광과 권능을 세세토록 돌릴지어다 하니."(계 5:13)

하나님의 음성이 들릴 때 어떤 사람은 우레가 울었다고 하고, 어떤 사람은 천사가 말했다고 했습니다. 이런 현상은 예수님이 세례 요한에게 세례를 받을 때와 변화산에서 하나님의 음성이 들릴 때와 똑같습니다.

우리의 처신

우리가 고난과 고통을 받을 때는 어떻게 처신해야 할까요? 어떤 해결을 위해 기도할 때, 그 응답이 언제, 어떻게 이루어질지를 기도해야 할까요? 살든지 죽든지 결정적인 순간에 하나님이 영광 받으시도록 드러낼 수 있다면 그것으로 족하다는 기도를 드릴 수 있어야만 합니다. 이런 기도에 하나님의 응답이 있습니다. 예수님은 "아버지여, 당신의 이름이 영광을 받으시옵소서,"라고 기도하셨습니다. 내가 건강을 잃을지라도 나의 약함 때문에 하나님께 영광이 있다면, 나의 부유함을 잃을지라도 나의 가난 때문에 하나님께 영광이 된다면, 나의 명성을 잃을지라도 나의 낮아짐 때문에 하나님이 영광 받으신다면, 내 생명을 잃을지라도 나의 죽음 때문에 하나님께 영광이 된다면, 그것을 위해 기도해야 합니다.

어느 팝송에 '천당을 나쁘다고 말하는 사람은 없으나 천당 가기를 좋아하는 사람은 없다,'는 가사가 있습니다. 천당은 모두가 좋다고 하지만, 천당에 가기를 원하는 사람은 없다는 말입니다. 곧 빨리 죽고 싶지 않다는 것이지요. 예전에 깡패출신 김익두 목사가 높은 산 위에 있는 광산을 방문하여 전도를 했습니다. 아주 높은 곳이어서 광산까지 올라가려면 한 사람씩 한 사람씩 실어 나르는 조그마한 케이블카를 타야 했습니다. 김익두 목사는 케이블카를 타고 올라가서 전도를 하게 되었습니다. 그런데 어느 광부가 김익두 목사에게 여기서는 전도하지 말라고 장난기 섞인 농담을 했습니다. 그 광부는 얼마 전에 미국 선교사가 전도차 이곳을 다녀갔다가 케이블카를 타고 광산에 올라가던 중 그만 고장이 나서 케이블카가 잠깐 멈추는 일이 벌어졌다고 했습니다. 아래를 내려다보니 천길만길 깊은 계곡이라 그 줄이 끊어지는 날이면 추락하여 죽을 수밖에 없는 상황이었습니다. 그 선교사는 얼마나 놀랐던지 그 자리에서 기절하고 말았다고 하면서 그 광부는 이렇게 말하면서 비꼬았습니다. "당신들은 예수 믿으면 천당 간다고 전도를 하면서도 죽는 것은 우리와 똑같이 싫어하고 무서워한다." 그 말을 듣고 입장이 난처해진 김익두 목사는 돌아서서 잠깐 기도를 하였습니다. "하나님, 급합니다. 지혜를 주셔야 하겠습니다." 그랬더니 하나님께서 김익두 목사에게 지혜를 주셨습니다. 그는 광부에게 말했습니다. 그 당시는 학질이 유행하던 시기였습니다. "당신네들 학질을 앓아 본 경험이 있소?" 김익두 목사는 광부들에게 이렇게 물었습니다. 학질이란 병은 묘하게도 하루 건너뛰면서 증세가 나타나는데, 대단히 추워서 벌벌 떠는 무서운 병입니다. 광부가 앓아본 경험이 있다고 하자, 학질에 반드시 먹어야 하는 키니네 약 맛이 어떠냐고, 그리고 먹을 만하더냐고 다시 물었습니다. 그 약은 쓴 맛으로 유명해서 먹으면 나을 줄은 알지만 너무 쓰기에 다들 먹기 싫어하는 약이었습니다. 김익두 목사는 이것을 응용해서 설명하였습니다. "천당 가는 것이 좋은 줄 알지만 죽는 맛이 쓰기에 죽는 것을 싫어하고 두려워합니다." 그러자 광부들이 김익두 목사의 말을 이해하고 수긍했다고 합니다. 사도 바울은 말합니다.

"살든지 죽든지 내 몸에서 그리스도가 존귀하게 되게 하려 하나니."(빌 1:20)

하나님의 영광을 위해 기도하고 행동하고 신앙생활을 하며, 먹든지 마시든지 무엇을 하든지 다 하나님의 영광을 위해서 해야 하겠습니다.

제59장

이 인자가 누구냐

(요 12:31~36)

요한복음 12:31~36 "이제 이 세상에 대한 심판이 이르렀으니 이 세상의 임금이 쫓겨나리라. 내가 땅에서 들리면 모든 사람을 내게로 이끌겠노라 하시니, 이렇게 말씀하심은 자기가 어떠한 죽음으로 죽을 것을 보이심이러라. 이에 무리가 대답하되 우리는 율법에서 그리스도가 영원히 계신다 함을 들었거늘 너는 어찌하여 인자가 들려야 하리라 하느냐 이 인자는 누구냐. 예수께서 이르시되 아직 잠시 동안 빛이 너희 중에 있으니 빛이 있을 동안에 다녀 어둠에 붙잡히지 않게 하라 어둠에 다니는 자는 그 가는 곳을 알지 못하느니라. 너희에게 아직 빛이 있을 동안에 빛을 믿으라 그리하면 빛의 아들이 되리라 예수께서 이 말씀을 하시고 그들을 떠나가서 숨으시니라."

유대인들은 인자가 곧 정치적 메시야라고 믿었습니다.
예수님은 인자가 정치적인 메시야가 아니라,
신이며 인간이신 메시야이시고,
십자가에 죽으심으로 만민의 죄를 속량하시는 메시야,
죽어야 하는 메시야이고,
죽으심으로 많은 사람들을 이끄는 메시야라고 하십니다.

사람들이 하나님의 존재에 대하여 생각하는 것은 어렵지 않다고 합니다. 무신론자나 불가지론자들을 제외하고는 대부분의 사람들이 하나님의 존재를 긍정합니다. 그러나 하나님이 인간이 되시고 하나님이 고난당한다는 사실에 대해서는 이해를 하기가 어렵습니다. 이 문제는 예수님 당시 유대인들에게도 있었고, 오늘을 사는 현대인에게도 있는 문제입니다.

예수님 당시 유대인들의 메시야에 대한 관점은 위대한 정치가로서의 메시야로 세계를 지배할 수 있는 자이고, 유대인들이 세계를 지배할 수 있도록 강대국으로 키울 수 있는 자이며, 다윗 왕과 같은 위대한 영도력을 갖춘 왕으로서의 메시야를 생각했습니다. 그러나 예수님이 가르치신 메시야는, 하나님이 인간의 몸을 입으신 자, 즉 신이며 인간이신 메시야이시고, 정권으로 세상을 다스리는 자가 아니라 십자가에 죽으심으로 만민의 죄를 속량하시는 메시야, 곧 죽어야 하는 메시야이고, 죽으심으로 많은 사람들을 이끄는 메시야라고 가르치십니다. 예수님은 이런 메시야를 인자라고 하셨습니다. 그런데 유대인들은 예수님이 언급하신 '인자'에 대하여 다르게 해석하고 생각했습니다.

인자의 다른 해석

인자는 다니엘서에 여러 번 나옵니다. 인자는 하늘 구름을 타고 하나님께 나아와 하나님으로부터 영광, 권세, 나라를 받고, 그 권세는 영원한 권세요, 옮기지 않는 권세입니다.

"내가 또 밤 환상 중에 보니 인자 같은 이가 하늘 구름을 타고 와서 옛적부터 항상 계신 이에게 나아가 그 앞으로 인도되매, 그에게 권세와 영광과 나라를 주고 모든 백성과 나라들과 다른 언어를 말하는 모든 자들이 그를 섬기게 하였으니 그의 권세는 소멸되지 아니하는 영원한 권세요 그의 나라는 멸망하지 아니할 것이니라." (단 7:13~14)

다니엘의 환상에서는 큰 짐승 넷이 나타납니다. 하나는 사자 같고 하나는 곰 같고 하나는 표범 같고 마지막 하나는 무서운 짐승입니다. 그리고 왕좌가 있는데 옛적부터 항상 계신 분이 거기에 앉아 계시고 그 앞에는 생명책이 놓여 있습니다. 그 분을 따르는 자는 천천만만입니다. 큰 짐승 넷은 거기에서 죽임을 당하고 타오르는 불에 던져집니다. 여기서 사자는 바벨론을 뜻하고, 곰은 메대와 바사를 뜻합니다. 표범은 그리스를 뜻하고, 무서운 짐승은 로마를 의미합니다. 이런 네 나라가 하나님 앞에 죽임(멸망)을 당한다는 환상입니다.

유대인들은 이 다니엘서에 나오는 인자가 곧 정치적 메시야라고 믿었습니다. 영원한 유대왕국을 건설하고 그 권세가 영원하리라고 믿었습니다.

"내가 네 자손을 영원히 견고히 하며 네 왕위를 대대에 세우리라." (시 89:4)

"내가 내 종 야곱에게 준 땅 곧 그의 조상들이 거주하던 땅에 그들이 거주하되 그들과 그들의 자자손손이 영원히 거기에 거주할 것이요 내 종 다윗이 영원히 그들의 왕이 되리라." (겔 37:25)

그러나 예수님은 다니엘서의 인자가 그 같은 정치적인 메시야가 아니라, 하나님이 인간의 몸을 입으신 자, 즉 신이며 인간이신 메시야이시고, 정권으로 세상을 다스리는 자가 아니라 십자가에 죽으심으로 만민의 죄를 속량하시는 메시야, 곧 죽어야 하는 메시야이고, 죽으심으로 많은 사람들을 이끄는 메시야라고 하십니다. 이렇게 설명하신 내용이 32~34절에 나타나 있습니다. 예수님께서 "인자가 땅에서 들리면 모든 사람들을 내게로 이끌겠노라,"고 하실 때에 유대인들은 "그리스도가 율법에서 영원히 계신다고 들었는데, 너는 어찌하여 인자가 들려야 한다(죽어야 한다)고 하느냐?"라고 물었습니다.

다른 사람들이 부르는 예수님의 칭호는 많습니다. 왕, 선지자, 제사장, 주, 하나님의 어린 양, 하나님이 사랑하시는 자 등입니다. 그러나 예수님이 자신을 부르는 칭호는 인자입니다. 이 칭호는 공관복음에는 69회가 나오고, 요한의 복음에서만 12회가 나옵니다. 유대인들이 예수님께 질문을 합니다. '이 인자는 누구냐?' 즉 예수님께서 이야기하는 인자는 누구냐는 말입니다.

인자는 누구인가

인자는 세상 임금을 쫓아내는 자입니다.(31절)

예수님이 오심으로 마귀 사탄은 발이 묶여졌습니다. 귀신 들린 자들은 예수님 이름 앞에서 벌벌 떱니다. 거라사 지방에 군대 귀신이 들린 자에게 있던 귀신들을 물리치십니다. 모든 귀신 마귀 사탄이 벌벌 떨면서 예수님의 권세에 무릎을 꿇고 도망을 칩니다.

인자는 고난당하시고 죽으시는 자입니다.(32~33절)

"내가 땅에서 들리면 모든 사람을 내게로 이끌리라." '들린다,'는 것은 어떤 죽음을 죽으실 것을 나타내십니다. 바로 십자가에 들려서 못 박혀 죽으심을 의미합니다.

"모세가 광야에서 뱀을 든 것 같이 인자도 들려야 하리니."(요 3:14)

모세가 불뱀에 물려 고통을 받는 이스라엘 백성들을 치료하기 위해 하나님께서 모세에게 장대에 놋뱀을 세워 그것을 쳐다보는 자마다 병 나음을 받을 것이라고 명령하셔서 그렇게 했던 것처럼, 예수님도 십자가에 들려서 못 박혀 죽으시고, 사람들이 그를 믿음으로 죄를 사함 받는 그 인자를 말하고 있습니다. 예수님께서는 유대인 서기관, 바리새인들에게 말씀하셨습니다.

"너희가 인자를 든 후에 내가 그인 줄을 알고."(요 8:28)

그리고 헬라인이 찾아와서 왕의 고문으로 편안한 여생을 살라고 했을 때 이렇게 말하셨습니다.

"예수께서 대답하여 이르시되 인자가 영광을 얻을 때가 왔도다."(요 12:23)

가룟 유다가 배신하고 자리를 나갔을 때, 예수님은 시간이 이르렀다는 것을 아시고 이렇게 말씀하셨습니다.

"지금 인자가 영광을 받았고 하나님도 인자로 말미암아 영광을 받으셨도다."(요 13:31)

인자는 선재(先在)하시는 자입니다.

니고데모와의 대화에서 예수님은 말씀하십니다.

"하늘에서 내려온 자 곧 인자 외에는 하늘에 올라간 자가 없느니라."(요 3:13)

인자는 사도 요한이 그의 복음의 첫 장에서 기록하고 있습니다.

"태초에 말씀이 계시니라 이 말씀이 하나님과 함께 계셨으니 이 말씀은 곧 하나님이시니라."(요 1:1)

예수님께서는 인자가 언제 계셨는가에 대해 말씀하십니다.

"예수께서 이르시되 진실로 진실로 너희에게 이르노니 아브라함이 나기 전부터 내가 있느니라."(요 8:59)

예수님의 생명은 땅에서 시작된 것이 아니요, 하늘 영원 전부터 존재하신 것입니다.

인자는 영생의 양식을 주시고 영생을 주시는 자입니다.

"썩을 양식을 위하여 일하지 말고 영생하도록 있는 양식을 위하여 하라 이 양식은 인자가 너희에게 주리니 인자는 아버지 하나님께서 인치신 자니라."
(요 6:27)

"예수께서 이르시되 내가 진실로 진실로 너희에게 이르노니 인자의 살을 먹지 아니하고 인자의 피를 마시지 아니하면 너희 속에 생명이 없느니라."
(요 6:53)

예수님은 하나님의 생명을 주십니다. "내가 곧 길이요, 진리요, 생명이니." 죽어서 장사한 지 4일이 된 나사로를 다시 살리셨습니다. 이것은 생명을 주신다는 증거입니다.

인자는 최후에 심판하는 자입니다.

"또 인자됨으로 말미암아 심판하는 권한을 주셨느니라."(요 5:27)

예수님은 성육신하셔서 성부 하나님께서 인자에게 심판의 권세를 주셨습니다.

"아버지께서 자기 속에 생명이 있음 같이 아들에게도 생명을 주어 그 속에 있게 하셨고."(요 5:26)

예수님의 초림은 구속의 역사이고 재림은 구원의 완성자, 심판의 역사입니다.

어느 마을에 말을 키우는 사람이 있었습니다. 그가 아이를 마차에 태운 채 잠깐 집으로 들어간 사이 말이 도망치는 사건이 있었습니다. 그때 그것을 본 한 신사가 사력을 다해 달려가는 말을 따라가서 마차를 세웠습니다. 그래서 그 아이의 생명을 구했습니다. 그 아이가 성장한 후에 재판관이 되었는데 범죄를 저지른 자를 재판하다보니 한 사람이 낯이 익었습니다. 자세히 보니 어릴 때 자기를 구해준 그 신사였습니다. 신사는 그 재판관에게 구원을 요청했지만 그 재판관은 사랑과 공의를 위해서 사형언도를 내릴 수밖에 없었습니다.

현대주의 신학자들은 '사랑의 하나님이 지옥을 만들 수 없다.'고 말합니다. 예수님은 말씀하십니다.

"보라 내가 속히 오리니 내가 줄 상이 내게 있어 각 사람에게 그가 행한 대로 갚아 주리라."(계 22:12)

예수님께서는 심판 날에 의를 행한 자와 불의를 행한 자를 심판하십니다. 예수님이 다시 오실 때는 억울한 사정이 다 밝혀집니다.

인자는 교회를 다스리는 자입니다.

"촛대 사이에 인자 같은 이가 발에 끌리는 옷을 입고 가슴에 금띠를 띠고."(계 1:13)

사도 요한은 밧모섬에서 환상을 봅니다. 일곱 촛대가 있는 사이에 인자가 있고, 그의 오른 손에 일곱 개의 별이 있었습니다.

"네가 본 것은 내 오른손의 일곱별의 비밀과 또 일곱 금 촛대라 일곱별은 일곱 교회의 사자요 일곱 촛대는 일곱 교회니라."(요 1:20)

인자는 교회를 다스리는 자입니다. 교회는 주님의 몸이며 교회의 머리는 예수님이십니다. 일곱 교회는 이 세상의 모든 교회를 의미합니다.

인자라는 말은 매우 중요한 의미를 지니고 있습니다. 예수 그리스도의 모든 사역을 포함하는 칭호입니다. 인자는 역사 이전에 존재하셨고, 사탄의 정복자이시고, 십자가에서 고난을 당하신 자며, 영생을 주시는 자이고, 최후의 심판자이신 동시에 교회를 다스리는 자입니다. 인자는 우리들의 경배 대상이신 성자 하나님이십니다. 인자이신 예수님을 높이고 경외하고 그 말씀에 순종해야 합니다. 무조건 복종해야 합니다.

제60장

빛을 믿으라

(요 12:35)

요한복음 12:35 "예수께서 이르시되 아직 잠시 동안 빛이 너희 중에 있으니
빛이 있을 동안에 다녀 어둠에 붙잡히지 않게 하라 어둠에 다니는 자는
그 가는 곳을 알지 못하느니라."

예수님은 참 빛이십니다.

예수님은 우리에게 빛을 믿으라 하십니다.

빛 가운데 살라고 하셨습니다.

어둠에 붙잡히지 않도록 주의하라고 하셨습니다.

예수님을 따르지 않는 자는 어둠으로 들어갑니다.

빛을 믿는 자에게 빛의 아들이 되게 한다는 약속을 하셨습니다.

이것은 우리에게 주는 도전이고, 경고이고,

약속이며, 크나큰 축복입니다.

오늘 본문의 말씀은 예수님의 생애에 있어서 마지막으로 하신 공적 설교입니다. 그 설교의 내용은 매우 간단하고 간략한 것입니다. 그러나 예수님의 이 설교는 공적으로 마지막 주신 말씀이기 때문에 매우 중요합니다.

예수님은 빛 그 자체

예수님은 자기가 세상의 그 빛(the light)이심을 말씀하십니다. '빛이 있을 동안에' 빛을 믿으라고 하십니다. 그 빛은 예수님 자신을 가리킵니다. 요한복음 1:4~9에서 예수님을 빛이라고 하였고, 세례 요한은 그 빛을 증거 하는 자라고 했습니다.

"빛이 세상에 왔으되 사람들이 자기 행위가 악하므로 빛보다 어둠을 더 사랑한 것이니라."(요 3:19)

"나는 세상의 빛이니."(요 8:12)

"내가 세상에 있는 동안에는 세상의 빛이로라."(요 9:5)

"나는 빛으로 세상에 왔나니 무릇 나를 믿는 자로 어둠에 거하지 않게 하려 함이로라."(요 12:46)

예수님이 자기를 세상의 그 빛이라고 하셨는데 거기에는 매우 깊고 심오한 뜻이 있습니다. 그것은 예수님 자신이 선재하시고 영원하신 하나님이심을 가리킵니다. 구약에서 '빛'은 하나님에 대하여 사용된 개념입니다.

"여호와는 나의 빛이요 나의 구원이시니."(시 27:1)

"진실로 생명의 원천이 주께 있사오니 주의 빛 안에서 우리가 빛을 보리이다."(시 36:9)

하나님이 빛이요, 예수님이 빛이라면, 예수님은 바로 하나님이십니다.

예수님이 빛이라는 개념은 예수님이 하나님을 알게 하신다는 의미입니다. 빛의 작용은 사물을 있는 그대로 나타나게 합니다. 어두움 속에서는 물체의 존재나 대소를 분간할 수 없고 어디에 길이 있는지도 알 수 없습니다. 예수님이 우리 마음을 조명해 주시지 않았다면 하나님을 확실히 알 수 없습니다. 예수님은 하나님을 우리에게 확실히 보여주시는 빛이십니다.

하나님의 계시는 여러 형태로 나타납니다. 에덴동산에서 아담과 하와에게 음성으로 나타내셨고, 가인과 아벨과 노아에게도 음성의 계시가 있었습니다. 또한 아브라함이나 이삭, 야곱, 요셉, 그리고 동방박사들에게 주신 꿈의 계시가 있었습니다. 호렙산에서 모세에게 나타나고 시내산에서 나타나신 불의 계시가 있었습니다. 여러 선지자들에게는 예언으로 계시했습니다. 이런 계시는 성육신하신 예수님에게서 가장 정확하게 분명하게 하나님을 보여주십니다. 그리고 기록된 말씀인 성경으로 계시하시는 것입니다. 예수님의 빛이 사람에게 비춤으로 하나님을 알게 되었습니다. 신지식은 계시에 의한 것입니다. 예수님의 조명 없이는 하나님을 결코 알 수 없습니다.

어떤 사람이 이런 말을 했습니다. "루터가 하나님을 보매 온 로마 가톨릭이 떨었고, 조나단 에드워즈가 하나님을 보매 미국이 크게 각성했고, 존 녹스가 하나님을 보매 온 스코틀랜드가 하나님 앞에 엎드렸고, 존 웨슬리가 하나님을 보매 온 세계가 그의 교구가 되었다. 조지 뮬러가 하나님을 보매 수만 고아들이 살 수 있었다." 시인 테니슨은 죽을 때에 곁에 있는 사람들이 "무엇을 원하느냐?" 물었습니다. 그는 "하나님에 대하여 새롭게 보는 것이다,"라고 대답했습니다.

예수님이 빛이라는 개념은 '예수님은 어둠의 반대에 서 계신다,' 라는 의미입니다. 빛과 어둠은 공존할 수 없습니다. 빛과 어둠은 사귀거나 교제할 수 없습니다. 이 사실은 변경되지 못하며 누가 변경시킬 수도 없습니다. 예수님이 빛이라고 하실 때 예수님은 어둠인 죄와 악의 반대에 서 계십니다. 빛이

비출 때 어둠이 꼼짝 못하고 물러가듯이 빛이신 예수님은 죄와 악을 파멸시키고 물리치십니다.

예수님은 죄와 결코 사귀지 아니하며 타협하지 않습니다. 단호히 죄와 악을 거절하시고 반대하십니다. 죄를 조금이라도 용납하지 않으십니다. 죄에 대하여 엄격하시고 원수로 여기십니다. 빛이신 예수님을 믿는 우리 성도들은 예수님과 같은 편에 서야 합니다. 예수님이 좋아하시는 것을 우리도 좋아하고 예수님이 미워하시는 것을 우리도 미워해야 합니다. 그렇게 해야 예수님과 교제할 수 있습니다. 예수님의 사랑을 받을 수 있습니다.

"하나님은 빛이시라 그에게는 어둠이 조금도 없으시다는 것이니라. 만일 우리가 하나님과 사귐이 있다 하고 어둠에 행하면 거짓말을 하고 진리를 행하지 아니함이거니와, 그가 빛 가운데 계신 것 같이 우리도 빛 가운데 행하면 우리가 서로 사귐이 있고 그 아들 예수의 피가 우리를 모든 죄에서 깨끗하게 하실 것이요."(요일 1:5~7)

예수님은 참 빛으로써 우리 마음에 비추셔서 영적으로 우리의 마음을 밝게 해주시고 죄로 캄캄해진 우리의 마음을 밝게 하여 주십니다. 햇빛이 잘 비치지 않는 응달에 곰팡이가 생기듯이 예수님의 빛이 비치지 않는 심령에는 죄악의 곰팡이가 생기며 부패현상이 일어납니다. 예수님은 참 빛이시기 때문에 우리로 하여금 내 자신의 참 모습을 바로 보게 하여 자신을 파악하게 하며 바로 살게 하십니다.

예수님은 이 빛을 믿으라고 도전하심

"너희에게 아직 빛이 있을 동안에 빛을 믿으라."(요 12:36)

예수님은 자기가 빛이라고 가르치신 것을 회상시키실 뿐만 아니라 빛을 믿으라고 강요하고 호소하십니다. 예수님의 이 말씀은 '믿는 일의 긴급성'을 가리킵니다. 도보로 여행하는 사람이 해가 질 무렵을 맞이했습니다. 그때 여행자는 목적지까지 어두워지기 전에 급히 가야 하겠다는 마음을 가지게 됩니다. 이와 같이 우리도 믿는 일을 서둘러야 한다는 것입니다.

빛을 믿으라는 예수님의 호소는 기회를 놓치지 말고 믿음의 결단을 내리라는 뜻입니다. 기회는 한 번 뿐입니다. 예수님이 육신으로 세상에 계신 것은 그때 팔레스타인에만 한 번 있었던 사실입니다. 그런데 유대인들이 예수님을 배척합니다. 그것은 천재일우의 기회를 놓친 불행입니다. 그 기회를 놓친 뒤에는 그가 육신으로 세상에 계실 수 있는 시간은 영원히 없습니다. 유대인들은 그 기회를 붙잡아 그를 믿어야만 한다고 하십니다.

요한복음 기록 목적이 요한복음 20:31에 나옵니다.

"오직 이것을 기록함은 너희로 예수께서 하나님의 아들 그리스도이심을 믿게 하려 함이요 또 너희로 믿고 그 이름을 힘입어 생명을 얻게 하려 함이니라."

예수님은 말씀하십니다. "빛이 있을 동안에 다녀라." 즉 빛 가운데서 행하라는 말씀입니다. 믿음은 추상적 개념이 아닙니다. 믿음은 공상이나 상상, 또는 지식만이 아닙니다. 믿음의 3대 요소는 지식적, 정적, 의지적 요소입니다. 믿음은 나의 전부를 모두 주께 맡겨 버리는 것입니다. 주님의 지배를 받는 것이고 주님께 항복하고 순종하고 복종하는 것입니다. 빛 가운데서 행하라는 말씀은 행하는 믿음을 강조하십니다. 행하는 믿음이란 예수님의 발자취를 따르는 것입니다. 예수님이 하시는 것을 나도 하는 것입니다. 예수님이 생각하시는 것을 나도 생각하는 것입니다. 예수님이 진행하시는 것을 나도 진행하는 것입니다.

"영혼 없는 몸이 죽은 것 같이 행함이 없는 믿음은 죽은 것이니라."(약 2:26)

예수님을 믿는다는 것은 예수님을 사랑한다는 것과 동의어입니다. 예수님을 사랑하는 증거는 믿는 것입니다. 예수님은 말씀하십니다.

"나의 계명을 지키는 자라야 나를 사랑하는 자니."(요 14:21)

이런 말씀을 통해서 자기 자신의 신앙을 검진해야 합니다. 나는 살아있는 믿음을 갖고 있는가? 내가 활동하고, 봉사하고, 열매 맺는 믿음을 소유하고 있는가? 나의 믿음은 전도하고 생산하는 믿음인가? 성장하고 전진하는 믿음인가? 이런 것들을 검진해야 합니다.

예수님이 어둠에 붙잡히지 않도록 주의하라고 경고하심

"빛이 있을 동안에 다녀 어둠에 붙잡히지 않게 하라,"는 심각한 경고입니다. 어둠에 다니는 자는 그 가는 바를 알지 못한다고 하십니다. 만일 우리가 예수님을 따르지 않으면 어둠에 머물러 있을 뿐 아니라 그 어둠이 우리를 억압하고 압제합니다.

요한복음 9장에서 예수님은 나면서부터 맹인 된 자의 눈에 진흙을 이겨 바르시고 실로암 못으로 가서 씻으라고 하셨습니다. 그는 예수님의 명령대로 해서 눈을 떴습니다. 빛이신 예수님께서 빛을 주셨습니다. 그는 처음 예수님을 알았고, 그 다음에 예수님을 선지자라고 생각했고, 예수님을 하나님께로부터 오신 자라고 하였고, 그 다음에 예수님을 그리스도 구주라고 여기고 믿었습니다. 여기서 우리는 나면서부터 맹인 된 자가 육신의 눈이 떠지고, 영적인 눈이 떠지면서 점점 밝아지는 과정을 볼 수 있습니다. 바리새인들은 그런 그를 미워하고 격분해서 출교를 시킵니다. 바리새인의 이런 행위는 바로 어둠입니다. 그러나 눈 뜬 맹인은 은혜를 받았고, 축복을 받았으며, 기쁨과 환희를 맛보았습니다. 바로 어둠에 붙잡히지 않았기 때문입니다.

예수님을 따르지 않는 자는 어둠으로 들어갑니다. 가룟 유다는 최후의 만찬이 끝나자 밖으로 나갔습니다. 그때는 밤이었습니다. 배신과 저주와 죽음의 밤으로 나간 것입니다. 어둠에는 죄와 근심과 타락이 있습니다. 가룟 유다는 이런 어둠으로 나간 것입니다. 우리의 신앙생활에도 항상 어두운 밤이 존재합니다. 그러나 이런 어둠의 세력에 포로가 되지 않는 지혜로운 사람이 되고 지혜로운 신앙생활을 해야 합니다.

예수님의 설교는 종말을 내포하고 있음

빛을 믿는 자는 빛의 아들들이 됩니다. 이 얼마나 아름다운 은혜의 말씀이며 은혜의 약속입니까? 예수님의 설교는 그의 교훈을 회상케 하고 경고와 도전을 줄 뿐만 아니라 약속과 축복을 내포합니다.

예수님은 빛 자체로 의의 태양이십니다. 그리고 예수님을 믿는 자는 예수님의 빛을 반사시키는 달과 같다고 할 수 있습니다.

"너희는 세상의 빛이라 산 위에 있는 동네가 숨겨지지 못할 것이요. 사람이 등불을 켜서 말 아래에 두지 아니하고 등경 위에 두나니 이러므로 집 안 모든 사람에게 비치느니라. 이같이 너희 빛이 사람 앞에 비치게 하여 그들로 너희 착한 행실을 보고 하늘에 계신 너희 아버지께 영광을 돌리게 하라."(마 5:14~16)

세상의 빛이란 말은 선한 행실, 선한 사상, 선한 말, 선한 행동, 선한 글, 선한 주장 등을 모두 포함하고 있습니다. 세상에는 악한 행실도 있습니다. 악한 말, 악한 행동, 악한 주장은 환한 빛을 꺼버리고 어둠을 조장하고 타인을 실족하게 합니다. 이런 것들은 모두 어둠에 붙잡힌 행실들입니다.

예수님은 참 빛이십니다. 빛을 믿으라고 하셨습니다. 빛 가운데 살라고 하셨습니다. 어둠에 붙잡히지 않도록 주의하라고 하셨습니다. 빛을 믿는 자에게 빛의 아들이 되게 한다는 약속을 하셨습니다. 이것은 우리에게 주시는 도전이고, 경고이고, 약속이며, 크나큰 축복입니다.

제61장

불신앙과 그릇된 신앙

(요 12:37~43)

요한복음 12:37~43 "이렇게 많은 표적을 그들 앞에서 행하셨으나 그를 믿지 아니하니, 이는 선지자 이사야의 말씀을 이루려 하심이라 이르되 주여 우리에게서 들은 바를 누가 믿었으며 주의 팔이 누구에게 나타났나이까 하였더라. 그들이 능히 믿지 못한 것은 이 때문이니 곧 이사야가 다시 일렀으되, 그들의 눈을 멀게 하시고 그들의 마음을 완고하게 하셨으니 이는 그들로 하여금 눈으로 보고 마음으로 깨닫고 돌이켜 내게 고침을 받지 못하게 하려 함이라 하였음이더라. 이사야가 이렇게 말한 것은 주의 영광을 보고 주를 가리켜 말한 것이라. 그러나 관리 중에도 그를 믿는 자가 많되 바리새인들 때문에 드러나게 말하지 못하니 이는 출교를 당할까 두려워함이라. 그들은 사람의 영광을 하나님의 영광보다 더 사랑하였더라."

예수님은 사람들을 피해 숨으셨습니다,
유대인들은 예수님의 이적을 보고도 믿지 않았고,
자신들의 이익을 위한 도구로 사용하려고 했습니다.
그것은 불신앙입니다.
어떤 유대인들은 다른 자들의 눈치를 보며
예수님을 구주로 영접하지 못했습니다.
이것은 그릇된 신앙입니다.
하나님을 두려워합니까 아니면 사람들을 두려워하고 의식합니까?
무슨 일이 있어도 예수님을 구주로 고백해야 합니다.

예수님이 공적으로 마지막 설교를 하신 후에 무리들을 떠나서 숨으셨습니다. 요한복음 12:36에 예수께서 이 말씀을 하시고 저희를 떠나서 숨으셨다고 했습니다. 예수님은 말씀으로 오셨고 하나님의 계시자로 오셨습니다. 그리고 하나님의 뜻을 이루려고 오셨습니다. 그럼에도 불구하고 예수님은 사람들을 피해 숨으셔야 했습니다.

사람들을 피해 숨으신 예수님

요한복음 6:15에서 예수께서 오병이어의 이적을 베풀어 5천명을 먹이신 사건을 보고 유대인들은 예수님을 왕으로 삼으려고 했습니다. 예수님이 왕이 되면 유대 나라에 경제문제는 능히 해결된다는 계산이 있었기 때문입니다. 이때 예수님은 그들을 떠나 혼자 산으로 기도하러 가셨습니다.

요한복음 8:59에서도 예수님이 숨어 성전에서 나가셨다는 기록이 있습니다. 예수님은 본래 하나님으로서 인간의 몸을 입고 오신 분입니다. 그러므로 유대인들이 존경하는 아브라함보다도 먼저 있었다고 말씀하셨습니다. 예수님은 유대인들에게 "아브라함이 나기 전부터 내가 있느니라(요 8:59)"고 하심으로 자기가 하나님이심을 밝히 말씀하셨습니다. 그때 무리들은 네가 나이 50도 안 되어 보이는데 아브라함이 있기 전부터 있다고 하느냐면서 돌을 들어 예수님을 치려고 했습니다. 그때 예수님은 그들을 피하여 성전에서 나가셨습니다.

요한복음 11:54에도 예수님이 무리들을 피하여 에브라임 동네로 가서 제자들과 함께 지내신 일이 있습니다. 이때도 유대인들의 최고회의인 공회에서 예수님을 체포하고 죽이려고 결의한 것을 예수님이 미리 아시고 피하여 숨으셨습니다.

이렇게 '예수님이 피하셨다, 숨으셨다,'고 하는 기록이 여기저기 발견되는데 이것은 무엇을 의미합니까? 세상을 사는 동안 가장 어려운 일 중에 하나는 배신과 오해라는 것입니다. 무엇이든 내가 생각하는 대로 상대방에게 전달된다고 하면 얼마나 좋겠습니까마는, 생각하는 것만큼 말하지도 못하고 말하는 것만큼 전달할 수가 없는 것이 인간입니다.

어느 교육자가 말하기를 자기 생각을 17%만 상대방에게 전달할 수 있으면 성공적이라고 했습니다. 왜냐하면 사람마다 이미 자기가 가지고 있는 생각에 붙들려서 자기가 생각하는 경험을 바탕으로 한 자기이해 때문에 상대방의 생각을 그대로 받아들일 수가 없는 것입니다.

예수님께서 유대인들에게 천국복음을 전파하시고 자기의 신분과 하시는 일을 분명히 밝혔으나 유대인들은 예수님의 말씀을 받아주지 않았고, 오해했습니다. 그들과 너무 소통이 되지 않았기 때문에 새 술은 새 부대에 넣어야 한다고 말씀하셨습니다. 새 술은 발효력이 강하기 때문에 낡은 부대에 넣으면 그 부대는 터져버리고 맙니다.

이 말씀은 예수님의 교훈과 말씀을 새 술에 비유했고 유대인들의 생각과 사상은 낡은 부대에 비유한 것입니다. 예수님의 말씀이나 교훈, 병 고치시는 일, 기적과 이적은 새로운 진리로써 많은 사람들의 오해를 가져오게 했습니다. 예를 들면 예수님이 병을 고치시니 예수님을 의사로 오해했고, 이적을 행하여 5천명을 먹이시니 경제 해결자로 우러러 보았으며, 말씀의 능력이 있으시니 재판관으로 오해했습니다. 그리하여 재산 분배 문제를 가지고 서로 다투던 형제가 예수님께 와서 문제 해결을 부탁하기도 했습니다. 그뿐만 아니라 예수님은 마술사로, 또 정신병자로 오해 받기도 하셨습니다. 유대인들은 이처럼 예수님을 자기 나름대로 생각하고 오해했습니다.

그런데 예수님에 대한 오해 중에 가장 무서운 오해는 정치적 오해였습니다. 예수님의 인기와 역사를 자기 나름대로 정치적으로 이용하려는 자들이 있었습니다. 예수님의 이적 역사를 보고 많은 사람들이 모여 들었습니다. 예수님의 말씀이 좋으니까 시간 가는 줄도 모르고 예수님의 교훈에 경청했습니다. 이것을 본 유대인들은 예수님을 왕으로 삼으면 그가 이스라엘을 로마에서 해방시키고, 전 세계 민족을 다스리는 메시야 왕국으로 만들어 주리라고 기대했습니다.

우리 한국교회에도 이와 같은 사실이 있었습니다. 우리나라가 일제 치하에 있을 때에 애국을 한다는 일부 사람들이 예수를 믿지 않으면서 교회를 이용하려고 했습니다. 그 당시에는 교회가 유일한 단체로 유일조직체였고 교회를 제외하고는 어떤 조직체도 찾아볼 수 없었기 때문입니다. 심지어는 공산주의자들까지도 교회를 이용하려고 했습니다. 그래서 교회에 들어와 믿는 체 하면서 자기들의 목적을 달성하려고 했습니다. 오늘날도 마찬가지입니다. 자기 나름대로 교회를 이용가치로 생각하고 교회에 나오는 사람이 더러 있습니다. 예수님은 이런 무리들을 피하여 잠시 숨으신 것입니다.

예수님을 믿지 않는 사람들

예수님이 숨으셨다는 말씀을 신학적 의미로 생각할 수 있습니다. 복음은 예나 오늘이나 드러나기도 하지만 숨겨지기도 합니다. 즉 믿으려는 사람들에게는 드러나고 완악하고 불신앙적인 사람에게는 항상 숨겨져 있는 것이 복음입니다. 복음은 누구에게나 알게 되어 있는 것이 아니라 제한적으로 이해되어 있다는 것입니다. 속죄는 모든 사람에게 이루어질 수 있지만, 믿는 사람에 한해서만 속죄가 되는 제한적 속죄입니다. 그래서 많은 사람들이 복음을 듣지만 그들 모두가 깨닫는 것은 아닙니다.

흔히 인생의 황혼기에 들어서서 믿기 시작한 사람들 중에 많은 사람들이 왜 진작 믿지 못했을까 하고 후회하는 말을 하는 사람들이 있습니다. 그러면 그들이 과연 복음을 일찍이 듣지 못해서 몰랐느냐 하면 그것은 아닙니다. 기회는 많았지만 마음의 문을 열지 못했던 것입니다. 이렇게 복음은 내 마음대로 믿을 수가 없고 누구에게나 항상 열려있는 진리가 아니라는 것을 분명히 알아야 합니다.

요한복음을 기록한 사도 요한도 유대인들이 예수님을 믿지 않는 문제를 놓고 고민했습니다. 요한복음 12:37에 "예수님이 이렇게 많은 표적을 그들 앞에서 행하였으나 그를 믿지 아니하니,"라고 기록했습니다. 사도 요한은 그의 복음서에 일곱 가지 이적을 기록했습니다. 물로 포도주를 만드시고, 왕의 신하의 아들을 고쳐주시고, 38년 동안 앓고 있던 병자를 고쳐주시고, 나면서부터 맹인 된 사람을 고쳐주시고, 오병이어로 5천명을 먹이시고, 갈릴리 바다 위를 걸으시고, 죽은 나사로를 부활시키신 이적 등을 행하셨고, 이 외에도 많은 이적을 베푸셨습니다.

"예수께서 제자들 앞에서 이 책에 기록되지 아니한 다른 표적도 많이 행하셨으나, 오직 이것을 기록함은 너희로 예수께서 하나님의 아들 그리스도이심을 믿게 하려 함이요 또 너희로 믿고 그 이름을 힘입어 생명을 얻게 하려 함이니라."(요 20:30~31)

유대인들은 예수님의 이 표적을 귀로 듣기만 한 것이 아니고 직접 예수님의 공개적인 표적을 보았습니다. 그럼에도 불구하고 예수님을 믿지 않았습니다. 믿어지지 않는 것이 오히려 이상할 정도로 표적 속에서 살았습니다.

오늘날도 사람들이 믿지 않는 것은 마찬가지입니다. 표적이 부족하거나 말씀이 부족해서 믿지 못하는 것이 결코 아닙니다. 믿을 수 없는 완악한 마음이 문제입니다. 믿지 못하는 사람들은 자기 나름대로 그 이유를 댑니다. 교회가 교회답지 못해서, 말씀이 분명치 않아서, 교인들이 교인답지 않아서 못 믿겠다고 자기 자신들을 정당화시킵니다. 그러나 예수님 앞에서는 그런 이유들이 통하지 않습니다.

불신앙의 이유

사도 요한은 유대인들이 예수님의 그 많은 표적을 직접 보고 체험하면서도 왜 믿지 않을까 매우 궁금해 했습니다. 사도 요한의 생각으로는 저들이 믿을 수밖에 없는데 왜 믿지 않는지 안타까웠던 것입니다.

시편 73편에 보면 악인이 왜 잘 사는지 그 이유를 몰랐던 다윗이 하나님의 성소에 들어가서야 그 고민이 해결되었습니다.

"하나님의 성소에 들어갈 때에야 그들의 종말을 내가 깨달았나이다. 주께서 참으로 그들을 미끄러운 곳에 두시며 파멸에 던지시니." (시 73:17~18)

우리는 스스로 질문을 해볼 수 있습니다. 왜 하나님의 아들이신 예수님이 자기 제자 가룟 유다에게 팔려 십자가에 죽으셨는가? 이 문제에 대하여 베드로는 구약성경에 가룟 유다가 그렇게 하도록 예언되었다고 설명합니다. 사도 요한도 유대인들이 왜 예수님을 믿지 않을까, 그들의 불신앙을 성경에서 찾았습니다.

"우리가 전한 것을 누가 믿었느냐 여호와의 팔이 누구에게 나타났느냐." (사 53:1)

"이 백성의 마음을 둔하게 하며 그들의 귀가 막히고 그들의 눈이 감기게 하라 염려하건대 그들이 눈으로 보고 귀로 듣고 마음으로 깨닫고 다시 돌아와 고침을 받을까 하노라 하시기로." (사 6:10)

사도 요한은 이 말씀을 인용해서 말했습니다.

"이는 선지자 이사야의 말씀을 이루려 하심이라 이르되 주여 우리에게서 들은 바를 누가 믿었으며 주의 팔이 누구에게 나타났나이까 하였더라. 그들이 능히 믿지 못한 것은 이 때문이니 곧 이사야가 다시 일렀으되, 그들의 눈을 멀게 하시고 그들의 마음을 완고하게 하셨으니 이는 그들로 하여금 눈으로 보고 마음으로 깨닫고 돌이켜 내게 고침을 받지 못하게 하려 함이라 하였음이더라." (요 12:38~40)

사도 요한은 이사야서의 이 두 구절을 인용하면서 성경에 유대인들이 믿지 않게 되어 있다고 하는 해답을 얻습니다. 위의 두 구절이 나타내는 요지는 저들이 믿지 않는 것이 아니라 완악해져서 믿지 못하게 되어 있다는 뜻입니다. 곧 하나님의 선택의 은혜를 받지 못해서 믿지 못한다는 뜻입니다. 그래서 사도 바울은 '믿음은 하나님의 선물'이라고 했습니다. 내가 내 의지로 예수님을 믿는 것이 아니라 하나님이 믿게 하심으로 믿어지는 것입니다.

"너희는 그 은혜에 의하여 믿음으로 말미암아 구원을 받았으니 이것은 너희에게서 난 것이 아니요 하나님의 선물이라." (엡 2:8)

우리가 전도할 때에도 이 말씀을 명심해야 합니다. 내가 피전도자에게 예수님을 믿게 하는 능력이 있는 것이 아닙니다. 나는 복음을 전하는 심부름꾼 역할을 하는 것뿐입니다. 전도한다고 누구나 다 믿을 것이라고 생각하는 것은 잘못입니다. 내가 전한다고 다 믿고, 내가 설득한다고 다 이해되고, 내가 봉사한다고 다 잘 되지 않는다는 사실을 알아야 합니다. 내가 할 일이 있고 하나님이 하실 일이 따로 있습니다. 우리는 우리가 할 일만 하고 하나님의 역사와 하나님의 축복을 기다려야 합니다.

노아는 방주를 만들면서 하나님을 믿으라고 전도했습니다. 그러나 몇 사람이 믿었습니까? 자기 식구 외에는 아무도 믿지 않았습니다. 그렇다면 노아의 전도는 실패했습니까? 결코 아닙니다. 하나님이 믿음의 선물을 주시지 않았습니다. 저들의 완악한 마음을 그대로 방치해 두셨기 때문에 저들은 믿을 수 없었습니다. 예수님이 마지막으로 영적 설교를 하실 때에 왜 저들이 믿지 않았습니까? 예수님의 설교 능력이 부족해서입니까? 설득력이나 표현력이 부족해서였습니까? 설교방법이 잘못되어서 그렇습니까? 하나님이신 예수님이 증거 하셨는데 왜 저들이 믿지 않았습니까? 그것은 하나님이 저들을 죄 가운데, 완악한 가운데 그냥 방치해 두셨기 때문에 믿지 않은 것이 아니라 못 믿은 것입니다. 예수님이 행하신 수많은 기적을 보고도 그들은 믿지 못했습니다. 유대인들은 예수님을 믿지 않음으로 자기들의 불신앙이 예수의 계획을 실패하게 했다고 생각했는지 모릅니다. 그래서 사도 요한은 이런 잘못된 판단을 하지 못하도록 하나님의 주권적인 행위를 강조하고 있습니다.

헹스텐버그(Hengstenberg 1802~1869)는 이렇게 말했습니다. "하나님이 저희 눈을 멀게 하시고 저희 마음을 완고하게 하셨으니 이는 저희로 하여금 눈으로 보고 마음으로 깨닫고 돌이켜 고침을 받지 못하게 하였다."

그러면 믿지 않는 책임은 누구에게 있습니까? 그것은 타락한 인간 자신에게 있습니다.

"그러므로 하나님께서 그들을 마음의 정욕대로 더러움에 내버려 두사 그들의 몸을 서로 욕되게 하게 하셨으니."(롬 1:24)

"그들을 부끄러운 욕심에 내버려 두셨으니."(롬 1:26)

"그들을 그 상실한 마음대로 내버려 두사."(롬 1:28)

타락한 인간의 마음을 그대로 버려두어 그들이 범죄 했을 때 그 책임은 인간 자신에게 있는 것이지 하나님께 있는 것이 아닙니다. 바로의 마음을 하나님이 강퍅하게 하셨다는 말씀은 하나님이 바로의 마음속에 들어가셔서 그를 악하게 만들었다는 것이 아니라 '타락한 바로의 마음을 그대로 두었다,' 는 뜻입니다. 비탈길에 놓인 공은 전혀 힘을 가하지 않아도 굴러 떨어집니다. 공중의 햇빛이 옥토에 비쳐질 때 싹이 나고 꽃이 피며 열매가 맺습니다. 비가 내리면 산 나무는 더 생생해지지만, 죽은 나무는 더 썩어버립니다. 그렇다면 햇빛 자체가 죄입니까? 비 자체가 악입니까? 절대로 그렇지 않습니다.

하나님은 선하신 분, 의로우신 분이십니다. 그 분이 어떤 사람을 타락한 상태에 그냥 두어 버린다고 할 때 하나님은 악한 분이십니까? 아니지요. 그 하나님이 어떤 사람을 붙들어 예수님을 믿게 하신다고 할 때, 하나님에게 편견이 있다고 말할 수 없습니다. 그리고 믿게 된 사람은 하나님께 감사할 뿐입니다. 자기의 행위를, 자기의 선행을 자랑할 것이 전혀 없습니다. 설교자로서의 태도도 마찬가지입니다. 내가 가진 어떤 설득력이나 언어구사를 잘해서 예수님을 믿게 하고 은혜를 받게 하는 것이 아닙니다. 나는 내 나름대로 최선을 다할 뿐 하나님께서 은혜주심을 믿어야만 합니다.

그릇된 신앙

"그러나 관리 중에도 그를 믿는 자가 많되 바리새인들 때문에 드러나게 말하지 못하니 이는 출교를 당할까 두려워함이라. 그들은 사람의 영광을 하나님의 영광보다 더 사랑하였더라."(요 12:40)

여기 관리란 산헤드린의 지도층을 가리킵니다. 이들 중에 신자들이 많았습니다. 왜 그렇습니까? 예수님이 메시야이신 사실이 너무나 명백하게 드러났기 때문입니다. "그러나 관리 중에도,"라는 말은 이 사실을 역설하는 표현입니다. 관리 중에 아리마대 요셉과 니고데모가 예수님을 믿는 사람으로 성경에 기록되어 있습니다. 그러나 이들의 믿음은 고백이 없는 신앙입니다. 공적 고백이 없는 신앙입니다. 지식의 부족이 아니라 도덕이 부족했습니다. 이들은 출교를 염려했습니다. 유대사회에서 출교 당하는 것을 두려워했습니다. 유대인들은 예수님을 메시야라고 고백하는 자들에게 출교의 형벌을 가하기로 결정했습니다. 출교를 당하면 공중회석에 나가지 못하고, 그들과는 6피트 거리에 가까이 가는 것을 금지해서 소외 시켰고, 교제나, 물건 파는 것과 같이 먹는 것을 금했고, 그가 죽으면 그 시체에 돌을 던졌으며 애곡하는 것도 금했습니다. 그들은 사람의 영광을 하나님의 영광보다 더 사랑했습니다. 공회원의 영광과 명예는 최고의 명예입니다. 그들은 그 명예를 귀하게 여겼습니다.

칼빈은 말했습니다. "하나님의 평판보다도 사람의 어리석은 박수를 택하는 것은 어리석다고 하기보다 차라리 짐승 같은 행동이다." 이런 신앙은 나약한 신앙이요 그릇된 신앙입니다. 인본주의 신앙이요, 이름만의 신앙입니다. 이런 신앙은 기회주의 신앙이 될 수 있습니다. 내게 유익하면, 믿는 신자처럼 나타나고, 불리하면 안 믿는 사람처럼 행동하기 쉽습니다.

우리의 신앙은 어떤 수준의 신앙입니까? 공적 고백이 있습니까? 세례를 받았습니까? 이것은 필수적입니다. 하나님을 두려워합니까 아니면 사람들의 눈치를 두려워하고 의식합니까? 출교를 당하는 한이 있어도 예수님을 구주로 고백해야 합니다. 나면서부터 맹인 된 사람처럼 출교 당하면서도 믿어야만 합니다. 사회로부터 소외당하는 것이 손해라고 생각하십니까? 내 신앙이 내 체면 유지보다 못하다고 생각하는 신앙은 아무런 가치가 없습니다.

우리는 하나님의 영광을 위한 신앙인이어야만 합니다. 모세는 공주의 아들로 왕위계승을 할 수 있었지만 그것을 버렸습니다. 죄악의 쾌락과 애굽의 보화를 버렸습니다. 모세는 하나님의 백성이 되기를 원했고, 하나님의 백성과 함께 고난 받는 것을 선택했고, 하나님을 위해 욕먹는 것을 선택했습니다. 사도 바울은 말합니다.

"이제 내가 사람들에게 좋게 하랴 하나님께 좋게 하랴 사람들에게 기쁨을 구하랴 내가 지금까지 사람들의 기쁨을 구하였다면 그리스도의 종이 아니니라."(갈 1:10)

사람들의 기쁨을 구하는 자는 하나님의 종이 아닙니다. 예수님이 인정하시는 크리스천이 되어야 합니다. 인본주의 신앙을 포기하고 신본주의 신앙을 가져야만 합니다.

제62장

구원과 심판

(요 12:44~50)

요한복음 12:44~50 "예수께서 외쳐 이르시되 나를 믿는 자는 나를 믿는 것이 아니요 나를 보내신 이를 믿는 것이며, 나를 보는 자는 나를 보내신 이를 보는 것이니라. 나는 빛으로 세상에 왔나니 무릇 나를 믿는 자로 어둠에 거하지 않게 하려 함이로라. 사람이 내 말을 듣고 지키지 아니할지라도 내가 그를 심판하지 아니하노라 내가 온 것은 세상을 심판하려 함이 아니요 세상을 구원하려 함이로라. 나를 저버리고 내 말을 받지 아니하는 자를 심판할 이가 있으니 곧 내가 한 그 말이 마지막 날에 그를 심판하리라. 내가 내 자의로 말한 것이 아니요 나를 보내신 아버지께서 내가 말할 것과 이를 것을 친히 명령하여 주셨으니, 나는 그의 명령이 영생인 줄 아노라 그러므로 내가 이르는 것은 내 아버지께서 내게 말씀하신 그대로니라 하시니라."

예수님은 '나를 믿어라,'고 하셨습니다.
무엇을 믿어야 합니까?
예수님과 하나님은 일체이심과 예수님이 빛이심과
예수님은 하나님의 아들 그리스도이심을 믿어야 합니다.
이것을 믿지 않는 자에게는 심판만이 남아있습니다.

본문의 말씀은 예수님의 공중을 향한 최후 설교입니다. 예수님은 마지막으로 공적 설교를 하실 때 소리를 높여 외치면서 선언조로 "나를 믿으면 구원을 얻고 믿지 아니하면 심판을 받을 수밖에 없다,"고 하셨습니다. 예수님의 이 마지막 선언은 지금까지 3년 동안의 예수님의 공생애에서 전파하신 설교의 요약입니다. 예수님의 공적 설교의 이 마지막 부분은 너무나 중요하며, 예수님의 이 가르치심을 믿을 때에 구원을 받고 믿지 않을 때에 심판을 받는다고 예수님은 선언하십니다.

무엇을 믿어야 하는가

예수님과 하나님은 일체이심을 믿어야 합니다.

"나를 믿는 자는 나를 믿는 것이 아니요 나를 보내신 이를 믿는 것이며, 나를 보는 자는 나를 보내신 이를 보는 것이니라."

예수님을 믿는 것과 하나님을 믿는 것은 같다는 주장이요, 예수님을 보는 것은 하나님을 보는 것과 같은 것이라고 말씀하십니다. 하나님은 예수님 안에서 자기를 계시하셨습니다. 빌립이 예수님께 '하나님을 보여달라,'고 요청했을 때 예수님은 말씀하셨습니다. "나를 본 자는 아버지를 본 자니라." 믿음의 눈으로, 영적 눈으로 예수님을 볼 때 그가 하나님의 아들이심을 알며 믿을 수 있습니다. 예수님을 아는 것은 곧 하나님을 아는 것이며, 예수님을 보는 것은 곧 하나님을 보는 것이고, 예수님을 믿는 것은 곧 하나님을 믿는 것입니다.

"나와 아버지는 하나이니라." (요 10:30)

하나님은 사랑이시라는 사실을 어떻게 알 수 있습니까? 예수님의 십자가 죽음으로 알 수 있습니다. 하나님은 거룩하시다는 사실을 어떻게 알 수 있습니까? 예수님의 거룩하심을 보고 알 수 있습니다. 하나님은 의로우시다는 사실을 어떻게 알 수 있습니까? 예수님의 의로우심을 보고 알 수 있습니다. 하나님이시면서 사람이신 무죄하신 예수님을 믿지 않으면 구원은 없습니다.

예수님이 빛이심을 믿어야 합니다.

"나는 빛으로 세상에 왔나니 무릇 나를 믿는 자로 어둠에 거하지 않게 하려 함이로라." (요 12:46)

요한복음에서 빛은 생명이요 어둠은 죽음을 비유합니다. 빛은 의요, 어둠은 죄악을 비유합니다. 빛은 행복을, 어둠은 불행을 비유합니다. 빛은 자유를, 어둠은 속박을 비유합니다. 빛은 기쁨을, 어둠은 슬픔을 비유합니다. 빛은 소망을, 어둠은 절망을 비유합니다. 빛은 지식을, 어둠은 무지를 비유합니다. 빛은 선한 행실을, 어둠은 악한 행실을 비유합니다. 빛은 구원을, 어둠은 심판을 비유합니다. 빛은 사랑을, 어둠은 미움을 비유합니다. 빛은 가능성을 어둠은 불가능을 비유합니다. 예수님은 어둠으로 가득 찬 세상에 빛으로 오셨습니다. 예수님을 믿는 자들로 하여금 어둠에 살지 않게 하려고 빛으로 오셨습니다.

요한복음 8:1~11에 간음 중에 잡힌 여인에 대한 기록이 나옵니다. 서기관과 바리새인들이 현장범으로 잡힌 여인을 끌고 와서 모세의 법을 적용해서 죽여야 한다고 했습니다. 그러나 예수님께서, "너희 중에 죄 없는 자가 먼저 돌로 쳐라!"고 하셨지만 모든 사람들이 다 돌아갔습니다. 유대의 법은 두 증인을 필요로 합니다. 한 증인으로는 사형이 불가능합니다. 예수님은 은혜로 그 여인을 용서하셨습니다. 죽음의 무서운 흑암 속에 있는 이 여인을 예수님께서 살려주셨습니다. 빛 가운데 살게 하셨습니다.

나면서부터 맹인 된 사람의 육신의 눈을 예수님께서 고쳐주십니다. 그는 육신의 눈을 뜨고 빛을 보았습니다. 그리고 예수님은 자기가 하나님이심을 보여주십니다. 그 눈 뜬 맹인은 이제 영적인 눈이 떠졌습니다. 그래서 그는 영적인 빛도 보게 되었습니다.

예수님은 그를 안식일에 고쳐주셨고, 유대인들은 그것을 빌미로 예수님을 핍박하면서 눈 뜬 맹인에게 '누가 눈을 뜨게 했느냐'고 물었습니다. 눈 뜬 맹인은 처음에는 '예수라고 하는 사람'이라고 했다가, '선지자'라고 했습니다. 그 때문에 그는 출교를 당했고, 예수님은 그를 찾아가서서 그에게 자신이 하나님이심을 계시하셨습니다. 그는 예수님을 구주로 믿고 경배 드렸습니다. 예수님은 말씀하십니다.

"보지 못하는 자는 보게 하고, 보는 자들은 맹인 되게 하려 하노라."

우리도 맹인이 아닌가 생각해 보아야 합니다. 주안에, 주와 함께 있으면 빛 가운데 있게 되는 것입니다. 자유, 기쁨, 행복, 지식을 얻으려면 빛이신 예수님을 믿어야 합니다. 선한 인격자, 사랑의 사람, 적극적인 삶을 살려면 빛이신 예수님을 믿어야 합니다. 절망과 좌절을 극복하려면 빛이신 예수님을 믿어야 합니다. 악한 행실, 나쁜 습관을 고치려면 빛이신 예수님을 믿어야 합니다. 보람된 삶, 가치 있는 삶을 살려면 먼저 빛이신 예수님을 믿어야 합니다.

예수님의 말씀이 하나님의 법임을 믿어야 합니다.

예수님의 말씀은 곧 하나님의 말씀이요, 하나님의 명령이요, 하나님의 법입니다.

"나를 보내신 아버지께서 내가 말할 것과 이를 것을 친히 명령하여 주셨으니, 나는 그의 명령이 영생인 줄 아노라."

하나님의 말씀은 명령입니다. 필수적으로 지키고 행해야 할 규례이자 법입니다. 시편에서는 하나님의 말씀을 법도라고 하였습니다. 마지막 날의 심판장은 예수님이십니다. 예수님의 말씀도 심판장이십니다. 우리의 현재 삶 속에서 예수님의 말씀을 듣기만 하고 지키지 않으면, 마지막 날에 심판을 받습니다. 그 말씀이 심판장이 되십니다. 믿을 기회는 지금입니다. 살아있을 때입니다. 죽어서는 믿고 싶어도 믿을 수 없습니다. 예수님을 믿는 것이 무엇인가는 예수님께서 구체적으로 가르치십니다. 예수님과 하나님이 일체이심을 가르치십니다. 예수님이 빛이심을 가르치십니다. 예수님의 말씀이 하나님의 법이라는 것을 믿어야 합니다. 이 사실을 믿을 때에 구원을 받습니다. 이 사실을 믿지 못하는 자는 심판을 받습니다.

하나님의 말씀이 법이라면 그것은 꼭 지켜야 합니다. 이 법을 지키는 자에게는 유익이 있습니다. 교통법규를 준수하면 자기도 살고 남도 살립니다. 하나님이 하라 하면 그대로 해야 합니다. 하나님이 하지 말라 하면 하지 말아야 합니다. 하나님의 법은 그대로 지켜야 합니다. 하나님의 법을 어기면서 사랑을 주장할 수 있습니까? 하나님은 사랑의 하나님이십니다. 하나님의 법은 사랑의 법입니다. 하나님의 법을 어기는 것은 사랑의 법을 어기는 것입니다. 하나님의 법이 세상을 다스리고 우주를 다스립니다.

예수님을 믿는다는 것은 그가 곧 하나님의 아들 그리스도이심을 믿는 것입니다. 예수님이 하나님이심을 믿는 것입니다. 하나님은 인류의 죄를 구원하시기 위해 십자가에 죽으셨다는 것을 믿는 것입니다. 예수님이 인류의 구주되심을 믿는 것입니다. 예수님은 하나님이시고, 나의 죄를 속해주셨고, 나의 구주라는 사실을 믿는 것입니다. 이것은 개인적인 신앙입니다. 자신이 그것을 받아들이고 고백해야 하는 개별적인 신앙입니다. 아무도 이것을 대신해 줄 수 없습니다. 자신이 분명하게 받아들이고 고백해야만 합니다.

예수님을 불신할 때 예수님의 말씀이 마지막 날에 그를 심판하십니다.

"나를 저버리고 내 말을 받지 아니하는 자를 심판할 이가 있으니 곧 내가 한 그 말이 마지막 날에 그를 심판하리라."

예수님의 말씀이 심판하십니다. 말씀이 심판장의 권위를 가집니다. 일반 사람의 말은 그의 인격에서 분리시켜 따로 취급할 수 있습니다. 곧 그의 말은 말이요, 인격은 인격이라고 할 수 있습니다. 누가 그 사람의 말을 믿지 않는다고 하여 그 사람의 인격을 전적으로 저버렸다고 할 수 없습니다. 우리가 그 사람의 인격을 저버리지 않고라도 그 사람의 말을 듣지 않을 선택의 권리가 있습니다. 그 이유는 그 사람의 말이 틀렸을 수도 있기 때문입니다. 그러나 예수 그리스도와 그의 말씀은 일체입니다. 곧 그리스도의 말씀은 진리입니다. 말씀을 받지 않음은 그의 인격을 배척하는 것입니다.

〈요한복음 강해 2권 끝〉

21세기에 다시 읽는
요한복음 제2권

"네가 믿느냐"

■
초판 1쇄 인쇄 / 2015년 3월 5일
초판 1쇄 발행 / 2015년 3월 10일

■
지은이 / 강 영 석
펴낸이 / 민 병 문
펴낸곳 / 새한기획 출판부

편집처 / 아침향기
편집주간 / 강 신 억

■
100-230 서울 중구 수표동 47-6 천수빌딩 1106호
☎ (02) 2274-7809 • 070-4224-0090
FAX • (02) 2279-0090
E.mail • saehan21@chollian.net

■
미국사무실 • The Freshdailymanna
2640 Manhattan Ave. Montrose, CA 91020
☎ 818-970-7099
E.mail • freshdailymanna@hotmail.com

■
출판등록번호 / 제 2-1264호
출판등록일 / 1991. 10. 21

값 20,000원

ISBN 978-89-94043-79-1 94230

Printed in Korea